Peter Glotz

Von Heimat zu Heimat

Erinnerungen eines Grenzgängers

Econ

2. Auflage 2005

Econ ist ein Verlag der
Ullstein Buchverlage GmbH

ISBN-13: 978-3-430-13258-9
ISBN-10: 3-430-13258-4

© Ullstein Buchverlage GmbH, Berlin 2005
Alle Rechte vorbehalten
Lektorat: Annalisa Viviani
Gesetzt aus der Sabon bei
Franzis print & media GmbH, München
Druck und Bindung: Bercker Graphischer Betrieb, Kevelaer
Printed in Germany

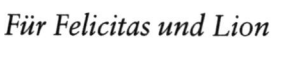

Für Felicitas und Lion

INHALT

VORWORT

»Diplomatische« Erinnerungen machen in meinem Fall keinen Sinn. So groß waren die Ämter nicht, daß die Akten in irgendwelchen Staatsarchiven mit dem Stempel »Streng geheim« lägen. Solange ich in den Sielen war, habe ich die Zahl der Konflikte, die ich vom Zaun brach, wie jeder vernünftige Mensch begrenzt und habe auch nie die krankhafte Neigung gehabt, jedem Zeitgenossen »die Wahrheit« zu sagen. Solche Leute sind für Organisationen Gift; man muß das Maul halten können. Wenn man aber – in späten Jahren – Bilanz zieht, muß sie von allzuviel Rücksichten frei sein; sonst sollte man darauf verzichten. Jemand wie ich ist immer noch in seine Partei eingebunden, man verkneift sich manch schöne Geschichte. Aber die Grundkonflikte müssen dargestellt, die Grundfiguren ehrlich porträtiert werden. Ich will nicht in die Lage des großen Carlo Schmid kommen, der eines Tages bei seinem Nachbarn in Croix Valmer, Martin Schulze, am Küchentisch saß und sich fürchterlich über einige Figuren der SPD seiner Zeit beschwerte. »Aber«, fragte Martin Schulze verdutzt, »warum haben Sie das denn alles nicht in ihren wunderbaren Memoiren geschrieben?« Der alte Herr soll fast geweint haben. Mit Tränen in den Augen schüttelte er den Kopf: »Ich kann doch über niemanden schlecht schreiben.« Ich kann, wenn es sein muß.

Allerdings darf auch beim Aufschreiben der »wahren« Geschichte des eigenen Lebens, einer weiß Gott subjektiven Geschichte, keine Wehleidigkeit aufkommen. Ich habe viel eingesteckt, aber auch viel ausgeteilt. Für den Grad meiner ständigen

Abweichung bin ich in der SPD gut behandelt worden. Daß ich mit Menschen wie Waldemar von Knoeringen und Willy Brandt eng zusammen arbeiten durfte, war ein großes Glück. Meine Fehler – zum Bespiel die frühe Abkehr von Berlin, weil ich zu Brandt wollte und der sinnlose Kampf um die Spitzenkandidatur für den bayerischen Landtag, an dem für die Partei nichts zu gewinnen war – habe ich selbst zu verantworten.

Dieses Buch erscheint Ende September 2005. Wer mir vorwerfen wollte, daß ich damit den Bundestagswahlkampf meiner Partei mit kritischen (bei uns heißt das: unsolidarischen) Einwürfen störe, sollte bedenken, daß der für 2006 geplant war. Die jähe Kehre der gegenwärtigen Parteiführung am Nachmittag der verlorenen Wahl in Nordrhein-Westfalen habe ich nicht vorausgesehen. Mein Verhältnis zu den Gefährten der Jahre meiner politischen Arbeit bestimmt sich nicht aus dieser Wahlauseinandersetzung. Als junger Mann – 1972 – habe ich, wie die meisten von uns, Karl Schiller in vielen Reden als »Verräter« gebrandmarkt. Das habe ich, als Schiller und ich uns persönlich kennenlernten, bereut. Also beschimpfe ich Oskar Lafontaine jetzt nicht als Verräter, obwohl ich sein wortloses Verschwinden vom Tatort Politik kritisiere und seine Liaison mit der PDS nicht verstehe. Überhaupt ist meine Kritik an den »Enkeln«, die man nicht mit den »Achtundsechzigern« verwechseln sollte, scharf. Anders als Tony Blair haben sie es versäumt, das Betriebssystem ihrer Partei zu erneuern.

Der Untertitel kennzeichnet diese Autobiographie als »Erinnerungen eines Grenzgängers«. Der Begriff Grenzgänger hat verschiedene Bedeutungsfelder. Als Vertriebener mußte ich Landesgrenzen überschreiten. Der Weg ging von Eger in Böhmen über viele deutsche Städte in die Schweiz. Am längsten habe ich in der lebendig-liberalen Stadt München gelebt. Ich habe aber auch drei Berufe systematisch ausgeübt, nicht in dem Sinn, in dem heute ein junger Schriftsteller in seiner Kurzbiographie notiert, er sei Postbote, Gleisarbeiter und Textilvertreter gewesen. Ich war jeweils Jahrzehnte als Kommunikationswissenschaftler, als Politiker und als Journalist tätig, und ich bemühte mich in all diesen Rollen um eine stinknormale Einwurzelung, also um die Vermeidung von Dilettantismus. Ob

das gelungen ist, mögen andere beurteilen. Und ich war Grenzgänger in dem Sinn, daß ich mit – sagen wir – Kurt Biedenkopf,
Lothar Späth oder Ralf Dahrendorf gelegentlich mehr Gemein-
samkeiten spürte als mit manchen Leuten des eigenen Ladens.
Mich hat nie die Versuchung heimgesucht, die SPD zu verlassen.
Die Grenzen, Schnittflächen, Überlappungen der Parteien haben mich aber immer interessiert, auch nach links hin – dort
allerdings nicht zur DKP oder gar zur SED, wohl aber zum PCI,
der Partei Enrico Berlinguers, Giorgio Napolitanos, Bruno
Trentins. Tief beeinflußt hat mich der Austromarxismus Karl
Renners und Otto Bauers, aber auch der einsame Kampf des
österreichischen Juden, der sich später mit einem seiner Auto-
ren- und Kampfnamen André Gorz nannte. An den schmal gewordenen alten Herrn in seinem Haus in Vosnon, eine gute
Stunde von Paris entfernt, mit seinem Werkbewußtsein und seinem lauteren Rigorismus denke ich oft.

Dieses Buch erzählt natürlich nicht die deutsche oder gar europäische Geschichte von 1939 bis heute. Es erzählt mein Leben. Deswegen kommen bedeutende Figuren und Figurationen,
mit denen ich nichts zu tun hatte, nicht vor.

Die Jugendbiographie (Kapitel 1–4) und das letzte Kapitel
(10) fassen subjektiven Stoff an, mit dem üblichen Risiko. Aber
politische Meinungen und Handlungen entstehen nicht plötzlich aus dem Nichts, sie wachsen auf irgendeinem, wenngleich
manchmal zerweichten Grund. Im Sinne von Vladimir Nabokov: Die ersten und letzten Dinge haben oft etwas Pubertäres
an sich – es sei denn, eine ehrwürdige und strenge Religion
ordnete sie. Die Nation erwartet vom erwachsenen Menschen,
dass er die schwarze Leere vor sich und hinter sich genauso
ungerührt hinnimmt wie die außerordentlichen Visionen
dazwischen.

Über das »Hinter sich« kann man nichts wissen, über das
»Vor sich« kann man jedenfalls Vermutungen anstellen. Sie
sind allerdings mit Vorsicht zu genießen.

Hat die SPD, der ich einen großen Teil meines Lebens
verschrieben habe, eine Zukunft? Ja. Wenn sie erkennt, daß sie
die Politik nicht aufs Administrative schrumpfen lassen darf.
Auch die stetige Bewässerung mit Medienfontänen, den Spring-

brunnen der Aktualität, reicht nicht. Ich bleibe bei einer Forderung von 1982, aus dem Essay-Band *Die Beweglichkeit des Tankers*: »Die Sozialdemokratie muß die Partei als Lebensraum, als
Form der Kommunikation, als Organisation der Bewußtseins-
bildung neu organisieren.« Und: »Sie muss das ›Konglomerat‹
ihrer Anhängerschaft in einem bewußten politischen Akt ver-
schmelzen.« Das geschieht allerdings unter jeweils höchst unterschiedlichen Bedingungen – und es wird schwieriger. Unmöglich
wäre es auch heute nicht.

Wald Ausserrhoden, im Juli 2005   *Peter Glotz*

1. KAPITEL

Die Flucht

Am Morgen der Flucht war ich kein mißtrauisches, vorsichtiges und altkluges Kriegskind, sondern einfach ein Junge, der sich seines Lebens freute. Früh um vier, als wir uns aus dem Gassner-Haus, unserer Wohnung in der Egener Schanzstraße 22, leise davonmachten, mag ich mir der Situation noch bewußt gewesen sein. Ich war ja, mit meinen sechseinhalb Jahren, noch nie so früh auf der Straße gewesen; und die Mutter, die leise die Tür schloß, das bepackte Fahrrad aus einem Schuppen zog und über das Rumpeln beim Schließen der Holztür dieses Schuppens leise auf tschechisch schimpfte, wird mir schon klar gemacht haben, daß wir keinen Morgenspaziergang vorhatten. Sie mußte das Rad schieben, denn Fahrradfahren konnte sie nicht. Das schwere, dickrohrige Damenfahrrad der Es-Ka-Werke war übrigens mit einem sperrigen Koffer beladen, so daß auch der geschickteste Fahrer das Gleichgewicht nicht hätte halten können. So zogen wir beide an der Obertorschule vorbei, in der ich im deutschen Kindergarten und ein paar Wochen in der ersten Klasse der tschechischen Grundschule gewesen war, bis uns der Obertorpark verschluckte. Begriff ich, daß es ein Abschied für immer war?

Im Wald, ich vermute bei Heiligenkreuz, war – September 1945 – ein strahlender Herbstmorgen angebrochen. Die Sonne schien durch die hohen Bäume hindurch, die Vögel tobten, es wurde wärmer, und ich marschierte mit meinem kleinen Rucksack vor meiner Mutter her, die das schwere Rad mit einem großen Koffer Hab und Gut, darunter Geschirr, keuchend schob. Irgendwie muß mich ein Gefühl der Erleichterung erfaßt haben. Der stille Tscheche, der inzwischen in unsere Wohnung eingezogen war, hatte unser Verschwinden – samt Geschirr – nicht bemerkt oder gutwillig überhört. Kein patrouillierender Wagen der Militärpolizei hatte uns aufgehalten. Waren wir nicht schon in Sicherheit? Also begann ich laut zu pfeifen.

»Hör auf zu pfeifen, Peterle«, sagte die Mutter hinter mir, »sonst erwischen uns die Grenzer.«

Natürlich habe ich meiner Mutter gehorcht. Gehorchen war in diesen Zeiten lebenswichtig für Kinder. Es war nur ein paar Monate her, daß meine Mutter mir durch ein schrilles »In den Straßengraben!« das Leben gerettet hatte. Auf einem freien Feld bei Königsberg an der Eger, genauer: bei dem Dorf Liebauthal, wo wir vor den Luftangriffen Schutz gesucht hatten, hatte ein englischer Tiefflieger es für kriegsentscheidend gehalten, die kleine Gruppe von zwei Nazi-Frauen und fünf oder sechs Kindern anzugreifen. Rattattattat machte es rechts im Löwenzahn und links auf der staubigen Straße. Der Flieger hätte mit meiner Mutter zwar gar keine Kämpferin der NS-Frauenschaft erwischt, sondern eine Tschechin. Aber so genau konnte man es damals nicht nehmen, wirklich nicht. Der Schrei der Mutter hatte uns jedenfalls das Leben gerettet. Ich wußte also in diesen Jahren, daß meine Mutter keine sinnlosen Befehle gab.

Aber ein paar Minuten später pfiff ich schon wieder. Es war Lebenslust. »Sei ruhig, Peterle«, flehte die Mutter. Aber da war es schon zu spät. Zwei stämmige tschechische Grenzbeamten stürzten aus einer vom Weg aus kaum sichtbaren Holzhütte und bauten sich vor uns auf. Ich habe sie als böse Gorillas in olivgrünen Uniformen ohne Rangabzeichen in Erinnerung. Aber ich kann weder für die Farbe der Uniformen noch für die Grobheit ihrer Gesichtszüge garantieren. Wahrscheinlich handelte es sich um harmlose Bauernburschen aus Gehag, Scheiben reuth oder auch um ins Grenzland versetzte Soldaten aus dem Inneren der »Tschechei«, wie wir die ČSR damals nannten. Da meine Mutter auf tschechisch mit ihnen verhandeln konnte, taten sie uns nichts. Sie durchwühlten nur den Koffer und meinen Rucksack, konfiszierten aber lediglich ein perlmuttbesetztes Lorgnon meiner Großmutter, über dessen Verlust sie allerdings

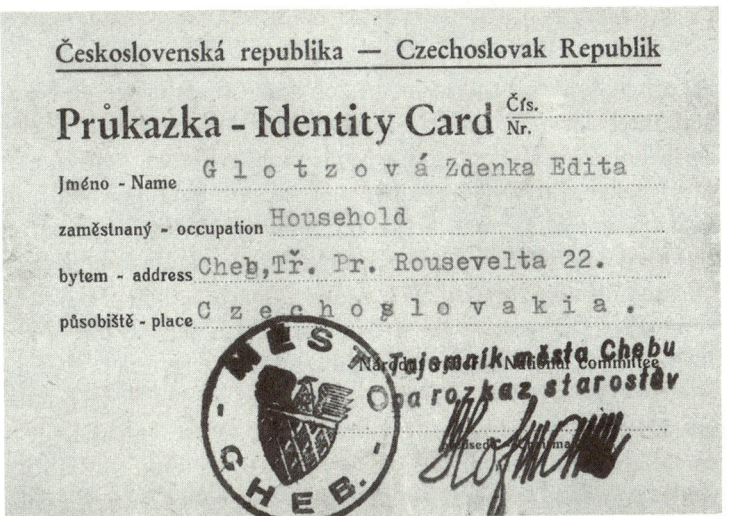

bis zu ihrem Tod im Jahre 1963 klagen sollte. Dann ließen sie
uns gehen, was ihren Befehlen entsprach. Die damalige tschechische Regierung unter Präsident Beneš war ja daran interessiert, daß die Deutschen das Land verließen. Und meine tschechische Mutter hatte ihren Vornamen Zdenka in den deutschen
»Edith« umwandeln lassen und hieß nicht mehr Hornova, sondern Glotz.

So landeten wir zwischen neun und zehn an der deutschen
Grenze bei Waldsassen, wo uns ein großer, abgemagerter Mann
erwartete. Das war mein Vater, der sich einen Kleinlastwagen
geborgt hatte und mich mit dem Gepäck auflud. Meine Mutter
drehte um; sie hatte noch meine zweijährige Schwester Jutta in
Eger, die für die Nacht bei der Großmutter, der Mutter meines
Vaters, in der Wallensteinstraße untergebracht war. Ich saß
stolz neben meinem Vater auf dem Vordersitz des ratternden,
nach Benzin stinkenden kleinen Ungetüms. Er fuhr mich in ein
kleines oberfränkisches Dorf, nach Eckersdorf bei Bayreuth.
Dort übergab er mich der Obhut eines jungen Flüchtlingsehe-
paars, das im selben Bauernhaus einquartiert war, in das auch
wir einziehen würden. Der Mann war riesengroß und stark wie
ein Boxer, roch nach Pfeifentabak und war Buchbinder, selbstverständlich arbeitslos.

Der Egerer Garten

Warum ich mich ausgerechnet nach dem Egerer Garten sehnte, der hinter dem gegenüberliegenden Haus, auf der anderen Seite der Schanzstraße, lag, kann ich mir nicht erklären. Garten gab es in Eckersdorf Nr. 1 genug, und zwar mit Hügelchen und Senken, einer kleinen Schlucht, einem schwer begehbaren Ginstergebüsch, kurz, viel abenteuerlicher als das ebene, gepflegte und von geraden Wegen durchquerte Stückchen Boden in unserer Grenzstadt Eger. Mag sein, daß ich an die Spielsachen dachte, die in einer kleinen Laube untergebracht waren, vor allem ein grellrotes Tretauto, mit dem ich die Wege hinauf und hinunter gestrampelt war. Spielsachen gab es in Eckersdorf natürlich nicht, das erste neue Spielzeug war ein Stoffball im Frühsommer 1946. Da hatte sich mein Vater als Kleinunternehmer auf dem Blauen Hügel in Eckersdorf eingerichtet und verdiente wieder.

Aber mehr als geliebte Gegenstände, mehr sogar als die Spielkameraden, zum Beispiel die Kinder des Rechtsanwalts Hans Wolf (Verteidiger in Strafsachen und Gerichtsdolmetscher der tschechischen Sprache), vermißte ich das Mit-dem-Garten-Leben, den Garten als Spielfeld meiner kleinen Existenz, als Ort des Schauders (einmal fiel ich in ein in den Boden verankertes Wasserfaß und ertrank beinahe) und als Ort vollendeten Glücks (früh um sieben, wenn ich über die Straße gebracht worden war und neben der Großmutter im Beet, in dem sie pflanzte oder jätete, hocken durfte). Ich werde das Frühlicht auf diesem kleinen Stück Erde im Obertorviertel Egers, damals einer schon von Flüchtlingen auf 45 000 Menschen aufgeschwemmten Kleinstadt, nicht vergessen.

Natürlich, alles Gefühlskram – Gärten und Frühlicht gibt es überall. Und mit der Natur, dieser »spinatgrünen Erhabenheit Mugel auf und Mugel ab«, wie der Wiener Heimito von Doderer sie in der *Strudlhofstiege* abschätzig nannte, hatte ich als Erwachsener nicht mehr viel im Sinn. Aber wenn mich einer fragen sollte, was mich innerlich berührt, wenn ich an Eger denke, dann ist es dieser läppische Garten, und nicht der Markt mit seinen mit dunklen Ziegeln gedeckten Patrizierhäusern, nicht

das Stöckel (ein in Böhmen berühmtes Erkerchen, das sich vermutlich aus einem Verkaufsstand entwickelt hat) und auch
nicht die Kaiserburg. Zu all diesen Sehenswürdigkeiten hat
man mich selbstverständlich geführt, und ebenso selbstverständlich hat man mir die sorgfältig ausgewählten Geschichten
erzählt: Nicht gerade von dem Judenmord am Gründonnerstag
1350, wohl aber von den Raubrittern, den mordenden Hussi-
tenbanden des Jan Žiska, dem Mord an Wallenstein und seinen
Offizieren im Februar 1634. Aber das waren für mich Erzählungen, die nicht tiefer drangen als die von dem Raubritter Ep-
pelein von Gailingen, die ich mir immer wieder vorlesen ließ –
und der trieb sein finsteres Geschäft bei Nürnberg, nicht bei
uns.

So ist es eben; man mißachtet das Erhabene, das die Leute
irgendwann »Geschichte« nennen und erinnert sich an den Geruch der Liwanzen, die einem eine gewisse Witwe Blank in ihrer blitzenden Küche in der Sonnenstraße backte. Anna Blank
war die verhutzelte Mutter unserer gleichnamigen und auch
schon verhutzelten Haushaltshilfe, die wir Kinder Teta nannten, auf deutsch Tante. Die schwarzen Pfannen mit vier runden
Backformen haben sich mir tief eingeprägt, der Zimtgeruch der
Mehlspeise auch. Aber daß auf der Kaiserburg (Friedrich I.
Barbarossa!) ein »Schwarzer Turm« stand, der aus vulkani-
schem Gestein errichtet war, weiß ich nur aus der Literatur, genauso wie die peinliche Tatsache, daß der alte Egerer Markt damals, als ich in Eger lebte, Adolf-Hitler-Platz hieß.

Zu meiner Entlastung kann ich anführen, daß ich mich nicht
nur an den Duft von Mehlspeisen, sondern auch an den betäu-
bend süßlichen feierlichen Weihrauchsgeruch erinnere. Ich bin
ja nicht römisch-katholisch, sondern böhmisch-katholisch –
die Egerländer zeichneten sich schon immer durch feierliche
Andacht und eine imposante Liturgie aus. Äußere Andacht,
nicht innere. Getauft bin ich zwar (gemäß Geburtsurkunde und
Erzählungen meiner Mutter) in der Erzdekanalkirche Sankt Ni-
klas, Teta aber war diese steifleinerne, spätgotische Hallenkir-
che vermutlich zu fein. Sie schleppte mich jeden Sonntag in die
Franziskanerkirche, wo ich auf Wandlung und Kommunion,
auch wegen der Weihrauchschwaden, immer gespannt wartete.

Die Zeremonie der heiligen Messe machte mir einen so tiefen Eindruck, daß ich sie zu Hause oft nachspielte. Die spöttischen Bemerkungen meines Vaters, der nicht kirchlich geheiratet hatte, weil er – wie er sagte – die Mutter nicht »in Klosettvorhang und Schnittlauch« sehen wollte, hielten mich von diesem ernsten Spiel nie ab.

Dieses Sonntagsspiel, das Nachspiel zur Messe sozusagen, bereitete mir einen der traurigsten Nachmittage der Egerer Zeit. Teta und ich standen nach der Kirche mit Nachbarn zusammen, die einen kleinen Sohn in meinem Alter hatten. Die Nachbarn waren Tschechen, die zwar hart, aber fließend deutsch sprachen – sogar der Junge konnte ein paar Brocken Deutsch. Wir Kinder, vierjährig vielleicht, hatten uns um zwei Uhr zum »Pfarrerspielen« verabredet. Ich bereitete alles vor: einen kleinen, weiß gedeckten Tisch, einen kupfernen Trinkbecher als Kelch und mit einer weißen Serviette verdeckt, die ordentlich gefaltet war. Ein grünes Tuch meiner Mutter sollte als Meßgewand dienen – wahrscheinlich war es Ostern 1943. *Aber* der Freund kam nicht, nicht um zwei, nicht um halb drei, nicht um vier. Ich war verzweifelt. Wann kommt der Rudl denn, fragte ich meine Mutter alle fünf Minuten. Meine Mutter weigerte sich jedoch, sich bei den Eltern des Jungen zu erkundigen. So etwas tat sie sonst immer.

Ich weiß bis heute, mehr als sechzig Jahre später, nicht, was der Grund für diese Abfuhr war. War den Leuten einfach etwas dazwischengekommen? Wollten sie, vielleicht als nationalbewußte Tschechen, ihr Kind – das auf der Straße ganz selbstverständlich mit mir spielte – nicht ins Haus der Sudetendeutschen lassen? Trauten sie sich nicht, weil der Vater der Hausmeister des Hauses vis-à-vis war und die Familien unterschiedlichen sozialen Schichten angehörten? Hatte Teta – Hausangestellte sind oft standesbewußter als ihre Herrschaft – die Lippen gekräuselt? Das sind natürlich alles Fragen aus heutiger Sicht. Damals war ich nur maßlos traurig. Gegen fünf zerstörte ich meinen schönen Altar mit Hieben und Tritten. Ich war allein geblieben, den ganzen Sonntagnachmittag.

Der Bombenangriff

Wahrscheinlich war die Flucht für mich auch eine Befreiung. Die Verlagerung der Familie von Eger nach Liebauthal, ins Haus eines Gutsverwalters, des »Direktors M.«, hatte nämlich zu tun mit meiner hartnäckigen Weigerung, nach einem Bombenangriff die Wohnung in der Schanzstraße je wieder zu betreten. Diese Weigerung muß ich tief bestürzt und verwirrt ausgestoßen haben; denn im allgemeinen durften sich kleine Buben in diesen vierziger Jahren in kleinbürgerlichen Familien wie der meinen bei überhaupt keiner Gelegenheit »weigern«. Als ich als Säugling zu falschen Zeiten gebrüllt hatte – das weiß ich nur aus den schmunzelnd-behaglichen Erzählungen der Eltern und der Großmutter – raste der Vater ins Kinderzimmer, riß mich aus dem Bett und schlug mich auf den nackten Hintern, bis »das Popotscherl«, wie meine Großmutter genießerisch zu sagen pflegte, grellrot war. Als ich beim sonntäglichen Mittagessen unabsichtlich einen Fleck Tomatensauce auf das weiße Tischtuch gemacht hatte, folgte die Exekution mitten in der Mahlzeit. Vater holte einen blau angemalten elastischen Rohrstock aus der Ecke des Speisezimmers, ich mußte mich bücken – bat übrigens in grotesker Unterwürfigkeit noch, meinen Rock ausziehen zu dürfen – und bekam vermutlich unter den beifälligen, jedenfalls duldenden Blicken der Frauen ein halbes Dutzend brennender Hiebe über den Hintern. Kleine Buben mußten also damals unter normalen Umständen tun, was ihnen befohlen wurde. Aber meine durch die Luftangriffe ausgelöste Angst war offenbar so überzeugend, daß man sich meinem Wunsch fügte.

Zuerst war das Ritual mit der Sirene – Vorwarnung, Warnung, Entwarnung – ein ganz lustiges Spiel. Die Vorwarnung begann oft Schlag zwölf, wenn das Essen auf dem Tisch stand, besonders am Sonntag. Die Erwachsenen lachten fatalistisch. Dann hetzte der Blockwart durchs Haus und trieb die Leute – wichtig, wichtig – in den Keller. Der Vater war natürlich meistens nicht da, sondern beim Militär, zwar nicht an der Front, aber als Schreibstubenobergefreiter am Fliegerhorst, gelegentlich auch in Andernach oder sonstwo. Das Hin und Her war,

solange Eger nur überflogen wurde und die Angriffe zum Beispiel Pilsen und den Skoda-Werken galten, für ein fünfjähriges
Kind eine Hetz. Im Keller traf man viele Kinder, wir hockten
zusammen auf dem Boden und spielten Karten oder redeten
miteinander. Plötzlich war die oft genug »langweilige« Kleinfa-
milie aufgerissen. Die Hausgemeinschaft – sogar die Gemeinschaft mehrerer Häuser – ersetzte sie.

Der Spaß kippte in brutalen Ernst um, als die englischen Flieger begannen, Brand- und Sprengbomben, die sie über ihren eigentlichen Zielen nicht losgeworden waren, über dem kleinen
und industriell bedeutungslosen Eger abzuladen. Wenn eine
Bombe einschlug, selbst drei Straßen weiter, zitterten die
Wände. Als sie den Bahnhof bombardiert hatten, schlichen wir
nach Stunden wortlos, seelisch durchgeweicht und krank vor
Angst, die Stiegen hinauf in unsere Wohnungen. Die fürchter-
lichste Nacht hatten wir noch vor uns.

War es im Januar 45? Ich kann diese Nacht nicht mehr datie-
ren. Alle, die ich fragen könnte, sind tot. Wir saßen auf alten
Kartoffelkisten, die Mutter hielt meine Hand, mit der anderen
bewegte sie den Kinderwagen mit der kleinen, schlafenden
Schwester. »Ist das unser Haus?« fragte ich die Mutter immer

Der Bahnhof Eger 1945

wieder. Sie blieb geduldig. »Ich weiß es nicht, Peter«, sagte sie fast feierlich. Neben uns hatte sich die Hausbesitzerin, die »Gassnerin«, unter einem Waschtrog versteckt und betete laut. »Die blöde Kuh«, flüsterte mir meine Mutter zu, die von dieser robusten Person gelegentlich schikaniert worden war. »So wird sie am ehesten verschüttet.« Verschüttet schien uns das schlimmste zu sein. Man träumte davon, in Trümmern verkeilt zu sein und am Staub von zerriebenen Steinen zu ersticken. Minutenlang folgte Schlag auf Schlag. »Es kommt immer näher«, sagte der Blockwart tonlos. Dann drang Rauch in den Keller. Es gab plötzlich einen ungeheuerlichen Ruck – es war, als ob alle vierzig oder fünfzig Menschen in diesem Kellerkäfig auf einmal losbrüllten. Der Blockwart riß eine verbarrikadierte Tür auf, und plötzlich waren auch die, die in der hintersten Ecke gehockt hatten, an dieser Tür. Meine Mutter schrie schrill, weil sie mit ihrem sperrigen Kinderwagen immer wieder zurückgestoßen wurde. Auch ich stieß den kleinen, leichten Korbwagen zur Seite, um mich als erster zu retten. So etwas vergißt man nie. Wer Todesangst kennengelernt hat, hat sich kennengelernt. Irgendwie fanden wir uns auf der gegenüberliegenden Straßenseite wieder. Mit dem Rücken zu unserem geliebten Garten starrten wir auf das Gassnerhaus.

Es war bei uns gar nicht so viel passiert. Die Gassners betrieben ein Unternehmen »Möbelhaus und Innendekorationen«. Im Hinterhof hatten sie ein Lagerhaus. Das war durch eine Brandbombe getroffen worden. Die Holzwolle, die dort zur Beförderung der Möbelstücke gelagert war, hatte das Lagerhaus blitzschnell himmelhoch auflodern lassen. Ich vergesse die flackernden Schatten nicht, die das brennende Lagerhaus auf die Straße warf. Wir starrten auf unser Haus, auf Leute, die Wertgegenstände aus den Fenstern warfen, auf hin und her hastende Feuerwehrleute, die das Haus mit Wasser besprühten. »Ich geh nie wieder in dieses Haus«, schluchzte ich. So brachte die Mutter mich und Jutta noch in dieser Nacht zu Wolfs, später nach Liebauthal. Die einmarschierenden amerikanischen Kampftruppen, schwarze GIs, die mit aufgepflanzten Bajonetten in die Räume drangen, die uns die Ms überlassen hatten, erlebte ich dort. Die Amerikaner suchten Werwölfe. Aber so gefährlich sie an diesem Aprilabend, als sie bei uns eindrangen und Kommandos schrieen, auch aussahen – die Tür zu dem Zimmer, in dem Jutta schlief, fanden sie nicht. Vater, Mutter und Großmutter standen davor. Wenn dahinter, so dachte ich mir damals schon, ein Werwolf versteckt gewesen wäre statt einer schlafenden Zweieinhalbjährigen, hätten die »Kampftruppen« es nicht gemerkt. Aber das sudetendeutsche Bürgertum, jedenfalls die Lebenskreise, denen meine Eltern angehörten, hatten bei der Machtergreifung Hitlers nicht an Widerstand gedacht; sie dachten auch jetzt, bei der Kapitulation, nicht an Widerstand.

Das sudetendeutsche Bürgertum

Vielleicht ist hier eine Bemerkung zum »sudetendeutschen Bürgertum« erlaubt. Der Begriff klingt – jedenfalls für den wackeren Liberalen heutiger Jahre – verächtlich. Sudetendeutsch ist ein Kampfbegriff, der sich erst nach der unfreiwilligen Eingliederung der Deutschen aus Böhmen, Mähren, Österreich-Schlesien oder der Slowakei in die Tschechoslowakei Masaryks durchgesetzt hat. In der Monarchie hatten die Deutschen aus Böhmen, Mähren oder der Zips nicht mehr miteinander zu tun als mit den Wienern oder den Schwaben in Ungarn. Und »Bürgertum« ist sowieso eine Luftnummer aus Erinnerungsseligkeit und schlechter Soziologie. Ich aber rede über meine Eltern, die ich geliebt habe.

Ihre Ehe war angeblich eine Mesalliance, aber eine, die hielt. Der Vater stammte unter anderem von den Karlsbader Grafs ab, sein Großvater Anton Graf war in einem Weltkurort ein Prominentenzahnarzt, der (behauptete meine Großmutter) gelegentlich Brillanten als Manschettenknöpfe trug. Die »Villa Graf« die er sich bauen ließ, stand nahe beim feinsten Hotel Karlsbads, dem Hotel Pupp. In den folgenden Generationen ging es, geldmäßig, jedoch bergab. Anton Grafs älteste Tochter Toni, Jahrgang 1879, meine Großmutter, heiratete den mittellosen Supplenten Julius Glotz (1874), der es allerdings im Laufe des Lebens zum Gewerbeschuldirektor in Bielitz, später in Brünn brachte.

Großvater Julius Glotz

Gut, tiefer im 19. und gar im 18. Jahrhundert ging auch dieser eine Zeitlang erfolgreiche Zweig auf Bauern in Köbritz und Seiler in Kuttenberg zurück. Immerhin kam der große, fesche Rolf Glotz, mein Vater, geboren 1905 in Bielitz, aus einem »guten Haus«. Allerdings, was waren »gute Häuser« nach dem Weltkrieg, in den zwanziger Jahren zum Beispiel, als mein Vater in Brünn Chemie studierte, noch wert? Er brach nach dem Vorexamen ab, das ihm in alter österreichischer Tradition immerhin den Titel »Ingenieur« (nicht Diplomingenieur) gebracht hatte, und ging zu einer Versicherung, zuerst als Reisebeamter, später als »Dirigent« im Egerland.

Die Mutter dagegen kam aus dem Inneren Böhmens. Ihr Vater hatte zwar im mehrheitlich deutschen Reichenberg (Liberec) bei Liebig, einem legendären Gründerunternehmer des 19. Jahrhunderts, Arbeit gefunden. Er war das, was man heute

»Designer« nennen würde. Zdenka aber, 1910 geboren, wuchs bei der Großmutter im Inneren des Landes auf. Sie begann als Lehrmädel in dem jüdischen Spezialgrammophon-Haus Hugo Fleischer in der Reichenberger Schübengasse 15. Den umschwärmten Rolf hatte sie auf einem Bummel in Reichenberg kennengelernt, Ende der zwanziger Jahre. Bummel nannte man damals ritualisierte Spaziergänge, die rund um einen Platz, meist den Marktplatz, führten. Der Bummel war immer zu einer bestimmten Zeit nach Arbeitsschluß. Er war unter anderem auch ein Markt zum Kennenlernen. Meine Großmutter, die die Brillanten an den Handgelenken ihres Vaters nie vergessen konnte, hielt diese 1933 geschlossene Ehe bis zum Jahr 45, als die Mutter den Vater rettete, für einen bedauerlichen Irrtum.

Und dann, das kommt fatalerweise hinzu, schickte die Unionversicherung, eine weitläufige Tochter der italienischen Generali, meinen Vater noch an die Grenze, nach Eger. »Der brave Egerländer«, schrieb 1931 sogar der *Regensburger Anzeiger* (Eger gehörte jahrhundertelang zum Bistum Regensburg), »verzagt nicht, erträgt sein jetziges Los mannhaft in der festen Überzeugung, daß sich auch dieses Blatt geschichtlichen Geschehens wieder einmal zum Besseren wenden wird, zum Besseren seines geliebten Heimatbodens und seiner großen deutschen Heimat jenseits der unhaltbaren Gegenwartsgrenzen.« Unhaltbare Gegenwartsgrenzen! Eger war, wie die Historiker vor und nach 1945 immer wieder schrieben, »rein deutsch«.

Ich verwende den Begriff »rein« nur in Satzkonstruktionen wie »davon verstehst du rein gar nichts«. (In der Politik sind solche Sätze oft nötig.) Aber man muß den Historikern lassen, daß in Eger wirklich über viele Jahrhunderte von einer tschechischen Minderheit kaum die Rede sein konnte. Noch 1900 lebten nur 133 Tschechen in Eger, 1930 waren es dann, aufgrund der Entsendung von allerhand Beamten, 3493, das waren elf Prozent. Eger hatte eine Sonderstellung, weil es (von Ludwig dem Bayern, für 20 000 Goldmark) an Böhmen nur verpfändet worden war. Die Egerer fühlten sich als Bollwerk, Festung, Trutzburg des Deutschtums. 1897 hatten sie den Wiener Schlawinern (da war ein Pole namens Badeni Ministerpräsident und wollte die Minderheitssprachen aufwerten) einen »Egerer

Sudetendeutsches Bürgertum

Volkstag« hingerieben, der ein gewaltiges Aufsehen erregte. Grenzstadtatmosphäre. Mit einer tschechischen Frau hatte man es nicht leicht in Eger. Deshalb wurde aus der Zdenka ja eine Edith, Anfang Oktober 1939.

Wir wollen nicht unfair sein. Die tschechische Volkstums- und Sprachpolitik war unklug – und trotzdem hatten die Sudetendeutschen (darunter auch sudetendeutsches Bürgertum) bis 1935 zu siebzig Prozent Parteien gewählt, die in der Tschechischen Republik aktiv mitarbeiteten. Die Änderung bahnte sich an, als der Ascher Turnlehrer Konrad Henlein 1933 die Sudetendeutsche Heimatfront gründete, die bald eine Art sudetendeutsche Unterorganisation der NSDAP war. Als Hitler dann kam, hieß der Markt bald Adolf-Hitler-Platz.

Ab da war Wenzel Jaksch, der Vorsitzende der Sudetendeutschen Sozialdemokratie, ein einsamer Mann, ein machtloser Emigrant in London, der Anführer von ein paar Tausend geflüchteten »Verrätern«, den Beneš beliebig hinhalten, ausspielen und ins Leere laufen lassen konnte. Für mich, der ich jetzt bald fünfundvierzig Jahre Sozialdemokrat bin, ist Jaksch eine große Figur. Meine Eltern kannten nur einen einzigen Sozialdemokraten, ihren Zahnarzt, Peter Stark. Mit dem standen sie gut, aber daß er »Sozialdemokrat« war, gab Anlaß zu gelegentlichem belustigtem Staunen. Wie konnte man als Dentist, Sozialdemokrat sein?

Betrachte ich mir die von meiner Mutter sorgsam in Alben geklebten Fotos aus den dreißiger Jahren, fällt eine hastige, gar hektisch wirkende Lebenslust auf. Die Bilder zeigen lachende, posierende Menschen zwischen dreißig und vierzig, die Gläser gefüllt; alle rauchen, auch die Frauen, das Weinhaus Brandner am Markt war die maßgebliche Adresse. Ob auf dem Keilberg beim Skifahren oder der kroatischen Insel Rab beim Baden, in den Gesichtern spiegelt sich die Entschlossenheit, das bißchen Leben zu genießen. Das sollte niemanden verwundern. Diese Leute kamen aus einem Weltkrieg und gingen in einen neuen Weltkrieg. Zwar haben die meisten von ihnen nicht erkannt, daß Hitler Krieg bedeutete. Aber vielleicht haben sie es geahnt. Vielleicht wußten sie, daß sie das bißchen Glück, das man im Leben haben kann, schnell abzapfen mußten.

Der Vater

Der Vater war imposant, wahrscheinlich zu imposant für die Filialdirektorenposten, die ihm in diesen bösen Zeiten zu bekleiden vergönnt waren. In der Familie war er der Vatergott, mit dem die Frauen drohten; meine Mutter akzeptierte jede seiner Entscheidungen, sie liebte ihn bedingungslos. Der Mann war witzig, charmant, die Frauen liefen ihm zu, die Geschäftspartner nahmen ihn ernst, er ließ sich die richtigen Anzüge machen. Einmal sagte er zu mir: »Auch wenn du völlig neben die Schuh gehst (bei uns sagte man nicht »neben den Schuhen«, sondern »neben die Schuh«), mußt du einen Anzug haben, mit dem du im besten Hotel der größten Stadt auftreten kannst.« Ich war damals vielleicht zehn, noch ein Windjackenbursch mit kurzen Hosen im Sommer und konnte mit der Bemerkung nichts anfangen. Mein eigenes Leben hat mich gelehrt, daß er recht hatte. Die Großkopferten achten sogar darauf, ob deine Schuhe geputzt sind. Meine sind seit vielen Jahren immer geputzt.

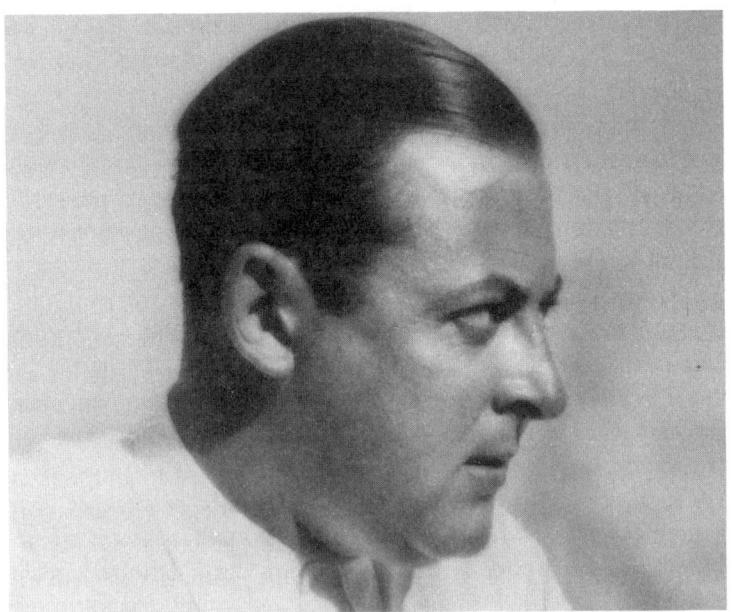

Der Vater

Er hat, mit seinem materialistischen Grundzug, seinem ge-
winnenden Auftreten, seiner Energie und seiner ungebrochenen
Sorge um sich selbst – wer den französischen Philosophen Fou-
cault gelesen hat, weiß, daß das eine philosophische Haltung ist
(*amor sui*) – viel überstanden. Den verhaßten Kommiß der Deutschen zum Beispiel; er mußte als Mittdreißiger einrücken – als
Rekrut, da er, der Herr Ingenieur, schon etwas war. Auch den
Zusammenbruch von 45. Kaum über die Grenze gekommen,
baute er einen Betrieb auf, in dem er zweihundert Sudetendeutsche auffing. Man produzierte Bauernmöbel und Tinnef für
die Amerikaner, zum Beispiel Haferlschuhe als Reversanhänger.
Dieser Betrieb mußte nach der Währungsreform natürlich
Vergleich anmelden. Dann schleppte er vier Jahre schwere
Musterkoffer und brachte seine Familie als Textilvertreter
durch. Erst 1953 gelang es ihm wieder, in sein Versicherungs-
gewerbe zurückzukommen. Mit fünfundfünfzig war er schon
tot, Urämie als äußere Ursache, aber »alles war kaputt«, sagte

mir sein Arzt vom Bayreuther Versorgungskrankenhaus, den wir nach alter Sitte mit »Herr Primarius« anredeten, obwohl es solche Titel in Deutschland nicht gab.

Auf mich war er, je größer ich wurde, um so stolzer. Das war, wie bei vielen Vätern, ein bißchen grundlos. Wirkliche Erfolge hatte ich erst nach seinem Tod. Aber es gefiel mir. Ich hatte Angst vor ihm, ja, aber das hatten fast alle Kinder damals vor ihren Vätern, das Prügeln war im Mittelstand üblich. Er konnte auch zärtlich sein, wenn das Leben es zuließ. Es war eine normale Vater-Sohn-Beziehung zwischen einem 1905 geborenen Vater und einem 1939 geborenen Sohn.

Daß er kein Held war, habe ich ihm nie übelgenommen, nicht damals, nicht später, nicht heute. Vielmehr erschien mit die Leidenschaft, mit der er Uniformen – brüllende, als Unteroffiziere verkleidete Bauernburschen und eitle Ritterkreuzträger (wir hatten einen in der Egerer Bekanntschaft) – verachtete, plausibel. Es erschien mir ganz natürlich, daß der »Vati« sich nicht die Arme oder Beine wegschießen lassen wollte. Ich hatte mit diebischem Vergnügen verfolgt, wie er eine Tante aus der Grafschen Linie, die Gedichte auf den Führer gemacht hatte und sich kurz vor dem Einmarsch der Amerikaner aufhängen wollte, vom Dachboden holte und mit Ohrfeigen zur Besinnung brachte; sie lebte noch dreißig Jahre. Und die Tatsache, daß er 1945 sein rundes, von mir früher bewundertes, glänzendes Parteiabzeichen gemeinsam mit einem Exemplar von *Mein Kampf* in einen Teich bei Schloppenhof – er hatte mich mitgenommen – schmiß, erschien mir folgerichtig. Die Familie war zwar politisch uneinig, die Älteren waren meist für die Nazis, meine Mutter war dagegen, ihre Schwester Kommunistin, der Vater ein politisch wurstiger Bonvivant, aber gegenüber »oben« hielt die Familie zusammen. 1944/45 war allen klar: Dieser Krieg ist verloren.

Sogar mir war das klar. In Liebauthal – der Vater war inzwischen kriegsverwendungsunfähig geschrieben und bei uns – fragte mich ein scheinheiliger Nazi im April 1945, was jetzt denn wohl passieren würde. »Ach«, antwortete ich, stolz darüber, daß mir diese Frage gestellt wurde, »wer die Hand nicht hebt und ›Heitler‹ ruft, dem werden die Amerikaner schon nichts tun.« Ich war sechs. Damals konnten Männer wegen solcher Äußerungen, auch der unmündiger Familienmitglieder, erschossen werden. Wehrkraftzersetzung. Irgendwoher mußte der Junge seine Weisheit ja haben. Mein Vater überlebte auch das.

Was ich damals natürlich nicht wußte, war, daß die kleine Fabrik, die Vater in Prag gekauft hatte und mit der er Gasmasken produzieren mußte, ein »arisierter« Betrieb war. Das ehemalige Eigentum von Juden. Die Nazis hatten für den staatlich organisierten Raub jüdischen Besitzes diesen perfiden Begriff geprägt: »Arisierung«. Deutsche bekamen solche gestohlene Betriebe für billiges Geld. Dieser Kauf war eine Lumperei. Aber so sah man das im sudetendeutschen Bürgertum wohl nicht. Das mit den Juden hatte Hitler gemacht. Und wenn die Betriebe nun einmal zu haben waren, durfte man sie auch kaufen. Den billigen Preis hatten ja andere zu verantworten.

Dita

Wie schwamm die Mutter, die verdeutsche Tschechin, in diesem Wasser? Am klarsten geht das aus einem anonymen Brief hervor, den eine Egerer Nachbarin unter dem falschen Namen Hilde Wagner am 4. Mai 1942 an die Eggerer Kreisleitung der NSDAP geschrieben hat. »Unsere Bitte«, schrieb die sich Versteckende, angeblich im Namen mehrerer Egerer Frauen, »geht dahin, zu untersuchen, durch welchen Feld Uffz etc. sich Herr Glotz die guten Beziehungen, den Schwindelplatz in der Kanzlei, die Übernachtungsmöglichkeiten zu Hause etc. etc verschafft. Unsere Männer müssen an der Ostfront im Freien schlafen und bekommen oft tagelang kein warmes Essen, und dieser Drückeberger versteht es – durch seine Frau, die auch noch Tschechin ist – sich solche Beziehungen zu schaffen. Wir sind nicht gewillt, dies länger im Interesse unserer Männer anzusehen, und bereit, bis zur Kanzlei des Führers zu gehen, wenn solche Ungerechtigkeit weitergeht.«

»Die auch noch Tschechin ist«, das ist der Kernsatz. Die Egerer Hausfrauen trafen den Sachverhalt. Diese Tschechin, nur

Bürgerschule, später Geschäftsfrau – sie betrieb in Eger, in der Konrad-Henlein-Straße 4, ein Fachgeschäft »Alles für Dein Kind«, etwas Vergleichbares auch ein paar Jahre nach der Währungsreform in Bayreuth –, hat achtzehn deutsche Dienststellen abgeklappert, um meinen Vater aus der Naziwehrmacht herauszuholen. Sie schminkte sich, machte sich schön, nahm einen Stapel Hemden, Wäsche oder Kinderausstattungen und setzte sich in die Wartezimmer der Majore oder Oberstabsärzte. Oder sie paßte sie vor der Dienststelle ab. Natürlich bekam sie gelegentlich die Standardantwort: »Ich kann doch dem Führer keinen Soldaten nehmen«, sogar von einem vorgesetzten, gut bekannten Kollegen meines Vaters in der Unionversicherung, einem gewissen Dr. W., dem die Familie später erneut begegnete. Da war vom Führer keine Rede mehr und Herr Dr. W. machte wieder sehr gutes Geld. Aber die meisten Herren ließen sich überzeugen, im Zweifelsfall durch Seidenhemden. Es mag ein verspäteter, ein wenig rachsüchtiger Ton, ein kleiner nationaler Triumph mitgeklungen haben, wenn meine Mutter, die nicht für voll genommene Tschechin, später, lange nach der Nazizeit, vergnügt offenbarte: »Alle haben sie genommen.« Das war ihre Art zu siegen. Die deutschen Herrenmenschen waren käuflich. »Nur einer war anständig.« Ein Wiener war das, in Prag. Der hat gesagt: »Ihr Mann wird entlassen, weil er krank ist, und Ihre Hemden nehmen Sie wieder mit.«

Ich bin nicht so verbohrt, den Groll der Egerer Denunziantinnen nicht zu begreifen. Schäbig war das Versteckspiel des Briefes mit falschem Absender, dumm der blinde Glaube an Hitler und seine Clique. Aber die Männer dieser Frauen lagen wirklich irgendwo in Rußland, und mein Vater hatte sich diesem Schicksal nicht entzogen, weil er den Überfall auf die Russen und halb Europa mißbilligt und die Nazis gehaßt hätte. Er war nur ein unpolitischer Zivilist, der leben – und für niemanden sterben – wollte. Ich übernehme den Begriff »Drückeberger« nicht. Jeder, der sich vor Hitlers Krieg drückte, hat meine Sympathie. Jeder. Aber meine kompromißlos kämpfende – bestechende – Mutter imponiert mir mehr als mein Vater, der politische Agnostiker, der im familiären Herrschbereich so unumstritten und draußen oft genug ziemlich kleinlaut war.

Prager Verwandtschaft

Große politische Diskussionen waren Ditas – die Familie ver-
kürzte Edith auf Dita – Sache nicht. Die Großmutter war in den
fünfziger Jahren durch den Einfluß eines Lesezirkels eine große
Antifaschistin geworden; nur selten machte die Mutter dazu
eine sarkastische Bemerkung. Wenn Dita von Bobby, ihrer
Schwester in Prag, kam, die schon 1928 dem linksintellektuel-
len Zirkel »Linkskurve« beigetreten war und mehr und mehr
zu einer Anhängerin der tschechischen Kommunisten wurde,
muß gelegentlich ein bitterer Widerspruch aufgeflackert sein.
Aber es flackerte nur im engsten Familienkreis.

Gelegentlich, wenn ich krank war, kam Dr. Jaeger. Für mich
war das ein alter Mann, denn er hatte schlohweißes Haar. Ich
erinnere mich genau an die kalten Hände und seine unsenti-
mentale, kurz angebundene Burschikosität. Der warf gelegentlich einen Hitler- und Göring-Witz hin. Dann bugsierte der
Vater ihn schnell ins Herrenzimmer. Das war nichts für Kinder.

Nach dem Tod meiner Mutter, 1991, fand ich in ihren Papie-
ren eine Eingabe ans Lastenausgleichsamt München. »Bis 1938/
39 verlief alles sehr gut«, schrieb sie, starr und selbstverständlich nur ihre Familie im Blick. »Mein Mann hatte gut verdient,

und wir verkehrten in der besten Gesellschaft (Egers). Keiner
hatte etwas an meiner nichtdeutschen Abstammung auszuset-
zen, obzwar es viele wußten. Als dann die deutschen Truppen
einmarschierten, kam die Gestapo und verlangte meine Ausweisung aus dem Sudetengebiet in die ČSR, wegen meiner Na-
tionalität. Ja, man hatte sogar meinem Mann die Scheidung nahegelegt. Meine Papiere wurden überprüft. Mein Mann hatte
damals sehr große Schwierigkeiten.«

Später, nach 1945, als meine Mutter ihr Geschäft in der inzwischen, Gott sei Dank, nicht mehr nach Konrad Henlein
benannten Straße wiederhaben wollte, haben die Tschechen
meiner Mutter die Scheidung nahegelegt. Aber die beiden sind
zusammengeblieben.

Wir haben uns weggeduckt

Die Erinnerung tappt durch unsere Vergangenheit wie ein Be-
trunkener mit Taschenlampe durch einen stockfinsteren Stol-
len. Der Lichtstrahl trifft mal diese, mal jene Wandpartie. Aus
diesen Eindrücken, gewonnen, wie gesagt, im Rausch, formt
man dann das eigene Weltbild. Die meisten finden auf dieser
Stollenfahrt nur, was sie gesucht haben.

Was habe ich gesucht? Antisemitismus. Natürlich, mein Vater hatte dreimal im Monat nach dem Essen gesagt: »Es war
sehr gut und reichlich, und nicht so fett wie in anderen jüdischen Häusern.« Irgend jemand rief uns Kinder auch mit dem
Satz zur Ordnung: »Hier geht's ja zu wie in der Judenschule.«
Daß die Leute, die in Österreich so redeten (und im alten
Mitteleuropa oft genug auch heute noch so reden) die Juden
alle ausrotten, vergasen und vom Erdboden vertilgen wollten,
wäre eine übertriebene Folgerung, obwohl es zwingend ist, daß
wir nach Auschwitz nicht mehr so reden.

Auch für unsere Familie gab es, wie so oft, das halbjüdische
Alibi. Werner B., unser Wohnungsnachbar, war Halbjude. Er
verkehrte mit der Familie vor 1945 und nach 1945. Er hat sicher
nicht wegen heldenhafter Hilfe meiner Familie überlebt, sondern aus eigener Kraft – und Raffinesse. Wie immer man es

deuten mag: Es erschien ihm nicht degoutant, am anderen Ufer des Flusses angekommen, mit Nachbarn aus der alten Zeit wieder Kontakt aufzunehmen. Vielleicht war er auch nur lebenstüchtig und gleichgültig. Mir – aber ich war ein dummer Bub – erschien er nach 1945 nicht anders als vor 1945. Der einzige Unterschied war, daß er jetzt mit zwei Frauen auftrat. Die erste, Mirl, die ich in Eger gekannt hatte, war jetzt seine Haushälterin. Die zweite Frau B. war schwarz, schön und scharfkantig. Ich habe mich gelegentlich an ihr geschnitten. Es ist mehr als ein halbes Jahrhundert her.

Wußte ich etwas von den Untaten der Nazis? Die Antwort lautet: Ja. Als der Egerer Bahnhof im April 45 zum zweitenmal bombardiert worden war, sah ich, wie Leute in Sträflingskleidern gefesselt auf das Trümmerfeld geführt wurden, zum Aufräumen. Meine Großmutter, mit der ich unterwegs war, zerrte mich weg. »Was waren das für Leute?« – »Die sind aus dem KZ. Jetzt sei ruhig.« Ich nehme an, daß ältere Egerer solche Zeichen besser deuten konnten als ich. Es können übrigens kaum KZler gewesen sein, in Eger gab es kein KZ. Ich vermute, es waren Polen, Russen oder Franzosen aus Arbeitslagern und Gefängnissen.

Direktor M. war für uns immer voller Benevolenz. Ich spürte: Er war eine höhere Charge als der Vater. Die Ms hatten eine fünfzehn- oder sechzehnjährige Tochter, die ich bewunderte, aber natürlich nicht auf mich aufmerksam machen konnte. Sie hatten, im Gut, auch eine Villa oder jedenfalls ein großes Haus, in dem wir unterkamen. Sie waren zu uns nur liebenswürdig. Deswegen ging es mir nahe, als ich hörte, die Tschechen hätten den Direktor M. inhaftiert und monatelang gequält und geprügelt. »Er hat aber auch«, bemerkte meine Mutter bei irgendeiner Gelegenheit in einer Nebenbemerkung, »polnische Zwangsarbeiterinnen zur Strafe bei glühender Hitze an der Wand stehen lassen, bis sie umfielen.«

Große Verluste durch den Krieg hatte meine Familie nicht. Ein Wiener Cousin des Vaters – die Wiener hießen Libowitzky oder Tittelbach – mußte den ganzen Krieg mitmachen, aber er überlebte. Eine Schwester der Großmutter wurde von einer Bombe zerrissen. Der tschechische Zweig war geschlossen ge-

gen die Nazis, hielt sich aber ruhig. Wir haben uns wegge-
duckt.

Eine patriotische Tschechin, deren Patriotismus durch die
Emigration nach Deutschland – nach 1968 – eine verständ-
liche Zuspitzung erfuhr, hat in einer Rezension meines Buches
Die Vertreibung spitz gefragt, ob sich die Tschechen vielleicht
bei Leuten wie meinem Vater (es ging um die Arisierung) hätten entschuldigen sollen. Aber nein. Sie hätten nur die vielen
Sudetendeutschen, die sich nichts zuschulden kommen ließen,
nicht vertreiben sollen.

Heimat

Verlassen wir Eger, wir müssen uns jetzt um die Bayreuther Gegend kümmern, die zweite Heimat. Wenn ich richtig gezählt
habe, bemühe ich mich derzeit (durchaus erfolgreich) um die
Einwurzelung in die siebte Heimat, die Ostschweiz. Man
kommt herum, wenn man nur früh genug im Leben vertrieben
wird.

Der gefühlsgeladene Begriff »Heimat« paßt auf einen dann
allerdings wie ein zu kleiner Hut. Ich meine das nicht pathetisch
oder patzig, so als ob die Bayreuther daran schuld wären, daß
unsereiner nach einem knappen Jahrzehnt wieder weiterzog.
Ich bin per Saldo ganz gut behandelt worden, auf allen Statio-
nen. Allerdings habe ich auch dafür gesorgt, daß ich gut behandelt wurde: durch Anpassung. Ich empfinde eine freundliche
Verbundenheit zu den Städten, in denen ich länger leben durfte,
vor allem zu München, dessen nördliche Region ich lange im
Bundestag vertreten konnte. Aber ich denke, es wird mir niemand übelnehmen, wenn ich sage: Ich hätte mich, mit einer
schönen Aufgabe auch in Princeton wohl gefühlt. Oder in Bie-
lefeld.

Mit dem Egerländer Josef Stingl, einem altgedienten Sozialpolitiker der Union, der später Präsident der Bundesanstalt für
Arbeit war, habe ich gelegentlich über Heimat gesprochen. Er
war fünfzehn Jahre älter als ich und sprach perfekt den Egerer
Dialekt. Den habe ich, in meinem deutsch-tschechischen El-

ternhaus, gar nicht gelernt. Ein paar Jahre sprach ich das dunkle Oberfränkisch der Bayreuther, wo der Bauer, bei dem wir unterkamen, ein gewisser Adam Goetschel, »Oahrl« und seine Frau Margarethe »Maich« genannt wurden. Diese Sprache mußte ich später in Norddeutschland schnell vergessen.

Meine Versuche, als junger Abgeordneter Oberbayerisch zu lernen, scheiterten. Ich lief zwar im Trachtenanzug herum und hielt Bauernversammlungen im westlichen Landkreis von Fürstenfeldbruck im Idiom. Heute vermute ich, daß die Bauern mein Bayerisch, das sie wohlwollend ertrugen, für Egerländerisch hielten. Ich gab die Versuche, mich sprachlich neu zu verwurzeln, auf, als mein alter Freund Hermann Wimmer, altbayerischer Betriebsrat aus Neuötting und lange mein Banknachbar in der sozialdemokratischen Bundestagsfraktion, zu mir sagte. »Geh, mir meng Di aa wennst Deitsch redst. Boairisch lernst eh nimmer.« Der Mann hatte recht. Schön kurze Sätze wie »A Helles und hundertfuffzig Gramm Leberkäs« kann ich schon. Aber spätestens, wenn der Konjunktiv nötig wird, wird's Comtesserl-Bayerisch, und das ist so fürchterlich wie Mittelstands-Denglisch und Folklore.

Ich sage nichts, wenn mir einer verständnisinnig sagt: »Ah, Sie sind Sudetendeutscher.« Ich muß mich nicht distanzieren, warum sollte ich? Aber dieser gegen die »heißhungrigen Entnationalisierungsgelüste der Tschechen« (zeitgenössische Formulierung) gerichtete Kampfbegriff, populär zwischen 1918 und 1945, trifft mich nicht. Ich bin geistig ein Altösterreicher, vom Paß ein Deutscher und politisch ein westeuropäischer Gegner jedes Nationalismus. Das hängt weniger mit heldenhaft-bewußter Entscheidung zusammen als mit meiner Lebensgeschichte, mit meiner Herkunft aus einer Mischehe.

Nur auf zwei Feststellungen lege ich Wert. Nein, liebe Bewohner von Cheb (wie Eger auf tschechisch heißt), ich will nicht mehr in die Egerer Schanzstraße zurück, unter keiner Bedingung. Das verspreche ich hoch und heilig. Und ich will auch für nichts entschädigt werden. Ich halte es mit dem großen russischen Schriftsteller Vladimir Nabokov, von dem man nicht genau weiß, ob er nicht eher ein großer amerikanischer Schriftsteller war. Der hat in seiner Selbstbiographie *Erinne-*

rung, sprich geschrieben: »Meine alte (von 1917 datierende) Fehde mit der sowjetischen Diktatur hat nicht das mindeste mit Besitzfragen zu tun. Für einen Emigranten, der ›die Roten haßt‹, weil sie ihm Geld und Land ›gestohlen‹ haben, empfinde ich nichts als Verachtung. Die Sehnsucht, die ich all diese Jahre gehegt habe, ist das hypotrophische Bewußtsein einer verlorenen Kindheit, nicht der Schmerz um verlorene Banknoten.«

Nun hat Nabokov zu einer großen russischen Familie gehört und ein riesiges Vermögen verloren. Ich habe zu einer kleinen sudetendeutschen Familie gehört und nur das Übliche verloren. Meine Eltern hatten nicht einmal ein eigenes Haus. Deswegen hat der sudetendeutsche Verleger Herbert Fleissner – eine kreuzehrliche, pudeldeutsche Natur, wie Heine gesagt hätte – in einem Leserbrief an die *Frankfurter Allgemeine*, wo ich die deutschen Vertriebenen zu einem Vermögensverzicht aufgefordert hatte, korrekt bemerkt,unsere Familie habe ja auch nicht viel besessen, auf das zu verzichten wäre. Es ist doch gut, daß die alten Landsleute zur Stelle sind, wenigstens, wenn man über die Stränge schlägt.

Gegen Vertreibungen

Ich mache einen Sprung von sechs Jahrzehnten. Im Jahr 2000 habe ich, der ich nie einem Vertriebenenverband angehörte, gemeinsam mit der Vorsitzenden des Bundesverbandes der Vertriebenen, Erika Steinbach, die Stiftung »Zentrum gegen Vertreibungen« gegründet. Wir wollen in Berlin ein Dokumentationszentrum errichten, das sich vor allem mit den Vertreibungen im Europa des 20. Jahrhunderts beschäftigt. Es soll durchaus auch ein Agitationszentrum werden, allerdings nicht für die Rückgabe von deutschem Alteigentum oder eine Sonderrolle der Sudetendeutschen in Tschechien oder der Ostpreußen in Polen, sondern gegen die längst alltäglich gewordene, alerte Heuchelei, die Vertreibungen von gestern mit diplomatischer Miene verurteilt, nicht ohne darauf hinzuweisen, daß damals eben andere Verhältnisse herrschten. Damals sei rechtens gewesen, was heute unrecht wäre. Aber auch gegen das heutige Unrecht wendet man sich nur lau, mit den üblichen Worten. Derzeit vertreiben radikale Kosovo-Albaner unter den Augen Europas die serbische Bevölkerung des Kosovo. Wer greift das Thema wirkungsvoll auf?

Natürlich werden auch die vertriebenen Deutschen vorkommen; es waren immerhin – je nachdem, wie man rechnet – zwischen dreizehn und fünfzehn Millionen Menschen. Aber es ist nicht nur ein Anschlag auf unseren Anstand (das könnte man allenfalls verkraften), sondern auf unsere Intelligenz, wenn man uns unterstellt, wir wollten den Spieß umdrehen und die Deutschen zu Opfern der Polen, Tschechen, Slowaken oder Russen machen. »Die Henker wollen sich als Opfer darstellen«, heißt eine weitverbreitete polnische These. Wir haben nicht vergessen, wer den Zweiten Weltkrieg angefangen hat – Hitler, und zwar mit Zustimmung vieler Deutscher. Das heißt aber nicht, daß es Täter- oder Opfervölker gäbe. Jedes Volk ist eine vertrackte Mischung aus Tätern, Mittätern, Mitläufern und Opfern. Wir haben nie bezweifelt, daß das deutsche Volk im Griff Hitlers viel zu viele Täter, Mittäter und Mitläufer hatte. Das ist aber kein Grund, der deutschen Opfer, die es eben auch gab, nicht zu gedenken.

Aber nicht in Berlin, der Stadt des Führerhauptquartiers, der Stadt der Wannsee-Konferenz?

Wenn die Debatte nicht so emotional wäre, würde ich amüsiert lächeln; im Bundestag war ich einer der schärfsten Gegner der symbolischen Politik, die die Hauptstadt Deutschlands von Bonn nach Berlin zurückverlegte. Da hatte uns das Schicksal, fürchterliche Schläge verteilend, von Ost nach West getrieben, vom märkischen Sand in das Herz Westeuropas; aber wir mußten wieder zurück, obwohl uns doch klar sein mußte, welche Erinnerungen das bei den östlichen sowie bei manchen westlichen Nachbarn auslösen mußte. Wer diese Entscheidung für richtig hält, muß aber auch ihre Konsequenzen aushalten. Es gibt kein Volk der Erde, das sich einreden ließe, es sollte seiner Toten in irgendeinem Grenzstädtchen am Rande des eigenen Territoriums gedenken, möglichst unauffällig, ohne Aufhebens und möglichst nur einmal im Jahr, in einer Feier der unverbindlichen Formeln. Auch die Deutschen können sich darauf nicht einlassen.

Ich bin unversehens ins »Wir« gekippt, obwohl Erika Steinbach und ich in vielen Fragen unterschiedlich denken. Die Stiftung ist das, was man politisch eine »große Koalition« im Kleinen nennen könnte. Ich kehre also zum Singular zurück. Im siebten Lebensjahrzehnt spüre ich einen wachsenden Unwillen, nur noch das zu sagen, was bestimmte Meinungsführer hören wollen. Die Vertreibung war, was immer die Siegermächte in Potsdam im August 1945 beschlossen haben, ein Verbrechen. Meine Familie kam glimpflich davon. Aber viele Menschen wurden erschlagen, gequält, alle entschädigungslos enteignet. Das Schicksal meiner Volksgruppe habe ich in dem Buch *Die Vertreibung* beschrieben. Gegen Ende unseres Lebens wollen wir, die Flüchtlinge und Vertriebenen des Jahres 1945, darüber offen reden und uns unseres Schicksals vergewissern. Das lassen wir uns nicht verbieten, auch nicht von jenen Nachbarvölkern, die ohne Zweifel von der Generation unsrer Großväter und Väter, ein paar Großmütter und Mütter eingeschlossen, ungerecht angegriffen, dezimiert, ihrer Würde und vieler Lebenschancen beraubt wurden. Diese Nachbarvölker lassen sich von uns auch nichts verbieten, zu Recht. Man denke an die Ehrungen des Vertreibers Edvard Beneš in Prag.

Mir muß man über die Nazis nichts erzählen. Meine Genossen wurden von ihnen in die Konzentrationslager gesperrt, in die Emigration getrieben oder getötet. Meine politischen Lehrer Waldemar von Knoeringen und Willy Brandt haben von außen gegen dieses Pack gekämpft. Derselbe Willy Brandt hat aber auch, 1966 und als Außenminister, im Parlament gesagt: »Niemand wird nachträglich seine Zustimmung zum bitteren Unrecht der Vertreibungen geben oder uns abverlangen können.« Ich lasse mir nicht einreden, daß eine korrekte Darstellung der Vertreibung von 1945 und die Forderung, die unschuldigen Opfer dieser Vertreibung nicht zu vergessen, auf eine Rehabilitierung der Nazis und auf eine Beschuldigung der Nachbarvölker hinausliefe.

Dabei kann ich die Aufregung in der durch grundstürzende Veränderungen hin und her gebeutelten politischen Klasse Polens noch am ehesten verstehen. Unverständlicher ist mir die deutsche Babyboom-Linke, die so tut, als seien die Polen Unmündige, denen man die Wahrheit nicht zumuten und jede Exaltation nachsehen müsse. Es wird kein politisches Europa geben, solange man einige europäische Völker wie sanfte Irre behandelt, mit denen offen zu diskutieren der Therapie widerspricht. Die Frage »Wollt ihr denn das Verhältnis zu den Polen nachhaltig beschädigen?« ist falsch gestellt. Man muß – im neuen Europa – wenigstens offen reden können. Für das deutsch-polnische Verhältnis tragen die Polen genauso Verantwortung wie wir. Sie müssen ihr bedenklich wachsendes Lager eines national-katholischen Fundamentalismus zähmen, ihm widersprechen. Derzeit werden die paar Polen, die das wagen, als »bezahlte Einflußagenten Berlins« mundtot gemacht. Die nicht nur bußfertigen – Bußfertigkeit ist nötig –, sondern die windschnittig bußfertigen Deutschen sollten einen ihrer größten Dichter lesen, Heinrich Heine, »Über Polen«, geschrieben im Herbst 1822, also hundertzwanzig Jahre vor den Naziverbrechen. »Fast bis zur Lächerlichkeit«, schreibt Heine, ein Emigrant auch er, »ehren jetzt die Polen alles, was vaterländisch ist.« Soll das auch in der Europäischen Union so bleiben? Wäre das die geistige Zurüstung für ein vereintes, vor allem vertieftes Europa?

Das Watthesla

Ich blicke nicht zornig oder gar schaudernd auf die zweite Heimat, auf Eckersdorf und Bayreuth, zurück. Für mich waren die Stadt und das Dorf ein Zwillingspaar. Mein Vater war von Anfang an hin und her gependelt, ich ging bis 1947 draußen auf dem Dorf in die Schule, eine Zeitlang pendelte ich als stolzer Fahrschüler, später zum Besuch der Großmutter, die ein paar Jahre länger draußen blieb. Für mich heißt der Ort, in dem wir nach der Vertreibung landeten, *Eckersdorfbayreuth*.

Daß die Götschels über die Einquartierung hätten glücklich sein sollen, kann man nicht verlangen. Sie führten einen winzigen Hof, vier Kühe, Grünlandwirtschaft, das Haus hatte sechs

Zimmer, in die der Flüchtlingskommissar sieben sudetendeutsche Flüchtlinge hineinzwängte. Dabei lebten da schon fünf Menschen: die alten Götschels, Adam Götschels Eltern, das Bauernehepaar und der vierzehnjährige Sohn Hans. Diese schwer ihr Leben verdienenden oberfränkischen Kleinbauern sind wortlos zusammengerückt. Wir haben nie gehungert. Als der Vater starb, im hellen Sommer 1960, habe ich Oahrl und Maich zuletzt gesehen, krumm gearbeitete Fünfziger in Festtagskleidung, sich mit zurückhaltendem Ernst am Rande haltend. Ich konnte nicht viel mit ihnen reden, ich hatte die ganze Trauergemeinde am Hals, meine Mutter war zusammengebrochen. Man hätte ihnen danken müssen.

Mein Problem war das Alleinsein. Spielzeug gab es kaum, ich lief sechsmal nach Donndorf zu einer Drechslerei, um an einen Kreisel zu kommen; mein Stoffball war schon ein großer Besitz, so etwas hatten wenige. Hans war acht Jahre älter, er spielte dann und wann mit mir, aber er hatte kaum Freizeit. Ich sehe ihn am Küchentisch, unter einem glänzendbraunen Klebestreifen, der von der Lampe hing und an dem tote Fliegen klebten, seine Hefte schreiben. »Hans«, sagte sein Vater, »hol das Heu von dem Bamberger Strass.« – »Ich koh net, Vatter, ich muß erbeten«, sagte der Gymnasiast, ohne aufzuschauen. Meistens mußte er doch. Er hat trotzdem sein Abitur gemacht und ist Fachhochschulprofessor in der Stuttgarter Gegend geworden. Wenn ich Studentenfunktionäre über Studiengebühren klagen höre, muß ich an Hans Götschel denken. Haus und Garten, meine Welt von damals, sind vermietet, der Hof ist aufgelassen. Da der Misthaufen weg ist, gibt es auch keine Fliegenplage mehr.

Warum war ich allein? Vielleicht, weil der Hof, die Nummer eins des Dorfes, draußen lag? Vielleicht, weil wir die »Flichtlinge« waren, die Ungeliebten? Manchmal gab's auch zwischen den Kinderpulks Prügeleien: Einheimische gegen Flüchtlinge. Der Hauptgrund dürfte die Sonderrolle des Vaters gewesen sein. Er leitete da oben auf dem Blauen Hügel den einzigen großen Betrieb des Dorfes. Er beschäftigte zwar meistens sudetendeutsche Facharbeiter, aber darunter gab es auch Einheimische. Diese Stellung schuf eine Distanz, unter der ich litt.

Einmal, als ich das Alleinsein nicht mehr aushielt, lief ich ins Dorf und holte sechs oder acht Schulkameraden mit der Versprechung in unseren Garten, ich hätte eine perfekte Fußballerausrüstung zu Hause, Fußballschuhe, Stutzen, Trikots, sogar ein »Watthesla« für den Tormann. Sofort hatte ich ein knappes Dutzend der Jungen, nach denen ich mich so gesehnt hatte, da. Als die allerdings begriffen, daß ich nichts hatte außer einem nicht springenden Stoffball, verprügelten sie mich ein wenig und zogen ab. Ich habe mich nie mehr zu einer solchen Verzweiflungstat hinreißen lassen.

Die Lage wurde besser, als der Vater mir, Anfang der fünfziger Jahre, endlich einen Lederball schenken konnte. Da war ich ein Produktionsmittelbesitzer; es war schon in Bayreuth. Mein Vater hatte eine Wohnung in einem kleinen Block ergattert, Richard-Wagner-Straße 63a, schräg gegenüber der Villa Wahnfried, aber Äonen von ihr entfernt. Wir bewohnten diese Wohnung gemeinsam mit der Familie des inzwischen mittellosen Erben einer Ascher Textildynastie, Walter Fischer, der später in Kanada von Motels lebte. Heute steht dieser Block hoch über einer rauschenden Stadtautobahn. Damals aber gab es da einen Bahndamm, gegenüber dem Haus eine riesige Kastanie und hinter der Kastanie eine Senke, das Seligsbergla, benannt nach dem Bauern Selig, dem diese Wiese gehörte. Die Wiese war das Fußballfeld einer Vorstadtmannschaft, die der Hilfsarbeitersohn »Prollers«, ein starker, dicker Bursche, vier Jahre älter als ich, beherrschte. Ich durfte linken Läufer spielen, weil ich den Ball besaß. Oft allerdings durfte ich nur Schmiere stehen. Der Bauer Selig stürzte nämlich mit einer Mistgabel den Berg hinunter, wenn er bemerkte, daß wir sein Gras zertrampelten.

Dieses Hin und Her war reines Glück, verglichen mit Eckersdorf: Einbindung, Abenteuer, Stadtluft, Aufstieg von der Kinder- in die Halbwüchsigen-Welt. Es war auch eine wirksame Einübung ins Leben. Ich lernte die Klassenstrukturen kennen. Wir, die Schüler der OR (Oberrealschule) mußten oder durften damals Schülermützen tragen, die das Bürgertum in erinnerungsseliger Zustimmung, das Proletariat mit spöttischer Verachtung betrachtete. Die Mütze wurde einem gelegentlich vom Kopf gehauen. Prollers, der große Chef der Halbwüchsigen meines Biotops, schützte mich. Ich war wichtig für ihn, ich besaß den Ball. Allerdings: Prollers – ein Name, der natürlich von Prolet abgeleitet war – durfte ich ihn nicht nennen. Das war seinesgleichen vorbehalten. Wenn ich mich weigerte, den Ball herauszurücken – zum Beispiel, weil ich Hausaufgaben machte –, ließ er mich holen, warf mich hin, nahm mich in den Schwitzkasten und schnürte mir die Luft solange ab, bis ich alles zugestand. Prollers war eine Macht, wie mein Vater, wie einige Lehrer. Ich schlug mich durch.

Denn ich kannte meine Stärken. Den Spruch »Wissen ist Macht« habe ich zwar erst ein Jahrzehnt später in der SPD gehört. Aber mir war klar geworden, daß ich gegen die Muskeln von Prollers und gegen das bißchen »Reichtum« der Besitzer der Luitpold-Drogerie, der Inhaber eines Fotogeschäftes oder einer kleinen Kosmetikfirma (das war unsere Bayreuther Welt) nur mit dem Kopf und dem Mundwerk ankam. Diese Organe schulte ich, ganz egal an welchen Gegenständen. Die Schule versuchte es mit den Bayreuther Hausgöttern Jean Paul und Richard Wagner. Ich fürchte allerdings, daß ich damals am meisten von den Fabeln der amerikanischen B-Filme profitiert habe, die ich im »Bali« am Sternplatz sah, allerdings auch von ausgewählten Texten aus dem Bücherregal des Vaters, zum Beispiel von Remarques *Im Westen nichts Neues*. Das Buch prägt mich bis heute. Es ist das Vater-Buch schlechthin.

Von Prollers und vom Bauern Selig träumte ich dann und wann auch später, ebenso von einsamen Exkursionen durch das Ginstergebüsch des Bauern Götschel und von Pirschgängen durch den erwachenden Bayreuther Hofgarten, im Frühsommer um sechs. Damals waren die Parks in diesen frühen Morgenstunden leer. Die Deutschen waren mager und müde vom Krieg, sie mußten sich weder Bäuche abtrainieren noch das, was man später Streß nannte, abbauen. Es gab noch keine Jogger, die uns heute umschwärmen wie Wespen den Pflaumenkuchen. Im Jahr 1952 kannte ich im Hofgarten vierzig Vogelnester, unter Brücken, in Konservendosen auf irgendeiner Wiese, in Astgabeln.

Der Hofgarten – an Fronleichnam trug ich bei der Prozession die Kolpingfahne, und im Sommer trank ich mit Teta, die Vater hatte entlassen müssen, Limonade in einem Gartenlokal. Sie war wegen der Entlassung tief gekränkt und ging stocksteif und in Schwarz durch Bayreuth. Aber die Familie hatte einfach kein Geld mehr für sie. Die Zeit für Personal war für das kleine Bürgertum vorbei. Mir aber hatte sie Zecken aus dem Hodensäckchen gezogen, die Nase geputzt und zu Weihnachten Torteletten gebacken, kleine runde Mürbeteigkekse, die mit roter Marmelade aneinandergeklebt wurden. Warum sollte ich mit ihr nicht Limonade trinken?

Genauso steif wie Teta lief übrigens eine alte Dame durch Bayreuth, auch in Schwarz. Wir nannten sie Tante Hermine, sie war irgendwie mit Walter Fischer verwandt. Im Unterschied zu ihm war es ihr gelungen, teuren Schmuck über die Grenze zu bringen, den sie mißtrauisch immer in ihrer Handtasche mit sich trug. Die Eltern mochten sie nicht, sie war herrisch und standesbewußt und zeigte uns, daß sie aus besseren Kreisen kam. Einmal, als wir in unserem alten »Taunus« an ihr vorbeifuhren, bei geschlossenen Fenstern, grüßte der Vater sie höflich und zog den Hut. Er sagte aber nicht wie sonst »Küß die Hand, gnädige Frau«, sondern »Leck mich am Arsch, gnädige Frau«. Ich – vielleicht zwölf Jahre alt – amüsierte mich königlich.

Tante Hermine, die Mißtrauische, hat irgendwann ihre Handtasche mit all dem Schmuck an einer Bank im Hofgarten hängen lassen. Als sie es nach einer halben Stunde merkte und hektisch umkehrte, um ihr verbliebenes Vermögen – sie hatte sonst nichts, buchstäblich nichts – zu retten, war die Tasche weg. So kann es Flüchtlingen gehen, selbst solchen aus der Ascher Textilaristokratie.

2. KAPITEL

Die Einfädelung

Fast bewundere ich die Jungen von heute wegen ihrer Positionsgleichgültigkeit. Oder waren das nur die Jungen von gestern? Ich meine das selbstverständliche Einverständnis mit Klamotten, deren symbolischen Mehrwert Ältere nicht erkennen können, den Verzicht auf jedes Upgrading in die Erwachsenenwelt, die aggressionslose Einpassung, gelegentlich bis zum dreißigsten Lebensjahr, in ein Probeleben, das mit Gelegenheitsarbeit, Stipendien, Zuschüssen von Zuhause und kleinen Zuwendungen finanziert wird.

Wir waren anders. Mit achtzehn stierte ich neidisch auf Bilder des Rockstars Peter Kraus, eines Frühstarters meines Jahrgangs 1939, die in Kinoschaukästen hingen. Er hatte schon eine Bartnarbe – oder war sie nur angeschminkt? Wie alt war der Verfasser des Gedichts »Zwischen schneidenden Bogen« in einer damals berühmten Anthologie? Nur zwei Jahre älter? Wieso war ich – der ich allerdings niemals Gedichte geschrieben habe – noch nicht in ein solches Kultbuch vorgedrungen? Ich haßte das Jugendalter, diesen Vor- und Übungsraum des Lebens, diesen trostlosen Wartesaal, dessen Türen verrammelt zu sein schienen. Wie könnte man sich in die Strukturen der wirklichen Welt einfädeln? Eine Propädeutik erhielt ich im Herrenzimmer der elterlichen Wohnung.

Das Herrenzimmer

Den Begriff »Herrenzimmer« hat die kleine Bourgeoisie in den letzten Jahren getilgt und durch »Wohnzimmer« ersetzt. Dieser Raum heißt heute unlogischerweise Wohnzimmer, obwohl man ja auch in Schlaf-, Kinder- und Arbeitszimmern, in der Diele oder auf der Veranda wohnt. Nun verstehe ich schon, daß wir heutzutage in Wohnungen, in denen es keine Damenzimmer gibt, auch keine Herrenzimmer aushalten. Ich erwähne den verschwundenen Begriff auch nur, weil das größte Zimmer jener Wohnung im dritten Stock der Heinrich-Stamme-Straße Nr. 6 in der Hannoverschen Südstadt noch unzweifelhaft ein »Herrenzimmer« sein sollte: voll dunkler, schwerer Möbel, die sich mein Vater im eigenen Betrieb in Eckersdorf hatte anfertigen lassen, an den Wänden schlechte Porträts der Familie von einem Onkel, der akademischer Maler war, im Mittelpunkt des Raums (ab 1954, der Fußballweltmeisterschaft) ein riesiger Fernseher und auf der Couch, nach fünf Uhr, auf dem Bauch liegend, der Vater. Er hatte den Anzug abgelegt, trug einen blauen Frotteebademantel, trank, aß, rauchte, empfing vertraute Gäste im Liegen und beherrschte von dieser strategischen Position aus das ganze Zimmer. Meine Mutter sorgte für Essen und Trinken, willst noch ein Bier, Hasilein? Hier wurde beschlossen, was die Familie zu tun hatte, was sie dachte und vor allem, wie man sparen konnte.

Wer vermuten sollte, daß es streng, laut und im Kommandoton zugegangen wäre, täuscht sich. Wir reden von den Jahren 1953 bis zum Tod meines Vaters 1960; da war er schon mild, hoffnungslos und zuhörfähig. Die häufigsten Gäste waren ein baumlanger Innsbrucker – einer seiner Mitarbeiter –, ein früherer Berufsoffizier, der nun die Firma Mercedes in der Stadt vertrat, ein Abgesandter aus der deutschen Zentrale von Vaters Versicherungsgesellschaft in München, gelegentlich aber auch Kunden, die Auwi (August Wilhelm) hießen oder die jüngeren Brüder berühmter, gefallener Tenniscracks waren. Natürlich vermied ich diesen Zirkel oft und verabredete mich mit John Wayne, Gary Cooper, Rita Hayworth oder Marilyn Monroe. Dafür brauchte man allerdings drei bis vier Mark Kinogeld. Im

übrigen verfügte ich früh über einen Terminkalender: Laien-
spielschar, Schulchor, Schülerzeitung, den Hannoverschen Ten-
nisverein, eine Jugendpressevereinigung und wie das alles hieß.
Oft gastierte ich aber auch als wohlwollend geduldeter, gelegentlich sicher auch als ironisch hochgenommener Jungstar. Ich
vertrat meinen von Remarque geborgten Pazifismus, die leidenschaftliche Zustimmung zur Abtretung des Saargebietes an
Frankreich (kein Nationalismus!) oder meinen Abscheu gegen
Francos Spanien und Salazars Portugal. Mein Vater freute sich
über das, was er »die Goschen« seines Sohnes nannte.

Die meisten dieser Männer waren im Krieg gewesen, Hauptleute, vielleicht sogar Majore. Sie gehörten zu den blutigen
Jahrgängen zwischen 1914 und 1922, hatten die Nazis erlebt,
ihnen ohne Zweifel auch lange geglaubt. Jetzt bauten sie sich
neue Existenzen auf, arbeiteten hart, betrogen vielleicht
manchmal ihre Frauen, ließen sich aber nach den schrecklichen
Kriegsjahren ohne viel Widerstand ins ruhige Bett eines regu-
lierten Lebensflusses bugsieren. Gelegentlich bot einer von ihnen unter Alkohol eine Sondervorstellung wie Panzervor-
marsch in der Ukraine oder Partisanen in Jugoslawien. Dann
lauschte ich gebannt und schaute auf ihre leuchtenden Gesichter, ihre sparsamen »So-war-es-eben-Gesten«. Kein Zweifel, ich
beneidete sie, weil sie schon gelebt und sogar überlebt hatten.

Wenn ich heute mit der Erfahrung der beiden Wehrmachts-
ausstellungen des Hamburger Instituts für Sozialforschung auf
die Herrenzimmerrunde zurückblicke, wundere ich mich über
die rabiate »Es-muß-weitergehen-Haltung« des Sechzehn-,
Siebzehnjährigen. Ich wußte, daß mein Vater, der »Drückeberger«, wie die Egerer Nazifrauen gesagt hatten, in Massen- und
Völkermord nicht verwickelt gewesen sein konnte. Aber die
anderen, von denen einige an der Ostfront gewesen waren?
Gut, damals galt als gesichert, daß die Wehrmacht anständig
gewesen sei, gemordet hätten SS, Polizei und Hilfswillige. Mit
pathetischer Fragerei, Beschuldigungen ohne Beweismaterial,
Anklagen ohne Fundament wäre ich rausgeflogen. Aber mein
Urteil »arme Hunde« hätte ganz falsch sein können, ein paar
Jahre zuvor waren einige dieser Offiziere Herren über Leben
und Tod gewesen. Ich habe mich im Verdacht, daß ich in jener

Nachkriegsstimmung befangen war, die den Krieg als Verhängnis betrachtete, gegen das der Einzelne sowieso machtlos war.
Das wäre genauso fragwürdig gewesen wie die Angewohnheit
einiger APO-Führer, in jedem Vater einen Naziverbrecher zu
sehen.

Mit den Männern des Herrenzimmers – unter die sich gelegentlich Frauen mischten, die aber über das, was mich interessierte, nichts sagten – war ich nicht einverstanden. Der »Cantus
firmus« ihrer Gesänge lautete: Politik ist schmutzig – das war die
prägende Erfahrung ihres Lebens unter den Nazis. Sie waren
unzufrieden, kritisierten an den Politikern herum – der Begriff
politische Klasse war noch nicht aus Frankreich importiert –,
nörgelten, tobten auch schon mal gegen dies und das. Aber diese
entlassenen Hauptleute oder Majore machten keinerlei Anstalten einzugreifen. Es blieb beim Geraunze. Das gefiel mir nicht.

Vor allem bewegte mich der Gedanke, daß man der Macht
nur standhalten könne, wenn man sich selbst festlegte. Bereits
mit sechzehn oder siebzehn Jahren hatte meine Generation das,
was man eine skeptische Anthropologie nennen müßte, eine
Einsicht in die menschliche Erbärmlichkeit. Man hatte schon
allerhand Halblautes, Vorgetäuschtes, Beiseitegesprochenes gehört, allerlei Schiebungen und Brutalitäten gesehen, allerhand
Angst und Schäbigkeit erlebt. Ich sagte mir: Wer erst einmal unter den Wölfen lebt, muß mit ihnen heulen. Märtyrertum ist
Quatsch, Heldenhaftigkeit lächerlich. Es geht darum, am Leben zu bleiben, das ist schwer genug. Du mußt von vornherein
dafür sorgen, nicht in die Lage zu kommen, daß sie dich an
irgendeine Front schicken, einsperren, foltern, deine Familie in
Sippenhaft nehmen. Sartres Dramolett *Die schmutzigen Hände*
hatte auf mich in dieser Lebensphase großen Eindruck gemacht, der Funktionär Hoederer schien mir von anderem Kali-
ber als die Väter. Deren folgenloses Gerede stieß mich ab.

Aber ich wäre nicht im Traum darauf gekommen, diese Väter zu hassen. Ich hielt sie für Geschundene, die sie auch waren,
für austauschbar, ersetzbar. Diese armen Hunde inquisitorisch
zu fragen: »Und was haben Sie in der Ukraine gemacht? Warum haben Sie nicht gegen Hitler gekämpft?« fiel mit nicht ein.
Das hätte die Grundmelodie jener Jahre zerstört: Wir sind noch

einmal davongekommen. Wir waren tatsächlich noch einmal davongekommen, selbst ich als Kind hätte draufgehen können. Das produzierte eine seltsame Mischung aus Lebenslust, Realitätshunger und einer halb ängstlichen, halb verächtlichen Ablehnung von Gefühlen.

Die Anwesenheit des Krieges in der Nachkriegszeit

Wie kam es zu meinem »von Remarque geborgten Pazifismus«? Ich muß elf oder zwölf gewesen sein. Schon im Bayreuther Herrenzimmer hatte mein Vater jenen schweren, dunkelbraun gebeizten Eichenschreibtisch, versehen mit einer Glasplatte, unter der eine Landkarte lag. Der Tisch war für größere Chefs gebaut, als er einer war. Da Vater im Büro arbeitete, war der Tisch immer so leer wie der von Berthold Beitz, der, wie man lesen konnte, alles delegierte. In der Vorderseite dieses Schreibtischs war ein Fach angebracht, das man mit einer Glasplatte verschließen konnte. Dahinter zwölf oder fünfzehn Bücher. Ich griff mir Egon Erwin Kischs *Mädchenhirt*, ohne genau zu verstehen, was der Titel meinte. Mein Vater nahm mir den zerlesenen Band aus der Hand: »Das ist noch nichts für dich, das ist Lektüre für den alten Herrn.« (Er war fünfundvierzig.) »Aber wenn du schon Erwachsenenbücher lesen mußt, dann lies das. Dafür bist du zwar auch zu klein, aber es kann nie schaden, wenn du erfährst, wie beschissen Krieg ist.« Er drückte mir eine dreckige Schwarte in die Hand, Remarques *Im Westen nichts Neues*.

Remarques kunstlose Lakonik war mir gut verständlich. So verschlang ich die Geschichte des neunzehnjährigen Paul Bäumer, der sich gemeinsam mit einem Pulk seiner Klassenkameraden auf Drängen des Klassenlehrers freiwillig gemeldet hatte und in zwei Jahren an der Westfront zum ausgebrannten, alten Mann wurde.

Auch bei besonderen Leseerlebnissen prägen sich nur Schlüsselszenen ein. Eine handelt vom Tod von Bäumers Schulkameraden Kemmerich, der rasende Schmerzen in einem Fuß hat, der längst amputiert worden war. Bäumer redet auf seinen Kameraden ein, schwärmt von großartigen Prothesen. Aber Kemmerich weint nur. Er weiß, daß er stirbt. Irgendwann sagt er: »Ihr könnt meine Stiefel mitnehmen.« Es sind wunderbare, lange, weiche Stiefel, auf die die halbe Kompanie scharf ist. Als Bäumer geht, zerren sie den Toten bereits auf eine Zeltplane. Sie brauchen das Bett.

Die unvergeßlichste Figur des Buches aber ist »Kat«, Stanislaus Katczinsky, ein vierzigjähriger Prolet, ein Mann mit Organisationstalent, Menschenkenntnis und gerissener Anpassungsfähigkeit. Kat organisiert überall eine Portion Pferdefleisch, ein paar Strohballen, eine Schachtel Zigaretten. Der Tod Kats gibt dem Buch den Titel. Bäumer schleppt den am Fuß Verletzten zurück zum Lazarettzelt. Als er dort ankommt, ist Kat tot, durch einen verirrten Splitter am Kopf getroffen. Über diesen Tag steht im Wehrmachtsbericht: »Im Westen nichts Neues«.

Der Krieg war für meine Generation eine reale Erfahrung im kleinen – Bomben, Vertreibung, Enteignung, Kunsthonig als Kostbarkeit, von den Trümmern eines zerbombten Hauses erschlagene Tanten. Im großen war er die Grunderfahrung, mit der alles anfing und die alles bestimmte. Wir hatten diesen »großen Krieg« nicht selbst erlebt, nur seine Fernwirkungen. Aber die meisten großen Erzählungen, denen man ausgesetzt wurde – zu Hause, in der Schule oder im Kino – handelten vom Krieg. Mag sein, daß man als Heranwachsender den Krieg auch gelegentlich als Mittel zur Dramatisierung eines zäh dahinschleichenden, demütigend ereignislosen Durchschnittlebens mißbrauchte. Der Krieg war die Folie unter dem Pergamentpapier unserer bescheidenen Nachkriegsexistenzen. Wir zogen die Striche nach, die sich aus dieser Folie abdrückten.

In Hannover, in einem engen Haus ganz oben unter dem Dach, nahe der Stadthalle, am Rande der Eilenriede, nahm ich Nachhilfeunterricht in Mathematik. Der junge Studienrat, der mich unterrichtete, Herr D., war ein nüchterner Mann. Er war sein Geld wert, er gab sich aufrichtig Mühe mit mir. Wie bei vielen aber brach auch bei ihm die Erinnerung gelegentlich durch wie ein Geschwür durch die Magenwand. Es gab Stunden, in denen wir keine einzige Aufgabe (das Thema war Differential- und Integralrechnung) vornahmen. Der frühere Flugzeugführer erzählte aus Rußland, anderthalb Stunden lang. Seine junge Frau, die einen Kübel Kohlen gebracht und den Ofen eingeheizt hatte, war schweigend auf den Knien hocken geblieben und hörte zu. Irgendwann muß der Erzähler bemerkt haben, daß es ihn fortgerissen hatte, und er beendete die Lektion, die keine mathematische gewesen war, mit dem lapidaren Satz: »Das kostet heute nichts.«

Der heilige Gottfried

In Hannover schickten mich meine Eltern auf die Bismarck-Schule, einen Gründerzeitkasten am Maschsee. Viel später habe ich den spöttischen ersten Satz von Bismarcks Lebenserinnerungen gelesen: »Ich verließ die Schule als normales Produkt unseres staatlichen Unterrichts.« Auf uns traf das sicher auch zu. Aber ich sehe keinen Grund, auf diesen staatlichen Unterricht und sein normales Produkt herabzusehen. Das liegt am Reeducation-Programm der in Hannover die Macht verwaltenden englischen Besatzer, das wir Deutsche bitter nötig hatten und an zwei Frontsoldaten, die aus der Nazizeit die richtigen Konsequenzen zogen, den Deutschlehrern Walter Rohlfing und Harry Sievers.

Das mit den Frontsoldaten war damals natürlich das Übliche. Wer sollte sonst Mitte der fünfziger Jahre unterrichten? Nur waren das in der Regel Leutnants, wie Gottfried Benn sie in seiner Autotbiographie *Doppelleben* beschrieben hat: »hervorgegangen aus der HJ, also mit einer Erziehung hinter sich, deren Wesen systematische Ausmerzung von gedanklichem und moralischem Lebensinhalt aus Buch und Handlung war und deren Ersatz durch Gotenfürsten, Stechdolche – und für die Marschübungen Heuschober zum Übernachten.« Mir ist dieser Typus in den entscheidenden Jahren und in den prägenden ideologischen Fächern erspart geblieben.

Rohlfing, damals ein schmaler Dreißigjähriger mit seidigen Haaren, der neben meinem fünfzehn oder zwanzig Jahre älteren Maßanzugvater wie ein Eleve aussah, bot durchaus Gegenwehr. Er opferte sein Schillersches Pathos nicht dem frühreifen

Zynismus des jungen Erich Kästner, mit dessen *Lyrischer Hausapotheke* ich herumlief. Sievers war älter, robuster, erdnaher Protestant aus Meppen, der über Hamann, den »Magus des Nordens« arbeitete, verstiegene Behauptungen aber ganz unromantisch wegprustete. Die beiden unterhielten einen nach außen abgeschirmten Sprechsaal, in dem wir nicht Germanistik trieben, sondern unsere quälend prinzipiellen Lebensfragen im Medium der Literatur durchkneten und ausquetschen konnten. Als ich die Schule 1959 mit einer Matura verließ, die man hier Abitur nannte, war ich zwar, wie die Herrenrunde meines Vaters meinte, ein »Philosoph«, von dem man nicht wußte, wie er sein Geld verdienen würde, aber ich hatte mir ein paar Minima moralia einverleibt: Ich war antinationalistisch, pazifistisch, verachtete die Demokratie nicht und hatte eine gesunde Skepsis gegenüber öliger Feierlichkeit. Diese Feierlichkeit glaubte ich damals zwar vor allem beim heuchelnden Establishment und bei Kardinal Döpfner wahrzunehmen. Später habe ich gelernt, daß das Ölige viel weiter verbreitet ist und auch von authentischen Alternativen – evangelischen Pastoren und charismatischen Professoren – perfekt beherrscht wird.

Hannover, eine mittlere Stadt, kein geistiger Großflughafen, aber mit einem beachtlichen Stadttheater (»Ballhof«), ordentlicher Stadtschenke (»Eisbein mit Erbsenpüree«), einer großen Buchhandlung (»Sachse & Heinzelmann«, dort konnte man sogar Pauline Réages *Geschichte der O.* kaufen) und einem gut geführten Amerika-Haus, bot mir damals zwei große intellektuelle Anregungen. In Kirchhorst, vor den Toren der Stadt, hatte Ernst Jünger gelebt. Nach Lektüre seines Tagebuchs *Strahlungen*, dessen kalte Beobachtungsperspektive mich, den Hastig-Realistischen, faszinierte, fuhr ich hinaus auf das Dorf, setzte mich an den Waldrand und hoffte, der subtile Jäger bräche aus den Büschen. Er lebte aber längst in einem Forsthaus im Württembergischen.

Ungleich stärker war der Einfluß Gottfried Benns, dessen (schwacher) Essay »Weinhaus Wolf« sich auf eine holzgetäfelte Weinstube im Stadtzentrum bezog. Benn war Ende der dreißiger Jahre in Hannover als Oberstabsarzt stationiert gewesen. In den fünfziger Jahren sah das Lokal noch so aus, wie der Dichter es beschrieben hatte. Ich saß dort oft. Benn nannten wir, um uns selbst zu ironisieren und um Distanz zu schaffen, den »heiligen Gottfried«. Ich bin ihm nie in seinem Ästhetizismus, einer Art Ersatzmetaphysik – wichtig ist nur der Satzbau – gefolgt, auch nicht in der großen Geste, mit der er die Geschichte als das »mahlende Affengesicht« verhöhnte. Aber das Pathos des Zuspät und die lakonische Illusionslosigkeit waren zwölf oder fünfzehn Jahre nach Ende des großen Kriegs unwiderstehlich. »Und schon so nah den Klippen/ du kennst dein schwaches Boot – / kommt, öffnet doch die Lippen, / wer redet ist nicht tot.« Der Band der gesammelten Gedichte aus dem Limes-Verlag des Jahres 1956 trägt bei mir Anstreichungen und Randbemerkungen aus fast fünf Jahrzehnten. Zwischen den Seiten liegen Artikel und Gedichte von Werner Riegel und Peter Rühmkorf aus der Zeitschrift *Zwischen den Kriegen*. Benn fand Formeln, die mich ein Leben lang begleitet haben: »Auch ein normales Leben / führt zu einem kranken Tod.« Manches von dem, was die Seele eines Achtzehnjährigen getroffen hatte, trifft noch immer.

War ich links? Verglichen mit meinem Schulkameraden Jens Odewald, später Vorstandsvorsitzender einer großen Kaufhauskette, schon. Beide waren wir aktiv in der SMV, der Schülermitverwaltung. Die Lehrer ließen uns bei gemeinsamen Veranstaltungen der Oberstufe (Donnerstag, erste Stunde) öfter mal aufeinander los, nach einem unausgesprochenen Prinzip, das heute Ausgewogenheit heißt. Manche Mitschüler verzogen die Gesichter: Nicht schon wieder die. Irgendwie scheinen viele eine dumpfe Ahnung gehabt zu haben: Jens ging später zur CDU, ich zur SPD. Wir trugen die Male unserer Milieus auf der Stirn. Mit politischen Parteien hatten wir damals nichts zu tun.

Also, war ich »links«? In der schönen Dachwohnung auf dem Menzenberg in Bad Honnef, die ich mir als Bonner Abgeordneter leistete, hingen im Arbeitszimmer fünf Bilder: Jünger, Benn, Remarque, Feuchtwanger, Brecht. Mein Genosse Dieter Dehm, der später auch ein paar Jahre stellvertretender Vorsitzender der postkommunistischen PDS war, besuchte mich, schaute die Bilder an und bemerkte trocken: »Immerhin, wir haben die Mehrheit.« Das war natürlich ein ironischer Gelegenheitshieb, verriet aber doch jene Ordnungsliebe, die in politischen Zirkeln verbreitet ist. Ich dachte immer anders, schon mit Zwanzig. Einer kann einen großen Roman, eine treffende Zeitdiagnose, ein paar vollendete Gedichte schreiben und gleichzeitig ein hundsföttisches Leben geführt haben. Einer kann übrigens auch tapfer und anständig und trotzdem stumpf oder ein Idiot gewesen sein. Tapferkeit und eine bestimmte Form der Dummheit, die als Mangel an Vorstellungskraft daherkommt, ziehen sich geradezu an.

Die Wahrheit ist, daß mir 1959, im Jahr meines Abiturs, der Sinn der Kategorien links und rechts nicht aufgegangen war. Ich wollte Autor werden, ein von Jünger später ikonisierter Begriff, oder, gemeinsam mit meinem engen Freund Reinhard Hauff, Regisseur. Er ist es geworden, ich nicht. Von Marx hatten wir keine Zeile gelesen, die SPD und die Gewerkschaften hielten wir für so etwas Ähnliches wie die Taubenzüchter im Ruhrgebiet. Ich bestehe darauf, daß das falsch war, obwohl derzeit viele Zeitkritiker Artikel schreiben, die auf das gleiche hinauslaufen.

Wenn ich an Hannover zurückdenke, taucht immer wieder ein kleines Areal nahe der Marienstraße auf, ein Hof, dahinter ein rotes Haus mit der großen Aufschrift »Gastwirtschaft und Café«. Über die Tische und Bänke in diesem Hof liefen die Hühner, sie hatten alles vollgeschissen, die Tür zum Hof war blind und geschlossen, die der Gastwirtschaft stand offen. Beim Vorbeigehen – und ich ging oft daran vorbei – mußte ich immer daran denken, wie hoffnungsvoll und glücklich müssen die Besitzer gewesen sein, als sie diese Gastwirtschaft kurz nach 1945, also vor nicht allzu vielen Jahren, eröffnet haben. Und jetzt ist alles vorbei, alles verschissen. Ist das dein Schicksal?

Hungrige Seelen

Wir alle kennen schwer erklärbare innere Kehrtwendungen. Ich habe viele Funktionäre meiner Partei erlebt, die ihre Organisation – den Kreisverband Dachau oder den Landesverband Schleswig Holstein – geradezu zu verkörpern schienen. Plötz-

lich waren sie weg. Es gab Sozialisten, die in der Emigration
jahrelang ihr Leben riskierten; plötzlich waren sie Ingenieure
und kümmerten sich nicht mehr um Politik. In meiner Klasse
gab es Arbeitersöhne aus Hannover-Linden, die in der Jugend-
mannschaft von Hannover 96 Stars waren, wahre Ballartisten,
die für den Fußball lebten – und plötzlich waren sie mit ach-
zehn dick und spöttelten biertrinkend über die eigene Hingabe.
Man wechselt die Quellen, aus denen man trinkt, und die Podien, auf denen man spielt.

Die wichtigsten Medien meiner Jugend waren Theater und
Film. In den Tagebüchern von 1957 und 1958, die ich nur mit
innerem Widerstreben lesen kann, weil sie zeigen, daß ich
schon als Achtzehnjähriger um sechs am Schreibtisch saß, von
Wutanfällen befallen war, um »Macht« buhlte, steht eine lange
Liste von Theateraufführungen, die wir besuchten: Brecht,
O'Neill, Stefan Andres, Thornton Wilder, Sartre, George Ber-
nard Shaw und jede Menge Schiller, Shakespeare und andere
große Namen: Auf der Bühne wurden Fragen formuliert, die
uns prinzipieller und präziser erschienen als alles, was unsere
Eltern und Lehrer sagten. Nur der Film war – als Kanal der Be-
einflussung unserer hungrigen Seelen – mit dem Theater vergleichbar. Kurt Schumacher, der lange in Hannover gelebt
hatte, war uns kein Begriff, aber über John Osborne, einen englischen Dramatiker mittlerer Güte, stritten wir uns leidenschaftlich.

Was war es? Die Argumente und Lebensentscheidungen
Hamlets, Franz Mohrs und jenes monologisierenden Park-
bank-Burschen aus Edward Albees *Zoogeschichte* beeindruck-
ten uns mehr als Bismarck oder Stalin. Zynismus? Das verkör-
perte der junge Heinz Bennent in vielen Rollen im *Ballhof*.
Zärtlichkeit? Nathalie Wood drehte die Zigarette, die sich
James Dean in Nicholas Rays *Denn sie wissen nicht, was sie
tun* gerade am falschen Ende, am Filter, anzünden wollte, mit
einer unendlich sanften Gebärde um. Lebensklugheit? Auf
fürchterliche Art führte uns Helene Weigel als Mutter Courage
vor, wieviel Verrat nötig ist, um durchzukommen. Dazu fuhren
wir sogar nach Berlin. Leidenschaftlich diskutierbare Thesen,
klare Rollen, große Schauspieler – die Bühne oder die Lein-

wand boten uns mehr Futter als Politik, Schule, Universität, Kirche und Elternhaus zusammen. Wir sparten uns die hochsubventionierten Karten vom Mund ab, dort wurden unsere Probleme verhandelt, dort vor allem.

Mag sein, daß ich nur für ein kleines Milieu, für eine Gruppe von Bismarck- und Leibniz-Schulzöglingen im Hannover der fünfziger Jahre rede. Wir konkurrierten mit Laienspielaufführungen von Gogols *Revisor* oder Shaws *Bunburry*. Hauff und ich brachten *Le Malentendu* von Albert Camus auf die Bühne. Wir produzierten in 3000er-Auflage Zeitschriften, die *Pegasus* oder *Lit57* hießen, und der hannoversche Kulturpapst dieser Jahre, Friedrich Rasche, schrieb in der *Hannoverschen Presse*: »Die jungen Autoren haben ihre literarische Unschuld längst verloren.« Darauf waren wir stolz. Ironisch setzte er allerdings hinzu: »Vielleicht wissen sie gar nicht, wo sie abhängig werden.«

Naja, so ungefähr wußten wir das schon. Aber ein Grüppchen von zukünftigen Künstlern waren wir keineswegs. Mein engster Freund, Gunther Dittrich, unser Musiker, wurde Chemiker und ein wichtiger Manager bei Degussa; mein härtester Konkurrent beim Laientheater, Jürgen George Brandt, wurde ein einflußreicher Anwalt; Dieter Just von der kurzlebigen Zeitschrift *Pegasus* brachte es zu einer hohen Position im Bundespresseamt. »Intellelle«, wie das im rechten Flügel der SPD abschätzig hieß, wurden nur Reinhard Hauff, der Regisseur, Alfred Krovoza, ein Peter-Brückner-Schüler und Hannoveraner Psychologe, und ich, der »Vordenker der SPD«. Vordenken ist wie vorkochen – die Frage ist, ob der Familie das Vorgekochte schmeckt.

Ich sprach von inneren Kehrtwendungen. Ich gehe nicht mehr ins Theater, das mir viele Jahre wichtiger war als die Politik. In meiner Jugend habe ich es überschätzt, ich hielt es für eine moralische Anstalt. Heute unterschätze ich es vermutlich: zu viele Animateure. Einmal bin ich im Berlin der Berliner Republik in eine Aufführung der *Räuber* geraten, in der die Rolle des Franz Mohr, des Zynismuslehrers meiner Jugend, auf verschiedene Schauspieler aufgeteilt war. Da fühlte ich mich beschissen. Jetzt gebe ich mein Geld für eine Eulensammlung, für amerikanische Rotweine und Aufnahmen von Anne Sophie Mutter und André Previn aus. Ich animiere mich selber.

A propos beschissen: Als ich sechzehn war, erschienen mir James Dean und Nathalie Wood als das ideale Liebespaar. So wie die beiden wollte ich lieben oder geliebt werden. Da wußte ich nicht, daß Dean schwul war und Nicholas Ray es mit beiden hatte, mit James Dean und Nathalie, die nachmittags, nach ihren Besuchen bei Ray, noch Dennis Hopper empfing. Auch damit bin ich fertiggeworden. Wir Kriegs- und Flüchtlingskinder werden mit allem fertig.

Zwei Welten

Ich sehe mich noch in der Frühgeschäftigkeit der Straßenbahnhaltestelle am Rotkreuzplatz in München – Maiwetter, Sonne, Föhn. Ich wagte es nicht, einen dieser sich in die Wagen hineindrängenden geschäftigen Menschen zu fragen, ob ich die Linie 19 in diese oder die andere Richtung nehmen müsse, um zur Universität zu kommen. Und prompt ließ ich mich sinnlos in der langen Arnulfstraße herumfahren, »umanandfahren«, wie man in Bayern sagt. Ich sollte das bald lernen. Flüchtlinge sind lernbegierig. Als ich schließlich an den beiden großen Brunnen an der Ludwigstraße landete, war es zehn statt neun.

Warum wollte ich an die Münchner Universität? Die großen Namen, die mich eigentlich hätten anziehen müssen – der Historiker Franz Schnabel, der Philosoph und Theologe Romano Guardini, gar die Naturwissenschaftler von Karl von Frisch bis zu Adolf Butenandt – waren in meine Hannoveraner Provinz nicht vorgedrungen. Eine Legende war der Theaterwissenschaftler Artur Kutscher. Aber wirklich eine Legende, am Ende muß er stocktaub und nur noch ein kauziger Anekdotenerzähler gewesen sein, ich habe ihn nicht mehr erlebt. Mich zog der Irrtum an, das München von 1959 sei irgendwie mit dem München von 1910 vergleichbar, das Schwabing der Gisela, die von dem Nowak sang, der sie nicht verkommen ließ, mit dem der »Elf Scharfrichter«, von Otto Groß und Fanny Reventlow. Gab es in München nicht die berühmten Kammerspiele, Kabaretts,

eine junge Filmkultur und Erich Kästner? Neben ihm habe ich
ein paar Monate später öfter in der Gaststätte »Leopold« in der
Leopoldstraße gesessen – er rauchte und diktierte einer Sekretärin der Germanisten, die sich bei ihm ein Zubrot verdiente,
Briefe. Aber er wirkte alt, melancholisch und abweisend. Er
war nicht mehr der Mann, der die begeisternden Gedichte meiner Jugend geschrieben hatte: »Wenn wir den Krieg gewonnen
hätten / mit Wogenprall und Sturmgebraus, / dann wäre
Deutschland nicht zu retten / und gliche einem Irrenhaus.« Das
bezog sich allerdings auf den Ersten Weltkrieg, aber ich hatte es
umstandslos auf den Zweiten gemünzt. Jetzt schrieb Kästner
nur noch wehmütige kleine Texte.

Ich war vorher bereits einmal in München gewesen, im Sommer 1957. Mit dem fünfundzwanzigjährigen Bruder Reinhard
Hauffs, Eberhard – er hatte schon den Kern der späteren Fern-
sehhochschule gegründet und wurde lange danach Direktor des
Münchner Filmfests –, hatten wir in einem kleinen Biergarten
an der Münchner Freiheit unter einer gewaltigen Linde gehockt. Heute steht dort ein Klotz von Warenhaus. Eberhard
hatte gerade eine ganze Seite über Film in der *Süddeutschen
Zeitung* publiziert. Eine ganze Seite! Ein wild aussehender
Mann mit Bart – Bärte trugen damals nur alte Bauern und
Außenseiter – ging vorbei. Er setzte sich in unsere Nähe und
knallte den Arm auf den Tisch. Der Arm war aus Holz, anstelle
der Hand ragte ein Haken heraus wie in Seeräuberfilmen, in denen Eroll Flynn die Hauptrolle spielte. Wir erfuhren, daß er
täglich die attraktivsten Mädchen in einem Cabrio ab-
schleppte. Er hieß: der Playboy. Wie zur Bestätigung war er
bald wirklich von jungen Frauen umgeben, die mir ungerech-
terweise schöner vorkamen als die aus Hannover. Wir tranken
diese Eindrücke herunter wie das Paulaner Bier, das serviert
wurde, und nahmen die Stadt, die Asamkirche wie das Talmi-
Schwabing um die Occamstraße auf mit der Intensität jener
Jahre, in denen man glaubt, man könne aus dem Leben ein
Kunstwerk machen.

In München lebte ich damals in zwei Welten. Die eine war
eine »Grattler«-Gegend. Ich mietete mir in der Nymphenburger Straße 186, gleich hinter dem Rotkreuzplatz, für achtzig

Mark ein Zimmer. Meine Wirtin war die Witwe Ettl, eine schwere Sechzigjährige, die in einem längst verschwundenen Kino am Rotkreuzplatz Karten verkaufte. Sie hatte eine ebenso schwere dreißigjährige Tochter. Nachts warf die Leuchtreklame der Firma Wollklotz Farbspiele auf mein Bett. In diesem Viertel wohnten Schreiner, Postobersekretäre, Sachbearbeiter oder Kommunalbeamte. Es war lebendig bis tief in die Nacht. Wer nicht gerade am Stachus, an der Universität oder in einem anderen Stadtteil zu tun hatte, brauchte tagelang nicht »in die Stadt« zu fahren. In Gehweite bekam man sein Brot, seine Wurst, sein Tellerfleisch, seine Nähseide oder ein Unterhemd. Ich lebte wie ein kleiner König, weil ein Freund meines Vaters, ein wohlhabender Versicherungsvertreter aus Aussig, mit mir ein fantastisches Abkommen geschlossen hatte. Bis zu einem Preis von sechs Mark durfte ich in der Gaststätte Zum Grünwaldpark, an der Ecke Nymphenburger-/Romanstraße, auf seine Kosten essen. Ich saß oft im Garten dieser »Boatzn«, aß, trank einen Viertelliter Helles und las Kant, Nietzsche oder Benn. Der Wirt – Sagmeister war sein Name – saß neben der Tür, rauchte seine Virginia und brummte: »Servus Doktor.« Das war pure Ironie. Er wußte, daß ich im ersten Semester war, denn er war ein Hellhöriger.

Die andere Welt war Schwabing, eine Mischung. Teile davon waren längst im Nepp-Tourismus versunken. Um die Universität gab es viele Antiquariate und Buchhandlungen, und in einigen Hinterhöfen und an manchen Straßenecken hatte sich die alte Mixtur aus Proletariat, Studenten und kleinen Gaunern erhalten, zum Beispiel im »Schelling-Salon«. Dort gab es Billardtische, angeblich war Hitler dort oft eingekehrt – das Haus des *Völkischen Beobachter* war nur einen Steinwurf davon entfernt.

Beide Welten waren, wenn man Straßenbahn fuhr, zwanzig Minuten voneinander entfernt. In gewissem Sinn aber existierten sie auf verschiedenen Sternen. In dem Areal zwischen der »Cabane« in der Theresienstraße, einer winzigen Bar, die der frühere Tänzer Rudi Berthold vom Gärtnerplatz gepachtet hatte, und der »Schwester und ich« in der Türkenstraße bereitete sich gerade die Kulturrevolution vor. Dort kannte ich schon damals ein Paar, das (in einer kleinen Parterrewohnung) ein offenes Haus führte und sich gelegentlich entschuldigte. Dann gingen sie Hand in Hand ins Hinterzimmer vögeln und kamen nach einer halben Stunde, wieder Hand in Hand, entspannt, sie leicht gerötet, zurück. »War's schön?« fragte irgendein Frechling blöd. »Sehr«, antwortete strahlend das schöne, zarte Mädchen, das wahrscheinlich nicht Jacqueline, sondern Marion oder Sigrun hieß. Harmlose Kulturrevolution.

Der alte Sagmeister dagegen und die Witwe Ettl mußten sich rastlos zu schaffen machen, wenn sie ihre Wirtschaft zusammenhalten wollten. Wenn sie einmal in Ruhe waren – die Ettl in ihrem Wohnzimmer, das zur Nymphenburger Straße hinausging, und der Wirt auf dem Stuhl am Eingang oder an seinem Platz am Stammtisch –, arbeitete es in ihren großen Gesichtern. Ich weiß nicht, was da arbeitete. Bloß die tägliche Jagd der Einzelheiten? Oder der Krieg? Jedenfalls zuckte es gelegentlich um ihre Mundwinkel oder ihre Augenpartie. Beide wurden auch nicht annähernd so alt, wie wir heute zu werden die berechtigte Hoffnung oder, wie manche glauben, vielleicht sogar einen Anspruch haben.

In die große Universität fand ich schnell hinein. Leider beschäftigte sich mit dem Gebiet, dem ich vielleicht mein Leben widmen wollte, dem Theater, niemand, der mich wirklich beeindruckt hätte. Hanns Braun, einer der Theaterkritiker der *Süddeutschen*, ein leiser, gebildeter und einflußreicher Herr Jahrgang 1896, etwas krumm, weil er in der Lunge eine Plastik trug, hielt am Freitagvormittag seine berühmte Übung »Zur Theater- und Filmkritik an Beispielen des laufenden Spielplans«. Wir nannten diese Übung »die Matinee«. Der Hörsaal im alten Hauptgebäude, in dem ich später selbst gelesen habe, war jeweils brechend voll, jemand hielt ein Referat über eine Schweikart-Inszenierung oder einen Ingmar-Bergmann-Film, dann wurde diskutiert. Brauns Programm, zu dem Gäste – zum Beispiel der witzige, junge, vor Temperament fast platzende August Everding – gehörten, zog die hübschesten Mädchen der Philosophischen Fakultät an.

Danach verfügte man sich in Trempeln in eines der Kaffeehäuser der Adalbert- oder Ludwigstraße. Auf dieser Bühne wurde ich ein Stammspieler, nur Hans-Jürgen Syberberg, später der Botho Strauß unter den Filmregisseuren, war beredt genug, um mich gelegentlich an die Wand zu spielen. Braun, der als Honorarprofessor auch das Zeitungswissenschaftliche Institut betreute, trug mir später eine Doktorarbeit an, »Handlung und Person in der Dramaturgie des absurden Theaters«. Bevor ich mich richtig an die Arbeit machen konnte, legte ein Kölner Konkurrent eine ähnliche Dissertation vor. Ich war geistig aber auch schon weggedriftet, von der Hermeneutik zur Empirie, vom Theater zu den aktuellen Medien, von einer ästhetischen Weltsicht zu einer politisch-soziologischen.

Nichts sprach damals dafür, daß ich einmal in der SPD die Planstelle für Geist, Theorie und Lehrer besetzen würde, die damals noch Carlo Schmid innehatte und die vor mir Erhard Eppler erobern würde. Denn originelle Köpfe der deutschen Linken gab es an der Universität München der späten fünfziger Jahre nicht. Die Spatzen der Amalien- und Türkenstraße pfiffen von den Dächern, daß die geisteswissenschaftlichen Berufungen von der Görres-Gesellschaft, also sehr katholisch, bestimmt würden. Adorno, den ich ein paar Jahre später wegen des läppischen Mißbrauchs, den die Außerparlamentarische Opposition mit dem Kapitelchen »Kulturindustrie« aus der *Dialektik der Aufklärung* trieb, gehaßt habe, lehrte in Frankfurt; Stammer und Löwenthal waren in Berlin, Dahrendorf in Saarbrücken, Tübingen oder Konstanz. In München schien es von katholisierender Metaphysik, Rechtspositivismus, werkimmanenter Germanistik und Betriebswirtschaft nur so zu wimmeln. Wohin konnte ich mich retten?

Irgendwann schickte mich ein Assistent, bei dem ich ein Proseminar über die Soliloquien des Augustinus absolviert hatte, zu Alois Dempf. Der große, weißhaarige Altbayer aus Altomünster, frei redend und sein Manuskript, das sorgfältig ausgearbeitet vor ihm lag, souverän mißachtend, packte mich von der ersten Stunde an. Er stand gerade kurz vor der Emeritierung; später las ich nach, daß die Nazis ihn 1938 von seinem Wiener Lehrstuhl gejagt und ihm sieben Jahre Zwangspause verordnet hatten. Das Schöne an dem Mann war, daß er mitten in einer philosophischen Ableitung einen gewaltigen bajuwarischen Zornesausbruch bekommen konnte, zum Beispiel gegen

Hegel. Natürlich waren die katholische Zeitschrift *Hochland*, Maria Laach und christliche Demokratie seine Spezialitäten, aber auf einem Niveau, daß man nach der Vorlesung mit roten Ohren in die Seminarbibliothek stürmte, um einiges von dem nachzuschlagen, wovon man noch nie gehört hatte.

Der »Philofaschismus der Wiener Großdeutschen« (Heinrich von Srbik zum Beispiel) wurde von ihm genauso in der Luft zerrissen wie der »liberalprotestantische Nationalismus«. Dempf hat mich gezwungen, Max Scheler, Max Weber, Arnold Toynbee und Oswald Spengler kritisch zu lesen, weil er die Erschließung der Vorgeschichte und aller alten Kulturen zum bedeutendsten geistesgeschichtlichen, ja weltgeschichtlichen Ereignis des späten 19. und frühen 20. Jahrhunderts erklärte.

Ich habe beide philosophischen Prüfungen, das Magister- und das Doktorexamen, bei Dempf abgelegt, in seinem kleinen Haus im Herzogpark, passenderweise in der Felix-Dahn-Straße. Das Haus, erzählte er mir nach einer dieser Prüfungen, habe er durch den Verkauf eines Stücks Walds in Altomünster finanziert. »Man muß halt den richtigen Großvater haben«, verabschiedete er mich ironisch. »Sie mißverstehen das ja nicht rassistisch.« Nein.

Durch Dempf mit seinem synthetischen Blick auf die Typologie von Religionen, Philosophien und Kulturlagen war ich sowohl auf Erik Voegelin, den angeblichen »Politikwissenschaftler«, der in Wirklichkeit ein politischer Philosoph war, als auch auf Emmerich Francis, den Soziologen, einen böhmischen Landsmann aus Gablonz, vorbereitet. Voegelin, ein früherer Assistent des Juristen Hans Kelsen, hatte an der Louisiana State University überwintert, Francis in Kanada. Die Lektüre ihrer Hauptwerke – Voegelins *Order and History* und Francis' *Ethnos und Demos* – gab meinem kreatürlichen Haß auf den Nationalismus die theoretische Grundlage. Bis heute lese ich gelegentlich in diesen Büchern. Gelegentlich.

Ich will nicht so tun, als seien diese drei Männer typisch für die damalige Münchner Universität gewesen. Es gab auch die Juristen Maunz und Larenz und manche andere, die hinter den Nazis hergelaufen waren. Voegelin, den ich später, als ich Wissenschaftssenator in Berlin war, in Texas besucht habe – er

saß in einem Turm und arbeitete auf Kosten eines konservativen Think-Tanks – war tief enttäuscht von der Münchner Universität. »Haben die denn gedacht, ich rede so angepaßt wie
sie?« fragte er mich und blies Zigarrenrauch an die Decke.
»Vermutlich«, wollte ich antworten. Aber ich leitete das Gespräch auf das »Center of Advanced Study in the Behavioral
Sciences« in Stanford. Ein solches Center wollte ich in Berlin
gründen.

Wie es damals, 1959, in meinem Kopf aussah, kann ich nur
vermuten – wie in einer Wohnung, in welcher der Spediteur
beim Umzug die Möbel und Kisten nach Anweisungen des
neuen Besitzers oder Mieters abgestellt hat. Da stand eine Un-
menge Kulturgeschichte herum wie die alte, falsche Bieder-
meiergarnitur meiner Großmutter neben einem wertvollen
Kant-Schränkchen und weitläufigen, zusammengerollten Tep-
pichen von deutscher, amerikanischer, französischer Literatur.
Nur eine Kücheneinrichtung gab es nicht – von Wirtschaft
hatte ich weder in der Schule noch in den Anfangssemestern
meines Studiums etwas gehört, später übrigens auch nicht, da
mußte ich als Politiker Nachhilfe nehmen. Dafür besaß ich ein
paar erlesene Kostbarkeiten, von denen man nicht wußte,
wozu man sie verwenden sollte, Gläser, aus denen man nicht
zu trinken wagt – James Joyce, Arno Schmidt, Max Bense,
Ludwig Wittgenstein, Albert Camus. Man konnte schon woh-
nen in dieser Behausung, aber gemütlich war es nicht. Und die
Eltern und ihre Freunde hatten doch immer gesagt: Mach's dir
gemütlich.

Weh und zitternd

Ich weiß nicht, warum das Wiener Semester so weh und zitternd war, so unvergeßlich, so unwiederbringlich. Es gibt eine
einfache Erklärung dafür: Es war das Ende meiner Jugend. Am
30. August starb mein Vater, und als wir ihn begraben und Kas-
sensturz gemacht hatten, war gerade noch soviel Geld übrig,
um das Begräbnis zu bezahlen. Ich mußte arbeiten. Aber diese
Erklärung ist so einfach wie die populäre Fassung der neolibe-

ralen Wirtschaftstheorie, die heute überall grassiert. Ich war ja kein »Hanussen«, wie das bei uns in der Familie in Anspielung auf einen berühmten Hellseher hieß; ich wußte nicht, daß mein Vater sterben würde, ich hatte ihn im Frühsommer noch im Luitpold-Café in München getroffen. War es der sich verfestigende Eindruck, daß ich von der Theaterwelt Abschied nehmen mußte, weil es mich in das zog, was man mißverständlich die wirkliche Wirklichkeit nennt? War es die Berührung mit dem, was einfache Gemüter »Heimat« nennen, also der Dialekt, den ich schnell, wenn auch nur mit ein paar verdunkelten A-Lauten, nachahmte, die Küche mit ihren alten Gerüchen und alten Begriffen von Beuscherl über Beinfleisch bis Lungenstrudel, waren es die Wiener Verwandten, die mich einluden oder die einsamen Nachmittage auf der Donau-Lände, an denen ich zu schreiben versuchte, irgendwelchen Schleppzügen auf dem Kanal nachsah, mich der Melancholie auslieferte, die der rasch durch Industriebrachen und dreckige Wiesenstücke strömende Kanal auslöste?

Es lag wohl auch daran, daß ich viel allein war und daß mich die selbstverständliche Geschäftigkeit der Berufswelt, das verdammte Telefonlistenmachen, der Planungszwang noch nicht erreicht hatte. Also konnte man über den Graben, von der Hofburg kommend – wo damals das Theaterwissenschaftliche Institut untergebracht war – gehen und sich den Turm von St. Stephan wirklich anschauen. Man konnte durch die Wiener Vorstädte laufen, zum Beispiel durch die Landstraße-Hauptstraße, wo Reinhard Hauff sich bei einem alten Mann, den er »MacMuffel« nannte, einquartiert hatte und sich der Vorstellung hingeben, wie viele Generationen durch die alten Zinshäuser gezogen waren. Erst viel später habe ich den dazu passenden Satz Doderers gelesen: »Die alten Häuser in Wiens Vorstädten werden nicht nur von den Menschen unserer Zeit bewohnt, die strebsam aus ihnen herauszappeln; sie bewohnen sich vielmehr selbst und schwimmen in ihrer eigenen Aura dahin wie die Wolken am Abendhimmel, die vergessen aussehen und stehen gelassen von einem längst vergangenen Tage.« Ein Teil des Geheimnisses meiner Wiener Zeit war: Ich mußte nicht strebsam herauszappeln.

Zwar absolvierte ich die notwendigen Seminare ohne Säumen, wie ich immer das Notwendige ohne Säumen absolviert habe, ich kam von unten, ich wollte hoch. Aber die Universität Wien war 1960, unhöflich ausgedrückt, in meinen Fächern belanglos. Der Theaterwissenschaftler hieß Kindermann, war berühmt und ein alter Mitläufer der Nazis, vor allem aber hielt er Vorlesungen über tote Burgschauspieler. Das wollte ich nicht wissen. Die Germanistik war konventionell. Ich sehe Reinhard noch an einer Arbeit über Clemens Brentanos Märchen verzweifeln. Wir wurden angehalten, die Literatur vergangener Epochen zu präparieren, wie man Schmetterlinge präpariert. Präparatoren wollten wir nicht werden, also studierten wir am Burgtheater, am Akademietheater, an der Oper. Wir agierten als Statisten bei André Chenier, dem Apostelspiel von Max Mell und als Publikum für den damals blutjungen, weichen und gar nicht todessüchtig aussehenden Rex Gildo im Ronacher. Vor allem aber lebten wir, im »Hawelka« zum Beispiel, einem Kaffeehaus, das damals in eine Attraktion für Touristen umkippte, sich aber gerade noch auf der Kippe hielt oder beim »Reiter« daneben, einem dieser holzgetäfelten Wiener Beisln, die vom Geschick eines Kochs aus Budapest oder einer besonderen Beziehung zu einem Winzer im Burgenland mit einem bestimmten Blaufränkischen leben.

Ich hatte im 1. Bezirk ein Zimmer gefunden, in der Hegelgasse 17, gleich hinter dem Schwarzenbergplatz. Da konnte ich jeden Abend durch die Nebengassen der Kärntnerstraße streifen, in denen es viele Buchhandlungen und viele Huren gab. Ich war durchaus sehnsüchtig, »scharf«, wie man in Hannover gesagt hätte. Die feinen Studentinnen schliefen in der Regel nicht mit uns, man bewunderte ihre braungebrannten Madonnengesichter nur von fern in der Vorlesung oder den WÖK, den Wiener öffentlichen Küchen. Es gab noch keine Pille, und die Töchter von Anwälten, Ärzten und Sektionschefs fürchteten, zur Unzeit schwanger zu werden. Aber zu Huren bin ich nie gegangen.

Gelegentlich kredenzte mir abends um neun, wenn ich unter dem grünen Lampenschirm Doderers *Strudelhofstiege* oder Roths *Radetzky-Marsch* verschlang, die Wirtin, die Baronin Mizzi Miller-Eichholz, eine Generalswitwe, einen Veltliner. Sie

mußte vier von sechs Zimmern vermieten, und ich habe viel bei
ihr gelernt, zum Beispiel über die Frage, in welchem Doro-
theum man für die goldenen Manschettenknöpfe, die ich zum
Abitur bekommen hatte, am meisten bekam.

Mein Zimmernachbar, ein behäbiger Vierziger, löste das Problem anders, weil er vermutlich nichts mehr zu versetzen hatte.
Er rief jeden zweiten Tag in absolut gleichem Ton zehn Freunde
an. Ich mußte das alles mithören, weil das einzige Telefon, ein
Münzfernsprecher, im Vorzimmer direkt vor meiner Tür angebracht war. »Servus, Alter«, sagte er gewöhnlich. Nach ein
paar Floskeln kam dann der entscheidende Satz: »Konnst mir
für a Woch hundert Schilling pumpen?« Er lebte ganz gut, einmal sah ich ihn beim Vorbeigehen auf der Terrasse des »Sa-
cher« sitzen. An solchen Lokalen ging ich damals nur vorbei.
Aber ich schwor mir, daß ich irgendwann mit den wieder aus-
gelösten Manschettenknöpfen einmal drinnen sitzen würde.
Leider waren goldene Manschettenknöpfe, als ich soweit war,
längst aus der Mode.

Die Welt ging in diesem Sommer an mir vorbei. Im Volksgar-
ten, in der Sonne sitzend, las ich von einer Rede Herbert Wehners, der sich vorsichtig auf den Boden der Außenpolitik Adenauers vorwagte. Ein Vertriebenenminister namens Oberländer
wurde in Bonn zum Rücktritt gezwungen. Der Schah war auf
Besuch in Wien, ließ sich vom Bürgermeister Jonas einen Grin-
ziger Wein von 1936 kredenzen, rührte ihn aber nicht an. Diese
Nachrichten schienen mir damals gleich wichtig, gleich un-
wichtig. Ich lief durch die Stadt, in der so viele Leute Svoboda,
Soukup oder Ondraček hießen, und dachte an meine böhmischen Deutschen. Von hier aus waren wir bis 1918 regiert worden. Das war schon etwas anderes als Eger, Bayreuth, Hannover, München. Allerdings fiel mir damals der Vergleich nicht
ein, der mich heute peinigt – Wien war viel europäischer als
Brüssel, Straßburg und Luxemburg zusammen. Noch 1960
roch man die südlichen oder östlichen Länder, die zum alten
Österreich gehört hatten.

Ich beendete das Semester ordnungsgemäß. Als ich in Hannover eintraf, wurde mein Vater gerade aus dem Haus getragen. Er wollte sich nach Bayreuth zu einem befreundeten Arzt

bringen lassen. Als er mich sah, ergriff er flüchtig meine Hand und weinte. Ich ahnte, was das bedeutete. Ein paar Tage später fuhr ich sein Auto aus der Garage, was ich mir, wenn er noch bei Kräften gewesen wäre, nie hätte trauen dürfen. Ich fuhr mit dem Auto nach Bayreuth. Ich sah ihn noch zweimal. Drei Tage nach meiner Ankunft war er tot. Aus war's mit Wien.

Die drei Toten meiner Jugend

In den sechziger Jahren ging es Schlag auf Schlag. Zuerst starb der Vater, wir begruben ihn in Bayreuth. Mir war nichts anderes übrig geblieben, als an dem Nachmittag, als der Arzt gesagt hatte »Alles ist kaputt«, eine hektische Aktivität zu entfalten. Die Mutter im abgedunkelten Zimmer, die Schwester siebzehn, die Verwandten in Wien, Prag oder sonstwo verstreut – was sollte ich tun? Aber ich muß gestehen, daß die vielbeschriebene, scheinbar unerklärliche Beschwingtheit bei Leichenbegängnissen, diese ernsthafte, hochgestimmte Entschlossenheit auch mich erfaßt hatte. Es war eine Mischung der »Du-noch-nicht«-Gefühle, die jeden angesichts des Todes anderer Menschen erfassen, und der egoistischen Erkenntnis: Jetzt bist du frei, du mußt nur noch das tun, was du willst. Das tat ich auch.

Ich verabschiedete mich von meinem Vater, allein. Mutter und Schwester wollten den aufgebahrten Mann nicht mehr sehen. Es war, als ob der Anzug zu groß sei. Ich schaute in das jetzt seltsam länglich wirkende Gesicht und auf die geschlossenen Augen. Bevor er jemanden anbrüllte oder schlug, rollte er warnend die Augen. Aber das lag viele Jahre zurück, am Schluß war unser Verhältnis fast brüderlich gewesen. Die Wut über die Dressurakte, längst noch nicht beruhigt, kämpfte gegen die Liebe des Sohnes. Hätte ich damals Enzensbergers Gedicht »Unterlassungssünden« schon gekannt – es wurde erst vierzig Jahre später geschrieben –, hätte ich es zum Abschied rezitiert. Es paßt auf meinen Vater. »Ja, ich habe es vermieden«, heißt es dort, »bis zur letzten Patrone zu kämpfen, / unterlassen habe ich es, / dem Penner die Bruderhand zu küssen / und beizeiten zu gießen die fleißigen Lieschen des Nachbarn. / Ja, ich habe darauf verzichtet, Leute umzubringen. / Ja, ich habe nicht angerufen.«

Nur der Schluß paßt nicht. Bei Enzensberger heißt es: »Vorläufig habe ich sogar / davon abgesehen zu sterben.« Mein Vater aber mußte mit fünfundfünfzig Jahren sterben.

Der zweite Tod, das Ableben der Großmutter 1963, schien weniger grausam. Mit dreiundachtzig stirbt man eben, dachte ich als Vierundzwanzigjähriger. Schon seit ein paar Jahren mußte sie weinen, wenn eine Erinnerung in ihr aufstieg, zum Beispiel wenn sie zu Weihnachten die Spieluhr ihres alten Christbaumständers hörte, die »Stille Nacht, Heilige Nacht« klimperte. Sie dachte dann: Das ist das letzte Mal, und das Weinen wehte über ihr schmal gewordenes Gesicht wie eine Windböe über eine Vorstadtstraße im Herbst. Sie starb zu Hause, drei Stunden kämpfend, schwer den Atem ausstoßend, die Zunge spitz aus dem Mund ragend. Ich saß nur schweigend dabei; Jutta, die Medizinstudentin, wechselte die Laken, hielt die alte Frau in den Armen, flößte ihr Wasser ein, drückte ihr schließlich die Augen zu. Dabei war das Verhältnis zwischen den beiden immer kühl gewesen. Ich war nämlich der Gesprächspartner der Großmutter, der mit ihr den Stoff besprach, den nur noch der Lesezirkel herankarrte.

Jutta wurde von meiner Mutter gefunden, nackt am Boden liegend, neben einer umgestürzten Lampe. Die Schwester – sie war dreiundzwanzig, es war 1966 – hatte gebadet, war aus der Badewanne gestiegen und hatte naß ein schadhaftes Kabel in den Stecker drücken wollen. Wir – meine damalige Frau Antje Wolters und ich – fanden die Mutter schreiend neben der Toten. Sie schrie Stunden. Die beiden Frauen, Dita und Jutta, hatten zusammen gelebt, sich alles erzählt; Jutta hatte der Mutter ihre Liebesbriefe gezeigt – und nun war sie tot. Die Mutter mußte noch fünfundzwanzig Jahre mit dieser Erinnerung leben.

Warum ich das erzähle? Nicht weil es besonders »tragisch« wäre. So sind viele Leben. Das Wort tragisch habe ich aus meinem Wortschatz gestrichen, es mag auf Antigone oder Kreon zugetroffen haben, wir Böhmen sind nicht tragisch. Ich habe es erzählt, um zu sagen: Wir dürfen nicht zu streng sein, »das

Menschenleben zwängt sich durch die Tage«, wie einer meiner
Seelentröster bemerkt hat, man brezelt sich auf, schlägt ein
Rad, erobert eine Frau, einen Mann, eine Position, mehrere Positionen, es zeigt nach oben, aber dann Karzinom, Chemotherapie, Bangen, Warten, Hoffnung, und irgendwann ist es aus.
Das soll die Mörder ganz und gar nicht entschuldigen, schließt
auch nicht aus, daß es zufriedene Bauern oder Historiker gibt,
die ihre Arbeit tun und ohne Vorwarnung mit siebzig oder achtzig tot umfallen, aber man muß sich klarmachen, daß man die
Ansprüche nicht überspannen darf. Was sich die Leute alles er-
hoffen! Der Partner soll passend sein, sonst läßt man sich scheiden, das Wort »Glück« fließt vielen von den Lippen wie unser-
einem »Guten Morgen«, und viele glauben längst, es sei ein in
Straßburg einklagbares Menschenrecht, Freitagnachmittag den
Rasen mähen zu dürfen und am Wochenende mit den Kindern
in die Berge zu fahren. Wem das gelingt, alle Achtung, ich bin
dafür. Aber ist das *das* Leben? Wo? Wie lange? Auch die historischen Ansprüche: Mein Vater hätte keinen gestohlenen Betrieb kaufen dürfen – aber darf ich mich über meine Eltern erheben, weil sie sich unter die Diktatur geduckt haben? Sie
wollten doch zum Beispiel mich und meine Schwester durch-
bringen. Was hätte ich – unvorbereitet durch eine politische Organisation, auf mich gestellt, als Versicherungsmensch oder
Bankbeamter, wie das damals hieß – getan? Dürfte ich von
oben herab auf die Tschechen blicken, weil ihr Widerstand gegen Hitler, verglichen mit dem der Polen, eher schwach war?
   Mit zweiundzwanzig habe ich mich bewußt auf die Seite geschlagen, die meine Eltern als Gegenseite betrachtet hätten. Ich
habe mich Menschen angeschlossen, die gegen die Nazis gekämpft hatten. Nur war das eine Entscheidung »with the benefit of hindsight«, wie die unübertreffliche englische Formulierung lautet. Die Idee, die nach 1968 für ein paar Jahre aufkam,
man hätte die Bonner Republik allein mit Nazigegnern aufbauen können – verrät eine läppische Illusion, denn in Wahrheit gab es davon viel zu wenige.
   Ich habe mich gehen lassen. Eigentlich wollte ich nur sagen:
Wir sollten nicht zu streng sein. Sollte ich in den Himmel kommen, was nach den mir bekannten Beichtspiegeln ausgeschlos-

sen ist, werde ich um eine Wolke bitten, die nicht zu weit von der ist, auf der sich mein Wirt, meine Vermieterinnen und noch ein paar kriegsgequälte kleine Leute aus den frühen Sechzigern befinden. Daß der Sagmeister ständig Virginia raucht, würde ich ertragen.

Der katholische Agnostiker

Da gerade von Beichtspiegeln die Rede war, sollten wir die religiöse Frage hinter uns bringen. In vielen Autobiographien wird sie ausgespart – die Verfasser sind entweder gute Christen, die ihr Christentum für selbstverständlich halten, oder religiös Unmusikalische, die der Auffassung sind, Gott sei nicht der Rede wert. So ist das bei mir nicht.

Ich bin katholisch erzogen worden, nicht von der Familie, sondern von der Kirche. Meine Leute reagierten wie die meisten: Sie hielten das Leid der Welt nur aus, wenn sie nicht darüber nachdachten und sich auf das konzentrieren konnten, was ohnehin getan werden mußte. Mein Vater betrat Kirchen nie, er spottete sogar gelegentlich über Rosenkränze und Todsünden, aber die Frauen lehrten mich beten und schickten mich in den Religions-, Kommunions- und Firmunterricht. Meine Mutter lebte nach dem selbstironisch apostrophieren Prinzip »Hilft's nicht, schadet's nicht«. Sie zündete immer wieder Kerzen an, am liebsten zu Ehren des heiligen Antonius. Nur nach Juttas Tod betrat sie fünfzehn Jahre lang keine Kirche mehr. Daß Gott ihr das hatte antun können, wollte sie nicht hinnehmen.

Meine religiöse Erziehung vollzog sich in der katholischen Jugendbewegung. Wir saßen in kleinen Gruppen der »MC«, der Marianischen Congregation, oben im achteckigen Schloßturm der katholischen Stadtpfarrkirche in Bayreuth. Der Turm hatte als Attraktion einen Reitweg, der als Auffahrtschnecke für Kutschen bis unter das Kranzgeschoß führte. Dort tobten wir nach der Lektürestunde – die Gruppenleiter kamen mit Reinhold Schneider, Carossa, Gertrud von Le Fort, gelegentlich aber auch mit agitatorischem Kitsch, der unsere Sexualität zurückdrängen sollte – rauf und runter. Man empfing die Sakra-

Fronleichnamsprozession im Bayreuther Hofgarten

mente, lebte mit dem Kirchenjahr und machte Ausflüge an den
Röhrensee, alles unauffällig. Unauffällig auch, daß man in der
Pubertät in Konflikt mit den Geboten der Kirche kam, daß man
das Onanieren nicht beichten wollte, daß man ohne Beichte
nicht kommunizieren konnte usw. Bei mir kam hinzu, daß ich
im kritischen Alter, mit vierzehn, durch den Umzug nach Hannover aus den organisatorischen Bindungen gerissen wurde.
Als alter Organisationsfachmann weiß ich heute, was es bedeutet, wenn einer umzieht und vom neuen Ortsverein nicht genügend beachtet wird. Zuerst verliert man die Freunde, dann den
Glauben.

Heute kann ich meinen geistigen Weg ganz gut nachvoll-
ziehen. Der Fünfzehn- oder Sechzehnjährige sprengte den
Religionsunterricht fast, indem er immer wieder, rhetorisch
geschickt, aber ohne Maß, auf der Rechtfertigung Gottes angesichts der physischen Brutalität und der moralischen Verkom-
menheit der Welt herumritt. Zehn Jahre nach Kriegsende und
nach der Aufklärung über die Konzentrationslager, die uns in
Hannover zuteil geworden war, lag das nahe. Heute denke ich
gelegentlich, ich hätte auf jede Rationaltheologie verzichten
und mich dem bloßen Glauben hingeben können, mit jenem im

süddeutschen Katholizismus möglichen Toleranzspielraum, der es erlaubt, die Sache mit Marias unbefleckter Empfängnis im Alltag nicht so genau zu nehmen. Ich hätte mir sagen können, Gott hat die Welt geschaffen wie ein Gedicht. Aber ich krebste damals auf dem Niveau der Debatte zwischen Leibniz und der Aufklärung herum, ohne daß ich diese Namen selbst kannte oder Leibniz' *Confessio philosophiae* gelesen hätte. Die Aufklärung siegte. Das war 1957.

Der Kirche kann ich keinen Vorwurf machen, ich war wohl nicht zu retten. Der Hannoveraner Religionslehrer, ein Jesuit, nahm sich meiner an. Er entfernte mich zwar aus seinem Unterricht, den ich durch mein aggressives wöchentliches Bestehen auf der Theodizee störte, empfing mich aber jeden Mittwochnachmittag in seiner Wohnung in der Hildesheimerstraße und diskutierte mit mir. Das dauerte einen ganzen Sommer lang, dann waren die Argumente ausgetauscht, und ich machte mich davon. Sehr viel später verließ ich die Kirche. Ich bin bereit, alle meine Todsünden tapfer zu vertreten, außer einer: Vor fünfunddreißig Jahren habe ich eine Abtreibung eher betrieben als geduldet. Wir waren uns unsicher, ob wir zusammenbleiben wollten. Ich war in ungesicherter Position, wollte aufsteigen und hatte Angst, ein Kind könnte mein Vorwärtskommen behindern, kurz: keine legitimen Gründe, um eine Schwangerschaft zu beenden. Das drückt auf mein Gewissen. Damit widerrufe ich nicht die Zustimmung, die ich als Abgeordneter zur Abschaffung des Paragraphen 218 des Strafgesetzbuches gegeben habe. Das war ein Klassenparagraph, der mußte weg, die Oberschicht hatte nie ein Problem mit diskreten Abtreibungen. Wenn ich heute allerdings eine Schönheitskönigin in einem Illustrierten-Interview erklären höre, daß sie das Kind »wegnehmen« ließ, weil ihr superreicher Londoner Lover »einfach noch kein Kind will«, ganz offen erörtert in einer Illustrierten, hingenommen wie die Botschaft, daß die Dame die Feuchtigkeitscreme gewechselt hat, könnte ich dreinschlagen. Das wird hingenommen, aber Stammzellenforschung ist Tötung menschlichen Lebens? Wir triefen vor Heuchelei.

Nein, ich finde nicht zurück. In den neunziger Jahren hatte ich in Erfurt, wenn ich den klugen Bischof Wanke bei der

Fronleichnamsprozession vor sechzig verschüchterten Menschen über die Krämer-Brücke laufen sah – erstaunt betrachtet, als käme da ein Faschingszug – gelegentlich den Impuls mitzugehen. Einen solchen Impuls hatte ich bei Münchner Prozessionen, bei denen der Ministerpräsident ganz vorn mitschreitet, nie. Aber auch in Erfurt blieb ich oben am Fenster stehen und tat meine Arbeit. Inzwischen bin ich überzeugt, daß wir die Geschichten, Bilder und Mythen niemals hinter uns bringen, in den Worten des Philosophen Hans Blumenberg: Wir bleiben mythenpflichtig. Deswegen müssen diese Geschichten, Bilder und Mythen gelebt werden. Meinen Sohn Lion, geboren 1997 haben wir, meine Frau Felicitas und ich, katholisch taufen lassen. Später kann er gehen, wenn er will, wie ich gegangen bin.

Viele sagen: Von der Kirche halte ich nichts, dafür bin ich gläubig. Bei mir ist es umgekehrt: Ich habe Schwierigkeiten mit dem Glauben, aber die Institution Kirche bewundere ich – trotz der ausführlichen Lektüre des Kirchenhistorikers Karl-Heinz Deschner, der alle möglichen Grausamkeiten der Kirche ausgegraben hat. Das hängt natürlich damit zusammen, daß die Enzykliken und die Personalpolitik des polnischen Papstes Johannes Paul II. an mir vorbeigegangen sind. Ich lebe nicht in der Kirche. Sind aber Fragen wie die Frauenordination oder das Zölibat nicht drittrangig, verglichen mit der Haltung der Kirche zum Irak-Krieg oder zum globalisierten Kapitalismus? Natürlich, ich bin korrupt. Wer eine so kleine, mittelständische, junge Organisation wie die der SPD geführt hat, bewundert den zweitausend Jahre alten Multi, der zwar in Europa schrumpft, in Lateinamerika oder Afrika aber wächst.

Die Behauptung, es gebe keinen Gott, ist (als Sprachspiel) so risikoreich wie die, es gebe einen. Ich bin deshalb kein Atheist, sondern ein Agnostiker. Als ich das einmal nach zwei Flaschen Pomerol, Château Lagrange, einem Freund, einem Benediktiner, auseinandersetzte, der mich bei Veranstaltungen zu fragen pflegte, ob er im großen Kampfanzug oder normal kommen solle, zog er an seiner Zigarre und nickte. »Ja«, sagte er, »du bist ein Agnostiker, aber ein katholischer.« Da hat er wohl recht.

Der Kurfürstenplatz

Aus der finanziell scheinbar ausweglosen Lage nach Vaters Tod rettete mich ein Mann aus der Artusrunde des Herrenzimmers. Direktor H. von der Ersten Allgemeinen Unfall- und Schadenversicherungsgesellschaft – EA genannt – bot mir die Stelle eines Hilfssachbearbeiters an. Es war die reinste Wohltat. Von den Kraftfahrzeugs- und Allgemeinen Haftschäden, die ich regulieren sollte, verstand ich nichts. Im übrigen durfte die Mutter, die nur zwei sehr kleine Renten bezog – sie selbst hatte zu kurz geklebt, mein Vater war nur sieben Jahre in der Firma gewesen –, in Heimarbeit Policen schreiben. Das war der Griff, der uns vom Abgrund – oder von dem, was wir in unserer Abstiegsangst dafür hielten – zurückriß. Ich ging Tag für Tag in die Münchner Sonnenstraße. Mein Glück war der Sachbearbeiter, dem ich zugeteilt war, ein junger Fürstenfeldbrucker. Dieser gedrungene Rundkopf, Ludwig Seethaler, hatte Verständnis für mein Bedürfnis, gelegentlich doch noch eine Vorlesung zu besuchen. Rasch brachte er mir die Standardschriftsätze bei. Ich lernte die Belegstellen der Rechtsprechung, die man zitieren sollte, und wußte bald, was eingesparte Eigenkosten und Selbstbehalte waren. Übrigens mußte ein Prokurist meine Briefentwürfe abzeichnen. Ich wurde irgendwie nach Fallzahlen bezahlt; ich weiß es nicht mehr genau, jedenfalls hatte ich mehr, als der Wechsel des Vaters (300 Mark) betragen hatte. Ich studierte abends, es war eine Schinderei, aber ich war glücklich.

Denn ich tauchte in eine neue Welt ein. Die Hierarchie der Abteilung. Man mußte das Wohlwollen der Sekretärinnen gewinnen – denn ich hatte natürlich keine eigene. Die Mittagspause in Beisln um den Sendlinger Torplatz – wem durfte man sich anschließen? Die Schadensabteilung einer Versicherung mit mittlerem Bestand war die erste Organisation, in die ich mich einfädelte, aber es gelang mir, mich für dieses Geschäft – »Deckung eines durch bestimmte Ereignisse hervorgerufenen Vermögensbedarfs unter Verteilung auf eine größere Personenzahl« – wirklich zu interessieren. Sie behielten mich, und nicht nur wegen des Direktors H., bis ich von selber ging, weil ich eine kleine Stelle an der Universität fand.

Diese frühe Anstrengung – zwölf bis vierzehn Stunden täglich, wenn man Arbeit und Studium addierte – wirkte sich auf mich zweifach aus: Ich begriff das Zeitproblem, die Lebenszeit als ultrakurze Episode, und ich sah die gedrückte Lebenssituation der unteren Schichten. Warum muß man siebenmal in der Woche schlafen, genügen nicht sechsmal? Damit scheiterte ich. Wie läßt sich die widerlich selbstverständliche Benutzung von Arbeitskraft für ein viel zu geringes Entgelt durchbrechen? Die Frauen der Kollegen arbeiteten alle, die Kinder wurden von den Großmüttern betreut, am Samstag half man am Bau des Bekannten, der einem an irgendeinem Samstag auch helfen würde, die Urlaube bestanden aus Ausflügen in die Amper-Auen, meine Eltern waren immerhin nach Cesenatico gefahren – mußte das sein? Es dauerte genau dreizehn Monate, vom September 1960 bis zum Oktober 1961, bis ich eines Mittags das Essen ausließ, mich am Sendlinger Torplatz nach links zum Oberanger wandte und im Haus Nr. 38 hinauf in den vierten Stock fuhr, um mir einen Aufnahmeantrag in die SPD zu holen.

Das war kein leichter Gang. Ich wollte immer ein Erfahrener sein, ein Eingemeindeter, später sagte ich: ein Profi. Komischerweise wollte ich schon mit einundzwanzig ein Profi sein. Es war mir schwergefallen, in der Staatsbibliothek unter all den emsigen Bescheidwissern zu fragen: »Wie schreibt man sich hier ein?« Noch schwerer war damals, 1961, der Vorstoß eines »Studenten« in die SPD, obwohl ich ja auch hätte sagen können: Angestellter bei der EA. Ich brachte es schließlich über mich. Gesprochen hatte ich mit einem kleinen Mann mit schnarrender Stimme. Er hieß Reventlow, was mir nichts sagte, und war »Unterbezirkssekretär«, was mir auch nichts sagte.

Hätte ich gewußt, daß es sich um Rolf Reventlow, den Sohn der berühmten Franziska zu Reventlow, Dichterin, Vorkämpferin der Emanzipation der Frau, einer legendären Schwabinger Figur, handelte, hätte ich mir vielleicht gesagt: Wenn der zur SPD durfte, darfst du das erst recht. Aber ich hatte den Namen Franziska zu Reventlow nie gehört. Manche haben Rolf, dessen Mutter nie Geld hatte, lebenslang darauf festgelegt, daß er als Dreijähriger in der Schwabinger Brauerei auf die Frage, was er da mit den Bierdeckeln anstelle, gesagt habe: »Ich baue ein

Leihhaus.« Aber er war im Spanienkrieg gewesen, hatte ein
kompliziertes Leben gelebt und eine komplizierte Frau namens
Else geheiratet, von der er sich zwar bald scheiden ließ, sich
aber nicht trennen konnte, und hatte gerade bei einer Bundes-
tagskandidatur im Münchner Norden den kürzeren gezogen.
Sein Versuch, den Wahlkreisabgeordneten Walter Seuffert, später Vizepräsident des Verfassungsgerichts, von links wegzu-
drücken, war durch einen spektakulären Auftritt des damals legendären Waldemar von Knoeringen gescheitert. Aber von
alledem hatte ich anfangs keine Ahnung.

Ich war nach Schwabing umgezogen, an den Hohenzollern-
platz, in ein »Leerzimmer« – irgendwo mußten schließlich die
Möbel aus der väterlichen Wohnung untergebracht werden. In
einer verwinkelten Altbauwohnung, wieder bei Mutter und
Tochter – ich träume heute noch von den Höhlen, aus denen die
diesmal hochbürgerlichen Damen hervorbrachen –, besuchte
mich eines Abends ein ruhiger, sympathischer Mittdreißiger. Er
heiße Stiefvater, sagte der Mann, Oskar, und wolle mir mein
Parteibuch bringen. Er war damals der Vorsitzende der Sektion
Kurfürstenplatz, der ich nun zugehörte. Ich bat ihn in mein
Zimmer, und er wies mich ein. Später war er Stadtdirektor und
leitete das Berufsschulwesen der Stadt. Schon am nächsten
Abend besuchte ich einen »Lichtbildervortrag«, wie das damals hieß, den er über eine Israel-Reise hielt. Dreißig Leute, wir
redeten über Kibbuzim. Das ist also die SPD, dachte ich.

Wir wollen jetzt nicht darüber spekulieren, wieso das falsch
war. Oskar Stiefvater war ein besonders nachdenklicher, sozusagen besinnlicher Mann. Auch 1961 waren die Münchner SPD-
Funktionäre nicht alle besinnlich. Schon sechs Jahre später aber
wirbelten Hunderte von Söhnen und ein paar Töchter unglück-
lich verheirateter Anwälte, geschiedener Hotelbesitzer und
solider Studienratsehepaare in den alten, gichtigen Corpus der
Münchner Sozialdemokratie, einen Corpus, der vor ein paar
Jahrzehnten schon heftig geschüttelt worden war, von der
Revolution, von der Trennung in SPD und USPD. Im Oktober
1961 ahnten wir von dieser neuen Herausforderung noch nichts.

Zu meiner ersten Rede in der SPD in der Sektion Kurfürstenplatz lud mich Heiner Herzing ein, ein Mann der Generation

meines Vaters, schwer asthmatisch, ein kleiner, grauer, listiger
Mann, der bei der Landesversicherungsanstalt beschäftigt war
und der Oskar Stiefvater an der Spitze meiner Sektion abgelöst
hatte. Heiner war als junger Mann, im Mai 1933, von der Gestapo inhaftiert und nach Dachau geschafft worden. Nach ein
paar Monaten ließen sie ihn wieder laufen mit der Auflage,
über die Prügeleien und Quälereien kein Wort verlauten zu lassen. Er hatte die Eigenart, überall in seine Sätze ein »man« ein-
zufügen, zum Beispiel: »Ich dachte, man, ich würde das nicht
überleben.« Meinte er vielleicht »Mann«? Ich glaube, eine so
burschikose Ansprache hätte er nicht passend gefunden. Die
Nazis hatten ihn gebrochen. Als ich mit ihm einen Abend lang
geredet hatte, wußte ich, daß ich in dieser SPD richtig am Platz
war.

Es war eine Kleine-Leute-Organisation. Da gab es zwar einen
Oberkommissar, der später zur CSU ging, und ein paar Anwälte, die fast nie erschienen. Die Seele der »Sektion« – später
nannte man sie Ortsverein – war der Genosse Asenbrunner, ein
alter, verrenteter Arbeiter, der unermüdlich in der Hauskassie-
rung tätig war, oder der Hausmeister Längerer, der eine ruhig
und ernst, der andere ein Schwabinger Peronist. Bei der ersten
Generalversammlung wurde ich Juso-Vorsitzender der Sektion,
was nur daran lag, daß es außer mir niemanden unter dreißig
gab. Als Unterkassierer war ich übrigens eine Fehlbesetzung,
ich nahm mir dafür nicht genug Zeit. Die Leute waren mir zu-
nächst fremd, alles untere Mittelschicht, viel Kommune; es
sprühte nicht, aber man dachte, man könne sich einklinken. Ich
habe mich eingeklinkt.

Die versäumten Lektionen

Weh und zitternd war gar nichts mehr. Es galt hochzukommen;
man vergißt leicht, zu welchen Gewöhnlichkeiten dies verleitet.
Ich arbeitete in der Sonnenstraße, studierte vorwiegend am
Abend und war wild entschlossen, so schnell wie möglich den
untergeordneten Rollen zu entkommen. Das gelang mir Schritt
für Schritt. Im Januar 1964 war ich zum Beispiel der erste Ma-

gister der Ludwig-Maximilians-Universität, dieser Titel war gerade eingeführt worden.

Einen Fernseher besaß ich nicht, in meinem »Leerzimmer« hielt ich es aber nachts um zehn nicht mehr aus. Der kleine, gelbe, kunstlederne Plattenspieler, den ich besaß, und auf dem ich vor allem Hans-Albers-Lieder abspielte, trat nur beim Einschlafen in Aktion. Also verbrachte ich Abend für Abend bei »Rudi«, den ich höflich, anders als die meisten anderen Gäste, »Herr Berthold« nannte. Ich hielt lebenslang auf Distanz, aus einer Mischung aus Schüchternheit, Hochmut und der richtigen Erkenntnis, daß man sich nicht allzu nahe kommen darf. Die »Cabane« war am frühen Abend leer, um zehn fand man kaum einen Stehplatz, um zwölf wurde es angenehm – schon wieder eine Heimat. Hier lernte ich die unsagbaren Vorzüge der Rolle des Stammgastes schätzen. Ich bekam bald den ersten frei werdenden Stuhl, konnte anschreiben lassen, gehörte mit zwanzig Junggesellen mit wechselnden Freundinnen zum Inventar. Das Schachspiel, während Berthold Sinatra spielen ließ, ein grauenhafter grüner Cocktail namens Vulcano und die maulfaulen Gespräche mit Leuten, die man kannte, von denen man aber doch nichts wußte, werden mir immer unvergeßlich bleiben.

Es war mein Kino, mein Guckloch in die Welt: hochgestöckelte Blondinen mit teuren, silbernen Sklavenketten; alte, besoffene Dramaturgen; smarte junge Geschäftsmänner mit Goldkettchen am braungebrannten Handgelenk und gelegentlich ein gebildeter schwuler böhmischer Fürst, der einem auf dem Schachbrett eine Lösung von Vladimir Nabokov oder sonst jemandem vorführte. Meine Monatsrechnung belief sich auf ein Fünftel meines Einkommens, aber dieses kleine, abgedunkelte Aquarium mit seinen troglodytischem Getier aus tiefsten Tiefen und seinen schlanken, schönen Zierfischen aus den oberen Schichten des Meeres brauchte ich als Kontrast sowohl zu den Schadensfällen als auch zu meinen Vorlesungen.

Dort saß ich in meiner Ecke, war still und wurde nur aggressiv, wenn sich Korporierte in die Bar verirrten. Korporierte haßte ich; mein Vater hatte vor den Saufabenden Wildhaschee mit Ei gegessen, weil es sich leicht kotzen ließ. Ich habe damals übrigens auch Konsemester, die bei der Bundeswehr gewesen waren, in törichter Konsequenz mit »Ah, der Herr Leutnant« begrüßt. Ich war verwendungsfähig gemustert, wurde aber nie eingezogen. Irgendwie erschien mir die umstandslose Bereitschaft von Altersgenossen, zum Militär zu gehen, damals unmoralisch.

Es war nicht mehr wie in Wien, wo ich isoliert, aber auch süchtig auf einsame Abende und müde machende Wanderungen durch unbekannte Bezirke und Friedhöfe war, auf denen niemand lag, den ich kannte. Inzwischen hatte sich ein kleiner Bekanntenkreis gebildet. Dazu gehörte der Geschichtsstudent Pit Bleuel, später Schriftsteller und einer der wichtigsten Befürworter der gewerkschaftlichen Organisation der Schriftsteller; der Logistiker und Physiker Walter Robert Fuchs, ein Memminger Originalgenie, der mehrere Bestseller schrieb, am Anfang einer großen Karriere zu stehen schien und dann in seinen Dreißigern an Hodenkrebs starb; der Journalist Ernst Klinnert und vor allem Wolfgang Langenbucher, den ich auf den Bänken des Zeitungswissenschaftlichen Instituts kennengelernt hatte. Langenbucher und ich haben später viel gemeinsam publiziert. Bis heute sind wir Freunde.

Klinnert, ein Jahrzehnt älter als wir, schon halb etabliert – er hatte eine schöne Frau, zwei Söhne und eine vernünftige Wohnung – führte mich in den Journalismus ein. Er war damals Redakteur der medizinischen Zeitschrift *Euromed* und gab mir kleine Aufträge: die Auswertung einer Umfrage, die Rezension eines soziologischen Textes. Ich lernte, kurz zu schreiben. Langenbucher, Bleuel und Fuchs hatten Beziehungen zu Rundfunkanstalten und schrieben vieldiskutierte Features. Wir robbten uns voran, oft noch den Sand im Maul und den Bauch im Feuchten, aber das Ziel vor Augen. Das Ziel war unter anderem natürlich, so weit zu kommen, daß wir uns nicht immer gegenseitig anpumpen mußten. (Der Leser erinnert sich: »Alter, kunnst ma für a Woch hundert Schilling pumpen?«) In Wirklichkeit wollten wir aber Kanzeln erobern, von denen aus man unsere Predigten hörte. Wir waren Prediger, allerdings konfessionslose.

Langenbucher hatte für mich eine besondere Bedeutung; er war schon mit dreiundzwanzig Jahren das, was man heute einen Netzwerker nennt. Sein Vater war ein Intellektueller, wenngleich ein gefallener Engel, denn er hatte im Dritten Reich eine berühmte völkische Literaturgeschichte geschrieben. Jetzt leitete er eine Buchgemeinschaft in Stuttgart, die damals noch nicht Bertelsmann gehörte. Er kannte Rundfunkredakteure, Verleger, Kritiker, Autoren. Von diesen Kontakten profitierte der Sohn, von dessen Kontakten profitierte ich. Wolfgang erschloß mir neue Welten. Er bestellte nicht Rotwein, sondern Württemberger Trollinger. Ich lernte von ihm, was eine Lage, eine Rebe, was Depot und was ein Abgang ist. Im übrigen verfügte er über einen großen Plattenspieler mit einem eindrucksvollen Reinigungssystem, bei dem destilliertes Wasser über sinnreiche Kanäle den Saphir sauber hielt. Dieses System handhabte er wie ein Künstler. Hans Albers hörte er nicht.

Langsamer Aufstieg: Gemeinsam kauften wir uns einen unsynchronisierten Volkswagen. Zwei Schlüssel. Mal holte ihn Langenbucher aus der Bauerstraße, wo ich ihn vor meinem Fenster geparkt hatte; mal holte ich ihn von ihm, der am Ende der Leopoldstraße in einem Hinterhaus wohnte. Wir sind beide Durchschnittsfahrer, technisch uninteressiert, keine aufgestülpten Lederhandschuhe am Steuer, keine Rede vom sportlichen Fahren und dem Drang, als eleganter Kolonnenspringer zu brillieren. Das Fahrzeug war für uns ein Gebrauchsgegenstand. Wir investierten keine Liebe.

Das erste Produkt unserer Zusammenarbeit war ein erstaunlicher Erfolg. In 116 deutschen Lesebüchern standen damals von den zwölf 1933 aus der Preußischen Dichterakademie gejagten Autoren zwölf Beiträge, von den zwölf nachrückenden »Dichtern« dreihundertvierunddreißig. Man druckte Billingers »Treue Magd / du klagtest kaum, du murrtest nie«, nicht Brechts »Unwürdige Greisin«.

Hildegard Hamm-Brücher, damals Oppositionsabgeordnete im Bayerischen Landtag, hatte das wirkungsvoll kritisiert. Wir besuchten sie im Maximilianeum, wo wir uns auf dem Gang unterhalten mußten, da die Abgeordneten zu zweit in kleinen Kammern saßen. Das war mein erster Besuch in dieser »Burg«. Die Schule, fanden wir, solle sich mehr um den Geist als um die Seele kümmern. Also brachten wir bei Sigbert Mohn einen polemischen Gegenentwurf zu den Lesebüchern dieser Zeit heraus, *Versäumte Lektionen*. Noch heute sprechen mich Lehrer an, die mit diesem Buch viele Jahre gearbeitet haben. Als das Buch zur Buchmesse 1965 erschien, war ich sechsundzwanzig. Jetzt hatte ich die richtige Nadel gefunden und – das Öhr immer wieder ans Licht haltend und den Faden immer wieder mit den Lippen anfeuchtend – die Einfädelung geschafft.

Diese Zeit ist längst zur Erinnerung erstarrt, die Wirtshausschilder haben gewechselt, die Menschen irgendwo. Als erster starb Walter Fuchs, den wir Jimmy genannt hatten, weil er zufällig in Princeton geboren war. Seine Frau Ingrid, von der er unzertrennlich war und deren Memminger »Dschimmilein« ich nie vergessen werde – es war eine täglich hundertmal gesungene Liebeserklärung in den unterschiedlichsten Tonlagen –, brachte ihn unter die Erde, regelte alles, bündelte sauber die Dokumente und brachte sich um. Sie müssen es miteinander verabredet haben.

3. KAPITEL

Die Riten der Initiation

Wie ich 1961, als Zweiundzwanzigjähriger, in die SPD geraten bin, habe ich erzählt. Interessanter ist die Frage, wieso ich mich in einer jahrelangen Ochsentour zu einem Mandat durchgekämpft habe, wie ich also auf den Gedanken kam, die wissenschaftliche Laufbahn, die mir eröffnet worden war, auszuschlagen und einen sechsundzwanzigjährigen Weg durch die mühsam zu durchquerenden Ebenen der Politik zu beginnen. Dafür sprach eigentlich wenig. Ich wußte, daß man in der Politik (wenn man sich an die Gesetze hält) nur wenig Geld verdienen kann, und ich ahnte, daß meine böhmische Vernünftigkeit die Herzen der Genossinnen und Genossen nicht genug erwärmen würde.

Denn für den »Sozialismus« war ich verloren. Väterliches Erbe: An verstaatlichte Banken oder Schlüsselindustrien habe ich nie geglaubt. 1959, zwei Jahre vor meinem Eintritt in die SPD, hatte eine zu allem entschlossene Führungsgruppe um Fritz Erler, Waldemar von Knoeringen, Willi Eichler, Adolf Arndt und Karl Schiller, unterstützt von einigen jungen Politikern wie Helmut Schmidt und Willy Brandt, die Losung durchgesetzt: »Soviel Markt wie möglich, soviel Planung wie nötig.« Die Linke, die dagegen anrannte, war 1961 schwach. Die Rechte aber, zu der ich mich gesellte, war zwar mit dem Kopf für das Godesberger Programm, im Herzen aber hing sie ebenfalls an der Symbolsprache, den Riten und Liturgien der alten Partei. Sie hatte noch vor wenigen Jahren zu Füßen des speienden Vulkans Kurt Schumacher gesessen. Die Älteren kamen aus der Weimarer Sozialdemokratie, also einer Arbeiterpartei, in der es zwar ein paar jüdische Anwälte und modernistische Ingenieure gegeben hatte, die aber noch Gegenkultur, Heimat, Seelenfänger gewesen war. Arbeiter-Samariterbund, Arbeiterwohlfahrt, Jungsozialisten, Rote Falken – was für eine fremde Welt für den geflüchteten Eindringling aus dem Milieu kleiner sudetendeutscher Selbständiger!

Intellektuell begriff ich das Problem schon: Es ging um Sakraltransfer. Die SPD brauchte zur Bindung des Einzelnen an die Partei die symbolischen Bestände von früher. Deswegen nannte uns der lesewütige und realitätstüchtige Kohl ja nur die »Sozzen«, was ebenso verächtlich wie liebevoll gemeint war. Aus strategischen Gründen setzte man den Begriff »demokratisch« vor das Wort Sozialismus. Man mußte sich von den Kommunisten, die sich auch als Sozialisten bezeichneten, absetzen. Ich akzeptierte diese Strategie, aber ich hatte ein fadendünnes, sozusagen essayistisches Verhältnis zum Sozialismus. Mit einer derartigen geistigen Ausstattung konnte man die Genossen schwerlich mitreißen.

Warum Politik? Letztlich faszinierten mich Personen: Dag Hammerskjöld mit einem müden Gesicht in einem Flugzeug, das abstürzen würde; John F. Kennedy, die Hand auf dem Herzen, seiner Hymne lauschend, mit flatternden Hosen auf einem Flugzeugträger; Willy Brandt – nicht der Wahlkampf-Brandt im weißen Mercedes, sondern der hutlose Bürgermeister auf einem Lastwagen –, der seine Berliner beim Mauerbau mit einer harten Rede von unbedachtem Heldenmut abhielt. Anfang der 1960er Jahre hatten Politiker in ihren Nationalstaaten viel mehr Einfluß als heute. Hinzu kam allerdings, daß wir die Macht, die sie hatten, auch noch überschätzten – ein Phänomen, das man später »Machbarkeitsillusionen« nannte. Und dann gab es noch jemanden in meiner direkten Umgebung: Waldemar von Knoeringen. Ein vergessener, 1906 geborener, großgewachsener, stattlicher, begeisternder und doch im tiefsten Inneren resignierter Sozialist, der den Sozialismus seiner Jugend unter Schmerzen abgestreift hatte. Er hat mich mehr beeinflußt als sonst jemand auf der Welt.

Der rote Baron

Wie ich in den Gesichtskreis Knoeringens kam, weiß ich nicht
mehr. Er war ein Menschenfischer. Irgendwo muß er an einer
Biegung des Flusses gesessen haben. Er wartete aber nicht darauf, daß die Leiche eines Feindes vorbeigeschwommen kam.
Er wartete auf junge Leute, die er herausfischen und in seinen
Bann ziehen konnte. »Studiengruppe« war eines seiner Zau-
berworte. Tief beeinflußt von der Jugendbewegung, war er
fasziniert von »Menschenbildung« in »kleinen Netzen«, an
denen er flocht. Er hatte lange Jahre in der sozialdemokratischen Organisation zugebracht und war nun, im Alter, nicht
einmal mit zehn Pferden in einen Ortsverein zu bringen. Vermutlich ahnte er, daß sein Leben bald zu Ende gehen würde.

Waldemar von Knoeringen

Jetzt wollte er nur noch lesen und das Gelesene verarbeiten, im Gespräch. »Das Gespräch ist die Seele der Demokratie«, sagte er hundertmal.

Wie alle Menschen, die aus der Jugendbewegung kamen, liebte er die Natur. Seine großen Ämter – stellvertretender Vorsitzender der SPD, Landes- und Fraktionsvorsitzender in Bayern – hatte er Anfang der sechziger Jahre niedergelegt und sich in dem kleinen oberbayerischen Ort Kochel, über dem Kochelsee, ein Refugium geschaffen, das nach seinem großen Vorgänger, dem Gründer der bayerischen Sozialdemokratie, Georg von Vollmar, benannt war: die Georg-von-Vollmar-Akademie. Das Schlößchen, der Aspenstein, hatte während der Nazizeit Baldur von Schirach gehört; die SPD hatte es als Wiedergutmachung bekommen.

In langen Schritten stieg Knoeringen mit seinen Vertrauten in den Bergen um den Aspenstein herum. Er hatte gerade eine ganze Gruppe von Liberalen, aus dem Studentenverband LSD (Liberaler Studentenbund Deutschlands) zur SPD gezogen. Ein paar Jahre lang war sein liebster Gesprächspartner ein gedrungener, witziger, aber völlig chaotischer Niederbayer aus Zwiesel, der aus jener Studentengruppe gekommen war, Alfred Edel, genannt Alo. Er hat in seinem späteren Leben in der Frankfurter Werbewirtschaft Karriere gemacht, aber nicht lange, mit fünfundfünfzig war er tot. Edel war für den Geschmack unserer Funktionäre viel zu gebildet, grob und offen. Ich werde nie vergessen, wie er im Europa-Café in München über sechs Tische dem Filmkritiker Enno Patalas zubrüllte: »Na, Enno, siechst so blaß aus, hast wieder die ganze Nacht onaniert?« Knoeringen war solche Derbheit gleichgültig, er stellte Alo für ein paar Monate sogar ein, obwohl der kein Mitglied der SPD war. Ein Sakrileg. Knoeringen war süchtig nach Menschen, von denen er glaubte, sie wüßten etwas, was er nicht wußte. So griff er auch mich auf und machte mich zu einem seiner informellen, unbezahlten Assistenten. Er quetschte die Menschen auf eine Weise aus, daß die Ausgequetschten selbst überrascht waren, was alles aus ihnen herauskam.

Ich bin mißtrauisch gegenüber jeder Emphase; Jugendbewegte habe ich möglichst zu meiden gesucht, denn ich hatte immer Angst, sie würden irgendwann ein Lagerfeuer anzünden und singen. Auch Knoeringen bestürmte mich oft in stundenlangen Gesprächen, in der Dachstube seines kleinen Einfamilienhauses im Süden Münchens, in der – natürlich! – Vollmarstraße, mit hochfliegenden Projekten, die man ihm ausreden mußte. Seine Frau Juliane, die die ganze Emigration – Wien, Prag, Paris, London – mit ihm durchgestanden hatte, half mir gelegentlich mit Ironie. »Na, ihr zwei«, sagte sie, wenn sie Tee brachte, »erfindet ihr die Welt neu?« Sie kannte ihren Waldemar. Aber nur durch seine leidenschaftlichen Erzählungen, mit denen er in wilden Schleifen die aktuellen Projekte umkreiste, habe ich gelernt, was man heute nicht mehr lernen kann: Warum Tausende und Abertausende Sozialdemokraten für diese Partei ihr Leben riskierten. Viele davon haben ihr Leben auch verloren, darunter Widerständler der Gruppe »Neu beginnen« in München und Augsburg, die Knoeringen als Grenzsekretär angeworben und geführt hatte. Die entscheidenden Vertreter dieser Gruppe hießen Hermann Frieb und Bepo Wager, die Nazis ließen sie 1944 hinrichten. Knoeringen hat diese Hinrichtungen, von denen er erst 1946 bei seiner Rückkehr nach Deutschland erfuhr, nie verwunden. Es bohrte in ihm lebenslang. In manchen Generationsgenossen Knoeringens, die Ähnliches oder Schlimmeres erlebten, hat nichts gebohrt.

Knoeringen war zwar ein Mann aus der Generation meines Vaters – ein Jahr nach ihm, 1906, geboren –, aber für mich das Gegenbild zur Runde des Herrenzimmers. Am 5. September 1932, mit Sechsundzwanzig, begründete er seinem »lieben guten Großvater« gegenüber, der ihm das Studium hatte bezahlen wollen, warum er mit zwanzig, im Todesjahr seines Vaters, zur SPD gegangen war. Da war etwas zu begründen, die Knoeringens waren alter Reichsadel, hatten sich an den Kreuzzügen beteiligt, einer der Vorfahren war Fürstbischof von Augsburg gewesen, und der Schritt zu den Sozialdemokraten schien ein Schritt vom Wege. Aber Waldemar hatte erkannt, was die meisten Deutschen nicht erkannt hatten: »Ich sehe das Blutgesicht des Faschismus«, schrieb der Sechsundzwanzigjährige seinem Großvater, »wie es über Deutschlands Städten grinst, ich sehe den Terror gegen Andersdenkende, diese Unduldsamkeit, den Triumph ehemaliger Verbrecher, die zu Führern berufen werden.«

Der junge Mann, der in seiner Heimatstadt Rosenheim eine Arbeiterbibliothek aufgebaut hatte, war im Kampf gegen die Nazis rasch zum begeisterndsten Redner der südbayerischen Sozialdemokratie aufgestiegen. Die Ortsvereine und Sektionen in Oberbayern und Schwaben rissen sich um ihn. Bald mußte ihn ein Kommando des Reichsbanners begleiten, damit die Nazis ihn nicht totschlugen. Einzelne dieser Genossen habe ich später als Bürgermeister kleiner Dörfer oder als Schalterbeamte der Sozialbürokratie in München getroffen. Seine Kompromißlosigkeit machte ihn zum Haßgegner der Nationalsozialisten. Nach der Machtergreifung schloß er sich den Münchner Gewerkschaftern um den legendären Schiefer Gustl an, die sich im Münchner Gewerkschaftshaus verbarrikadiert hatten. Als in den frühen Morgenstunden die Polizei das Haus stürmte, mußten die Besetzer Spießruten laufen. Die gestandenen Münchner Bürger, die sich das Schauspiel der Ausräucherung der Roten angeschaut hatten, spuckten die besiegten Arbeiter an. Knoeringen wusch sich das schleimbedeckte Gesicht im Bierbottich einer Wirtschaft. Er ging nicht mehr nach Hause, weil er damit rechnen mußte, daß sie ihn dort schon erwarteten. Über seine geliebten Berge hinter Rosenheim floh er nach Österreich. Dreizehn Jahre sollte die Emigration dauern.

Irgendwann war ich mit ihm in Bonn. Ich sah das erstemal den Fraktionssaal am Eingang IV, in dem ich später so viele tausend Stunden verbringen sollte. Die Sozialdemokratie ist zeitintensiv. Diese erste Bonnreise unternahm ich wahrscheinlich im Herbst 1965. Als wir in einem Double-Schlafwagen zurückfuhren, saßen wir viele Stunden auf dem unteren Bett. Wir tranken schlechten Rotwein. Waldemar erzählte. Es strömte aus ihm heraus.

Ich hatte keine Ahnung, wer Walter Löwenheim, Pseudonym Miles, war. Ein Kommunist, der die Kommunisten nicht ausgehalten hatte und die Gruppe »Neu beginnen« – gegen den Willen der SPD – ins Leben rief. Waldemar von Knoeringen, der Grenzsekretär der Sopade – wie sich die SPD im Pra-

ger und ab 1938 im Pariser Exil nannte –, wurde 1933, zuerst
ohne Wissen des Prager Exilvorstands, der Verantwortliche
für die »Innenarbeit« der Gruppe. Den Namen Willi Eichler
hatte ich schon gehört; er war Redakteur des Godesberger
Programms gewesen. Aber daß er persönlicher Assistent des
kantianischen Göttinger Philosophen Leonard Nelson gewesen war, daß er dessen Nachfolger als Leiter einer Organisation namens »Internationaler Sozialistischer Kampfbund«
(ISK) wurde, eines Ordens des Sozialismus, dessen Mitglieder
Vegetarier sein mußten, keinen Alkohol tranken und für den
Sozialismus zu leben suchten wie Priester für Jesus Christus,
das war mir neu.

Auch vom Elend der Emigration hatte ich kaum etwas gewußt: von dem Monatsgehalt von dreizehn Pfund, das Knoeringen bezog, dem Sechzehnstunden-Tag und dem Zank zwischen den »Jammergestalten« der Emigration, wie Knoeringen
das nannte. »Wir Jammergestalten«, sagte er – und nur manchmal tauchte aus dem Meer der Namen von Toten, Ermordeten,
Abgesprungenen und Weggesickerten einer auf, der später bekannt geworden war, der von Fritz Erler zum Beispiel, dem die
konspirative Arbeit für »Neu beginnen« in Berlin zehn Jahre
Zuchthaus eingetragen hatte.

Mit liebevollem Erstaunen hörte ich, daß mein Mentor Fritz
Eberhard, damals Professor meines Fachs Kommunikationswissenschaft in Berlin, den ich als generösen Gastgeber und
großen Rotweinkenner kannte, als ISK-Mann im London der
frühen dreißiger Jahren ein besonders radikaler Antialkoholi-
ker war. »Ein schrecklicher Kerl«, rief Waldemar in den schau-
kelnden Zug, »so radikal wie trocken.« Helmut von Rauschen-
plat, der sich in der Emigration Fritz Eberhard nannte, nach
1945 Mitglied des Parlamentarischen Rats und Intendant des
Süddeutschen Rundfunks, hatte sich vom ISK getrennt, da er
radikale Aktionen gegen Hitler verlangte, terroristische, wie
wir das aus unserer ruhigen und gelegentlich ein wenig bor-
nierten Perspektive sagen würden.

Als ich später in Berlin Senator war, habe ich die Eberhards
in ihrem verwunschenen und verkommenen kleinen Dahlemer
Haus gelegentlich besucht. Sie waren rührende Gastgeber. Über

Kollegen: mit Fritz Eberhard

die Vergangenheit sprachen sie kein Wort. Eberhard war beim
Sender »Europäische Revolution«, über die der bedeutende La-
bour-Politiker Richard Crossman seine Hand gehalten hatte,
der engste Mitarbeiter Knoeringens gewesen. Diesen Sender
stellten die Briten ein, als die deutschen Sozialisten gegen Churchill polemisierten, der im April 1941 die Deutschen auch schon
mal als »siebzig Millionen bösartige Hunnen« bezeichnet
hatte, die »teils heilbar«, teils jedoch »zu vernichten« seien.
»Wir wissen besser, wie es um das deutsche Volk bestellt ist«,
rief Knoeringen in den Äther. Dann war bald Schluß.

  Was band mich an diesen brennenden Idealisten, der gleichzeitig vor dem Machtkampf, ohne den man in der Politik nicht
durchkommt, zurückscheute wie ein Rennpferd, das man an
die Deichsel spannen will? Wehner sagte mir einmal bitter:
»Der Mann war die größte Begabung, aber er ist davongelaufen.« Unter anderem vor ihm (vor Wehner). Was also faszinierte mich so, daß ich sein Bombardement von Anrufen, oft
mitten in der Arbeit, aushielt? Einer meiner engsten politischen

Freunde, Bruno Friedrich, lange Vorsitzender des mächtigen Bezirks Franken, hat es die »fast seherische Vorausschau auf in der Zukunft liegende Entwicklungen« genannt. Knoeringen hatte ein Gespür für den politischen Horizont wie keiner. Er war wirklich ein Vordenker.

Wieviel Mißachtung durch die angeblichen Realisten, die dickärschigen Positionsbesitzer, mußte er an sich ablaufen lassen! Ein »Romantiker« sei er, sagten sie; er glaube an Professoren, hielten sie ihm grinsend vor; er sei eben ein »Kunstfotograf« (er hatte in Paris Fotograf gelernt), ein Spinner. Natürlich tuschelten sie das nur hinter vorgehaltener Hand. Der Mann war wehrhaft, er konnte einen durch drei Sätze vernichten. Knoeringen kannte das Getuschel. Aber es hielt ihn nicht davon ab, Computerbücher, Anthropologie, psychoanalytische Studien und halbverfemte Texte, zum Beispiel anthroposophische, zu verschlingen und daraus seine Schlüsse zu ziehen.

Kollegen: mit Alphons Silbermann

Das Jahr 1968, die neomarxistische Revolte in der SPD, die Studentenbewegung, hat er vorausgesehen. Aber die Mehrheit seiner Partei lachte ihn aus. Er setzte sich hin, sammelte eine Gruppe junger Menschen um sich und schrieb in mühevoller Arbeit mit uns einen Text zur »Demokratiereform«. »Mobilisierung der Demokratie«, hieß die kleine Schrift, die 1966 auf dem Dortmunder Parteitag der SPD dank eines Films des jungen Journalisten Manfred Bissinger für das Magazin *Panorama* ein gewisses Aufsehen erregte. Die »Grundfrage«, schrieb er in seiner korrekten, schönen, wunderbar lesbaren Schrift auf einen liniierten Zettel, den er aus einem Ringbuch gerissen hatte. Er hielt ihn mir, dem Redakteur, hin. Dort war zu lesen: »Besonders in der jungen Generation melden sich mehr und mehr Kritiker zu Wort, die der Demokratie abwartend, oft sogar skeptisch gegenüberstehen. Sie sind auch fasziniert von der emotionalen Durchschlagskraft utopischer Weltverbesserungsparolen und vermissen bei der Sozialdemokratie die eindringliche Idee. In dieser Jugend müssen das Engagement für die Nüchternheit und die Begeisterung für realistische Politik geweckt werden. Gerade im Hinblick auf jene kritische Minderheit der Jugend ist diese Schrift entstanden.«

Das war im Mai 1966. Nüchternheit, Begeisterung für realistische Politik – zwei Jahre später war es damit aus. Wir wurden höhnisch weggelacht mit unserem »demokratischen Realismus«.

Ochsentour

Ich denke nicht mit Enttäuschung oder Bitterkeit an diese sechziger Jahre, in denen ich mich in der Münchner SPD, genauer: im Norden Münchens, im Kreisverband VIII des Unterbezirks München der SPD, durchbiß. Gut, mit manchen Gewohnheiten mußte man brechen. Ich hatte es geliebt, ein Notizbuch in der Tasche, stundenlang auf den Schuttbergen jenseits der Clemensstraße herumzulaufen, vorzugsweise in der beginnenden Abenddämmerung. Den Blick vom Gipfelkreuz auf das gerade noch sonnenbeschienene Dächergewirr um den Alten Peter werde ich nie vergessen. Ich ging gern zum Politisieren in schöne Wirtshäuser, in den »Werneckhof« am Englischen Garten oder das »Klösterl« schräg gegenüber dem Naturkundemuseum. Dort hockten wir mit dem Maler und Zeichner Reiner Zimnik, dem Grafen Hajo Einsiedel, einem Mann des »Nationalkomitees Freies Deutschland« des Generals Seydlitz, oder mit dem Kabarettisten und Autor Oliver Hassenkamp. Das Schöne an diesen Abenden war absichtslose Streitsucht. Man redete nicht, um irgend jemanden irgendwo hinzuziehen. Die Nächte konnten lang werden. Das alles wurde weniger und weniger.

Nun verbrachte ich meine Abende »in der Partei«, zum Beispiel in der »Austriakantine« im Arbeiterquartier Milbertshofen. Früher mag das die Kantine eines Werks der österreichischen Tabakregie gewesen sein, jetzt war es ein großer, grell beleuchteter Raum, in dem die BMW-Arbeiter, Busfahrer und Finanzbeamten der umliegenden Straßen ihr Bier tranken. Neben dem Eingang zum Nebenzimmer, in dem wir tagten, saß fast immer, hingegossen auf einem Holzstuhl, ein riesiger alter Mann mit wild gerötetem Gesicht. Er wirkte schlagflüssig. Die Räume waren kahl und verraucht, nicht punktförmig beleuchtet und auf Gemütlichkeit ausgerichtet wie im »Werneckhof«. Ich aber ging hin wie ein Patriot an die Front. Ich wollte wissen, was wirklich vorging. Aber war das nun die Wirklichkeit? Ich wollte den Benachteiligten nahe sein, den Arbeitern, den Unterschichten. Ich wollte die bloß Gutwilligen aus den angenehm nach frisch aufgebackenen Brezeln duftenden bürgerlichen Restaurants übertrumpfen. Ich übertrumpfte sie. Viele Jahre meines Lebens habe ich in der »Austriakantine« verbracht, um diese unprätentiöse, keinerlei Symbolik anstrebende und inzwischen geschlossene Lokalität einmal als Metapher für die unterschiedlichen Milieus des unteren Drittels der Gesellschaft zu mißbrauchen.

Meine Heimat war die »Austriakantine« so wenig wie Bayern. Da und dort war ich »reingeschmeckt«, dafür hielt ich mich passabel.

Die »Ochsentour«, für die Unkundige meist das »Plakatekleben« für typisch halten, hat in der Bourgeoisie schlechte

Presse. Anfangs habe ich Hausbesuche so gehaßt wie Nelken-
verteilen; man muß dabei fremde Menschen, die sich gerade
rasieren wollen oder Butter und Joghurt kaufen möchten, aus
ihrem Alltag zerren – eine Unverschämtheit. Mir war es peinlich, ich mußte mir jedesmal einen Ruck geben. Aber wer den
Kreis der Eingeweihten überschreiten will, muß missionieren.
Natürlich dient »Basisarbeit« in politischen Parteien auch
dem Ducken der Ein- und Überflieger. Irgendwann wirst du
ein kleiner oder großer Vortänzer sein, sagt die Basis. Aber anfangen mußt du unten bei uns, beim Aufstellen eines Infor-
mationsstands, beim Zettelverteilen in der S-Bahn, bei spontanen Aktionen früh um sechs am Werkstor – an dem dann,
wegen der Gleitzeit, keine Arbeiterschwärme auftauchen. Riten der Initiation.

Ich will nicht abstreiten, daß ich mich diesen – zu meiner Zeit
unausweichlichen – Ritualen mit inneren Widerständen, gelegentlich mit inbrünstigem Haß unterzog. Wo die Ochsentour
so etwas wie das Hebraicum ist, unabdingbar für jeden, der
zum Priester geweiht werden will, werden viele Talente ausge-
sperrt. Aber hätte ich die SPD, diese längst des Kitts der Klas-
sensolidarität verlustig gegangene Massenorganisation, ohne
Ochsentour verstanden?

Im Lokalteil der *Süddeutschen Zeitung* gab es in meiner Jugend die Rubrik »Kalender der politischen Parteien«. Dort war
vermerkt, wer von uns am Dienstag in Feldmoching zur Notstandsgesetzgebung referierte, wer am Hasenbergl sprach, wer
am Waldfriedhof. Wir lasen diese Rubrik täglich mit großer
Aufmerksamkeit. Aha, sagten wir uns, so ist die Machtvertei-
lung. Die Choreographie unserer Auftritte zeigte, wie die Organisation dachte, wohin sie sich entwickelte.

Rudi Schöfberger und ich haben uns nie geliebt. Er war ein
Mann von scharfem Verstand, seine Arbeitswut aber kam nur
anfallsartig, er lebte gern. Dafür war er ein altbayerischer De-
mosthenes, dem die Leute, zu denen er auf den Gauböden seiner näheren Heimat redete, zu Füßen lagen. Unser Verhältnis
war von allem Anfang an klar: Er war der Giesinger Vor-
stadtbub, der es den »Gwappelten«, den gut Betuchten, wie es
in Bayern heißt, hinreiben wollte; ich war der überschlaue

Flüchtling, der Aufstiegsgelüste hatte. Er war der Volkstribun, breitlebig, steifnackig, schreimäulig, derb, der sich die Genüsse seiner bayerischen Hochebene nicht abschwatzen ließ. Ich war der »Reingeschmeckte«, der von Knoeringen gehätschelt wurde, der Frühaufsteher, der um acht mit Vogel siebzehn in Klarsichthüllen geordnete Vorgänge besprach, der Intellektuelle, der nicht im Boden wurzelte. Er hat mir den Aufstieg ins Präsidium der Partei nie geneidet, denn er war Münchner Vorsitzender und Bayerischer Landesvorsitzender, das war mehr für ihn.

Beide referierten wir jeden zweiten Abend in irgendeiner Sektion. Oft trafen wir uns, wenn wir zur »Arbeit« fuhren – er in einem uralten Mercedes, ich in meinem alten unsynchronisierten Volkswagen. Wenn wir am Rondell des Luise-Kiesselbach-Platzes, am Altersheim, abends gegen sieben aneinander vorbeifuhren, wußten wir genau, wohin der andere gerade unterwegs war. Wir grüßten uns nachlässig und gemessen, aber nicht ohne Sympathie – Arbeiter im selben Weinberg, Konkurrenten, Gegner, Genossen.

Wo arbeitet er mit?

Wenn man jung und unbekannt ist, hat man eine heilige Scheu vor der Berühmtheit. Berühmt war für mich ein junger Philosoph, damals eher als Soziologe bekannt, dem ich zufällig 1968 in einem Ferienhaus auf Elba begegnete: Jürgen Habermas. Da mußte ich über die Befangenheit hinwegkommen. Als Günter Grass mir in meinem ersten Bundestagswahlkampf, 1969, in einer fulminanten Versammlung in einem großen Zelt in Germering half, begegnete ich einem, der wirklich schon vielen Deutschen bekannt war. Er war lässig, wie es damals hieß, »cool« würde man heute sagen. Nicht er war mühsam, ich war es.

Ähnlich war es mit Hans-Jochen Vogel, mit dem mich Knoeringen bekannt machte. Vogel war formal noch Geschäftsführer der »Arbeitsgemeinschaft sozialdemokratischer Akademiker« (ASA). Er hatte dieses Amt – als Oberbürgermeister – aber schon jahrelang nicht ausüben können. Knoeringen wollte mir das Ämtlein um den Hals hängen, und so besuchten wir den jungen Oberbürgermeister, er war damals vierzig, in seinem Büro. Damals begegnete mir der hochgewachsene, sich hetzende und deshalb etwas ruckhaft wirkende Mann zum erstenmal. Was sofort auffiel, war sein undurchdringlich erscheinendes, dichtes Haar. Der Mann war, auch gegenüber dem schon mürbe gewordenen, jedoch im Hintergrund noch einflußreichen Knoeringen rasch, effizient, zackzack, aber durchaus von der notwendigen Verbindlichkeit. Ein fester »Kampel«, dachte ich in den Begriffen des Münchner Juden Lion Feuchtwanger, dessen Romane ich verschlungen hatte. Meine Prager Verwandtschaft hatte sie mir Stück für Stück geschickt, Ausgaben des Aufbau-Verlags – im Deutschland Adenauers druckte man den »Kommunisten« Feuchtwanger nicht.

Nach den Kategorien der späten fünfziger, frühen sechziger Jahre war Vogel der Unaufhaltsame schlechthin. So dachte er, man könne den bohrenden, unpraktischen Radikalismus der Achtundsechziger per Handstreich erledigen, in einem großen Aufwasch, in einem Autodafé. Vogel setzte seine Stellung – seine Prominenz sozusagen – wie einen Hebel ein, erpresserisch, wie seine Gegner sagten. Er eilte von Sieg zu Sieg. Am Ende stand er vor einem Scherbenhaufen.

Wir werden dem Mann noch oft begegnen, lassen wir ihn einstweilen. Seine unbändige Kraft ließ ihn die lebensbedrohende politische Krise überleben. Er ging nach Canossa, was in diesem Fall in der eingeschlossenen Enklave Berlin, der »freien Stadt«, lag. Die Zerknirschung des barfüßig vor dem Palast seines päpstlichen Rivalen stehenden Friedrich war eher gespielt. So war es bei Vogel auch. Das ist kein Vorwurf. Wer Einfluß ausüben will, muß die Kraft haben, Reue zu zeigen.

Als ich Vorsitzender der ASA war, mußte ich eine »Studiengruppe« ins Leben rufen. Knoeringen hatte die allzu idealistische Vorstellung entwickelt, man solle eine »Kommission zur Beobachtung der gesellschaftlichen Entwicklung« berufen, sozusagen eine Kommission der Kommissionen, einen Areopag der Bonner Republik. Die frecheren Mitarbeiter Knoeringens nannten das, Musil folgend, ein Generalsekretariat für Genauigkeit und Seele. Knoeringen hatte durchgesetzt, daß wir unsere Idee vor der Arbeitsgruppe Bildung und Wissenschaft der Bundestagsfraktion vortragen durften, was schon eine Art Begräbnis war. Die Arbeitsgruppe hatte keinen wirklichen Einfluß in der Fraktion. Der Vorsitzende, Ulrich Lohmar, erschien nicht einmal. Sein Stellvertreter, Jochen Raffert aus Hildesheim, ein intelligenter, mit einer angemessenen Prise Zynismus gewürzter Kanaler, führte die Verhandlung. Ich erinnere mich noch an den von der CDU zur SPD übergewechselten rundlichen Abgeordneten Peter Nellen, der der Debatte freundlich nickend, aber schweigsam folgte. Die Partei nutzte Nellen als Vorzeigekatholiken.

Wir beide, Knoeringen und ich, wußten, daß die Idee nach dieser Präsentation, wie man im Zeitalter der Berater sagen würde, gescheitert war. Auf dem Weg zum Ausgang begegnete uns Wehner.

Die beiden haßten sich. Genauer gesagt: Knoeringen haßte – auf der gleichen Frequenz wie Brandt – den erbarmungslosen Exekutor Wehner, diesen persönlich längst ehrgeizlos gewordenen und sich nur noch durch politische Strategie und Winkelzüge am Leben erhaltenden Todsünder. Wehner hielt Knoeringen für ein Weichei. Und plötzlich standen sich die beiden hochgewachsenen Männer in dem kleinen Vorhof des Fraktionssaals vor den Postfächern gegenüber. Natürlich mußten sie sich begrüßen. Sie waren, wenn auch nur vier Jahre lang, gemeinsam stellvertretende Vorsitzende der Partei gewesen; und damals, 1958–1962, gab es nur zwei Stellvertreter, nicht ein halbes Dutzend.

Knoeringen stellte mich vor: »Er arbeitet bei mir mit«, sagte er sinngemäß. Wehner schaute mich an. Es war 1966, ich war siebenundzwanzig, ungeschützt dastehend in einem billigen Konfektionsanzug, und vermutlich prägte so etwas wie Ehrfurcht oder Angst meine Gesichtszüge. Wehner war sechzig, hatte das Moskauer Hotel Lux und die Stalinschen Säuberungsaktionen überstanden und bereitete gerade die Große Koalition vor. Allein, ohne große Rückendeckung. »Wo arbeitet er mit?« fragte er argwöhnisch, als ginge es um den Bundesnachrichtendienst. Knoeringen erklärte es, zu lange. Unterdessen blickte mich der kräftige, bissige, große Mann unverwandt prüfend und schweigend an, auf seiner Pfeife kauend. »Gut, bis bald«, sagte er, wandte sich abrupt um und verschwand in dem langen Gang, der zum Plenum führte.

Schon damals, obwohl überwältigt von der schieren Präsenz dieses Mannes, war ich voller Vorbehalte. Aber es schien mir, daß eine große Partei einen solchen Hagen Tronje braucht. Einer muß die Drecksarbeit machen, dachte ich in strikter Opposition zu dem verehrten, zermürbten, sich zurückziehenden, herzkranken Knoeringen. Das war wahr, aber ein wenig korrupt, sozusagen ein Kleinkredit, gezogen auf meine Zukunft. Ich habe ihn zurückgezahlt.

Der Norden der Stadt

Das Ergebnis war 134 zu 82 gegen mich; dabei hatte ich eine tagelang vorbereitete, geschickte Rede gehalten. »Ich weiß schon«, hatte ich zu guter Letzt gesagt, »daß es kühn ist, sich mit knapp dreißig um einen der wenigen sicheren Wahlkreise unserer Partei in Bayern zu bewerben. Aber der Münchner Norden ist meine Organisation, hier habe ich gearbeitet, hier stelle ich mich dem Urteil der Genossinnen und Genossen. Ich bitte um Eure Stimmen.« – »Erstklassig«, flüsterte mir Jürgen Böddrich, der damalige Landtagsabgeordnete aus Milbertshofen, heiser zu. Er war Gymnasiallehrer, promovierter Sozialgeograph und galt als große Hoffnung der bayerischen Partei. Ich glaubte ihn auf meiner Seite.

Aber ich hatte verloren. Wenzel Bredl, ein in unseren Ortsvereinen erst seit ein paar Wochen sich bekannt machender Sozialversicherungsmann, ein grundsolider, um Worte ringender Endvierziger, bescheiden und solidarisch, wie sich das die mittlere Funktionärsschicht der damaligen Partei wünschte, hatte mich schon im ersten Wahlgang aus der Bahn geworfen. Wollte man knapp zusammenfassen, woran das lag, müßte man sagen: an der Linken und am Gewerkschaftshaus.

Die Linke hatte ein plausibles Motiv, das sich in einem Wort bündeln ließ: Notstand. Die 1966 aus einer kleinen Wirtschaftskrise hervorgegangene Große Koalition in Bonn war aus heute unerfindlichen Gründen zu dem Schluß gekommen, daß die Bundesrepublik für den Fall der Krise Kürzungen der Instanzenzüge, Sonderrechte der Exekutive bräuchte. In der Rückschau wirkt dieser Ordnungssinn des CDU-Innenministers Paul Lücke, eines schwerblütigen Christlichsozialen, den Herbert Wehner giftspeiend unterstützte, wie eine fixe Idee. Bis heute wurden diese Gesetze nie benötigt.

Der Widerstand gegen die Notstandsgesetze, angefacht vom IG Metall-Vorsitzenden Otto Brenner und getragen vom linken Flügel seiner Gewerkschaft, war ebenfalls hysterisch. Beide Seiten taten pathetisch so, als stünde die Republik auf Messers Schneide. Ich war von einer Arbeitsgruppe des Parteivorstands unter dem Hamburger Innensenator Ruhnau, der später in meinem Leben noch eine wichtige Rolle spielen sollte, wohl munitioniert worden und rannte gegen eine Phalanx von Anwälten, Gewerkschaftern und intellektuellen Sympathisanten der SPD an, die die »formierte Gesellschaft« (so eine Formel des mit mir später fast befreundeten Rüdiger Altmann) kommen sahen. Ich wurde mit dem Thema Notstandsgesetzgebung in der südbayerischen Organisation bekannt, natürlich auch verschrieen. Nie werde ich eine Versammlung des Ortsvereins Rottach-Egern in einem Privathaus vergessen, dessen Wohnraum zwei Ebenen hatte. Oben saßen die feinen Zuzüge zur SPD, aufgeheizt von den Schriftstellern Bernt Engelmann und Heinrich Spoerl, unten die Hausmeister, Handwerker, die zweiten Söhne von Bauern aus Gmund und ein Kellner vom »Tegernseer Bräustübl«. Die, die unten saßen, unterstützten mich; die oben sezierten und sekkierten mich. Das Oberstübchen war in der Mehrheit. Gelegentlich knurrte ein Dackel am Tisch von Spoerl. Spoerl kannte nicht genau die Paragraphen, erklärte sie aber inbrünstig zur Gefahr für die zweite deutsche Demokratie. Der wohlhabende Ruheständler aus der Düsseldorfer Gegend, der dem Ortsverein sein Haus zur Verfügung gestellt hatte, sah bedrückt auf den Seidenschal herunter, den er statt einer Krawatte im Kragen trug. Es ging heftig hin und her.

Meine Gegner im Münchner Norden hatten aber nicht wegen des Einflusses der Linken gewonnen; die waren nur in

Mit Karl Schiller

Schwabing, in Neuhausen-Nymphenburg und Milbertshofen stark. Der »hohe Norden«, also die alten Dörfer Freimann und Feldmoching, die Siedlung Am Hart und die erst ein paar Jahre zuvor gebaute Trabantensiedlung Hasenbergl waren »trade-unionistisch«, wie Marx gesagt hätte, also auf traditionalistische Weise für einen fürsorglichen Staat und für viel Sozialpolitik. Dort bestand die SPD aus Betriebsräten, Schneidern, städtischen Angestellten, mittleren Chargen der Bundeswehr und den dazugehörigen Frauen. Exaltationen waren diesen Leuten fremd, aber sie vertrauten selbstverständlich am liebsten ihresgleichen. Und das rochen sie: Einer der ihren war ich nicht.

Zwei Jahre lang hatten Klaus von Dohnanyi, damals einer der Geschäftsführer und wohl auch Anteilseigner von Infratest und ich um den von seinem Abgeordneten verlassenen Wahlkreis rivalisiert. Walter Seuffert, der seit Gründung der Bundesrepublik 1949 direkt gewählte Abgeordnete, war ins Verfassungsgericht berufen worden. Weder Dohnanyi noch ich gehörten dazu. Dohnanyi, zwölf Jahre älter als ich, schon in Maßanzügen und ungeduldig, strömte Weltläufigkeit und jene

Leistungsorientierung aus, die man heute mit dem damals wenig gebräuchlichen Managerbegriff verbindet. Die *Wirtschafts-woche* hatte ihn in einer Geschichte als »kleinen Kennedy aus Bayern« bezeichnet. Auf einem Bild stand er bei einer Totenehrung schlank, elegant und abwesenden Gesichts in den Rauchschwaden eines Hinterzimmers aus dem nördlichen Schwabing, zwischen alten Männern mit abgearbeiteten Gesichtern. Sie sangen. Ich hatte über diesen süffisanten Artikel gejubelt. Gegen Dohnanyi hatte ich eine Chance, bildete ich mir ein. War ich der Wirklichkeit des Nordens nicht näher als er?

Dohnanyi war aber ohne Mandat nach oben entschwunden. Karl Schiller machte ihn mitten in der Bewerbungsfrist zum beamteten Staatssekretär im Wirtschaftsministerium. Bevor ich, der Übriggebliebene, gewann, sah sich Edi Messthaler, ehrenamtlich Vorsitzender der Sektion Moosach und hauptamtlich Sekretär des Landesverbands, dort für Arbeitnehmer und Gewerkschaften zuständig, um. Er war ein kleiner, schlauer, anspruchsloser Mann mit einem schwarzen Haarbüschel auf der Nase. Kein Feind. Er sagte nur: »Zu früh, Peter, viel zu früh.« Also telefonierte Edi Messthaler bei seinen Kollegen herum. Auch Karl Weishäupl, der mächtige Landtagsabgeordnete und Vorsitzende des Verbands der Kriegs- und Wehrdienstopfer, Behinderten und Rentner (VdK), ein Musikus, der viele Instrumente beherrschte, nationale Töne genauso wie soziale, wollte keinen jungen Akademiker, der nirgends gedient hatte. Die Münchner IG Metall dürfte ähnlich gedacht haben. Messthaler entschied sich also für den keineswegs ehrgeizigen Wenzel Bredl, wie man sich eine Semmel aus dem Brotkorb greift. Bredl sagte das, was die Moosacher gewöhnt waren; er sah so aus, wie es die Moosacher gewöhnt waren, und er irritierte sie nicht durch Abweichungen. Acht Jahre war er ein unauffälliger Sozialpolitiker der Bundestagsfraktion, am Schluß gebrochen durch ein quälendes Rückenleiden. Ich eroberte diesen Wahlkreis, der mich 1969 abgelehnt hatte, im Herbst 1982, für die »Vogel-Wahl« am 6. März 1983.

Die Welt des Münchner Nordens übte einen seltsamen Reiz auf mich aus. Ich war eigentlich kein Bewunderer der parfümierten bayerischen Weihnachtsgeschichte von Ludwig

Thoma, die in der Vorweihnachtszeit in Bayern bei vielen Abendgesellschaften von zweitklassigen Schauspielern des Residenztheaters vor dem Champagner gelesen wird. Bei der Weihnachtsfeier des VdK in Feldmoching aber ertrug ich diese rustikale Besinnlichkeit, ohne mit der Wimper zu zucken. Die gerührten alten Leute, die dort in einer mit Tannenzweigen geschmückten, geteilten Mehrzweckhalle saßen, verdienten, daß ich sie ernstnahm. Ich nahm sie ernst. Es zog mich immer wieder zu verregneten Grillfesten in die Gärten abgelegener balkanischer Lokale im Weichbild der Kasernen in der Ingolstädter Straße; dort konnte man von einer alten Ostpreußin unvergeßliche Geschichten über ihre Flucht oder von einem betrunkenen Elektriker eine unüberbietbare Schilderung proletarischer Existenz in Pfaffenhofen oder Freising hören. Noch heute stecke ich voller Geschichten aus dieser Lehrzeit. Freie Schriftsteller müssen sich solche Geschichten mit dem Caravan in fünfzig Leitzordnern in die Garage fahren lassen. Ich nicht.

»Oben«, bei den Unterbezirkskonferenzen (für die ich die ersten Jahre kein Delegiertenmandat ergattern konnte), ging es drunter und drüber. Die traditionsreiche Münchner SPD wuchs in den späten sechziger Jahren wie nie. Aber die wortmächtigen Rechtsreferendare, jungen Architekten und Großbürgertöchter, die zu uns gestoßen waren, wüteten gegen die alte Garde. Vordergründig ging es um die Anerkennung der Oder-Neiße-Grenze, die Drittelparität an Hochschulen oder die Notstandsgesetze. In Wirklichkeit aber ertrugen sie sich nicht, die alten herrischen Männer, die im Krieg gewesen waren, und die neue Kinder-/Enkelmischung, die plötzlich aus den besseren Vierteln in die Sektionen strömte. Man prügelte sich in ideologischen Schlachten, haßte sich aber wegen Herkunft, Lebensentwurf, Tonart und Habitus. Die lokalen Platzhirsche waren, nachdem sie die ersten saftigen Abstimmungsniederlagen kassiert hatten, nachts um elf – die Treuen waren längst gegangen – unversöhnlich. Beim Bier, nach elf, machten sie zotige Bemerkungen über den Minirock der Diplomsozialwirtin, die sich heute so aufgespielt hatte. Die umjubelten Starredner der Jusos auf der anderen Seite genossen die Demütigung der Arbeitergranden, die ihnen gelegentlich gelang. Wir zerfielen in Fraktionen, die ihren Streit bis zu den pikanten Details dem Redakteur des *Münchner Stadtanzeigers* unter dem Siegel der Verschwiegenheit mitteilten.

Selbstverständlich tobte der Kampf auch bei uns im Norden. In einer Jahresversammlung des Kurfürstenplatzes war ich trotz einer kräftezehrenden Telefonaktion, in der wir unsere Unterstützer zusammengetrommelt hatten, nicht zum Vorsitzenden gewählt worden. Plötzlich erschienen Anwälte, Sozialrichter, Jurastudentinnen und Journalisten schockweise, das Hinterzimmer quoll über, gewählt wurde ein allen unbekannter Verwaltungsjurist, der das Amt nach zwei Jahren abgab und nie wieder gesehen wurde. Aber ich werde sein gerötetes, für ein paar Augenblicke von politischer Leidenschaft beleuchtetes ovales Altmännergesicht nicht vergessen. Sie wählten nicht den Dr. K., sie wählten gegen mich. Ein Teil des Schwabinger Bürgertums, der seine Liebe zur Sozialdemokratie so unvermittelt entdeckt hatte, wie sie ihm ein paar Jahre später wieder abhanden kam, fegte durch unsere Organisation. An diesem Abend rauchte ich nervös und hastig drei Sechzigpfennigzigarren. Danach mußte ich mich in der Toilette des Sektionslokals übergeben. Niemand hat es bemerkt.

An manche Kontroversen werde ich mich immer erinnern, mit Rolf Pohle zum Beispiel, dem Sohn eines Zivilrechtlers der Universität, der später zum Waffenbeschaffer der RAF wurde. Er brüllte mich in der Sektion Schwabing-West an, bis er aus dem Raum entfernt wurde. Arbeiter, die ihn nicht begriffen, ertrug er; Intellektuelle, die ihn nicht begreifen wollten, haßte er. Uwe Wesel, dem ich später in Berlin als Vizepräsidenten der Freien Universität wiederbegegnen sollte, übergoß mich mit intelligentem Spott. Die SPD war nichts für ihn.

Dem einen oder anderen Feind dieser Jahre begegne ich noch heute. Aus den Jünglingen von damals sind weißbärtige IG Metaller in wichtigen mittleren Funktionen geworden. Sie versteigen sich noch gelegentlich zu beifallsumrauschten Höhenflügen, machen Tag für Tag aber die Arbeit, die man machen muß. Der Norden war, was die Politik betraf, meine Berufsausbildung, mein Praxisteil.

Max

Heute sind die Parteisekretäre »Geschäftsführer«, sie werden immer häufiger von den Abgeordneten bezahlt, sind also Assistenten von Parlamentariern, nicht Priester der Kirche. Wir wollen diesen oft tüchtigen Menschen ihre Machtlosigkeit nicht übelnehmen, sie haben die Struktur nicht geschaffen, in der sie werkeln müssen. Nicht einmal die Moderatorenkofferbesitzer, die ständig aus einem Kunstlederköfferchen Flip-Charts, mehrfarbige Filzstifte und ovale Kärtchen zaubern, um untergebutterten Genossinnen und Genossen mit einer sehr vereinfachten Psychoanalyse zu helfen, kann man mit großer Geste verurteilen. So ist halt eine Organisation, die den Menschen früher aus dem Elend half und sich jetzt mit kleineren, weniger einleuchtenden, dennoch bedrückenden Formen von Elend herumplagt. Der Hohn, der über diesen Funktionären ausgespien wird, ist eine ätzende Brühe.

Heute sind die meisten Geschäftsführer der SPD von Amts wegen Kümmerer, nicht rechts, nicht links, zuständig für die Organisation von Informationsständen, Grillfesten sowie Versammlungen mit so schönen Themen wie »Bericht aus Berlin« oder »Werden die Reichen immer reicher und die Armen immer ärmer?« Max war anders. Max Allmer, Jahrgang 1915, einer der Gründer der SPD in Bayern nach 1945 – in Südbayern, wie das damals hieß, in Oberbayern und Schwaben – bestimmte, wer unter ihm Vorsitzender wurde. Ein kleiner Münchner mit dunklem Teint, Altkatholik, von legerer Eleganz, eisernem Willen und einer freundlichen Offenheit, aus der urplötzlich einschüchternde Wut losbrechen konnte, war er der Drahtzieher par excellence. Ein Mann im Hintergrund, ein Geldbeschaffer, ein schweigsamer Kenner, ein Idealist, der sich vor dem Verzweifeln durch einen immer schneidender werdenden Zynismus schützte. Er hatte den Kanal nach oben, zu »Herbert«, dem Kopf der Parteiorganisation in der Bonner Baracke, zu Wehner, und er regierte über die Unterbezirkssekretäre seinen Bezirk. Es war – kleiner Hinweis für schöngeistige Leser, die sich in den Kellern, Souterrainwohnungen und Fahrradschuppen unserer politischen Organisationen nicht auskennen

– nicht ganz so autoritär wie bei der IG Metall (noch heute), dort werden die Bevollmächtigten nicht gewählt, sondern vom Frankfurter Vorstand bestimmt. Max mußte sich wählen lassen. Das war aber auch alles.

Ich will niemanden mit den Geheimnissen langweilen, die ich ein Leben lang mühsam entschlüsselt habe und die heute gar nichts mehr wert sind. Ich will nur mit ein paar Sätzen erzählen, wie es mir erging. Als mich der Münchner Norden als Abgeordneten abgelehnt hatte, rief Allmer am nächsten Vormittag an. »Komm vorbei«, sagte er knapp. Als ich sein Büro in der Landwehrstraße betrat, einer Querstraße zur Sonnenstraße, in der ich lange mein Geld verdient hatte, fragte er mich unvermittelt: »Willst naus nach Amperlech?« Ich nickte stumm. Amperlech hieß ein inzwischen längst wegrationalisierter Wahlkreis, der die Landkreise Fürstenfeldbruck, Dachau und Landsberg am Lech umfaßte. Ich hatte von den linken Münchnern genug. Allmer hob sein altertümliches schwarzes Telefon ab, ließ sich mit dem Verwaltungsdirektor des Bayerischen Rundfunks verbinden, der damals Vorsitzender in Amperlech war, und sagte heiter: »Er will.« Am nächsten Tag saß ich im Büro dieses Verwaltungsdirektors, in dem der »geschäftsführende Unterbezirksvorstand« tagte, und stellte mich den Fragen dieser Genossen.

Ich will es kurz machen: Ich gefiel den fünf, sechs Leuten, alle aus der mittleren Angestelltenkultur der bayerischen Provinz, einem Dachauer Lehrer, einem Landsberger Studienrat, einem Unterpfaffenhofener Versicherungsagenten, einem wunderbaren, schnurrbärtigen Kaufmann, der die Kasse verwaltete. Der wichtigste war der Sekretär, der Gewährsmann von Max, ein alter, knochenharter, schweigsamer schlesischer Flüchtling. Er hieß auch Max, Max Winter. Vier Wochen später war ich trotz zweier lokaler Gegenkandidaten der Bundestagskandidat von Amperlech für die 69er-Wahl. Direkt nach dieser Wahl wählte mich diese Organisation zum Vorsitzenden, ein Jahr später schickte sie mich in den Landtag. Ich war dreißig. Man nennt so etwas Personalpolitik.

Ich weiß, ich weiß: Das waren undemokratische Verhältnisse. Schon die Godesberger Reformer wollten die Macht des

Apparates brechen. Die Achtundsechziger haben die SPD endgültig »demokratisiert«. Politische Sekretäre, satte Spinnen in einem schlau gewobenen Netz, gibt es kaum noch. Vor allem gibt es kein Netz mehr. Im Zentrum, dort, wo früher die Baracke war, Franz Kafkas Schloß, ist jetzt eine Servicezentrale. Ich aber denke mit Wehmut an den kleinen Rayon-Chef aus der Landwehrstraße, der seinen SPD-Bezirk so streng und aufklärerisch führte wie ein Beamter des großen bayerischen Reformers Graf Montgelas. Als ich mithalf, Max Allmer im August 2002 zu begraben, war der Boden so leicht, wie es Gottfried Benn in einem berühmten Gedicht beschworen hat. Die Friedhofsdiener werden keine große Last damit gehabt haben, die Grube zuzuschütten.

Das Gröbenzell-Syndrom

Gröbenzell ist eine eigenständige politische Gemeinde westlich von München, sie entstand 1952 aus ausgegliederten Teilen anderer Gemeinden. Die Sozialstruktur hat sich sehr rasch verändert. Durch die Ausweisung von neuem Baugrund und die Erstellung von weit gestreuten Eigenheimsiedlungen zog es immer mehr Arbeitnehmer aus der Großstadt in diesen Ort. Natürlich wirkte sich das auch auf die SPD in Gröbenzell aus. Der wichtigste Mann in ihr war früher ein alter sozialdemokratischer Lehrer, der dann auch der erste Bürgermeister der Gemeinde wurde. Um ihn herum gab es die klassische SPD: Arbeiter, kleine Beamte, untere Mittelschicht, dazu ein paar technokratische Intellektuelle. Anfang der siebziger Jahre änderte sich das schlagartig. Zuerst war es ein vereinsamter, vermutlich oft gerügter Pädagogikstudent, der nach und nach ein paar junge Leute, darunter auch Söhne und Töchter sozialdemokratischer Mitglieder, um sich scharte. Dann, bei Auseinandersetzungen um ein Jugendzentrum, traten Siebzehn- bis Fünfundzwanzigjährige in größerer Zahl ein. Sie »übernahmen« den Ortsverein – und verwandelten ihn in kurzer Zeit vollständig.

Die Diskussionsthemen verschoben sich; bald redete man nicht mehr über die Gröbenzeller Kommunalpolitik, sondern beschäftigte sich mit Grundsatzthemen – von sozialistischer Strategie über das »Langzeitprogramm« bis zu den Verhältnissen in Griechenland und Chile reichte das Spektrum.

So erlangte ein Flugblatt, das nach dem Putsch in Chile in Gröbenzell verteilt wurde, eine gewisse Berühmtheit – vier eng beschriebene DIN-A4-Seiten mit der Überschrift »Demokratie und Sozialismus«. Der Verfasser war ein zweiundzwanzigjähriger technischer Angestellter aus der Kerngruppe der Gröbenzeller Jusos. Er hatte es persönlich gezeichnet und selbst vor einem großen Kettenladen verteilt – rund zweihundert Stück. Eine Textprobe: »Preissteigerungen, Lohnraub, Konzentration der Medien und so weiter sind nur seriösere Formen der Unterdrückung. Der Rechtsstaat ist nur eine solidere Form des autoritären Regimes. Der Rechtsstaat ist der Ausdruck der stillgelegten Klassenkämpfe, die Militärdiktatur die Reaktion auf die ausgebrochenen Klassenkonflikte. Wir stehen vor traurigen Alternativen.«

Ich muß einflechten: Mein Gegner bei den Bundestagswahlen 1969, 1972 und 1976 hieß Richard Jaeger von der CSU, genannt »Kopfabjäger«, weil er für die Todesstrafe war, ein intelligenter, ehrgeiziger, schneidiger Konservativer. Er war kurzzeitig Justizminister gewesen, jetzt auf dem Abstellgleis – Vizepräsident des Bundestags – und deswegen bitter. Scharf beobachtete er die Zeitungen, Plakate, Flugblätter in seinem Wahlkreis. Ich machte ihm zu schaffen, ich war agil. Deswegen schüttete er möglichst Hohn und Spott über mich aus. »Der Rechtsstaat ist nur eine solidere Form des autoritären Regimes, Herr Dr. Glotz?« bellte er in den Wirtshäusern herum. Das beunruhigte mich.

Die Diskussionen wurden heiß und dauerten bis tief in die Nacht. Später am Abend kamen Schlag auf Schlag die Resolutionen – der Effekt war, daß nach zwei Jahren in einer normalen Ortsvereinsversammlung zwanzig junge Leute, eine nunmehr kleine Mittelgruppe und zwei verschüchterte ältere Sozialdemokraten erschienen, darunter der letzte alte Gemeinderat, der den Ort von seinen Anfängen her kannte. Die anderen waren zumeist nicht etwa ausgetreten oder weggezogen, sondern kamen einfach nicht mehr.

In den Zeitungsberichten der Lokalpresse spiegelte sich der Konflikt wider. Zuweilen ging es hoch her; so bei Kandidaturen zum Landtag, wo dann durch Mobilisierung der Mitglieder doch noch einmal alle Gruppierungen des Ortsvereins zu Sitzungen zusammenkamen. Diese Sitzungen endeten meist chaotisch. Man änderte die Satzung; Delegierte wurden nicht mehr für längere Perioden gewählt, sondern nur noch für einzelne Parteitage. Der Ort bekam in der SPD-Organisation einen scharfen Ruf. Der politische Gegner begann, daraus Kapital zu schlagen. Parallel zu dieser Entwicklung ging ein Rückzug aus der lokalen Gesellschaft vor sich; während die alte Gröbenzeller SPD in allen Vereinen, vom »Interessenverein« bis zum Sportverein stark vertreten war oder diese sogar in der Hand hatte, hatten die jungen Mitglieder an derart unpolitischer Geselligkeit kein Interesse. Es blieb der Gartenbauverein, in dem jener alte sozialdemokratische Gemeinderat noch eine Rolle spielte; in den anderen Verein gewann die CSU beherrschenden Einfluß.

Die Gröbenzeller SPD verlor die Bürgermeisterwahl, sie verlor auch bei den Landtags- und Bundestagswahlen. Als junger Landtagsabgeordneter habe ich in Gröbenzell gewohnt, in einem gemieteten Eigenheim, das der Bestattungsunternehmerin des Ortes gehörte. Ich weiß, wovon ich spreche.

Der Abfall des Bürgermeisters

Josef Kistler war der unangefochtene Bürgermeister von Germering, einer anderen Stadtrandgemeinde von München. Er hatte einer Freien Wählergemeinschaft angehört; die SPD hatte ihn aufgenommen, als er längst jemand war. Von Beruf war er zwar Rechtsanwalt, aber in Wirklichkeit war und blieb er ein Bauer aus dem Nachbardorf Puchheim, das als kleiner Teil des Ortes immer noch besteht. Er war gradaus, sehr bayerisch, wohlhabend und machte im übrigen eine planvolle, durchaus sozialdemokratische Kommunalpolitik.

Auch der Ortsverein seiner Gemeinde geriet in den Wandel. Dieser war jahrzehntelang von einem alten Freund Kistlers,

Max Winter, beherrscht gewesen. Gegen ihn und seine Truppe aus der »alten« SPD rannte nach vielen Versuchen der gütlichen Einigung der neue Mittelstand Anfang der siebziger Jahre an. Es ging um die Nachfolge Kistlers, der sich entschlossen hatte, zum Landrat zu kandidieren. Wer war der Richtige? Nachdem einer der Bewerber, der sich sehr um einen Kindergarten verdient gemacht hatte, auf einmal eine ganze Gruppe junger Eltern als neue Mitglieder brachte, wollte die Führungsgruppe des Ortsvereins diese Neuaufnahmen blockieren. Es begann ein Kampf mit Hauen und Stechen.

Auch Kistler mischte mit; er war zwischen Vernunft und Treue hin und her gerissen. Diplomatisch war er nicht. Die Aufstellung der Gemeinderatsliste war komplizierter als eine Regierungsbildung in Bonn. Die Drohung Kistlers, alles hinzuschmeißen, hing über der Szene; er verlangte die Wiederwahl einiger seiner alten Freunde. Der Ortsverein aber wollte neue, junge Gemeinderäte. Das Ganze zog sich wochenlang hin – von einer dramatischen Ortsvereinssitzung zur anderen. Die Lokalpresse hatte gute Tage.

In diesen Tagen habe ich immer wieder mit Kistler gesprochen. Als Melder und Vermittler fuhr ich zwischen den Gruppen hin und her, die in verschiedenen Wirtshäusern oder Privatwohnungen tagten und die nächsten Attacken berieten. Es ging – das war klar – um die Frage: Behält der Ort einen sozialdemokratischen Bürgermeister? Kann es eine sozialdemokratische Mehrheit geben?

Der Ortsverein einigte sich unter Qualen; es gab eine »gemischte Liste«. Sechs alte Gemeinderäte – unter Führung des Vorsitzenden – und rund zwanzig Mitglieder verließen die SDP. Wegen der »radikalen Jungsozialisten«, wie sie sagten. Natürlich gab es auch Flugblätter und Äußerungen, über deren politische Weisheit man heftig streiten konnte.

Aber Kistler blieb. Er wollte weiterhin Bürgermeister bleiben. Ich war zufrieden und fuhr nach Bonn. An diesem Tag wurde Kistler auf einer Kreiskonferenz – der nächsthöheren Organisationsebene – von ein paar jungen Leuten heftig attackiert. Er kandidierte – wie schon seit langem – auf dem siebten Platz der Kreistagsliste. Man präsentierte ihm einen Gegenkandidaten. Da warf der Fünfundfünfzigjährige sein Parteibuch auf den Tisch und verließ das Lokal. Er hatte das Geschwätz satt, gab die Landratskandidatur auf und bewarb sich auf der Liste einer Freien Wählergemeinschaft wieder um den Bürgermeisterposten. Die SPD verlor beide Wahlen – die um den Landtag und die um den Bürgermeister. Kistler wurde als Parteiloser erneut Bürgermeister.

Ich nahm für den Ortsverein Partei; Kistler hatte uns – zudem kurz vor der Bundestagswahl 1972 – im Stich gelassen. Die Verjüngung der Gemeinderatsfraktion war notwendig gewesen. Schon zwei Jahre später herrschte dort eine vernünftige, entspannte Atmosphäre. Kistler bereute schon bald sein Umschwenken.

Aber heute – Kistler ist längst tot, er hat die Gemeinde bis zu seinen letzten Lebenstagen geführt und keine CSU-Politik gemacht – weiß ich natürlich: Dieser Mann, ein Virginia-Raucher wie der alte Sagmeister, hat diese SPD im Umbruch einfach nicht ausgehalten. Heftige Diskussionen bis spät in die Nacht, Geschäftsordnungsdebatten, Anträge kurz vor Mitternacht, wechselnde Mehrheiten, unsereiner hatte sich daran gewöhnt. Aber Kistler? »Ich bin ein unabhängiger Mann«, hatte er immer wieder gesagt, »warum soll ich mir das antun?«

Wir Godesberger

Es war eine verdammt kurze Zeit, in der ich mich zur Avantgarde der SPD, zu den »Reformern«, den »Godesbergern« zählen konnte, lächerliche sechs Jahre. Neue Mitglieder gewinnen, raus aus der Gastwirtschaftsnebenzimmer-Kultur, was tun die Schweden, bitte keine Geschichtsphilosophie, wir marschieren mit der Wissenschaft (»empirisch«), wir sind Sozialingenieure – ein kurzes Glück. Kaum regierte die SPD endlich mit, kaum war Willy Brandt Außenminister, kaum hatte Gustav Heinemann mit der Entrümpelung der Rechtspolitik begonnen – schon brach uns »die Jugend« weg. Diese »Jugend« war zwei, drei, vier Jahre jünger als ich, kam aber von einem anderen Stern, von welchem, weiß ich noch heute nicht. Warum schrieen sie

»Ho Ho Ho Chi Minh«, warum wollten sie Wehners höchst plausible Einschleichtaktik über eine Große Koalition nicht verstehen, warum waren ihnen Leistungen der Großen Koalition wie das Gesetz über die Lohnfortzahlung im Krankheitsfall, das Arbeitsförderungs- und das Berufbildungsgesetz gleichgültig, warum gebrauchten sie so dunkle Termini wie »Totalität«, warum romantisierten sie die Arbeiterklasse, die ganz unromantisch und völlig zu Recht nach mehr Wohlstand strebte? Mir gelang es gerade noch, mich von Juso-Funktionen in kleine Parteiämter zu retten – schon krachten die Brücken hinter mir zusammen. Die Karsten Voigt-/Wolfgang Roth-/Heidi Wieczorek-Generation verjagte meine Freunde von der alten Juso-Spitze auf demütigende Weise. Es gab wieder »Marxisten in der SPD«, über die der Feind, die CDU/CSU, bitter höhnte. Richard Jaeger, mit dem ich mich im Dachauer Schloß vor Hunderten Zuhörern knüppelhart auseinandersetzte, sprach von nichts anderem.

Meine Reaktion war die eines Intellektuellen. Ich bildete mir ein, diese »Linken« verstehen (und widerlegen) zu können, wenn ich »ihre« Literatur las. Also holte ich Marx, Engels, Lukács, Korsch, Luxemburg, Hilferding nach. Es dauerte eine gewisse Zeit, bis mir klar wurde, daß dies völlig nutzlos war. Sie hatten nur Anverwandlungsliteratur gelesen, Adornos Kapitelchen »Kulturindustrie« aus der *Dialektik der Aufklärung*, Herbert Marcuses kitschig-schmissigen *Eindimensionalen Menschen*, eine Anthologie von Iring Fetscher über der Marxismus oder Gelegenheitstexte von Ernest Mandel oder Wolfgang Fritz Haug, die wie Reliquien von Hand zu Hand gingen, mit angestrichenen Hauptzitaten. Das marxistische Ideengebäude (das ich selbst übrigens ernster zu nehmen begann) wurde von unseren Verfolgern – wir hörten den hetzenden Atem am Ohr – nur als nachgeschobene Begründung für spontane Empörung benutzt – gegen den Vietnamkrieg, gegen übriggebliebene Nazis, gegen Strauß, vor allem aber gegen die scheinbar ausweglose Langeweile der bürgerlichen Gesellschaft, die diese Truppe als klimatisierten Stall wahrnahm. Die Menschen, glaubten sie, seien in diesem Stall angebunden wie die Rinder, mit Rinnen zur Fütterung und Rinnen zur Abführung des Kots. Sie aber wollten »frei sein«, »leben«. Meine theoretischen Bemühungen um die marxistischen Begründungen dieser Lebensnot, meinethalben auch dieses Lebenswillens, dieser Lebenswut fielen ins Leere. Meine Marxisten ernannten mich kühl zum Marxologen. Aber das ist ein Vorgriff auf die siebziger Jahre.

Diejenigen, die in der SPD wirklich »Reformer« waren, Menschen wie Knoeringen oder Erler, weiße Elefanten aus der Vätergeneration, hatten sich unter Qualen aus einer hegel-marxistischen Geschichtstheologie befreit. Ich wollte unter gar keinen Umständen in diese »Theologie« – ja, wir benutzten diesen Begriff – zurückfallen. Ich war ja nicht in die Partei geraten, weil ich ihrem Milieu entstammte oder aus der bündischen Jugend gekommen war. Ich war ihr stocknüchtern beigetreten, um mich festzulegen. Schumacher war mir viel zu national und viel zu planwirtschaftlich gewesen. Imponiert hatten mir Carlo Schmids Weltläufigkeit, Helmut Schmidts frühes antimilitaristisches Pathos, später Knoeringens nach Gründen fragende, tastende, dialogische Politik. Ich gehörte zur Zielgruppe des »Godesberger Programms«, zu den »neuen Schichten«, mit denen man den wunderbaren alten Gesangsverein aufzumöbeln gedachte. Er wurde aufgemöbelt.

Was kommt zum Vorschein, wenn ich versuche, mich an die Gründe zu erinnern, die mich zur Sozialdemokratie brachten? Schon die Idee, die Leute besser zu stellen. Ich sage »die Leute«, weil ich Begriffsbildungen wie »kleine Leute« immer für herablassend, Begriffsbildungen wie »Arbeiter« oder gar »Arbeiterklasse« für ungenau hielt. Anderthalb oder zwei Jahrzehnte nach dem Krieg brauchte man kein Ökonomielehrbuch und keine Theorie der Gerechtigkeit, um zu wissen, was nötig war. Die durchschnittliche Wochenarbeitszeit betrug 1965 sechsundvierzig Stunden, der durchschnittliche Brutto-Monatsverdienst 1024 DM, der Stundenlohn 4,25 DM. Wenn einer sagte: Es soll aufwärts gehen, wußte jeder, was gemeint war. Das Wort »Staatsquote« (1965 betrug sie übrigens, ich habe es nachgeschlagen, 37,1 Prozent) spielte keine große Rolle. Ludwig Erhard hielt dräuende Reden, die voller moralischer Ermahnungen steckten und die der naive Zuhörer von heute für sozialistisch halten würde.

Das Wirtschaften – Produzieren wie Verteilen – war wie immer eine wichtige Lebensmacht. Für mich waren andere genauso wichtig, so die Kultur, der kommunikative Umgang, der Grad von Freiheit oder Bedrückung. 1957 hatte der Außenminister die späte Lyrik Bert Brechts mit den Gedichten von Horst Wessel verglichen. Später war ich aufgestört von der »Spiegel-Affäre«, von dem – wie ich fand skandalösen – Versuch, einen Boykott der Theaterstücke Brechts durchzusetzen oder von Ludwig Erhards hilflos-empörter Beschimpfung »ganz kleine Pinscher«, gerichtet gegen Rolf Hochhuth, im Grunde aber gegen die gesamte intellektuelle Linke gerichtet, eine gestammelte Kriegserklärung.

Am meisten aber empörte mich das Klassensystem der Bildung, in dem die Arztsöhne Ärzte und die Anwaltssöhne Anwälte wurden, die Arbeiterkinder aber unten, am Boden der Gesellschaft, festgehalten wurden. Ich werde den broschierten Band mit frühen Aufsätzen des um zehn Jahre älteren Ralf Dahrendorf, *Gesellschaft und Freiheit,* nicht vergessen. Sein Protestruf lautete: Bürgerrecht auf Bildung. Ich habe Jahrzehnte damit verbracht, auf diesem Feld zu ackern, und weiß heute, daß wir unsere Ziele verfehlt haben. Wir haben die Hochschulen und Gymnasien geöffnet, die Fachschulen zu Fachhochschulen aufgewertet und so Bewegung in die Mittelschichten gebracht. Aber die deutsche Gesellschaft ist ein Topf geblieben. Wer unten im Bodensatz steckt, kommt nicht hoch, und wer oben in der Rahmschicht schwimmt, sinkt nicht tief. Nicht nur der Versuch unserer Großväter und Väter, die Oberschichten zu enteignen, ist gescheitert. Auch unsere viel bescheidenere Idee, den von unten kommenden Menschen die gleichen Chancen zu verschaffen wie denen von oben, ist bis heute nur höchst unvollkommen verwirklicht worden.

Ach, die sechziger Jahre. Sorry, die Sache mit der Haarlänge, dem klassenübergreifenden »lässigen« Trödelstil von Sonny und Cher, den Miniröcken, mit Twist, Rock und Beat und der »Kernfusion« von Woodstock erreichte mich nicht mehr. Bob Dylan war für mich Country-Gejammer, ich lieh mir Geld, um Fischer-Dieskau Schuberts »Winterreise« singen zu hören. Ich wollte schon mit sechzehn (1955) erwachsen sein – geschweige denn mit sechsundzwanzig. Wer sich Sorgen um meine »Selbst-entfaltungswerte« (die damals heftig im Gespräch waren) ge-macht hätte, dem wäre ich ziemlich ungeduldig in die Parade gefahren: Macht euch keine Gedanken, ich entfalte mich schon. Irgendwie habe ich mich auch entfaltet.

Man paßt gern seine früheren an seine gegenwärtigen Mei-nungen an, nach dem Prinzip: Ich war schon immer der Auffas-sung, daß … Da ist es gut, daß unsere Meinungen von 1966 in der *Mobilisierung der Demokratie* festgehalten sind. Ich besitze noch ein Exemplar dieses orangefarbenen Bändchens. Wir fochten gegen den »Machtbereich der SED« genauso wie gegen den »utopischen Progressismus«, der sich einbilde, »daß der Mensch grundlegend verändert werden müsse und könne«. Wir schrieben auf: »Niemand kann eine neue Utopie zum Hausgebrauch fabrizieren« oder »Durch die stetige Wieder-holung revolutionärer Phrasen von vorgestern können die Probleme von heute nicht gelöst werden.« Manches klingt neu-modisch: »Die Krise des Föderalismus ist offenkundig«, for-mulierten wir 1966. Oder: »Alle Versuche, die Elitebildung aus-zuschalten, sind an der Natur des Menschen gescheitert.«

Eduard Bernstein, der das, was im »Godesberger Pro-gramm« 1959 beschlossen wurde, schon 1898 aufgeschrieben hatte, war unser Gott. Leicht pathetisch hieß es am Schluß: »Wir nehmen das Kreuz des ›Ignorabimus‹, des ›Wir werden es nicht wissen‹ auf uns.« Was für Prügel habe ich wegen dieses verrutschten Sätzleins auf meiner Tingelreise im Spätherbst 1966 bezogen! Damals wurde gerade das Bekenntnis zu Gewiß-heiten wieder modern, nicht das zu Ungewißheiten.

Noch im Herbst 1967 organisierte ich – für die Arbeitsge-meinschaft Sozialdemokratischer Akademiker – eine große Vortragsreihe zum Thema »Was bleibt vom Sozialismus?«. Als der Generalsekretär der SPD, Olaf Scholz, diese Frage 2003 auf-warf, war das der Anfang vom Ende seiner (vielleicht nur er-sten) Karriere. Knoeringen hatte das Thema erfunden. Er ver-schaffte mir Kontakte zu dem katholischen Theologen Heinz Robert Schlette, zu Rix Löwenthal, Gerhard Szesney, dem österreichischen Sozialisten und Katholiken Günther Nenning und dem holländischen Europakommissar Alfred Mozer. Der

prominenteste Redner war der Vorsitzende der österreichischen Sozialdemokratie, Bruno Kreisky, den ich bei dieser Gelegenheit zum erstenmal sah. Ich sehe mich noch im Fond von
Knoeringens Volkswagen. Knoeringen fuhr, Kreisky saß neben
ihm, ich hatte hinten Platz genommen, weit nach vorn gebeugt.
Die beiden redeten halblaut und ohne besondere Betonung
über Freunde. Meistens über tote Freunde. Sie redeten über die
Emigration.

4. KAPITEL

Die Revolte

Ich war so stolz auf unsere Präsenzbibliothek. So hatte ich mir in den engen Zimmerchen im vierten Stock des Universitätshauptgebäudes, im alten Zeitungswissenschaftlichen Institut der fünfziger Jahre, Geisteswissenschaft immer erträumt: Zwanzig Leute in einem kleinen Raum, dessen Wände von einer Handbibliothek tapeziert sein würden. Jetzt, im Amerika-Haus am Karolinenplatz, hatten wir es erreicht. Ich war der Umzugsmanager gewesen. Als ich an einem frühen Sommerabend des Jahres 1968 die Treppe vom Assistentenzimmer zur Bibliothek hinaufgegangen war, um mir einen Band zu holen, und schon den Einwand der Bibliothekarin, eines Fräulein von B., im Ohr spürte: »Herr Glotz, Leihzettel ausfüllen«, hörte ich ein verwirrendes Geräusch. Ich war arglos. Die Bibliothek schien leer. Aber da hatte jemand gejammert oder gestöhnt. Nun war es still. Ich nahm mein Buch mit der S-Signatur (S für Soziologie), warf aber beim Hinausgehen einen Blick in einen kleinen Zwischengang des Seminarraums. Da lag, flehentlichen Blickes, eine meiner Studentinnen über dem Tisch und hinter ihr stand ein mir unbekannter, bärtiger junger Mann, der offenbar seinen Schwanz in sie hineingebohrt hatte. Genau sah ich das in dem Sekundenbruchteil, in dem ich um die Ecke schaute, nicht. Die beiden waren ein lebendes Bild, sie rührten sich nicht. In einem Augenblick von Panik dachte ich nur: Fräulein von B. Das war eine Endfünfzigerin, eine Dame mit zeremoniösen Manieren, sehr exakt, sehr empfindlich, stand kurz vor der Pensionierung, Hautkrebs. Damals redete man auch ältere Damen, wenn

sie unverheiratet waren, als Fräulein an. Ich verließ den Raum
fluchtartig. Seit diesem Tag mied das Mädchen mein Proseminar, den jungen Mann traf ich wieder bei der »Besetzung« unseres Instituts Anfang 1969. Ich hatte sein Gesicht, in dem die
Leidenschaft sozusagen eingefroren war, nicht vergessen. Man
merkte ihm keinerlei Befangenheit an, auch keine Frechheit,
kein schroffes »Das geht dich gar nichts an, du Arsch«. Er war
normal, aggressiv wie alle, aber nicht aggressiver.

Große Städte sind vielkanalige Organismen. Ich habe sie mir
immer vorgestellt wie das Wien aus Orson Welles' *Der dritte
Mann*, man kann immer entwischen im Gewirr der Gassen und
der Unterwelt der Abwasserkanäle. Selbst München war eine
Milchstraße mit vielen Sternen, die weit voneinander entfernt
waren. Wunderbares München – Fanny-Reventlow-Stadt, Hof-
bräuhaus-Stadt, Siemens-Stadt, Stadt von Walter Sedlmayer
und Rudolf Moshammer, Stadt der Mörder von Walter Sedlmayer und Rudolf Moshammer.

Ich lebte dort seit 1959, ich kannte Schwabing gut. Aber sowohl die »Schwabinger Krawalle«, eine erste Vorankündigung
massenhafter Auseinandersetzungen mit der Staatsgewalt, entstanden aus harmlosen sommerlichen Klimpereien an einem
Brunnen am Wedekindplatz, als auch die Kämpfe um die Aus-
lieferung der *Bild-Zeitung* an der Barer Straße, der Haupt-
schlacht der Achtundsechziger im Süden Deutschlands, gingen
an mir vorbei Die Barer Straße, wo Springer logierte, war für
München das, was für Berlin der Tegeler Weg war: symbolische
Walstatt. Im Unterschied zu manch einem meiner Genossen in
der SPD gehörte ich nicht zu der Telefonkette, die sich bei solchen Anlässen blitzschnell mobilisierte, war kein Teil der pitto-
resken Politik der Münchner Linken. Ich hatte viel zu tun und
einen nervösen Magen.

Die Anlässe, die die bürgerliche Jugend in ihre Wutanfälle
trieb, verstand ich. Daß »Verlobtenbeischlaf«, gemäß einem
gar nicht so alten Urteil des Bundesgerichtshofs, strafbar war,
konnte man als lächerliches Ornament des Adenauer-Staats ab-
tun. Verfolgt wurde das Delikt vermutlich nur in Memmingen.
Aber daß die Witwen von Widerstandskämpfern gegen Hitler
oft genug leer ausgingen, während die Witwen der Richter, die

ihre Männer verurteilt hatten, sehr gute Renten bezogen, erregte mich nicht weniger als die, die auf die Straße gingen. Die Erschießung des Studenten Benno Ohnesorg beim Schah-Besuch in Berlin hielt ich zwar nicht für Mord, wohl aber für eine brutale polizeiliche Überreaktion. Allerdings mußte ich oft an den Widerstandskämpfer Knoeringen denken: »Das ist unser Staat«, hatte er mir oft gesagt, »den lassen wir uns nicht wieder zerschlagen.« Manchmal hatte er sogar gebrüllt, wenn auch sicher weniger furchterregend als Wehner. Die Sozialdemokratie wollte keine Straßenkämpfe. Ich folgte meiner Partei, mit Überzeugung.

Es war ja auch nicht so einfach mit der Moral. Gerade hatten die Russen die Tschechoslowakei überrannt. Gebannt hatte ich in Irschenberg, einem Dorf an der Autobahn Salzburg, in dem ich damals lebte, die Radioberichte stundenlang verfolgt. Erst nach Tagen bekamen wir Kontakt mit Bobby, der Schwester meiner Mutter. Der tschechische Zweig der Familie duckte sich wieder einmal. In Deutschland aber hatte man gerade die DKP gegründet, eine orthodox kommunistische Partei. Manche Freunde sympathisierten mit ihr, die Straßenkämpfer waren teils für diese neue Partei, teils waren sie noch radikaler. Wenn sie über Lager und Mörder redeten, sprachen sie nur über die Nazis, gelegentlich über die Amerikaner in Vietnam. Nicht über die Kommunisten. Wieso?

Im Dezember 67 hatte ich in der Wohnung meiner Mutter in der proletarischen Tegernseer Landstraße gegenüber dem Agfa-Gebäude das Interview von Günter Gaus mit Rudi Dutschke im Fernsehen verfolgt. Warum interviewt er ihn, hatte ich mich naiv und dumm gefragt. Der ist doch ein wirrer Prophet, ein protestantischer Pater Leppich aus der DDR, ein Eschatologe (Eschatologie war für mich das Schlimmste). Später habe ich Dutschke in Berlin als vorsichtigen, klugen, höflichen, allerdings auch gebrochenen Zeitgenossen kennengelernt. Er war damals, nachdem man ihn unschuldigerweise zusammengeschossen hatte, bereits ein Denkmal seiner selbst. Im Dezember 1967 hingegen schien er mir ein Feind zu sein.

Unsereiner saß zwischen den Stühlen, auch viele Liberale »verstanden« die Dutschkes und die Meinhofs. Gaus hat in sei-

Studenten protestieren am Siegestor in München 1968.

nen unvollendeten Memoiren die Situation beschrieben: »Meinesgleichen hat den Achtundsechzigern fast bis zur intellektuellen Selbstaufgabe Verständnis entgegengebracht. Nicht einmal die zwei Tomaten und das rohe Ei, das seinerzeit Daniel Cohn-Bendit aus der zweiten Reihe des Audimax der Frankfurter Universität auf mich warf, haben meine Aufgeschlossenheit ein für allemal beendet. Keineswegs. Man hatte zu unterscheiden zwischen dem Hochsinnigen der Wohlstandskinder, aus denen fast alle Achtundsechziger sich rekrutierten, und ihrem rüpelhaften Benehmen.« Das war die Haltung eines erheblichen Teils des Bürgertums. War »rüpelhaftes Benehmen« das Problem? Zwei Tomaten und ein Ei? Waren die Wohlstandskinder »hochsinnig«? Darf, wer »hochsinnig« ist, Gewalt anwenden? Ich lebte im Widerspruch zu vielen Älteren, die ich bewunderte, von Karl Jaspers über Eugen Kogon, dem hessischen Generalstaatsanwalt Fritz Bauer bis zu Sebastian Haffner oder Martin Niemöller, der so lange in den Konzentrationslagern der Nazis unbeugsam geblieben war.

Das Zeitgespräch der Gesellschaft

Was mag das sein, der Zeitgeist? Warum wird der eine davon erfaßt und herumgeschleudert, und der andere sitzt ruhig an irgendeinem Tisch und prokelt an dem, was er sich vorgenommen hat? Eine geheimnisvolle Tinktur muß das sein. Wo bekam man sie eingeflößt? Auf einer Tagung der Gesellschaft für Geistesgeschichte in Erlangen in den sechziger Jahren hat der alte Professor Hans-Joachim Schoeps, ein kluger, konservativer Jude, in der Tat ein Fläschchen herausgezogen, hat es geschüttelt und ironisch bemerkt: »Da ist er drin, der Zeitgeist.«

Ich war ja kein Bauer oder Elektriker; die mögen gelegentlich keine Zeit für den Zeitgeist haben. Mein Lebensmittelpunkt war auch nicht Todtnauberg im Schwarzwald oder Kochel in Oberbayern, sondern München. Natürlich hatte ich Richard Brooks Film *Die Saat der Gewalt* gesehen, schon in Hannover. Der machte Rock' n' Roll bekannt in Deutschland, durch Bill Haleys »Rock around the Clock«. Ich lese inzwischen: Die spezifische Eigenart des Rock 'nd Roll sei das Freisetzen von Aggressionen gewesen, die sich gegen niemand speziell richteten. Hatte ich keine Aggressionen? Natürlich, heftigste. Aber ich mied das Ventil dieser Musik. Man frage mich nicht wieso.

Natürlich, meine Indolenz gegenüber der außenparlamentarischen Opposition mag das Ergebnis meiner Aktivität in der SPD gewesen sein. Manches konnte man nicht ernstnehmen, wenn man auch nur spärliche Insider-Informationen hatte. So hatte sich Rolf Hochhuth in Otto Brenner verguckt und bezeichnete, in einem wirkungsvollen *Spiegel*-Essay (»Der Klassenkampf ist nicht zu Ende«) die Pläne zur Vermögensbildung in Arbeitnehmerhand von Schorsch Leber, dem Vorsitzenden der IG Bau-Steine-Erden, als »verteufeltes Verhängnis«, gar als »München der deutschen Arbeiterklasse«. Darüber schüttelten wir den Kopf. Da hatte sich die Linke der IG Metall einen Dramatiker eingefangen. »Die Public-Relations-Lügen der westdeutschen Marktwirtschaft«, schrieb Hochhuth, »basieren auf dem Prinzip, dem Bürger Konsumgüter unter dem Vorwand anzudrehen, er sei wohlhabender mit einem Fernsehapparat. In Wahrheit spekuliert die Industrie darauf, daß der Dumme von der Straße oft weit über seine Vernunft und Finanzen seine ganzen Einnahmen und mehr zum Verbrauch verschwendet.« Das muß eine frühe Variante der Angebotspolitik gewesen sein. Das Nettoeinkommen von durchschnittlichen Arbeitnehmerhaushalten stieg in den sechziger Jahren um fünfzig Prozent. Deshalb gab es 1961 vier, 1970 fünfzehn Millionen Fernsehhaushalte. Die Leute bildeten sich nicht ein, mit einem Fernseher wohlhabender zu sein, sie wollten diese mächtige Erzählmaschine einfach haben, suchten Lebenshilfe, Entspannung, Deutung, Ablenkung, Emotion, was immer. Wer war man, ihnen das zu mißgönnen, gar auszureden? Wer es versucht hätte, dem wäre übrigens, drastisch gesagt, in den Arsch getreten worden. Wie hätte man es ihnen ausreden können?

Aber nicht mit allen Argumenten von der außerparlamentarischen Seite tat man sich so leicht. Auf der Schlußkundgebung eines Kongresses »Notstand der Demokratie« auf dem Frankfurter Römerberg im Oktober 1966 hatten neben den »usual suspects« immerhin Ernst Bloch und Hans Magnus Enzensberger gesprochen. Jürgen Habermas war, wie er mir noch 1989 schrieb, ein »Ostermarschierer der ersten Stunde«. Die Gründung eines »Sozialistischen Büros« – das lange einen großen intellektuellen Einfluß hatte – hatten auch Wolfgang Hildesheimer, Peter Weiss und Martin Walser unterstützt. Das waren keine Leichtgewichte, über die man sich hätte mokieren dürfen. Ich mokierte mich auch nicht, ich munitionierte mich, wenn mir dieser fragwürdige Ausflug in die militaristische Terminologie ausnahmsweise gestattet wird. Ich wollte mit denen streiten. Ich wollte den Dialog. In den späten sechziger Jahren, in Berlin, habe ich das so intensiv getrieben, daß die Spontis mich als »Diaglotz« verspotteten. Es lag aber eine Spur Hochachtung unter dem Spott verborgen.

Die Faszination des dialogischen Prinzips hatte mir übrigens wieder ein Frontsoldat eingeimpft, Heinz Starkulla, ein Oberschlesier des Jahrgangs 22, sechs Jahre Soldat, vier Jahre Rußland, dann russische Gefangenschaft. Ich traf ihn als Assistenten des Zeitungswissenschaftlichen Instituts in München. In Wirklichkeit war er nicht der Assistent, sondern die Seele des kleinen Ladens. Eine typische Hochschulkarriere der Nachkriegszeit, wobei der Begriff Karriere blanker Zynismus ist. Seine Dissertation mußte er nachts auf der Toilette schreiben, die Wohnung war winzig, der kleine Sohn sollte in der Nacht nicht durch Licht gestört werden.

Im Institut war er lange »Mädchen für alles«: Bibliothekar, Theoretiker, Korrektor, Organisator. Sein erster Chef, Karl d'Ester, war nach dem Krieg ein gebrochener Mann, weil man ihn eine Zeitlang zwangsbeurlaubt hatte, wegen Konzessionen gegenüber den Nazis. In diesem Zustand eröffnete der alte, tief katholische Zeitungssammler und Zeitungshistoriker, die Gründerfigur des Fachs, eine »Doktorfabrik«, die das Institut in Verruf brachte. Starkulla mußte bremsen, eindämmen, erklären, umschreiben, beschönigen. Nach d'Esters Tod »besorgte« er den Theaterkritiker Hanns Braun als Nachfolger des Chefs, schrieb ihm die Aufsätze, bereitete ihm die Vorlesung vor. So kam Starkulla nie zur Habilitation. Wenn ich später, als Funktionär der Bundesassistentenkonferenz, die »Ordinarienuniversität« bekämpfte, hatte ich Starkullas Schicksal vor Augen.

Starkulla betrieb eine kleine Akademie. In einem Kaffeehaus in der Amalienstraße, das wir nicht nach dem Besitzer, sondern der Kellnerin, die Maria hieß, benannten, verbrachten wir dienstags und freitags jeweils zwei Mittagsstunden. »Wir«, das waren der Assistent Starkulla und die Hilfskräfte. In diesen teils politischen Kabbeleien, teils fachlichen Disputen, teils philosophischen Einweisungen habe ich zu einer Position gefunden. Sie hat mir für mein ganzes Leben Streben eingezogen. Starkulla begründete mir im wissenschaftlichen Disput, was Knoeringen mir politisch gepredigt hatte: »Das Gespräch ist die Seele der Demokratie.«

Starkulla, philosophisch eine Art Enkelschüler von Jaspers, politisch ein katholischer Konservativer, war ein begnadeter Provokateur, ein gewitzter Fechtlehrer und Musketier des Wortes. Er überschüttete uns mit unerhörten Thesen, lockte uns heraus, bluffte lustvoll wie ein Pokerspieler und fand schließlich zu begütigendem Waffenstillstand: »Lesen Sie halt das letzte Kapitel vom *Ende der Neuzeit*«, sagte er mir. Als ich ein saures Gesicht zog (wegen Guardini), schob er sofort nach:

»Na gut, wenn Ihnen das zu katholisch ist, dann tut's auch ›Meute und Religion‹ in Canettis *Masse und Macht.*«
Der Kern von Starkullas Botschaft stammte von einem Franziskaner und ließ sich in dem Satz zusammenfassen: »Zeitung ist das Zeitgespräch der Gesellschaft.« Im Grunde ging er von der »Ursituation« aus, wenn Versammlungskommunikation in vermittelte Kommunikation umschlägt, wenn also ein Kreis von Menschen, der sich noch in einem »Sprechsaal« treffen kann, beginnt, sich eines technischen Mediums zu bedienen, einer Zeitschrift zum Beispiel. Sie brauchen dann einen »Vermittler«. Die Pointe bestand in der Forderung, daß der Vermittler – also Journalist – den Sinnkern der Botschaften der verschiedenen Kommunikationspartner so unparteiisch wie möglich wiedergeben müsse. Von der Anmaßung vieler Publizisten, die die Öffentlichkeit vor »falschen« Meinungen behüten wollten, hielt Starkulla nichts. Da konnte er – gegen Augstein zum Beispiel oder gegen den starren Blick mancher »praeceptores Germaniae« bei *Panorama* – gallbitter und richtig komisch werden, qualtingerhaft giftig.

Später habe ich – in Berlin – die Grenzen dieses Programms erlebt. Was, wenn die Identifikation mit größeren sozialen Formationen zerbricht, wenn individuelle Lebensentwürfe jede Zugehörigkeit (zu links, rechts, den Gewerkschaften, Verbänden usw.) zerstören? Wie zieht man das Personal aus Sven Regeners Roman *Herr Lehmann* in Kommunikation? »Die Mauer ist offen«, sagt einer am 9. November 1989 um Mitternacht. »Ach du Scheiße«, ist die Antwort der Leute in der Kaffeebar in der Manteuffelstraße. Bestimmte Welten können so individuell, abweichend, bizarr werden, daß Vermittlung nicht mehr gelingt. Aber das widerlegt das Pathos des Dialogs nicht.

Ich habe mich mit (den späteren RAF-Leuten) Rolf Pohle, Rolf Heißler und Brigitte Mohnhaupt öffentlich auseinandergesetzt, auch mit Franz Schönhuber, Jörg Haider und dem NPD-Vorsitzenden Udo Voigt, mit Gregor Gysi, Ernest Mandel und dem gerade über die Mauer geschobenen Linkskommunisten Rudolf Bahro. Später wurde Bahro ein ökologischer Fundamentalist. Als er, in einer völlig überfüllten Veranstaltung im »Schwabinger Bräu« an der Münchner Freiheit mich duzte,

duzte ich ihn zurück. Ein paar Genossen vom Kanal haben mir das sehr übelgenommen. »Das ist doch keiner von unseren Genossen.« Das war mir nun wirklich egal.

Die Spektabilitäten

Es gab keine Schweinejagden in München, bei denen Professoren aus dem Fenster (wenn auch nur aus einem Parterrefenster) geworfen wurden. München war nicht Berlin. München war auch 1968/69 prall und steifnackig. Zwar brüllten die dreihundert Studenten, die im langen, fein gefliesten Gang vor dem Rektorat im ersten Stock des Hauptgebäudes in der Ludwigstraße saßen, genauso laut wie anderswo. Die Rede, die der »Kopf« der Studenten (heute Sinologie-Professor in Heidelberg) hielt, war zwar maschinengewehrschnell abgefeuert worden, enthielt aber viele sorgsam begründete Argumente. Es war ein Januarabend 1969, genau gesagt der 30. Januar. Als es dunkel wurde, die Kneipen zu locken begannen und der eingeschlossene Senat der Universität den Besetzern keinen Sieg gönnen wollte, hängte die sanfte Avantgarde des Münchner Proletariats die großen Flügeltüren zum Sekretariat des Rektors aus. Man strömte herein. Das war Hausfriedensbruch und für München unerhört.

Der Grund für die Belagerung war eines der damaligen Tagesthemen: Man verlangte nach der Öffentlichkeit von Sitzungen. Der Studentenausschuß hatte das geschickt organisiert. Man berief in die große Aula, die nur ein paar Schritte hinter dem Rektorat lag, eine »Vollversammlung« ein zur gleichen Zeit, als im Senatssaal eine Sitzung des Akademischen Senats anberaumt war. Die Studentenvertreter im Senat installierten ein Tonbandgerät und Mikrophone. Sie wollten über die Senatssitzung zeitgleich ihrem Plenum berichten. Das lehnten wir – ich war einer der beiden Vertreter der Mittelbaus, der Assistenten im Senat – gegen die zwei Stimmen der Studenten ab. Eine Zeitlang versuchten sie, uns von außen zu beeindrucken. Als das nichts half, kam der Augenblick der Entladung. Wie Elias Canetti schrieb: »In der Entladung werden die Trennungen abgeworfen, und alle fühlen sich gleich. In dieser Dichte, da kaum Platz zwischen ihnen ist, ist einer dem anderen so nahe wie sich selbst. Ungeheuer ist die Erleichterung darüber. Um dieses glücklichen Augenblickes willen, da keiner mehr, keiner besser als der andere ist, werden die Menschen zur Masse.«

Wir saßen an unserem großen Verhandlungstisch, umringt von stehenden und hockenden, bald auch rauchenden und biertrinkenden Studentinnen und Studenten. Der Rektor, Audomar Scheuermann, ein pyknischer, rauhbeiniger katholischer Kirchenrechtler, lehnte jede Diskussion ab, solange er in seine Bewegungsfreiheit behindert sei. Nur der Dekan der Tiermediziner, ein großer, sportlicher, selbstbewußter Vierzigjähriger, der übrigens Scheuermanns Nachfolger werden sollte, hielt es gelegentlich nicht aus, wenn ihm die Argumente der Eindringlinge zu frech erschienen. Dann schnappte er furchtlos dazwischen. Aber richtig streiten konnten wir uns nicht mit unseren ungebetenen Gästen. Der Rektor hatte ja die Parole »Keine Debatte unter Zwang« ausgegeben. Ich fühlte mich unbehaglich. Scheuermanns Formalismus erschien mir falsch.

Aber ich wußte schon: Scheuermann war eine Art weißer Revolutionär. Der knarzige, kleinwüchsige Altbayer, der in einer wunderbaren, mit wertvollen Büchern vollgestopften Wohnung direkt über dem Viktualienmarkt wohnte, war ein bärbeißiger Realist. Er spürte, daß die Zeit der Ordinarienuniversität vorbei war. Deswegen mühte er sich mit uns um eine neue »Grundordnung«. Gerade weil er weiß Gott nicht zu den Liberalen zählte, war er mächtig. Er setzte uns Assistenten, sozusagen das reformistische Scharnier, klug ein und zog einen der Dekane (der Spektabilitäten, wie wir damals sagten) nach dem anderen in langen Disputen auf seine Seite. Am Schluß haßten ihn die Vertreter der reinen Lehre. Es ging das Gerücht, daß er bei einem früheren Aufstandsversuch seinen Vorgänger dazu bringen wollte, vor den Studenten zu sprechen. Er lief an den aufgescheuchten Sekretärinnen vorbei in das riesige Amtszimmer des Rektors. Wo war der Kerl? Der Raum schien leer. »Magnifizenz«, rief der zornige, zum Poltern aufgelegte und durch ein langes Leben abgehärtete Mann in seinem abgewetzten schwarzen Anzug. Die Magnifizenz war unsichtbar. Da entdeckte Audomar Scheuermann, so wurde erzählt, ein Paar braune Schuhe, die unter dem bodenlangen, schweren Vorhang hervorlugten. Die Vorhänge bedeckten die ganze Fensterfront zum Geschwister-Scholl-Platz. Ob die Legende stimmt, daß der Theologe den angstbebenden Altphilologen hinter dem Vorhang hervorgezerrt habe, weiß ich nicht, denn ich war nicht dabei. Daß er ihn später in kleinerer Runde voll aufgekratzter Verachtung einen hochgebildeten Hosenscheißer genannt hat, kann ich bezeugen.

Eigentlich habe ich die Verhandlungen im Senat genossen, so wie später manche Aufsichtsräte. Durch gute Vorbereitung konnte man sich den meisten Spektabilitäten überlegen zeigen; die sehr unterschiedlichen Herren – von jeder Fakultät zwei – nahmen sich für die akademische Selbstverwaltung nicht viel Zeit. Es gab die hochmütigen und hocheleganten (weil in der Regel privat liquidierenden) Mediziner, die pragmatischen Forstwirte, die gerichtsgeschulten Juristen, ideologische Gralshüter aus der Philosophischen Fakultät und viele andere – eine ehrwürdige, sehr große und letztlich hilflos das steigende Wasser beobachtende Herrenrunde. Schon wieder ein Herrenzimmer, sozusagen. Das Rektorat, die zwei »Nicht-Ordinarien-Vertreter« (die alle Habilitierten vertreten mußten, die keinen eigenen Lehrstuhl hatten), die Studenten und wir Assistenten spielten uns die Bälle zu, gelegentlich unterstützt von einem gesprächsfähigen, sofort als »links« verschrieenen Wahlsenator oder Dekan. Das Urbild dieses »Linken« war lange Zeit der Arbeitsrechtler Steindorff. Links war er zwar nicht, aber wortgewandt, unbefangen, sympathisch, unkompliziert und trotzdem aufgeladen durch sein Prestige als »guter Wissenschaftler«. »Wie Spectabilis Steindorff gerade richtig bemerkt hatte«, warf ich öfter ein. Der Pharmakologe verzog sein Gesicht. Aber was sollte er machen?

Natürlich war ich im Kreis der zwei- oder dreihundert Assistenten der großen Münchner Universität nicht unumstritten. Es war bekannt, daß ich Sozialdemokrat war. Das schuf Distanz; damals gab es wenige Professoren oder auch Assistenten, die in einer Partei mitarbeiteten. Vielen mag ich zu routiniert geredet haben, viele argwöhnten (zu Recht), daß ich höher hinaus wollte. Aber die Älteren, die kurz vor der Habilitation standen, wollten sich die Zeit nicht nehmen; viele Naturwissenschaftler fühlten sich in der Hochschulpolitik unwohl, viele Kolleginnen oder Kollegen hatten Chefs, die solche Umtriebe nicht gern sahen. Man wählte mir einen bedächtigen, des Radikalismus unverdächtigen Betriebswirt zur Seite, Rolf Wunderer. Dreißig Jahre später trafen wir uns als Professoren der Universität St. Gallen wieder. Als gedoppelte Streitmacht einer technokratischen Hochschulreform – wir wollten eine funktionierende Administration, eine anständige Vertretung von Studenten, Assistenten und Dozenten, ein amerikanisches Departementsystem, neue Aufstiegskanäle, aber keine Revolution – waren wir nicht schlecht.

Rückblickend habe ich eine opportunistische Verrenkung einzuräumen. Getrieben von Studentenfunktionären, die in der SPD Einfluß hatten, getrieben vermutlich auch von einzelnen Assistentenkollegen aus den gestuften Vertretungsorganen der Bundesassistentenkonferenz, verfocht ich zwei, drei Jahre die »Drittelparität«, also die völlig gleichberechtigte Vertretung der drei »Statusgruppen« der Professoren, Assistenten und Studenten. Das war das Modell der ständischen Universität, die den Amerikanern oder vielen benachbarten europäischen Völkern nie eingefallen ist und auch nie einfallen würde. Drittelparität hätte bedeutet, daß Studierende auch in Berufungsausschüssen, bei Habilitationen, überhaupt bei der Regelung von Fragen mitentschieden hätten, die nur die »Lebenslänglichen« betreffen. Ich wußte, daß es Unsinn war. Aber ich ging einen faulen Kompromiß ein. Das war falsch. Vielleicht ist es aufklärend, darauf hinzuweisen, daß politischer Kampf ohne solche – auch als fragwürdig begriffene – Zugeständnisse schwer möglich ist. Fast hätte ich geschrieben: nicht möglich ist.

Kurz und gut und ohne Girlanden: Dieses hochschulpolitische Nebengleis – eigentlich fuhr ich ja auf der sozialdemokratischen Hauptstrecke – machte mich im Sommer 1969 zum ersten nicht habilitierten Mitglied des Rektoratskollegiums einer deutschen Universität in der ganzen Universitätsgeschichte. Ich wurde vom Konzil der Ludwig-Maximilians-Universität zum Konrektor für Studium und Lehre gewählt. Der Vater dieser

Idee war Audomar Scheuermann. Kurz nach mir wurden zwei Assistenten, der Physiker Rolf Kreibich und der Theologe Peter Fischer-Appelt, zu Universitätspräsidenten gewählt, Kreibich an der Freien Universität Berlin, Fischer-Appelt in Hamburg.

Ich, der Flüchtling, war bald flüchtig. Nach einem guten Jahr ließ ich mich in den Landtag wählen und verließ die trotz all ihrer barocken Bräuche geliebte Ludwig-Maximilians-Universität. Man darf nicht kleben, dachte ich wie so oft. Peter Fischer-Appelt hielt sein Amt zwei Jahrzehnte und bewies mit einer großen Leistung, daß es für den Leiter einer Universität noch andere Qualifikationen gibt als das Überspringen der zweiten akademischen Hürde, der Habilitation.

Dieses Jahr werde ich nie vergessen. Mein Büro war gegenüber der Kunstakademie, im Weichbild des Siegestors. Ich konferierte, vermittelte, reparierte, schlug vor, schlug ab – und das den ganzen Tag. Mit dem neuen Rektor, jenem früheren tiermedizinischen Dekan, Peter Walter, verstand ich mich blendend. Für die ernste Aufmerksamkeit, die dieser Mann für seine Mitmenschen aufbrachte, kommt mir nur der Begriff Ritterlichkeit in den Sinn. Er fiel im Alter von noch nicht fünfzig Jahren um und war tot. Seine Frau wurde zu dem Toten gerufen, beugte sich über ihn und starb an Herzinfarkt. Zurück blieben zwei halbwüchsige Kinder. Da war ich schon weit weg, in Bonn.

Der nächste Leiter der Münchner Universität hieß dann nicht mehr Rektor, sondern Präsident. Man wählte den mit allen Wassern gewaschenen und weitgereisten Politologen Nikolaus Lobkowicz, einen Konservativen aus uraltem böhmischen Adel, tüchtig, arrogant und polarisierend. »Um dir und den deinen langsam und glimpflich die Haut abzuziehen, benötige ich gar nicht die Polizei«, schrieb er in einem offenen Brief der »Marxistischen Gruppe«. »Magnifizenz lassen sich gehen«, antwortete der »Papst« dieser Gruppe, Ludwig Fertl. Ich habe Lobkowicz später noch einmal in seinem wunderschönen Amtszimmer im katholischen Eichstätt besucht, wo er, nachdem die Münchner ihn nicht mehr wollten, noch einmal Universitätspräsident geworden war.

Der Stolz meines Konrektorjahres war ein »Zentrum für Hochschuldidaktik«, das uns die VW-Stiftung finanziert hatte.

Ich hatte dieses Geld akquiriert. Irgendwann, noch zu seiner Münchner Zeit, traf ich Lobkowicz in einem französischen Lokal am Rotkreuzplatz: »Diesen Unsinn haben wir inzwischen entsorgt, lieber Glotz«, sagte er fröhlich, bevor er sich zu Tisch setzte. Er meinte es überhaupt nicht böse, er war nur ein unabhängiger Mann, frank und frei. Von Hochschuldidaktik hielt dieser Typus Professor nichts. Ich war weiß Gott sein Gegner, aber ich konnte mich gelegentlich seinem Charme nicht entziehen. Er war halt ein Böhme wie ich.

Der Kampfhund

Bei der Erzählung der Geschichte der »Besetzung« – in der Sprechweise der Studenten der »Befreiung« – unseres Instituts kann ich mich ganz zurückhalten. Einer unserer damaligen Studenten, Hans Pfitzinger, heute freier Autor in München, hat die Sache konzis zusammengefaßt. Ich teile manche seiner Urteile nicht. Aber die langsame sich steigernde Eskalation der heute lächerlich erscheinenden Ereignisse, die eine brutale, meinetwegen auch tragische Unterseite hatte, hat er korrekt beschrieben:

»Der vorläufige Höhepunkt war die Sprengung‹ der Hauptvorlesung: Wolf Schimmang, der Fachschaftssprecher, stand am Rednerpult, der Professor (Roegele) mußte sich erstmal in die erste Reihe setzen, wo sein Gastredner und die Assistenten Platz genommen hatten und stillschweigen. Wolf redete klug und wohlformuliert wie immer, dann meldeten sich die Horror-Zwillinge, die eine Resolution verlasen, in der sie Roegele als Schande für die Münchner Universität bezeichneten, falls er nicht bereit sei, über sein Wissenschaftsverständnis zu diskutieren. Dann redete Ho-Chi (eigentlich Horst Dieter) Koch, ein glänzender Rhetoriker, der Ho-Chi genannt wurde, weil er einen Bart wie Ho Chi Minh hatte, nur dichter. Heute ist er Geschäftsführer des Instituts für Kirche und Gesellschaft der evangelischen Kirche von Westfalen. Dann redeten andere, die Vorlesung ging munter weiter, die Zeit verstrich wie im Fluge.

Der Publizist und Kommunikationswissenschaftler Otto B. Roegele

Roegele riß endlich der Geduldsfaden, und er forderte die Diskussionsteilnehmer zum Verlassen des Hörsaals auf. Das tat er dreimal, und als er keine Wirkung erzielte, ging er selbst. Am nächsten Tag, dem 16. Januar 1969, sagte er alle weiteren Vorlesungen für den Rest des Semesters ab.«

Das war also zwei Wochen vor der Stürmung des Senatssaals, der unsere Spektabilitäten so beunruhigte. Ich unterbreche Hans Pfitzinger an dieser Stelle, um ein paar Bemerkungen zu den handelnden Personen zu machen. (Der Leser erinnert sich: mein erstes Dissertationsthema war: »Handlung und Person in der Dramaturgie des absurden Theaters«.) Unser neuer Chef hieß Otto B. Roegele, war sowohl promovierter Mediziner als auch promovierter Historiker, natürlich – ich langweile mein Publikum – Soldat und vor allem Chefredakteur der katholischen Wochenzeitung *Rheinischer Merkur*. Ich werde nie vergessen, wie Starkulla mir, auf dem ausrangierten Ofen einer Gastwirtschaft in dem oberbayerischen Dorf Mitterdarching sitzend, während eines Faschingsballs des Instituts (wohl 1963) davon berichtete, daß ein Kollege über den Vorsitzenden der Katholischen Aktion in München versucht hatte, bei Roegele meine Ernennung zum Assistenten zu hintertreiben: Sozialdemokrat, Agnostiker, linksradikal, lautete die hinterbrachte Konterbande. Starkulla, als Clown geschminkt, schaute tieftraurig drein. Wir waren beide betrunken. Aber Roegele ließ sich von der katholischen Kamarilla nicht beeinflussen. Er nahm mich, ich war sechs Jahre sein Assistent, und trotz zutiefst unterschiedlicher Weltbetrachtungen und Lebensregeln sind wir ohne jede Intrige miteinander ausgekommen.

Roegele war damals vierundvierzig, ein mittelgroßer, mitleidlos sachlicher und vielgefragter Mann. Er sprach gut formulierte, aber glanzlos vorgebrachte Fernsehkommentare, schrieb kluge, aber der Zeitstimmung ins Gesicht springende Artikel und galt der Linken, welcher Spielart auch immer, als »Provokation«. Dabei war gar nichts Provozierendes an ihm. Er war nur nicht links und nicht spontan, nicht warm, er zündete keine Lagerfeuer an. Dabei kam er aus der katholischen Verbindung »Neudeutschland«. Diese Vergangenheit hatte er aber durch das Gitter eines durchorganisierten Lebens sorgfältig abgedeckt. Wir gründeten zusammen sogar eine Firma, die »Arbeitsgemeinschaft für Kommunikationswissenschaft«, AFK München. Das war der typische Ausweg aus der Wirtschaftsfremdheit der kameralistischen Universität. Wenn man einen Forschungsauftrag aus der Wirtschaft annehmen wollte, wurde man mit Formularen erstickt und von ewigen Fristen gewürgt. Also gründeten wir einen eingetragenen Verein, ein paar Professoren unter Roegeles Führung, Langenbucher und ich. Ich wurde der erste Geschäftsführer und akquirierte Aufträge der Bundesregierung, von Burda, Springer und anderen. Der Verein hat bis Ende der siebziger Jahre gut gearbeitet. Dann entwickelte mein Nach-Nachfolger – ich schied 1972 aus, als ich in den Bundestag gewählt wurde – ein teures Instrument für die Zuschauerforschung beim Fernsehen, bekam für den Auftrag aber nicht den Zuschlag. Das war das Ende unserer schönen »Firma«, aus der ein paar Grundideen, zum Beispiel ein *Jahrbuch zur Medienstatistik und Kommunikationspolitik*, noch viele Jahre fortgeführt wurden.

Die weiteren Mitspieler waren die Hilfskräfte aus Starkullas Akademie, neben Langenbucher noch Hans Wagner, der theoretisch begabteste von uns, ein paar Jahre Pressereferent des Münchner Erzbischofs, ein Originalgenie aus Enzensbergers Gegend, ein bayerischer Schwabe. Ich ergänze die Liste um den Namen Christoph Peters, Junior des Kaufmanns-Casinos, ein sanfter, kompromißfähiger, eher der Organisation als der Deutung des Lebens hingegebener Münchner, der viele Jahrzehnte Programmdirektor des Amerika-Hauses war. Er war das auch schon 1969, so kommt er ins Bild. Wir alle waren »verbandelt«, nicht befreundet in einem emphatischen Sinn, aber vom Schicksal in die gleiche Kiste geworfen, wie in die Spielzeugkiste von Andy in der wunderbaren *Toy Story* von Walt Disney.

Pfitzinger schildert die langsame Steigerung des Ravelschen Bolero lebendig. Alles begann mit *otto caput*, der Nullnummer einer Studentenflugschrift, deren Titelseite eine Hand abbildete. Zeige- und Mittelfinger waren erigierte Penisse, »otto« war auf Roegele gemünzt, den Kopf (»caput«) des Instituts, der Angriff wurde bewußt so geführt, daß der Angegriffene, so wie er gebaut war, nicht antworten konnte: mit trotzig-kindischer sexueller Provokation. Geh dahin, »wo die Faschismen blühen« – ein anderer Slogan –, das hätte Roegele ausgehalten. Die Besudelung seines Wertesystems, seiner privaten Existenz mußte er, der eigenen Lebenslogik folgend, mit einer Klage beantworten, der übrigens stattgegeben wurde. Das war die erste Hürde, die wir gemeinsam nahmen.

Die zweite war eine Travestie auf die chinesische Kulturrevolution, allerdings wirklich nur eine Travestie. Es war der »Wandzeitungskonflikt«. In Pfitzingers Bericht heißt es:

»Man traf sich also am 26.11. mittags im Institut, war frohen Mutes und fertigte einige Wandzeitungen an. Auf der ersten, der allgemein begründenden, stand zu lesen: ›Schafft die permanente Diskussion!‹ Diese Wandzeitungsaktion soll einen ersten Versuch darstellen, die autoritär strukturierte Kommunikation am Institut zu durchbrechen.« Ein Fremdwort folgte auf das andere, Substantive wurden eingesetzt wie Maschinengewehrsalven.

Man schrieb fleißig DIN-A-2-Plakate aus Packpapier voll, und nach drei Stunden prangte die ganze hintere Wand im Schmuck selbst hergestellter Wandzeitungen. Vorbildlich, diese Studenten, die Roten Garden hätten ihre helle Freude gehabt. Auch die Erstsemster, die um fünfzehn Uhr zum Seminar des Herrn Langenbucher kamen, amüsierten sich köstlich. Jener hatte aber zusammen mit dem zweiten Assi, Peter Glotz, beschlossen, dem Treiben ein Ende zu setzen. Sie holten sich Rückendeckung beim Hausherrn, bei den Vermietern – der US-Regierung, vertreten durch Mr. Christoph Peters, den (stellvertretenden, müßte man korrekterweise sagen) Direktor des Amerika-Hauses.«

Pfitzinger zitiert dann ein *otto-caput*-Extrablatt:

»Gegen fünfzehn Uhr fünfundzwanzig, als das Langenbucher-Seminar immer noch nicht begonnen hatte, gab Glotz eine offizielle Erklärung ab, die inhaltlich folgendermaßen lautete: Die Direktion des Amerika-Hauses habe an den Wandzeitungen Anstoß genommen und erklärt, daß diese Aktion den Mietvertrag verletzt, und droht mit Kündigung, falls nicht sofort der ursprüngliche Zustand wiederhergestellt werde.«

Pfitzinger fährt mit einem Satz fort, den ich öfters in meinem Leben gehört habe: »Natürlich glaubte Glotz niemand.« Es wurde eine Delegation zu Direktor Peters geschickt. »Der bestätigte die Glotz-Erklärung.« Das war eine Meldung für die Presse! Jemand rief bei der *Abendzeitung* an und verkündete anschließend, die Redaktion würde gleich zwei Journalisten vorbeischicken. Auch der Lokalreporter Christian Ude von der *Süddeutschen Zeitung* (der heutige Münchner Oberbürgermeister) habe sein Interesse geäußert.

Dann zeigt mich Pfitzinger als bösartig-flexiblen Taktiker:

»Angesichts der möglichen Publizität des Konflikts waren sich Glotz und Peters nicht mehr so sicher. Kurz darauf gab Glotz den Versammelten bekannt, daß Peters nach Rücksprache mit dem Generalkonsul keine Bedenken mehr gegen die Aktion habe, und unter diesen Umständen habe er, Glotz, auch nichts mehr dagegen. Zu spät. Die Eskalation war nicht mehr aufzuhalten.«

Springen wir in den Februar. Horrorzwillinge gibt es immer und überall. Die Frage ist, unter welchen Bedingungen sie sich durchsetzen. Diese Bedingungen hatte ich erfunden. Um den d'Esterschen Schlampladen endgültig in Vergessenheit geraten zu lassen, hatte ich eine neue Studienordnung konzipiert, mit Literaturlisten, Anwesenheitspflicht, Zwischenprüfungen. In Pfitzingers Worten: »Es ging darum, sich der Leistungsideologie zu verweigern. Ich wußte nach dem Proseminar noch immer nicht, was kognitive Dissonanz war, und wenn irgendeine Prüfung platzte, sollte mir das schon recht sein. Viel vergnüglicher war es doch, statt dessen mit den beiden Assistenten über Sinn und Unsinn wissenschaftlicher Prüfungen zu diskutieren. Dafür stimmten neunundsechzig Studenten aus den beiden Proseminaren, dagegen elf. Jeder Seminarteilnehmer füllte einen Prüfungsschein mit der Note befriedigend aus.« Wir wurden aufgefordert, diese Scheine unterschrieben bis zum nächsten Tag zurückzugeben. Das taten wir natürlich nicht. Da besetzten sie uns.

In *otto caput* Nr.1 – Kampfschrift der Basisgruppe ZW – kann man nachlesen: »Nach einer weiteren Diskussion mit der Institutsleitung, deren formale und irrationale Argumentation noch einmal bloßgelegt wurde, beschlossen die Studenten die Befreiung des Instituts. Wir benannten das Institut in ›Bahman Nirumand Institut‹ um und erklärten es zum ersten befreiten Institut der Universität München.« In der Tat hing bald vom Dach des Amerika-Hauses eine schlappe Fahne: »Bahman Nirumand Institut, das erste befreite Institut der Universität München«. Der arme Bahman Nirumand, ein persischer Intellektueller, der ausgewiesen werden sollte (und heute noch in Deutschland lebt) konnte für all das gar nichts. Der Mann wurde zum Symbol gemacht. Die studentische Opposition solidarisierte sich mit den Gegnern des laizistisch-reformistischen Schahs. Daraus sollte man ihnen keinen Vorwurf machen. Man kann sicher sein, daß sie damals keine Ahnung hatten, wer Ayatollah Khomeini war und was die Scharia bedeutete. Schließlich hat auch der große Intellektuelle Zbig Breszinski, der Sicherheitsberater von Jimmy Carter, die paschtunischen Guerillaführer finanziert, damit sie der Sowjetunion ordentlich Feuer unter dem Hintern machen sollten. Bedenkt man, daß George W. Bush sich nach den Attentaten vom 11. September 2001 gezwungen sah, das Afghanistan der Taliban mit Krieg zu überziehen, so scheint diese Rechnung nicht aufgegangen zu sein. Wenn schon die Rechnungen so großer Strategen wie Breszinski nicht aufgehen, wie sollte man dann zwanzigjährigen Studenten böse sein, die damals ihres Bartes wegen den Spitznamen Ho Chi trugen?

»Die Besetzung«, schreibt Hans Pfitzinger, »bestand hauptsächlich aus Teach-Ins. Reden, Reden, Reden, Selbstdarstellung durch Reden und Wandzeitungen. Später wurde dann direkt auf die Wand gemalt. Das war Sachbeschädigung. Rolf Heißler pinselte in Ölfarbe, Schwarz auf Marmor: ›Seid realistisch, verlangt das Unmögliche.‹ Heißler sah aus wie Che Guevara mit zu wenig Tortillas. Später hat er sich der RAF angeschlossen und saß von 1982 bis 2001 im Gefängnis.«

Am Abend dieses Tages – wir reden vom 12. Februar 1969 – war noch ein harter Kren von sechzig bis achtzig Revolutionären im Institut. Allerdings waren die Revolutionäre keine Strategen. Sie hatten die Telefonleitungen aus der Wand gerissen und mußten deshalb aus einer Telefonzelle vor dem Haus telefonieren. Ich aber – der Umzugsmanager – wußte, daß es noch einen Anschluß im Keller gab. Von dort rief ich Vogel an, der mich zum Polizeipräsidenten Manfred Schreiber durchstellen ließ. Ich war der Agent der Staatsmacht. Immer wieder sagte ich dem drängenden Polizeipräsidenten: Wartet noch, die Situation ist noch nicht reif. Gegen ein Uhr nachts waren unsere Revolutionäre besoffen. Ich gab das Signal. Schreiber ließ das Institut stürmen. Es gab nicht nur keine Verletzten, sondern nicht einmal Widerstand. Die Studenten schrieen: »Bullen raus aus unserem Haus!«, aber sie wehrten sich nicht und wurden ins Polizeigefängnis in der Ettstraße gebracht.

»Brigitte Mohnhaupt schrie am lautesten«, berichtet Hans Pfitzinger. Etwas zusammenhanglos fügt er dann hinzu: »Sie sitzt heute noch im Gefängnis. Nicht seit jenem Februartag, aber ein paar Jahre später war sie zum Staatsfeind Nr. 1, 2 oder 3 erklärt und in Stammheim verurteilt worden. Das war 1982. So ziemlich alle Aktionen der RAF im Jahre 1977 wurden ihr zur Last gelegt. Sie erhielt fünfmal lebenslänglich. Nach jetziger Rechtlage kann sie frühestens 2006 freikommen.« Schwingt da Sympathie mit? Wir wollen es offen lassen.

Pfitzinger gehört nicht zu meinem Fan-Club, der sowieso ein kleiner, feiner, klandestiner Zirkel gewesen sein muß. Pfitzinger bezeichnet mich als »Roegeles Kampfhund Nr. 1«. Ich war, schreibt er, »der letzte Vertreter der Institutsmacht in jener Nacht«. – »Er hielt die Stellung, verteidigte seine wissenschaftliche Welt, das Hausrecht und die Universität, die ihn so erfolgreich gemacht hatte. Erst spät warf er das Handtuch, als die verbliebenen Besetzer sich fast einstimmig weigerten, dem Räumungsbefehl nachzukommen. Er verschwand, kurz bevor die Bullen ankamen – wenn die SPD nicht mehr hilft, muß halt Polizeigewalt her.« Pfitzinger irrt. Ich ging erst, als die Polizisten die Hälfte der Besetzer hinausgetragen hatten.

Es gab auch Leute, die weniger verbissen waren als ich. Heinz Starkulla hat später, viel später über diese Achtundsechziger gesagt: »Ich habe sie immer als große Kindsköpfe gesehen.« Die Studenten hatten diese Toleranz, in der natürlich auch Müdigkeit steckte, gespürt. »Auch für Mitglieder der Basisgruppe«, stand in *otto caput* Nr. 1, »ist es nicht ehrenrührig, Starkulla sympathisch zu finden.« Auch unsere Revolutionäre müssen ein Faible für Frontsoldaten gehabt haben. Alles war besser als die Front. Das wußte ich wohl, aber nur im Kopf.

Das Treibhaus

Den größten meiner kleinen Triumphe feierte ich spät in der Nacht im Vermittlungsausschuß. Ich vertrat bei den Verhandlungen über das Hochschulrahmengesetz die Regierung Schmidt, in der ich seit Mai 1974 Parlamentarischer Staatssekretär im Bildungsministerium war, und es ging darum, einen einzigen Diplombegriff für verschiedene Arten von Diplomen durchzusetzen, also die Universitätsdiplome nicht von vornherein feiner auszustaffieren als die Fachhochschuldiplome.

Vor dem Saal saßen vier hochqualifizierte bayerische Beamte, angeführt von einem Ministerialdirigenten. Es war nachts um elf. Die vier Beamten, deren Fachkenntnisse man nur bewundern konnte, sollten sich darum kümmern, daß kein CDU- oder CSU-Mitglied über die Stränge schlug. Sie sorgten dafür mit eiserner Disziplin durch fortgesetzte Interventionen, die sie auf Zetteln den Verhandlungsführern der Union, Anton Pfeifer und Georg Gölter, schickten. Aber diesmal, diesmal gelang mir was. Ich setzte mich in einer ruhigen Minute neben Hermann Höcherl, den kleinen, wuseligen früheren Innenminister, dem wir nun schon seit Jahren mit eintöniger Konsequenz vorhielten, daß ihm einmal entfahren war, er könne nicht Tag und Nacht mit dem Grundgesetz unter dem Arm herumlaufen. Höcherl war schon alt, er war vom Charakter her ein Oberpfälzer Aufwiegler und trank gern. Es war, wie gesagt, spät. Ich überzeugte den schlauen, widerborstigen Juristen aus dem Flecken Brennberg mit wenigen Sätzen; wir kannten uns von langen Nächten in der Schwalm-Villa, dem Sitz der »Parlamentarischen Gesellschaft«. Es war grandios. Eine Bresche, eine Brecshe! Aus der makellosen Fassade der CSU war ein Steinchen gebrochen. Als die vier Beamten, der Ministerialdirektor vorneweg, nach Sitzungsende mit allen Zeichen des Entsetzens auf den Abweichler Höcherl zustürzten, der ja nun auch noch Fleisch vom eigenen Fleisch war, nämlich CSU, vollführte der ebenso listige wie betrunkene Altmeister eine unwiderstehliche Ballettfigur, aus der an Worten nur so etwas wie »No Himmel Herrgott, so iss es eben« herauszuhören war, und stürzte sich durch die Drehtür halsbrecherisch in die Bonner Nacht. Weg war er.

Wir machten so etwas höchst selten. Die Verhandlungsführer – auf der Unionsseite Toni Pfeifer, Georg Gölter und Wolfgang Schäuble; auf unserer Seite der eisgraue, steife, aber mit allen Wassern gewaschene und bis ins Herz gelassene Fraktionsgeschäftsführer Gerhard Jahn und ich – waren sich in monatelangem Fingerhakeln nähergekommen. Wir wußten, daß faule Tricks nichts brachten Wir wußten auch, was heute in Vergessenheit geraten ist, daß man in der Bildungspolitik nicht versuchen darf, die Länder zu übergehen, zu übervorteilen, zu betrügen, weil sie auf diesem Gebiet die meisten Kompetenzen haben. Aber irgendwann, nach zahllosen Stunden Vermittlungsausschuß, brach sich ein letzter Rest an niedergehaltenem Anarchismus Bahn – man denke an das anarchistische Grundgesetz, Artikel 38, der Abgeordnete entscheidet frei und ist nur seinem

Gewissen verantwortlich. Später haben die Beamten uns wieder eingefangen. Heute stehen auf den Visitenkarten der Diplomingenieure aus Fachhochschulen in Klammern die Buchstaben FH, was die natürliche Ordnung wiederhergestellt hat.

Damals war ich Staatssekretär des Ministers Helmut Rohde, den Kanzler Schmidt aus wohlerwogenen symbolischen Gründen auf den Posten Klaus von Dohnanyis gesetzt hatte. Rohde, knapp fünfzig, war der Chef des sozialdemokratischen Eliteregiments, der AFA, der Arbeitgemeinschaft für Arbeitnehmerfragen. Sein Interesse galt weniger den Studenten als den Lehrlingen. Diese Wende – von den hochfliegenden ideologischen Debatten um die Universitäten zum täglichen Brot der Berufsbildung – sollte er auch personifizieren. Der Abgeordnete Hannoverscher Arbeiterviertel sehnte sich in sein Sozialministerium zurück, wo er der letzte Politiker war, der das komplizierte Sozialversicherungssystem wirklich verstanden hatte. Er ließ mich in der Hochschulpolitik an der langen Leine laufen.

Heute ist das Hochschulrahmengesetz, mit dem ich Jahre meines Lebens zugebracht habe, ein totes Pferd, das zu kicken keinen Sinn mehr macht. Viele wollen es sogar ganz abschaffen. In einer Zeit, in der die Auffassungen darüber, was eine Hochschule ist und was sie leisten soll, so dramatisch auseinanderklafften wie Ende der sechziger/Anfang der siebziger Jahre, mußten wir eine Klammer in die Verhältnisse hacken, um den Staat (Bund und Länder) zusammenzuhalten. Es ging ja nicht nur um den Zugang zur Hochschule, die Struktur des Personals, die Struktur des Studiums samt Regelstudienzeiten und das ideologischste unter allen ideologischen Themen, die Mitbestimmung. Wir Sozialdemokraten hatten aus der Frage, welche Rolle Professoren, Assistenten, Lektoren, Bibliothekare, Konservatoren oder Kalfaktoren an den Universitäten spielen sollen und dürfen, ein philosophisches Kapitelchen, sozusagen eine Sure in unserem Koran gemacht. Nach einigen Jahren fanden alle pragmatischen Leute diese Prinzipiendebatte übertrieben.

Ich wußte, daß die CDU/CSU im Bundesrat die Mehrheit hatte und den Vermittlungsausschuß anrufen würde. Der damals oberste Bildungspolitiker der CDU-Bundestagsfraktion, Pfeifer, später ein schweigsamer, kluger Wasserträger von

Kanzler Kohl, wußte das natürlich auch. Im übrigen hatte ich einen guten Kontakt zu Hans Maier, den ich aus meiner Heimatuniversität kannte. Er war seit 1970 bayerischer Kultusminister, kannte den Rachedurst der Strauß-CSU und war entschlossen, der Linken die Bildungspolitik, die sie seit Mitte der sechziger Jahre beherrschte, aus den Händen zu reißen. Ich ahnte damals schon, daß ihm dies gelingen könnte. Also räumte ich Schutt weg. Worüber wir uns im Bundestag schon einigen könnten, so dachte ich, das muß nicht mehr in den Vermittlungsausschuß. Wir saßen einen Sommer lang, flankiert von den Beamten aus Bund und Ländern, verloren am oberen Tischende in den riesigen Sitzungssälen des »Langen Eugen« und stritten, während unten, weit unten, die Sommerfeste tobten. Schäuble hakte noch nach, wenn alle anderen schon müde genug waren, um kompromißfähig zu sein. Der drahtige zweiunddreißigjährige Abgeordnete aus dem Kiesinger-Wahlkreis Waldshut, der hauptamtlich im Sportausschuß arbeitete, war zäh und unermüdlich.

Hier ist eine kleine, wehmütige Erinnerung an Bonn angebracht, das Provisorium im Rheintal, das wir alle – von einer Handvoll Außenseiter, unter denen als Ausnahme der Verleger Axel Springer herausragte, ausgenommen – für die endgültige deutsche Hauptstadt hielten. Wir gingen zwischen den Villen des rheinischen Bürgertums hin und her, in denen sich Präsident und Kanzler, Parlament, Botschaften, Stiftungen und kleine, putzige Hauptstadtbüros oder Hauptstadtstudios der Medien festgesetzt hatten. Die Gastwirtschaft »Provinz«, in den achtziger Jahren das kulinarische und geistige Zentrum der Jungen und der Grünen, gab es noch nicht. Egon Frankes Kanalarbeiter lebten mehr in einer großen, verwinkelten Wirtschaft namens »Rheinlust« als in den dünnwandigen Abgeordnetenappartements, in denen man den Nachbarn kotzen hörte, wenn er besoffen war.

Ich lebte mich schnell in die »Parlamentarische« ein, in der man kleine Zimmerchen für zwei Personen oder kleine Kreise mieten konnte. Abends spielten ein paar Bayern um den fränkischen Abgeordneten Richard Stücklen, einen Postminister Adenauers, der es später für ein paar Jahre zum Parlamentspräsidenten gebracht hatte, im Eckzimmer rechts vom Eingang Skat. Zu Stücklen hatte der junge Abgeordnete Joschka Fischer den berühmten Satz gesagt: »Mit Verlaub, Herr Präsident, Sie sind ein Arschloch.« Stücklen saß nun hier hemdsärmelig, mit Hosenträgern und durfte nicht gestört werden. Ich hielt mich im Clubraum auf, in einem der großen grünen Plüschsessel, trank Rotwein, stritt nächtelang, las und rieb mich an Gegnern, Fremden und ein paar Freunden.

Eingeführt hatte mich Alfons Bayerl, Parlamentarischer Staatssekretär im Justizministerium unter Gerhard Jahn, anderthalb Jahrzehnte älter als ich, ein großer, gebeugt gehender böhmischer Landsmann aus Mies, der eine helle Stimme hatte und melancholische Gefaßtheit ausstrahlte. Im Rußlandfeldzug hatten sie ihm den Zwillingsbruder vor den Augen in Stücke geschossen. Er ertrug das Leben durch gemäßigten Zynismus, dem er, wann immer es ging, eine heitere Note zu geben versuchte. Als Vogel Justizminister wurde, löste er ihn ab. Die Grimasse, mit der er mir das andeutete – mit einer rigorosen Handbewegung des Halsabschneidens, einem Riß der Hand vom linken Rand des Halses zum rechten –, hat mich eine Sekunde tief getroffen. Aber nur eine Sekunde. Ich war jung, opportunistisch, aufstiegswillig und wollte dazu gehören. Alfons Bayerl und ich saßen also oft in dieser »Parlamentarischen Gesellschaft«, im Sommer auf der Terrasse, tranken verbilligten Champagner und schwiegen in die Nacht. Auch der verbilligte Champagner war teurer als das Bier in der »Rheinlust« oder im Kessenicher Hof. Aber man hatte seine Ruhe.

Ich verliere mich in der Erinnerung. Wie kam ich auf die Schwalm-Villa? Durch Höcherl, diesen knubbeligen, geerdeten, schlitzohrigen Rechtsanwalt aus der Oberpfalz. Er hat es hinter sich. Nur eines noch: Natürlich war die rheinische Universitätsstadt Bonn eng. Ein Treibhaus, hatte der Schriftsteller Wolfgang Koeppen behauptet, der von Bonn allerdings nicht viel verstand, weil er in der Widenmayerstraße in München lebte. Ein Raumschiff, sagten andere. Ausflugsdampfer (verkehrt jede dritte Woche) wäre richtiger gewesen – man kannte sich, die Kreise und Cliquen griffen ineinander. Aber wird das anders, wenn die politische Klasse für zwanzig Wochen im Jahr in die feine Mitte einer armen Großstadt eingeflogen wird? Nähern sich Müllermeister aus dem Würzburgischen dem See-lenleben des Stammpersonals der Café-Bar an der Manteuffel-straße oder auch nur dem der 275 000 Sozialhilfeempfänger Berlins, weil sie ein Büro Unter den Linden und eine Schlafstelle in Moabit oder Wilmersdorf haben? Wir werden sehen, wir werden sehen.

Damals, in Bonn, schrie der Abgeordnete Probst, von Beruf Milchwissenschaftler und sonst umgänglich, in den alten Ple-narsaal: »Frau Hamm-Brücher hielt jeden Menschen zum Uni-versitätsstudium für fähig. Der Herr Minister von Dohnanyi betrachtete Bildungsfragen als Machtfragen, Klassenfragen. Herr Glotz war für die Drittelparität.« Der damals noch nicht dreißigjährige FDP-Abgeordnete Möllemann rief dazwischen: »Das ist doch richtig.« Dabei hatte das Verfassungsgericht die chemisch reine Drittelparität, ein vorwitziges niedersächsisches Vorschaltgesetz korrigierend, schon verboten. Das war die Prü-gelszene, die zu jedem Commedia dell' arte-Stück gehört.

Näher an der Zukunft war Wolfgang Schäuble. »Herr Staats-sekretär«, fragte er mich, »sind Sie bereit, dem hohen Haus ein-mal zu schildern, wie die Opposition im Ausschuß zusammen mit der Regierung gegen die Koalition für die Sanktionen bei den Regelstudienzeiten kämpfen mußte?« – »Nachdem Sie das schon so ausführlich geschildert haben«, antwortete ich, »muß ich Sie in diesem Punkt nicht wiederholen.« Das Protokoll ver-zeichnete Heiterkeit und Beifall, allerdings nur bei der CDU/CSU.

Zwei Kommandeure in den Schlachten des Zeitgeistes

Wo wir schon im Parlament sind: Zwei Jahre vorher, im De-zember 1973, ließ ich meinem Ärger über die Lobbyisten freien Lauf. Ich war der Berichterstatter der SPD zum Filmförde-rungsgesetz. Eine winzige Industrie, geringe Wertschöpfung, aber eine Schlangengrube. Altproduzenten, Jungfilmer, Kino-besitzer, Verleiher, die Filmförderungsanstalt und so fort.

»Alle Fraktionen sollten feststellen«, rief ich in der dritten Lesung, »daß wir nicht die Urkundsbeamten der Filmwirtschaft und nicht gezwungen sind, jeden Wunsch jedes kleinen Verbandes zu erfüllen.«

Die Regierungsfraktionen applaudierten. Der Abgeordnete Theo Waigel (CSU) aber rief guttural: »Doktor Kluge.«

Ich biß zurück: »Das gilt für diesen genauso wie für irgend jemand anders.«

Da schoß der Berliner Abgeordnete Wohlrabe, selbst Filmproduzent und von Wehner mit dem Spitznamen »Übelkrähe« geadelt, dazwischen: »Er hat sie aber maßgeblich beeinflußt.«

Wohlrabe war ein wendiger, gelegentlich windiger, bissiger Beau, der zu gewaltigen rhetorischen Aufschwüngen fähig, aber versöhnungsfähig war. Natürlich ließ ich nichts auf mir sitzen.

»Soll ich einmal fragen, wer sie maßgeblich beeinflußt hat, Herr Wohlrabe?«

Das waren die Altproduzenten. Aber Wohlrabe, er ist längst tot, hatte den Nagel auf den Kopf getroffen. Burkhart Hirsch, der FDP-Berichterstatter und ich hatten die Ideen zu dem neuen Filmgesetz von Alexander Kluge. Kluge ist der einzige Intellektuelle, der mir über den Weg gelaufen ist, der immer geschickt genug war, sich die Rahmenbedingungen für seine Arbeit selbst zu schaffen. Als Lobbyist war er so professionell wie als Autor oder Filmemacher. Das Munzinger Archiv braucht acht Berufsbezeichnungen um ihn zu fassen: Publizist, Autor, Essayist, Filmproduzent, Filmmanager, Fernsehproduzent, Verlagsmanager, Medienmanager. Es gibt Täter und Merker. Kluge ist beides. Das brachte uns zusammen.

Als Hirsch und ich uns an die Arbeit machten, war die Filmförderung eine Art Jukebox: Man steckte Geld – zehn Pfennig pro Kinokarte, also Geld der Kinobesitzer – in einen Schlitz. Daraus kam immer das gleiche Programm. In der Jukebox griff sich der stählerne Arm Scheiben mit den gleichen Sängern und den gleichen Harmonien. In der Filmförderung bekam der Produzent, der eine bestimmte »Eingangsschwelle« überschritt, für einen neuen Film einen Zuschuß. In dieser sagenhaften, fernen Zeit waren das 500 000 Mark. Ein revolvierendes System, reine Wirtschaftsförderung, ein In-sich-Geschäft des alten Films; die »guten Unterhaltungsfilme«, die gefördert wurden, hießen *Zur*

Hölle mit den Paukern, Dynamit in grüner Seide oder *Ludwig auf Freiersfüßen.* Alexander Kluge, dessen Abschied von gestern mit internationalen Auszeichnungen überhäuft worden war, aber auch Rainer Werner Fassbinder oder Reinhard Hauff hatten, zumindest am Anfang, Schwierigkeiten, ins Kino zu kommen. Das wollten wir ändern.

Machen wir es kurz. Auch dieses Gesetz ist den langen Fluß unseres Lebens heruntergeschwommen und irgendwo an den Klippen schwer verbeult worden. Kluge, mit einer ganzen Rotte von Filmern, Filmkritikern, Filmkunstkinos hinter sich, hatte zwei Ideen. Die Filmförderungsanstalt sollte eine »Projektkommission« gründen, die »Qualitätsfilme« prämieren sollte. Da der Bund aber nur die wirtschaftliche, keine kulturelle Kompetenz hatte, formulierte unser Halberstädter Equilibrist geschickt, daß die Filme durch ihre Qualität »zur Verbesserung der wirtschaftlichen Infrastruktur des deutschen Films beitragen sollten«. Um die Kinos – die ja zahlen mußten – zu versöhnen, bedrohte er die Fernsehanstalten mit einer »Filmabgabe«. Der Geldhaufen, der verteilt werden sollte, mußte erhöht werden.

Viele Vormittage saßen der korrekte, aus der Industrie kommende, aber unbeugsame und dickköpfige FDP-Mann Hirsch und ich in der Schwalm-Villa und verhandelten mit Werner Hess, dem Intendanten des Hessischen Rundfunks, der damals für Film in der ARD zuständig war, und Dieter Stolte, dem Programmdirektor des ZDF. Die Anstalten konnten sich eine Zwangsabgabe natürlich nicht gefallen lassen; sie hätte wohl auch vor dem Verfassungsgericht nicht standgehalten. Die Gebühren der Hörer und Fernseher für eine andere Industrie, den Film, zu verwenden, wäre ein tollkühnes Unternehmen gewesen. Aber wir brachten ein Film- und Fernsehabkommen zustande, in dem die Anstalten freiwillig über viele Jahre bestimmte Beiträge zahlten. Damit konnte man zufrieden sein.

Kluge war ein zäher Verhandler; einmal drohte er mir sogar, eine ganze Seite in der *Frankfurter Rundschau* – damals für die Linke eine wichtige Zeitung – gegen mich zu lancieren. Er sprach mit seiner ruhigen, sonoren, geschulten Stimme auf seine Partner ein. Wenige dieser Partner verstanden alles, was er in wilden Assoziationssprüngen von Epoche zu Epoche und von Fachgebiet zu Fachgebiet vortrug. Am Schluß landete er aber zielsicher bei der Formulierung irgendeines Paragraphen. Ich habe mehr als dreißig Jahre mit diesem völlig unsentimentalen, hochpräzisen und phantasievollen Protokollanten unserer Zeit kooperiert. Er sah die Wirklichkeit, aber er sah auch die Alternativen zur Wirklichkeit, die nicht verwirklichten Möglichkeiten der Geschichte, der Politik, der Literatur.

Eigentlich waren wir auf unterschiedlichen Schiffen unterwegs; aber wohl auf der gleichen Expedition. Er war ein Frankfurter, war Syndikus bei Adorno gewesen und hing raffinierten Manipulationstheorien an, die er oft gemeinsam mit seinem Freund Oskar Negt, dem Hannoveraner Politologen, entwickelte. Entscheidende Kategorien seines Denkens waren die »proletarische Kommunikation«, die etwas ganz anderes sein sollte als die bürgerliche. Die Tatsache, daß die Mehrheit der Menschen, zum Beispiel die Mehrheit der Leute in meinem Wahlkreis, Vergnügen an dem von Adorno so verfluchten »Amüsement« fand, das die Massenmedien boten, erklärte er mit einem «Verblendungszusammenhang«. Davon hielt ich gar nichts. Ich war aber immer dafür, daß Klugesche Konterbande in die Scheinwelten, die die Menschen, brauchen, eingeschmuggelt wurde. Man nannte das Fensterprogramme, zu denen wir die privaten Fernsehveranstalter verpflichteten: ein Stückchen über chinesischen Tanz zwischen zwei Soaps. Die Manager toben über diese Quotenkiller. Laßt sie toben. Man muß hinter der Wirklichkeit die Möglichkeiten wenigstens ahnen können.

Auf der anderen Seite des Teiches schwamm ich neugierig um den klugen Karpfen Hans Maier herum. Irgendwann, Anfang der sechziger Jahre, war er mir das erstemal auf dem obersten Flur des Hauptgebäudes der Universität begegnet, ein pausbäckiger junger Mann im Anorak, der mich nach dem Zimmer Roegeles fragte. Der pausbäckige junge Mann war aber gerade, längst habilitiert, nach München berufen worden. Er war dann Dekan der Staatswissenschaftlichen Fakultät gewesen, und wir hatten viel miteinander zu tun gehabt. 1970 berief man ihn zum bayerischen Kultusminister. Damals gehörte er nicht der CSU an. Aber wenn einer das Verdienst beanspruchen kann, die Meinungsführerschaft der Linken in der Bildungspolitik gebrochen zu haben, dann dieser hochgebildete Bauernsohn aus dem Badischen.

Zwei Jahre, von 1970 bis 1972, war ich sein hochschulpolitischer Widerpart im Landtag. Das war natürlich Kampf, aber Florett, nicht schwerer Säbel. Maier hatte eine unnachahmliche Begabung, den Kopf schief zu legen und, seine bäuerliche Herkunft betonend, über den linken Kleinadel – von Dohnanyi, von Oertzen, von Friedeburg – herzuziehen. Vor allem aber hatte er den Mut, Worte in den Mund zu nehmen, die bis 1974/75 als reaktionärer Unsinn galten: Erziehung, Forschung, akademische Atmosphäre, Exzellenz. Maier gab dem Bürgertum – oder was davon übriggeblieben war – seine Sprache zurück.

Mein Einwand gegen ihn war und ist: Er mußte dabei natürlich auch dem Affen Zucker geben. Später trat er in die CSU ein und war irgendwann in seinem Wahlkreis Günzburg tief verwurzelt. Aber als freischwebender Intellektueller in der Strauß-CSU, das verlangte viele Balanceakte. So wie ich an den Liebhabern der Drittelparität nicht vorbeikam, kam er am Hessischen Elternverein nicht vorbei. Auch in seinem Ministerium, das voller exzellenter Leute steckte, mußte er sich erst durchsetzen, unter anderem gegen Staatssekretäre, die in der Regel Parlamentarier waren und einen direkten Draht in die Staatskanzlei hatten. Als ich in den späten siebziger Jahren Senator in Berlin geworden war, versuchte ich, einen Handel mit ihm zu machen. Er sollte mir einen linken Rechtsanwalt auf die Münchner Fachhochschule berufen, ich würde im Gegenzug den Politikwissenschaftler Heinrich Oberreuter, einen klugen, der CSU eng verbundenen Parlamentarismusforscher, der auch bei mir im Seminar gesessen hatte, nach Berlin berufen. Ich habe Oberreuter berufen, der hatte am Otto-Suhr-Institut – das damals nur aus Marxisten unterschiedlicher Prägung bestand – allerdings eine schwere Zeit. Mein Rechtsanwalt, ein ausgewiesener Gegner der Notstandsgesetze, fiel durch. Wer die Intrige wirklich gesponnen hatte, wollen wir im dunkeln lassen. Wir kennen nur Gerüchte.

Mein Vorwurf war: Der Mann untermauert mit intelligenten Argumenten eine reaktionäre Politik. Die CSU hatte sich einen richtigen Intellektuellen angeschafft. (Aber war ich in der SPD nicht in einer ähnlichen Rolle? Bei einer Weihnachtsfeier geriet ich zufällig auf einen Platz neben Herbert Wehner. Er grinste mich an und sagte, ohne die Pfeife aus dem Mund zu nehmen: »Na, du Medienpolitiker.« Darin lag die ganze Verachtung eines sächsischen Proletariers für Leute, die sich mit Hochschulen, Film und dem Presserechtsrahmengesetz herumschlugen.)

Das war mein Teich: Süßwasser, schilfumzogen, Provinz. Mir war schon klar, daß es irgendwo – in Berlin, Frankfurt oder Hamburg – Wasserbecken geben mußte, in denen Haie herumschwammen; zumindest Katzenhaie. Aber waren das nicht Aquarien, die der Staat mit großem Aufwand betreiben mußte, mit Tierpflegern?

Ich war dagegen

Was ist eine Generation? Ich bin nicht scharf auf diesen Begriff, mit dem sich Soziologen immer wieder einmal ein paar Euro verdienen. Aber ich weiß, daß Rudi Dutschke 1940 geboren wurde, also nur ein Jahr jünger war als ich. Tilman Fichter, einer der Obristen dieses idealistischen Anführers, dieser Karl Moor der Westberliner Stadtwälder, ist sogar zwei Jahre älter als ich. Woher das Auseinanderfallen? Was machte mich mit zweiundzwanzig zum SPD-Funktionär, während diese Kameraden aus der gleichen Alterskohorte in einer verbissenen Opposition gegen den Bonner Staat fielen?

Ich kann ein paar biographische Gründe anführen. Ich zog das Studium schnell durch; ich war, als die Revolte ausbrach, schon ein lehrender Assistent. Ich gehörte also zur untersten Kaste des angegriffenen Establishments und mußte meine Seminare verteidigen, die die Achtundsechziger (die man damals natürlich nicht so nannte) sprengen wollten. Auch mit den kleinen Leuten, für die diese Rebellen zu kämpfen vorgaben, war ich vertraut. Ich lebte mit ihnen, zwar nicht mit den Arbeitern, die ich in der Münchner SPD nur gelegentlich traf, wohl aber mit der unteren Sozialbürokratie, den Bediensteten der Assekuranz, den Stadtbibliotheksangestellten, Bundeswehrleuten, Betriebsräten. Sie schienen mir keine neuen Menschen werden zu wollen. Ich kann auch einen Schuß Opportunismus nicht ausschließen, sozusagen die realistische Nachkriegs- und Flüchtlingserkenntnis, daß wer überleben will, sich anpassen muß. Ganz sicher weiß ich, daß ich nicht an die Illusion vom Marsch durch die Institutionen geglaubt habe. Wer in die Kader vordringt, dachte ich mir schon damals, wird schließlich wie die Kader sein – trojanische Pferde sind eine durchschaubare Kriegslist, die kann man nur einmal benutzen. Daß ich mit diesem vagen Gefühl so richtig liegen würde, wie es sich dann herausstellte, als die Achtundsechzigergeneration in der rot-grünen Regierung von 1998 die Macht übernahm, war mir allerdings nicht klar.

Es war nicht so, daß das Ausgangsmaterial in meinem Schädel ganz anders gewesen wäre als das der Achtundsechziger. Ich hielt den Kommunismus für ein blutiges, aber legitimes soziales Experiment und das Gerede von der freien Welt für Propaganda: Franco, Salazar, die türkischen Nato-Partner, der Vietnamkrieg. Ich las, häufig mit Zustimmung, die Leitartikel von Ulrike Meinhof in *konkret* und hätte es empört zurückgewiesen, wenn jemand behauptet hätte, Klaus Rainer Röhl finanziere das Blatt mit Mitteln aus der DDR. Ich hielt Franz Josef Strauß – bis ich ihn persönlich kennenlernte – mit Rudolf Augstein für das, was man damals einen »Kryptofaschisten« nannte. Und ich verstand Brechts Entscheidung, in die DRR zu gehen, sympathisierte mit den Aktionen der Gewerkschaften, denen ich Mitte der sechziger Jahre beigetreten war, wie es sich für einen geisteswissenschaftlichen Assistenten gehörte, der Gewerkschaft für Erziehung und Wissenschaft (GEW). Was bewahrte mich also vor den mitreißenden, gassenhauerhaften Slogans dieser Bewegung?

Ich komme, wenn ich darüber nachdenke, auf ein paar wenig zusammenhängende Zweifel. Die Vätergeneration, die Mitläufergeneration, erschien mir viel zu sympathisch schwach, um mich an ihrer Demütigung delektieren zu wollen. Wären wir tapferer gewesen? Den Glauben an ein Endziel der Geschichte hielt ich für so unmöglich wie den Glauben an Gott. Eingeimpft hatten mir das natürlich Bücher, zum Beispiel von Jacob Leib Talmon, Leo Strauss und Karl Popper, vor allem *Die offene Gesellschaft und ihre Feinde* des letzteren, dessen Pathos von Experiment und Empirie mich tief berührte und dessen direkte, unverschlüsselte Sprache mich begeisterte. So konnte man über Platon und Hegel reden! Dann konnte ich mit der instinktiven Wirtschaftsfeindschaft der APO nichts anfangen. Ich kam ja aus der Versicherung; wieso war es unerlaubt, wenn die Menschen etwas verdienen wollten? Und ich haßte Gewalt. Wer vom Schießen redete oder gar wirklich schoß, war mir im Innersten zuwider. Nicht, daß ich nicht auch all die Erörterungen über Tyrannenmord, Widerstandsrecht und revolutionäre Gewalt durchaus mit Zustimmung zur Kenntnis genommen hätte – theoretisch. Aber der gewaltsame Angriff auf die deutsche Nachkriegsrepublik, diesen Staat der noch einmal Davongekommenen, schien mir eine wahnwitzige Überhebung, eine Räterepubliksklamotte, ein Putschismus ohne Strategie.

Wie ich dachte – besser vielleicht: fühlte – kann man an einer Eintragung in mein Tagebuch vom Februar 1978 sehen. Aus dem Nachlaß von Bernward Vesper, dem Sohn des Nazi-Dichters Will Vesper, war das Buch *Die Reise* herausgegeben worden. Vesper war der Freund von Gudrun Ensslin gewesen, sie hatte von ihm einen Sohn, Felix. Bernward Vesper hat sich 1971 umgebracht. In meinem Tagebuch setzte ich mich über mehrere Seiten mit seiner *Reise* auseinander.

Meine Wut auf seine Wut kann man heute vergessen. Mein Generationsgenosse und Kohortenkamerad ist seit mehr als dreißig Jahren tot. Geblieben ist die Kontroverse, die man aus den folgenden Zeilen entnehmen kann. Vesper schrieb:

»Ich kann Ulrike nur begreifen, wenn ich ihre gebogenen Knie sehe (und sie, verkleinert, in ihren gebogenen Knien sitzend, betrachte), während sie am Tisch im Institut in den Karteikarten blättert und die beiden Wachtmeister, die Knarre im Koppel, dasitzen und von dem Gespräch nichts verstehen, wenn ich dies verbinde mit dem Sprung aus dem Fenster im ersten Stock, nur Sekunden später, als die Bullen schon am Boden liegen und jener Kretin sich als Hilfsbulle dazwischen geworfen hat und jetzt vorn an der Tür liegt und blutet. Und ins Auto und weg, und der Coup gelungen und Baader frei.«

Ich habe das (1979 publiziert: *Die Innenausstattung der Macht*) folgendermaßen kommentiert: »Ich kann Ulrike überhaupt nicht begreifen. Der Schuß auf den Institutsangestellten, der seiner Arbeit nachgeht, der, wie wir uns nicht mehr zu sagen trauen, seine ›Pflicht tut‹, ist (versuchter) Mord. Warum ist sein ›Ich‹ weniger wert als das anderer? Ihn als ›Kretin‹ zu bezeichnen ist weder locker noch wahr noch sensibel. Es ist Mördersprache.«

Auch eine andere Stelle ist vielleicht noch interessant. Vesper schildert, wie mit ihm in einer Debatte mit Drogenexperten der Gaul durchging. Er sagte ihnen: »Ist Ihnen eigentlich klar, was für Unverschämtheiten Sie vorbringen? Das System macht diese Kinder fertig, sie hängen durch bis aufs Netz, diese gottverdammte Scheiße wollen sie nicht, sie haben es satt und sie machen sich einen Schuß. Klar, sollen sie. Wissen Sie was Besseres?« Das System hat diese Kinder fertiggemacht…

Unter der Überschrift »Antwort an Bernward Vesper« schrieb ich: »Ihr müßt sagen, was im System die Kinder fertigmacht, in welchem System sie nicht fertiggemacht werden, und wie man ohne ein paar Millionen Tote zu diesem System kommt. Wenn ihr das nicht sagen könnt, ist jedes Opfer eures Kampfes ein sinnlos umgebrachter Mensch.«

Reden wir nicht um den heißen Brei: Ich war nicht nur dagegen, ich habe sie gehaßt. Nicht die wirklichen Theoretiker oder Praktiker der Revolte, André Gorz zum Beispiel, der nie darüber hinweggeschwätzt hat, daß wer revoltiert schießen muß, nicht Bruno Trentin, den Organisator der italienischen Metallarbeiterstreiks 1969, der genau abzuschätzen versuchte, wieviel Kraft seine Leute hatten. Mit beiden bin ich später in einen guten Kontakt gekommen. Aber die deutschen Blanquisten, wie Marx sie – nach Louis-Auguste Blanqui, einem tapfer-planlosen Revolutionär des 19. Jahrhunderts – genannt hätte, die Terroristen, wie die Bundesanwaltschaft oder der Bundesnachrichtendienst sagten, waren mir so fremd und widerlich wie die linksopportunistischen Postobersekretäre, die bei der Post unauffällig und bei den Jusos für jugoslawische Verhältnisse waren.

Als achtzehnjähriger Regisseur einer Laienbühne ärgerte ich mich maßlos über Kulissen, deren Kulissenhaftigkeit man schon auf den ersten Blick sah, weil sie zu niedrig waren. Man konnte über sie hinwegsehen – und ich wollte es damals ganz realistisch haben. Als dreißigjähriger Sozialdemokrat ärgerte ich mich maßlos über Genossen, die soziale Kämpfe imaginierten, für die es bei uns keine Voraussetzungen gab. Man konnte sehen, wie die politischen Gegner sich ins Fäustchen lachten. Ich aber wollte es realistisch.

Die heutige Debatte über die Achtundsechziger – nicht die, die in Stammheim landeten, sondern die, die Oberstudienräte oder Staatssekretäre wurden – ist oft genug lachhaft. An was sie alles schuld sein sollen! An der Zerstörung der Ehe, der sexuellen Revolution, der Insubordination der Oberinspektoren, der Unwilligkeit der Frauen, Kinder zu bekommen und an dem Verschwinden der Hausmusik. Solche Vorwürfe kann man nur erheben, wenn man die groteske Selbstüberschätzung von manch einem ihrer Vordenker, die längst zu Nachlaßpflegern geworden sind, übernimmt. Hat die Pille nicht doch mehr bewirkt als die Kommune 1? Waren es nicht eher die Sozialpolitiker von Christdemokratie und Sozialdemokratie, die aus Bürgern, die auf paternalistische Wohltaten hofften, Bürger machten, die Wohlfahrtsrechte einfordern? Ist die Familie nicht eher zerfallen, weil die Macht der Kirchen verfiel – und das nicht in den sechziger Jahren, sondern schon in der unermeßlichen Brutalität der beiden Weltkriege?

Natürlich gibt es einen Zusammenhang zwischen Kulturrevolution und Popkultur. Wir reden ja nicht nur über ein paar tausend Aktivisten des Sozialistischen Deutschen Studentenbundes (SDS), später der K-Gruppen oder der Spontis in Deutschland. Wir reden auch über Paris, über Berkeley, über Kent-State, über die Hippies, die Campus-Revoluzzer und die Merry Pranksters. Wir überlassen es der Kulturgeschichte, im einzelnen herauszufinden, wer was hervorgebracht oder beeinflußt hat. Die Aktivisten waren alle Gegner der Kulturindustrie. Könnte es nicht sein, daß sie trotzdem Produkte der Kulturindustrie waren?

Vom Kunsthistoriker Walter Grasskamp stammt der melancholische Satz: »Die Erinnerung an den Widerstand gegen die Kulturindustrie wird jedenfalls inzwischen von dem Verdacht zersetzt, womöglich nur an einer ihrer ersten Massenveranstaltungen teilgenommen zu haben.« Ein transatlantischer Jugendmarkt habe sich nur eine Zeitlang mit einer Protestbewegung überschnitten. Der symbolische Widerstand gegen die Erwachsenenwelt wurde zum Lifestyle, zum Geschäft. Mick Jagger soll gesagt haben: »Wir haben, wie jede Avantgarde, schockiert und keine langweiligen marxistischen Konzepte aus dem letzten Jahrhundert vertreten.«

Meine Generationsgenossen, die gleichzeitig Parteigenossen waren, haben marxistische Konzepte aus dem letzten (inzwischen muß man sagen: vorletzten) Jahrhundert vertreten. Wer ab 1969 über die Juso-Organisation in der SPD aufsteigen wollte, mußte Marxist sein oder so tun, als ob er Marxist wäre. Eines der Geheimnisse der neueren Sozialgeschichte ist, warum sich diese Sprachformen, Denkfiguren und geschichtsphilosophischen Hintergrundannahmen in der Binnenkommunikation der Jusos ein Vierteljahrhundert lang hielten – also auch von den Kindern der Achtundsechziger noch akzeptiert wurden, zu einer Zeit, als diese Sprache in der Gesellschaft kaum mehr verstanden oder als albern abgewehrt wurde. Das ist eine Schuld des Apparats. Es gab keine Knoeringens mehr.

Die Schuld des Apparats (den ich zwischen 1981 und 1987 leiten sollte) lag darin, daß sie dem scheinrevolutionären Gestus nicht widersprach, sondern ihn laufen ließ wie einen Fernseher, bei dem keiner zuschaut. Von den späten siebziger Jahren an glaubten die Juso-Führungen an ihre Resolutionen so wenig wie die jüngeren Mitglieder des Politbüros der KPdSU an den Kommunismus. Das Ergebnis war eine Generation, die gelernt hatte, daß man sich nur durch marxistische Formeln profilieren konnte, die man allerdings nach Erlangung des ersten Mandats sofort zu vergessen hatte. Die politische Willkür Schröders hat hier seine Wurzel. Aber nicht alle hatten die Fähigkeit des Proletarierkindes Schröder, der sich nur kräftig schütteln mußte, um alle unbrauchbaren Ideen von gestern loszuwerden. Andere schütteln sich noch heute, erfolglos.

5. KAPITEL

Die befreite Stadt

An meinem zweiten Abend in Berlin traf ich mich bei einem kleinen Italiener im Grunewald, direkt neben dem Gästehaus des Senats, in dem ich als neuer Senator die ersten paar Tage wohnte, mit Theo Pirker. Der war schon lange nach links aus der SPD ausgetreten und hatte, nach dem »Verrat« des Godesberger Programms, ein bitterböses Buch über uns geschrieben, *Die SPD nach Hitler*. Jetzt war er Soziologe an der Freien Universität. Pirker war siebzehn Jahre älter als ich, ein Feuerkopf und redete mit »Händ und Füß«, wie man in seinem heimatlichen Bayern sagt. Er war Münchner. Das halbe Lokal, meist gepflegte ältere Herrschaften aus den Villen der Königsallee, schaute zu uns herüber. Berlin, schimpfte der Sozialist Pirker, sei wie Singapur oder Hongkong oder Israel vollgestopft mit ausländischem Geld, aber ohne produktive Eliten, ohne einen industriellen Kern. Die verkalkte Stadt. Sein Institut sei eine Katastrophe; er habe dort nichts zu sagen, die »SEWisten« schöben sich die Pöstchen zu. Die SEW war der Westberliner Ableger der SED. So bekam ich einen ersten Eindruck von der Freien Universität, der FU, wie alle sagten, jedenfalls von ihrem geisteswissenschaftlichen und sozialwissenschaftlichen Teil. Ich graulte mich vor der einsamen Pracht des Senatsgästehauses, vor dem mich ein Polizist empfangen und hineingeleiten würde. Wir tranken. In meiner Naivität dachte ich: Wenn ein derart ausgewiesener Linker über die »linke« FU soviel Gift und Galle spuckt, muß ja etwas dran sein.

Ein paar Tage später wußte ich, daß der Begriff »links« gar nichts aussagte. Pirker war ein entlaufener Sozialdemokrat. Daneben gab es die orthodoxen SEWisten, die K-Gruppen, irgendwelche Trotzkisten, die sich GIM (Gruppe internationaler Marxisten) nannten, unabhängige Linke jeder Prägung und viele Sekten. Die meisten Studenten aber waren sanfte, unglückliche, ratlose junge Leute, die wir uns bald angewöhnten, »Spontis« zu nennen. Ihre Wut richtete sich besonders gegen die klassische Linke, gegen das »Modell Deutschland« Helmut Schmidts oder gegen die Forderung der italienischen Kommunisten nach »Austerität« (Enrico Berlinguer: Strenge, Effizienz, Ernsthaftigkeit, Gerechtigkeit). Was es alles gab: undogmatische Liedermanufakturen, Männermusikgruppen, Zentralkomitees, einen illegalen Usta, (einen Unabhängigen Studentenausschuß), der die Universität in eine Räterepublik umwandeln wollte, und Leute, die sich Stadtindianer nannten. Jemand, der aus Bonn und München kam, mußte viel dazu lernen. Am nächsten Tag fand ich in meinen Akten das Lied eines »mobilen Einsatzkommandos«:

»Und ich weiß das ganze Leben
Hier hat nur den einen Zweck
Sollst Dich schinden für die Schinder
Wir wollen raus aus dem Dreck
Und ich weiß das ganze Leben
Hat erst dann einen Zweck
Wenn wir endlich die Arbeit schmeißen.
Wir wollen leben wie's uns schmeckt. Mhm...«

Das stimmte mit meiner Lebensphilosophie nicht überein. Warum war ich also Dietrich Stobbes Bitte gefolgt, in sein Kabinett einzutreten? Der Job brachte fünftausend Mark weniger als der bestens bezahlte, aber machtlose des Parlamentarischen Staatssekretärs. Ich mußte eine fünfköpfige Familie zum Umzug bewegen. Ich war zweite Wahl; zuerst hatten sie meinen beamteten Kollegen Reimut Jochimsen im Bonner Bildungsministerium gefragt, der aber abgelehnt hatte. Was zum Teufel trieb mich in diese von einer Mauer umgebene Schlangengrube?

Heute wüßte ich es. Ich wollte nicht langsam in Bonn zum Minister eines kleinen »Hauses« (Wehner: Ihr mit Eurer Eigenheimideologie) aufsteigen, ich wollte an einen Brennpunkt, ich wollte mich messen. Ob Berlin damals wirklich ein Brennpunkt war, wollen wir offen lassen. Aber die vier Jahre Berlin waren die befriedigendste Phase meines Berufslebens. In keines der vielen Ämter, die ich im Laufe meines Lebens hatte, paßte ich besser.

Der Mescalero

Ich sehe mich noch nachts um elf aufrecht im Bett sitzen. Es war im Literarischen Colloquium am Sandwerder. Dort wurde der neue Senator, der noch keine Wohnung hatte, untergebracht. Ich pinselte mit der Hand an einem Brief an zwölf Berliner Professoren. Sie hatten den Text eines Göttinger »Mescalero« – ich vermute noch heute: den Text einer Gruppe von Göttinger Studierenden – hochoffiziell herausgegeben, damit man die ganze Argumentation und nicht nur ein paar von den Medien herausgegriffene Begriffe – kennenlernen sollte. Ich wußte, daß man sich in der Politik nicht in Zugzwang bringen lassen darf. Natürlich würden die Springer-Presse und die CDU fordern, diese Professoren zu entlassen; was vermutlich vor keinem Gericht standgehalten hätte. Also mußte ich, bevor das Ganze hochkochte, die Sache meinerseits hochkochen. Meine Beamten schüttelten nur den Kopf; bei ihnen war vorher das Umgekehrte üblich gewesen: den Mantel der Nachsicht über die Universitäten breiten, hoffen, daß das, was in der »Rostlaube« an den Wänden stand, nicht bekannt wurde.

Der Text war nicht in unserer Sprache geschrieben, sondern in dem Dialekt der Sponti-Subkultur. Der »Rülpser« (so der Autor oder die Autoren selber) hatten den Titel »Buback – ein Nachruf« und handelte vom Mord an dem Generalbundesanwalt Buback, mit dem ich immer wieder zu tun gehabt hatte. Der einzige Satz, der überall zitiert worden ist, lautet: »Meine unmittelbare Reaktion, meine ›Betroffenheit‹ nach dem Abschuß von Buback ist schnell geschildert: Ich konnte und wollte (und will) eine klammheimliche Freude nicht verhehlen.« In der von der RAF aufgeheizten Atmosphäre war das eine scharfe Handgranate, die da vor dem Henry-Ford-Bau herumkullerte. Und in der Tat war die Sprache unmenschlich: Der »Abschuß« von Buback, seine »Killervisage«, der Begriff der »fröhlichen Gewalt« – das konnte man nicht hinnehmen. Buback war ein vielleicht konservativer, aber korrekter, mittelgroßer Beamter mit einem wegen Überarbeitung müden Nußknackergesicht gewesen. Die Beschuldigung des »Mescalero« – »ich habe diesen Typ oft hetzen hören, ich weiß, daß er bei der Verfolgung, Kriminalisierung, Folterung von Linken eine herausragende Rolle spielte« – war blanke Verleumdung.

Nun hatten unsere linken Professoren – wie gesagt zwölf aus Berlin – einen einzigen akzeptablen Grund, den Text als Ganzes zu publizieren: Er war, wenn man ihn von Anfang bis Ende las, eine Art Selbstbesinnung. Am Schluß stand irgendwo »um der Machtfrage willen (oh Gott!) dürfen Linke keine Killer sein, keine Brutalos, keine Vergewaltiger«. Immerhin. Aber dann kam wieder die angelesene, verlogene Revolutionsfolklore: »Einen Begriff und eine Praxis zu entfalten, von Gewalt/Militanz, die fröhlich sind und den Segen der beteiligten Massen haben, das ist (zum praktischen Ende gewendet) unsere Tagesaufgabe.« Wenn man den Segen der Massen hat, darf man morden?

Die Professoren hatten den eklatanten Fehler gemacht, den Text nicht zu kommentieren. Hätten sie sich in einem Vor- oder Nachwort mit dem Text auseinandergesetzt und von den aggressiven, fragwürdigen Formulierungen distanziert, hätte die Öffentlichkeit trotzdem getobt. Aber sie hätten ein Argument gehabt. Diese Herren aber – meistens schnell avancierte Fellow Travellers der Studentenbewegung in ihren Dreißigern – hatten sich keine Mühe machen wollen. Das war eine Telefonkette. Unterschreibst du auch? Ja, selbstverständlich. Ich bin doch solidarisch. So muß das gelaufen sein. So ist damals vieles gelaufen. Ich wollte den Dialog mit den Universitäten, genauer mit den Studenten. Dazu brauchte ich aber auch den Dialog mit jenen Hochschullehrern, die noch Kontakt zu ihren Studierenden hatten. Ich konnte also nicht einfach zwölf Amtsenthebungsverfahren einleiten. Darum übersandte ich das Pamphlet der Staatsanwaltschaft mit der Frage, ob es gegen irgendwelche Strafgesetze verstoße (das faktische Ergebnis war: nein) und publizierte einen scharfen offenen Brief, der in allen deutschen Medien ausführlich zitiert wurde. Kernsatz: »Bekämpfen Sie diesen Staat, wenn Sie das für notwendig halten; aber bekämpfen Sie ihn nicht mit Pensionsberechtigung. Scheiden Sie aus einem Dienstverhältnis aus, das dann seinen Sinn verloren hat.«

Ein paar Tage später ging es hoch her im Parlament. Ich hatte die Stimmung bewußt angeheizt, indem ich mit dem einen oder anderen der Professoren – so mit dem früheren Studentenführer K. D. Wolff – im Radio diskutierte. Wolff war ein nachdenklicher Mann, der mir Paroli bot, aber doch auch die kritische Kommentierung des »Nachrufs«, den die Professoren versäumt hatten, nachholte. Ich stand natürlich zwischen allen Feuern: Die CDU, die rechtsliberale Presse, der Bund Freiheit der Wissenschaft und ähnliche Vereinigungen, der rechte Flügel der Berliner SPD eingeschlossen, verlangten von mir die Amtsenthebung. Die harte Linke attackierte mich wegen meines »unverschämten Briefes«. Aber es gab auch genügend Menschen, die die Debatte, die ich führte, aufklärend fanden.

Es war nicht leicht, Kurs zu halten. Die *Frankfurter Allgemeine Zeitung* nannte meinen offenen Brief an die Buback-Dokumentaristen »wacker«, fügte aber maliziös hinzu: »Von einem Disziplinarverfahren, angestrengt mit dem Ziel der Entfernung der Betreffenden aus dem Dienst, hat man nichts gehört«. Als ich gerade im Urlaub in Lugano angekommen war, rief mich mein Büro an: Im Bundeskabinett habe die FDP (Genscher himself) die Sache zur Sprache gebracht. Was dieser sozialdemokratische Senator da eigentlich treibe? Ich fuhr zurück nach Berlin, um alle Facetten der Lage übersehen zu können. Ich wollte diese Professoren als Gegner, aber nicht als Opfer. Mit der Märtyrergloriole wären ihnen die Studenten zugelaufen wie die Ratten dem Flötenspieler aus Hameln. Die Mehrheit der Berliner sozialliberalen Koalition deckte mich. Der letzte Satz meiner Rechtfertigungsrede im Abgeordnetenhaus lautete: »Zielpunkt meiner Argumentation sind Tausende von jungen Menschen, die ich für diese Demokratie gewinnen will.«

Da verzeichnete das Protokoll immerhin »starken Beifall« bei der SPD und der FDP.

Ein paar Monate später gab es noch ein kleines Nachspiel. Als ich von einer Reise wiederkam, überraschte mich mein persönlicher Referent, Wolf Schöde, damit, daß die »Mescaleros« angerufen hätten. »Nur her damit«, sagte ich. Um sechs Uhr abends kamen acht Zwanzig- bis Fünfundzwanzigjährige, darunter drei Mädchen. Sie überspielten ihre Befangenheit – die bei mir nicht geringer war – mit einer parodistischen Eröffnung. Ich bekam auf einem großen Sofakissen einen Tomahawk mit Gummiklinge. Das Kriegsbeil sei jetzt für eine Stunde begraben, sagten sie.

Es war wie in meiner Generation. Die Männer redeten, die Mädchen saßen wie Schmuckstücke schweigend dazwischen. In einer Nebenbemerkung räumte einer achselzuckend ein, daß sie nicht weiter wüßten. Der Satz, den ich behalten habe, lautet: »Als wir die Sache mit der Sprachkritik noch ernst genommen haben, hat uns ihr offener Brief ein paar Tage lang geärgert …«

Kraftprobe

Die Debatte wogte drei Monate hin und her. Dann begann sie sich auszuzahlen. Im November erschienen bei mir vier Spontis unter Führung des Vorsitzenden des USta (Unabhängiger Studierendenaussschuß), Manuel Bohn, eines großen, intelligenten, noch etwas kindlich aussehenden Fünfundzwanzigjährigen. Sie luden mich zu einer von ihnen selbst veranstalteten großen Studentenversammlung ein. Sorgsam erörterten sie die Tagesordnung. Ich müsse mir am Anfang einiges anhören. Dann seien sie bereit, dafür zu sorgen, daß ich auch zu Wort komme. So etwas – vor zweitausend Leuten – hatte es in den letzten Jahren an den Berliner Universitäten nicht gegeben. Personenschutz? Die meisten Studierenden, die in diesem Saal sitzen werden, sagte mir der zuständige Mann, seien sicher keine Gewalttäter. Für Minderheiten könne man nicht garantieren. Man bot mir fünf Mann Personenschutz an. Aber ich wußte genau, worauf es hinauslaufen würde. Die Spontis hätten die Per-

sonenschützer natürlich gerochen. »Bullen raus«, hätten sie ge-
schrieen. Ich wußte, daß ich ein Risiko einging. Aber hätten
mich fünf Personenschützer gegen ein paar hundert Studenten
schützen können? Ich ging mit Schöde.

Als Bohn und seine Leute mich von hinten, an einem großen
Flügel vorbei, auf die Bühne dirigierten und ich mit einem gewaltigen Schrei aus zweitausend Kehlen begrüßt wurde, hatte
ich Angst. Die rauchgeschwängerte Atmosphäre war zwar
nicht aggressiv. Manche warfen Papierschiffchen durch den
Raum, andere flachsten. Aber man sah die Blöcke der Militanten, die finster auf die Bühne starrten. Die Veranstalter legten
los. Sie gingen aggressiv auf mich zu. Der Sinn des unfreund-
lichen Anfangs lag wohl darin, die sonst unvermeidliche Ge-
schäftsordnungsdebatte zu vermeiden. Ich müsse mir anhören,
was die Studenten zu sagen hätten. Rauschender Beifall.

Auch die Bühne, auf der wir saßen, war dicht belagert. Von
Minute zu Minute wurde der Saal voller. Rechts von mir
der große »schwarze Flügel«. »Fluchtwege« gab es nicht. Das

Audimax der FU

Thema, über das gestritten wurde, war die »Verschulung« des Studiums, die schon im Hochschulrahmengesetz angelegt war und die ich jetzt in ein Landesgesetz umsetzen sollte. Warum war dieses Thema das wichtigste?

Diese Frage verlangt eine kleine Abschweifung. Wer von den heute – 2005 – in Deutschland geltenden Selbstverständlichkeiten ausgeht, von der unbestrittenen Hegemonie der wirtschaftlichen Eliten, der jammervollen Schwäche des Nationalstaats, der demütigen Einordnung von rund fünf Millionen Arbeitslosen in die Schlangen vor einem Schalter der Bundesagentur für Arbeit, der kann sich die Lage, die ich 1977 im geteilten Berlin vorfand, gar nicht vorstellen. In dieser abgeschnürten Halbstadt, aus der die Konzerne ausgewandert waren und in die Wehrdienstverweigerer, Identitätssucher und problematische Naturen – die Engländer haben dafür den wunderbaren Begriff »lunatic fringe« – einströmten, gab es zwei Kulturen. Kaum war mir dieser Begriff in einem Interview entschlüpft, schon übernahm ihn die »zweite Kultur« begeistert und machte eine Theorie daraus.

Es gab zwei Voraussetzungen für diese Entwicklung. Zum einen hatte sich die Militanz extremistischer Sekten als fruchtlos erwiesen. Die Massen der kleinbürgerlichen Jugend hatten keinerlei Hoffnung mehr auf gewaltsame oder auch schrittweise Änderung des politischen Systems. Zum anderen begann sich unsere Bildungsreform auszuwirken. Wer siebenundzwanzig statt sechs Prozent eines Jahrgangs Zutritt zu den Hochschulen gewährt, der muß sich damit abfinden, daß diese siebenundzwanzig Prozent nicht auf die sechs Prozent Spitzenstellungen – Manager, Professoren, Oberstudienräte, Ministerialräte – passen, die bisher Hochschulabsolventen zur Verfügung standen. Ende der sechziger Jahre hatte man den öffentlichen Dienst – zum Beispiel die Stellen für Hochschullehrer – noch spürbar erweitern können. Damit war nach der Krise von 1975 Schluß. Die Magistra für Germanistik, Kennerin des Biedermeier und des Jungen Deutschland, mußte Sekretärin werden (und nannte sich Assistentin). Das erzeugte (damals noch) Haß.

Als ich in der verhärteten politischen Klasse Berlins – es war nach den ersten Morden der RAF und anderer Gruppen an Re-

präsentanten des politischen Systems – für einen Dialog mit den
Spontis warb und immer wieder in die Berliner Universitäten
ging, ganz gleich wie viele Eier und Tomaten mir entgegenflo-
gen, wußte ich nicht, daß der kommunistische italienische Lite-
raturwissenschaftler Alberto Asor Rosa schon zwei Jahre vorher von »zwei Gesellschaften« gesprochen hatte. Er kämpfte in
Rom, an einer Monster-Universität, in der die Hälfte der Studenten keinen regelmäßigen Kontakt zu ihrer Alma Mater
hatte, und beschwor die *emarginazione*, die Verdrängung Hun-
derttausender junger Leute aus der italienischen Gesellschaft.
Ich hatte mich, als ich hinter Bohn an dem Flügel vorbeischlich,
auch noch nicht mit den Franzosen auseinandergesetzt, die gegen die »Diktatur des Sinns« kämpften und die Menschen als
»Wunschmaschinen« interpretierten. Technokratisch, macht-
und staatsorientiert wie ich war, hielt ich solchen Mao-Da-
daismus (den ich Jahre später bei Deleuze und Guattari nach-
las, den Bohn aber kannte) für irrationalen Unsinn. In Rom
hatten sie Luciano Lama, den Boß der CGIL, der größten Gewerkschaft, aus der Universität geprügelt. In Berlin versuchten
sie es mit mir. Darum ging 's.

Leider haben Luciano Lama, Alberto Asor Rosa, ich und andere Staatslinke dieser Jahre ihre Versprechungen nicht halten
können. Der Sozialstaat wurde ab- und nicht aufgebaut, die Arbeitslosigkeit wuchs, die »Austerität«, die der sardische Adlige
Enrico Berlinguer und der Hanseat Helmut Schmidt beschworen hatten, wanderte nach Singapur und sonstwohin aus. Was
werden viele Millionen »Emarginierte«, ein ganzes unteres
Drittel, in den jeweiligen Gesellschaften tun? Das ist eine andere Macht als ein paar hunderttausend Studierende. Kippen
sie nach rechts? Ende der Abschweifung.

Nach anderthalb Stunden kam ich tatsächlich zu Wort. Wir
stritten viereinhalb Stunden. Am Ende war ich ausgelaugt und
leer. Ich war immer noch der Meinung, daß das Studium ver-
kürzt und entrümpelt werden müsse, aber die Frage der Studierenden, wie ich denn durchsetzen wolle, daß »das Richtige«
herausgekürzt werde, brachte mich ins Schwimmen. Ich wußte,
daß viele Professoren genauso gegen das »Entrümpeln« waren
wie die Studenten. Sie bangten um ihre Stellen.

Es endete satirisch. Einige Redner zitierten bejubelte Gedichte und gaben mir zum Abschied ein »imperatives Mandat«
mit. Ich solle für all das sorgen, was ich gerade abgelehnt habe.
Brausender Applaus. Die zweitausend Studenten gingen auseinander, ohne daß die Militanten eine Chance gehabt hätten,
Gewalt anzuwenden.

Gegenöffentlichkeit

»Ficken« kreischte es durch den großen Hörsaal der FU. Die
Universitäten, heute in der Mehrzahl große, komplizierte
Ausbildungsmaschinen für mittlere und höhere Berufe, waren
im Berlin der siebziger Jahre eine Gegenöffentlichkeit, eine
riesige Hyde-Park-Corner, ein Netz von Gesprächsplattformen
der Insubordination und der Sinnsuche. Dort traten keineswegs
nur Studierende auf, sondern mindestens so viele »Eingeschriebene«, also Menschen, die das Studieren längst aufgegeben und
sich politischen Projekten oder der Idee der Selbsterschaffung
verschrieben hatten. Auch Auszubildende, arbeitslose Jugendliche und Sonderlinge wurden von den Vollversammlungen
(VVs) und Projektgruppen angezogen. Immer wieder trat eine
Mittfünfzigerin auf, die von der Berliner Presse als »ausgeflippte Hausfrau und Mutter von sieben Kindern« beschrieben
wurde. Sie hatte in irgendeiner Talkshow ein Befreiungserlebnis
gehabt und schrie nun eben grell: »Ficken!« durch die Säle. Gelegentlich trug sie ein Schild um den Hals, auf dem stand: »Ficken verstehen die Angehörigen beider Kulturen, es ragt aus
dem Vokabular des Proletariats in die Sprache der bürgerlichen
Klasse und der bürgerlichen Klassenverräter.« Wir sprachen
von Ghetto und meinten den Bezirk Kreuzberg als Basislager.
   Aber das war zu grobschlächtig. Auch die ambitionierte Doktorandin der Kunstgeschichte, deren Vater Chirurg war, die über
Giorgone arbeitete und eine kleine Wohnung in der Mommsenstraße, einer vornehmen Seitenstraße des Kurfürstendamms,
hatte, konnte, auf das Kommunikationssystem *Pflasterstrand*,
Info-Bug, *Zitty* und *Frankfurter Rundschau* festgelegt, Staatsfunktionären gegenüber, giftig sein.

Unsere tägliche Arbeit war Streikmanagement. Wenn ich von »uns« spreche, meine ich den Präsidenten der Freien Universität, den bedeutenden Germanisten Eberhard Lämmert, den TU-Präsidenten Rolf Berger und mich. Lämmert war in einer komplizierten Koalition als Nachfolger des zum Präsidenten gewählten Physik-Assistenten Rolf Kreibich gewählt worden. Lämmert war ein Liberaler, seine *Bauformen des Erzählens* waren ein Standardwerk, der Mann konnte reden und verteidigte »seine« Universität genau bis zu dem Punkt, an dem man sie in einem Rechtsstaat nicht mehr verteidigen konnte. Wir hatten manche Konflikte. Die hochschulpolitische Rechte nannte ihn einen »Volksfrontpräsidenten«, weil er von bestimmten linken Gruppen mitgewählt worden war. So war damals die Atmosphäre.

Anders war schon der Fall Rolf Berger. Den kannte ich noch aus Bonn, wo er Abteilungsleiter im Forschungsministerium war. Berger war hochintelligent, schroff und hielt Professoren bis zum Beweis des Gegenteils für arrogante Lümmel. Deshalb wählten die Professoren ihn nach einer gewissen Zeit auch ab. Aber in der Hauptphase der Streiks war er der Dienstherr der Technischen Universität. Die Telefondrähte zwischen Lämmert, ihm und mir glühten.

Streik war ein von den Studenten usurpierter Begriff. Wenn Arbeiter die Arbeit niederlegen, um höhere Löhne oder bessere Arbeitsbedingungen durchzudrücken, spielen sie ein kalkulierbares Spiel. Das kann hart sein und an die Existenz gehen. Der Unternehmer muß sich überlegen, was für ihn teurer zu stehen kommt: eine lange, von den Gewerkschaften unter Umständen in unterschiedliche Regionen getragene Arbeitsniederlegung, die große Produktionsausfälle verursacht, eine Lohnerhöhung oder eine Arbeitszeitverkürzung.

Vergleichbare »Gesetze« gibt es zwischen Staat und Studenten nicht. Es gab politischen Druck. Wenn die Studenten »streikten«, hieß es, daß sie Vorlesungen sprengten. Wenn sie Vorlesungen sprengten, hieß es, daß einige Professoren und ihre Lobby verlangten, daß man die Polizei hole. Wenn man die Polizei holte, konnte es zu Schlägereien, im Extremfall auch zu Verletzten oder Toten kommen. Das wollte man vermeiden. Im Prinzip aber übte es auf mich oder die Universitätspräsidenten keinen Druck aus, wenn die Studenten ihre Lebenszeit, zum Beispiel ein Semester, vergeudeten – oder, wie sie gesagt hätten, »zum Leben« nutzten. Das Pikante war übrigens, daß diese Studienzeit von den Steuerzahlern finanziert wurde (und wird). Das Studium ist in Deutschland gebührenfrei, die Kosten tragen die Steuerzahler, darunter die Krankenschwester, der Bauhilfsarbeiter und die Verkäuferinnen in Warenhäusern.

Kampfspiele. In den Präsidialämtern saßen frisch diplomierte Studenten, die – wie es sein muß – beste Kontakte in die Universitäten hatten. Sie berieten mit den linken Gruppen die Strategie und setzten ihre Chefs, die Präsidenten, unter Druck. Diese setzten mich wiederum unter Druck. Es ging ja um die Umsetzung »meines« Hochschulrahmengesetzes. »Wenn Glotz den Paragraphen X fallen läßt, verzichten wir auf die Großdemo am Donnerstag.« Die *Mottenpost* – das Berliner Springer-Blatt *Berliner Morgenpost*, das damals besonders rechtgläubig war – machte jede Regelwidrigkeit groß auf, der einstmals liberale und nach der gegen ihn veranstalteten »Schweinejagd« verständlicherweise besonders verbissene Politikwissenschaftler Alexander Schwan schrieb seitenlange, bitterböse Kommentare (und trat irgendwann mit großer Geste aus der SPD aus), und im Abgeordnetenhaus fragte mich mancher: »Kannste deine Scheißläden nicht ruhig halten?«

Ruhe war nicht das wichtigste politische Ziel; eins hatte ich begriffen: Du darfst dich nicht erpressen lassen. Ich eilte, von meinen Stabsleuten Wolf Schöde, Linda Reisch und Wolfgang Nowak angetrieben, von Brennpunkt zu Brennpunkt, um mein Gesetz zu verteidigen. An manchen Tagen trug ich bewußt alte Anzüge, um den neuen die Beschmutzung durch Tomaten und Farbeier zu ersparen. Ein besonderer Höhepunkt war die Auflösung eines chemisch rein »linken« Fachbereichs, des Fachbereichs Sozialwissenschaften, der unter der Nummer 11 legendären Ruf genoß. Ich löste ihn nicht auf, weil er links, sondern weil er korrupt war. Ein geschickter Verwaltungsleiter zog die Fäden; Studenten, Assistenten und »andere Dienstkräfte« (von den Sekretärinnen bis zu den Administratoren) entschieden so, wie es seine Strategie wollte. Die Genossen habilitierten »kumulativ« mit ein paar Aufsätzchen und besetzten dann – Hausberufung – die schönsten Stellen (als Senator habe ich in vier Jahren keine einzige Hausberufung zugelassen). Die Schlachten mit der Dekanin des Fachbereichs 11, der schlagfertigen und witzigen Judaistin Marianne Averbuch, die ein wenig wie Golda Meir aussah und unter dem brausenden Beifall des Publikums auf mich einschlug, die Gürtellinie aber sorgfältig beachtete, sind mir in bester Erinnerung. Ich zog das Kuratorium der Universität (dessen Mitglieder aus den Gewerkschaften oder der Industrie man fünf- oder sechsmal zur Anwesenheit vergattern mußte) schließlich auf meine Seite. Die Auflösung dieses Fachbereichs war ein symbolischer Akt. »Ach, lieber Herr Glotz«, sagte Präsident Lämmert, »das ist doch Symbollik«. Es mußte sein.

Fast jeden Mittag aß ich in dem kleinen Hotel Seehof am Lietzensee, von meiner Behörde, dem früheren Marineamt in der Bredtschneiderstraße zu Fuß in fünf Minuten erreichbar. Ich hasse es, beim Aktenlesen gedankenlos nasse Brötchen zu verschlingen. Fast immer kam ein reitender Bote: Schlicht (der unbestechliche hochschulpolitische Berichterstatter des *Tagesspiegels*) wird morgen berichten, daß Berger abgewählt wird. Der KSV (Kommunistische Studentenverband) beabsichtigt die massive Störung der Diskussion von übermorgen. Die Opposition lanciert eine große Anfrage zum Tunix-Kongreß. Lustig ist das Zigeunerleben, dachte ich mir, ohne mir bewußt zu machen, daß der Begriff Zigeuner gerade begann, politisch unkorrekt zu werden. 1971 hatte ein großer Kongreß von Zigeunern den Namen »Roma« festgelegt.

Dann aß ich weiter. Im Sommer konnte man von der Terrasse, auf der für mich ein Tisch reserviert war, auf den glatten, spiegelnden Lietzensee sehen, um den die Leute, ein paar Verliebte ausgenommen, blicklos grimassenschneidend und mit hohem Tempo herumliefen. Wer weiß, hinter welchen Terminen sie herhetzten?

Die größte, wirkungsvollste Feier der Gegenöffentlichkeit war der Tunix-Kongreß im Januar 1978. »Wir hauen alle ab«

Tunix-Kongreß: Peter Glotz und Eberhard Lämmert

war das Motto »zum Strand von Tunix. Da bauen wir unsere eigenen Hütten, wir schnitzen uns Gewehre und Sandalen. Und die kämpferische Genossin von der Bürgerinitiative baut Sonnenkollektoren für die Kinder, damit sie in die Glotze schauen können.« Hier gab es keine Gewaltphantasien mehr, sondern nur noch Ironie (ein wenig kraftlos) und viele groteske Einlagen. Ein Satyrspiel, streckenweise witzig. Ein Streit kam noch auf, als die Polizei an einer ganz anderen Ecke der Stadt gegen ganz andere Stadtindianer einschritt. Ich solle »meine Bullen« zurückpfeifen, forderte jemand unter dem tosenden Beifall von dreitausend Menschen. Sorry, es waren nicht »meine Bullen«.

Die RAF (Rote-Armee-Fraktion), die Revolutionären Zellen und die Bewegung 2. Juni hatten sicher noch Sympathisanten, im Jargon der zweiten Kultur »Sympis« genannt. Aber sie zeigten sich nicht mehr und hatten sowohl in der liberalen Fettschicht als auch in der Gegenöffentlichkeit den Rückhalt verloren. Es gab noch ein verbissen umkämpftes, unzweifelhaft ernstes Thema, das sich in der Jugend zu massenhafter Mobili-

sierung eignete. Wir nannten es Radikalenerlaß, die anderen
»Berufsverbot«. Das betraf Hunderttausende.

In meinem Tagebuch habe ich im März 1978 folgendes notiert:

»Ich habe keinerlei Grund, mich selbstgerecht in Positur zu
setzen. Ich habe nichts vorausgesehen: Nicht die erschreckend
einhellige Reaktion des Auslandes, nicht den schleichenden
Glaubwürdigkeitsverlust bei den Jüngeren. Ich habe zu denen
gehört, die den Radikalenerlaß für notwendig hielten. Ich habe
ihn auf Parteitagen und zahllosen Konferenzen mit Überzeugung verteidigt. Erfunden mögen ihn die Innenminister haben.
Über die Entstehungsgeschichte ranken sich widersprüchliche
Geschichten. Unbestreitbar ist, daß Willy Brandt das Projekt
abgesegnet hat. Ich hielt die Prediger, die das Thema am Kochen hielten, im besten Fall für unpolitisch. Wie konnte man
wegen eines Kommunisten, der nicht Sozialarbeiter werden
durfte, so ein Theater machen? Soll er sich einen anderen Job
suchen. Irgendwie müssen wir uns davor schützen, daß wir
unterwandert werden.

Wenn ich mich frage, was damals, 1972, unsere Motive waren, so würde ich sagen, der Versuch, aus dem Scheitern der
Weimarer Demokratie zu lernen und die Angst der Sozialdemokraten, unsere alte eingewurzelte, berechtigte Angst, von
den Konservativen als kommunistenfreundlich hingestellt zu
werden... Von diesen Motiven habe ich nichts zu dementie-
ren.«

Und doch war der Radikalenerlaß einer unserer größten Fehler; denn er war natürlich eine Entscheidung der SPD-Führung
und damit auch gedeckt von der Bundesregierung, obwohl es
sich formal um eine Verwaltungsanordnung der Länder handelte. In der Berliner Landeskommission saßen formell einige
Senatoren, zumeist vertreten durch leitende Beamte. Diese Beamten waren Spezialisten; meiner, ein vorzüglicher Jurist, war
von meinem Vorgänger Gerd Löffler zum »Kommunistenfres-
ser« ausgebildet worden. Ich kann aus meiner einjährigen Erfahrung ein paar Fälle nennen, in denen ich keinerlei Zweifel an
der Berechtigung der Abweisung vom öffentlichen Dienst
hatte. Es gab Menschen, die sich an gewaltsamen Aktionen be-

teilt hatten, die bewußt Gesetze verletzt und entscheidende Grundsätze der Verfassung offen bekämpft hatten.

Mein Urerlebnis aber war Bernd Rabehl, damals ein linksradikaler Intellektueller, der sich im Lauf seines Lebens zu einem deutschen Patrioten mit kuriosen Ansichten entwickelt hat. Rabehl, zu dieser Zeit ein Mann, der im Zweifel für die Revolution, für das Wegräumen der reaktionären bürgerlichen Parteien war, war einfach zu intelligent, um durchfallen zu können. Auf jede unserer Fangfragen antwortete er gelassen und so, daß wir ihm nichts vorhalten konnten. Tumbe, des Wortes nicht mächtige Idealisten konnten wir »erwischen«, die Rabehls nicht. Die Bundesrepublik Deutschland wäre auch nicht auseinandergefallen, wenn sie noch ein paar mehr kommunistische oder pseudokommunistische Lehrer gehabt hätte. Deren Schüler und Schülerinnen haben schnell eine zielsichere Abneigung gegen aufdringliche Belehrungen von links entwickelt; und die meisten der Revolutionäre von 1968 laufen resigniert und graubärtig durch die Supermärkte unserer Städte, um eine Flasche Rotwein zu finden, die gut und zugleich preiswert ist. Der Radikalenerlaß war eine Chemotherapie. Aber es gibt Medikamente, deren Nebenwirkungen gelegentlich gefährlicher sind als die Krankheit, die sie bekämpfen.

Das Implantat

Die beiden Farbeier kamen von halblinks und stanken entsetzlich. Die Kämpfer aus der Studentenschaft des Fachbereichs 11 hatten sich mehr oder weniger unauffällig in Türnähe und halb und halb in unseren Rücken manövriert. Als ich mir in der kurzen Unterbrechung zwischen den Abstimmungen notdürftig die Jacke säuberte, dachte ich »schöne Erneuerung«. Dieser Fachbereich hätte, wie die Propaganda lautet, die »Keimzelle für die Erneuerung der Freien Universität« sein sollen.

In Wirklichkeit handelte es sich um ein Sammelsurium: Psychologie, Publizistik, Soziologie, Philosophie, Ethnologie und die als Regionswissenschaften bezeichneten Orchideenfächer: Iranische Philologie, Japanologie und Sinologie, Islam-

wissenschaft, dazu noch Theaterwissenschaft, Evangelische
Theologie, Judaistik, Religionsgeschichte und Religionssozio-
logie. Inhaltlich hatten all diese Fächer natürlich viel zu wenig
miteinander zu tun, um wirklich interdisziplinär lehren oder
forschen zu können. Was sagt der Japanologe zu einer Arbeit
der Publizistikwissenschaft? Dazu hatten sich die Psychologen
noch in einen linken »kritischen« Flügel um Klaus Holzkamp
und einen rechten, »empirischen« Flügel um die Pädagogen ge-
teilt.

Was für ein »Wissenschaftsbegriff« herrschte, sah man an einem Brief vom Dezember 1976, den der Sozialphilosoph Peter
Furth an Erich Honecker geschrieben hatte. In diesem Brief beschwerte er sich über die Ausbürgerung von Wolf Biermann –
gedacht war das als ein Widerspruch gegen den Dogmatismus
der orthodoxen Kommunisten. Dabei fielen aber so viele Hiebe
auf die »Unmenschlichkeiten des monopolkapitalistischen Systems« ab, daß Westberlin (das den Sozialphilosophen bezahlte) aufbrüllte. Sollte ein Departement sich nicht durch auf-
sehenerregende Forschungen und kluge Bücher profilieren statt
durch offene Briefe? Solche Forschungen und Bücher gab es
schon, von Wolf Lepenies zum Beispiel, von Dieter Claessens
oder Peter Dreitzel. Aber diese Wissenschaftler hatten im Fachbereich 11 nichts zu sagen. Dort wurden viertelparitätische Sat-
zungen unter der Hand auch noch praktiziert, als das Verfassungsgericht sie schon verboten hatte.

Unter solchen Verhältnissen verfielen einige Fächer. Also
mußte man die Verhältnisse zum Tanzen bringen. Verfallen war
zum Beispiel die Philosophie. Seit Wilhelm Weischedel gestorben und Dieter Henrich einem Ruf nach Heidelberg gefolgt
war, gab es dort nur noch Mittelmaß, ausgenommen vielleicht
Margarita von Brentano. Sie war originell und gebildet. So hat
sie auf meine Berufungspolitik auch heftigen Einfluß genommen, unter anderem zusammen mit ihrem früheren Mann Jacob Taubes, mit dem sie immer noch in einem fast täglichen, oft
aggressiven und nervenaufreibenden Kontakt stand.

Jacob Taubes spielte bei diesen Berufungen eine große
Rolle. Er war ein schwer zu entschlüsselnder, höchst gelehrter
und gänzlich unberechenbarer Professor für Religionswissen-

schaft. Wenn ich einen Vortrag hielt, strich er in seinem spek-
kigen schwarzen Anzug an mir vorbei und steckte mir einen
Zettel in die Tasche: »Denken Sie an Blumenberg.« Es folgte
ein Zitat.

Mich erreichten von ihm Postkarten aus New York, Tel
Aviv, Mexiko City oder Tokio mit Berufungsideen. Von ein
paar Aufsätzen und seiner bedeutenden Dissertation abgesehen muß das Werk von Jacob Taubes aus Postkarten bestehen.
Längst war der streitsüchtige und vor perplex machenden geistesgeschichtlichen Thesen geradezu überströmende jüdische
Intellektuelle von den linken Ideen seiner Jugend abgerückt;
jetzt fuhr er oft zu Carl Schmitt nach Plettenberg und lobte
dessen damals noch unveröffentlichte Spätschriften über-
schwenglich. Er fuhr aber auch zu Gershom Scholem nach Je-
rusalem (und vermittelte mir bei diesem ein langes Gespräch
im Spätsommer 1980). Ich sah ihn zuerst mit unverhohlenem
Mißtrauen, weil er immer wieder unangemeldet in meinem
Büro auftauchte wie der Geist von Hamlets Vater und – wenn
ich gerade anderes zu tun hatte – meine Mitarbeiter infil-
trierte. »Taubes hat gesagt...« war ein Running Gag im Se-
natorenbüro. Ich habe wenige seiner Ratschläge befolgt, aber
viel von ihm gelernt.

Ich wußte: Bedeutende Figuren würden sich in diesen Fachbereich (hier wäre wieder einmal der Begriff Schlangengrube
angebracht) nicht berufen lassen. Sie wären mir, obwohl ich
hemmungslos von Platz zwei oder drei der Berufungslisten
berief, wenn es mir angemessen schien, auch vermutlich nicht
vorgeschlagen worden. Also probierte ich eine neue Methode
aus. Ich entlehnte sie aus der Kieferorthopädie: das Implantat.
Mein Vorgänger Löffler hatte (ohne durchschlagenden Erfolg)
versucht, den Fachbereich »auszutrocknen« und verschiedene
Stellen einfach nicht mehr besetzt. Ich hatte also eine gewisse
Reserve. Ich schlug vor, vier Philosophen in einem Zug zu berufen, damit die Berufenen sich gegenseitig stützen könnten
und eine spürbare geistige Pluralität gewahrt würde.

Der Fachbereich strampelte wie ein willensstarkes Kind, das
man vom Fernseher wegzerrt. Darum installierte ich einen
Areopag. Ich bat vier der renommiertesten Philosophen der Re-

publik, der Berufungskommission Stellendefinitionen und Personen vorzuschlagen. Nach längeren Verhandlungen sagten mir Jürgen Habermas – der damals noch viel stärker als heute als Repräsentant der Frankfurter Schule galt –, Hans Albert, der kritische Rationalist und Popper-Schüler aus Mannheim, der Metaphysiker Walter Schulz aus Tübingen und der Mathematiker, Logistiker und Moralphilosoph Paul Lorentzen, das Haupt der sogenannten Erlanger Schule zu. Damit hatte ich den Fachbereich dort, wo ich ihn haben wollte. Hätte die Kommission die Vorschläge dieser vier bedeutenden Fachvertreter einfach in den Wind geschlagen, hätte sie sich lächerlich gemacht. Andererseits sollten die Berater Empfehlungen abgeben, und die Kommission hatte das Vorschlagsrecht. Der Fachbereich mußte also die Vorschläge der Berater nicht eins zu eins umsetzen.

In dieser Sache habe ich Hunderte von Besprechungen geführt. Ich fuhr in der Republik herum und sprach mit möglichen Kandidaten. Das war seit Friedrich Althoffs preußischer Berufungspolitik im späten 19. Jahrhundert nicht mehr so üblich gewesen; ich erinnere mich noch an das erstaunte Gesicht von Jürgen Mittelstraß, einem Lorentzen-Schüler, mit dem ich auf der Terrasse eines guten Restaurants bei Konstanz zu Abend aß. Mittelstraß hatte auch seine schöne Frau mitgebracht; ich redete auf die beiden ein, so gut ich konnte. Aber das Ehepaar ließ sich nicht überzeugen, es wollte in Konstanz bleiben. Das war, weil Mittelstraß nicht nur ein guter Philosoph, sondern auch ein begnadeter Kommissionsvorsitzender und einflußreicher Wissenschaftsmoderator war, ein Nachteil für Berlin. Aber es gab noch andere attraktive Namen.

Am Schluß kristallisierte sich eine Vierergruppe heraus. Habermas hatte sich besonders für den aus einem jüdischen Elternhaus stammenden Brünner Ernst Tugenhat eingesetzt, der in Freiburg Philosophie, Griechisch und Latein studiert, über Aristoteles sowie über Husserl und Heidegger gearbeitet hatte und sich gerade Moral- und Ethikfragen zuwandte. Ich berief Tugenhat 1980 – er blieb bis 1992 in Berlin und hat dem dortigen Institut erhebliches Renommee verschafft.

Die zweite Eckfigur dieses Berufungszugs war Michael Theunissen, der Kierkegaard-Forscher, der sich in Heidelberg neben Hans-Georg Gadamer einen großen Ruf erworben hatte. Er hatte auch über Hegel und Pindar gearbeitet, kam aber immer wieder auf Kierkegaard zurück, in Arbeiten über Verzweiflung, Melancholie oder negative Theologie. Der Fachbereich 11 hatte sich einen Professor für dialektischen Materialismus gewünscht. Jetzt bekam er einen Philosophen des dialektischen Negativismus. Das schuf Auslaufmöglichkeiten für die Studierenden.

Die Liste wurde komplettiert durch Karlfried Gründer, den Nachfolger Joachim Ritters bei der Herausgabe eines großen philosophischen Wörterbuchs und – ein Skandalon – durch Wolfgang Fritz Haug. Als Gründer und Zentralfigur der »Kapitalkurse« an der Freien Universität war Haug ein rotes Tuch für alle Liberalen bis hin zu den Sozialdemokraten. Hunderte Studierende hatten in diesen Kursen gesessen und oft genug schweigend mitgeschrieben, was der Guru vortrug. Aber Haug war einer der wenigen ernsthaften marxistischen Philosophen der Berliner Szene. Sein *Hilfloser Antifaschismus* von 1967 war ebenso wie die *Kritik der Waren-Ästhetik*, ein Buch, mit dem man sich auseinandersetzen konnte. Natürlich war Haug für mich das Kompromißangebot an die FU-Linke. Ich wußte, daß ich wegen dieser Berufung von der *Frankfurter Allgemeinen* zusammengehauen werden würde. Das passierte auch. Visitiere ich rückblickend die Szene, habe ich nicht den Eindruck, daß die (kleine) Dauerstelle für Wolfgang Fritz Haug die Reform der Berliner Philosophie gefährdet hätte.

Durfte ich so tief in das Eigenleben einer Universität eingreifen? Ich mußte. Der geisteswissenschaftlich-sozialwissenschaftliche Teil der Freien Universität war dabei, in eine Traumwelt zwischen den Blöcken abzudriften und dem Ruf der Stadt schweren Schaden zuzufügen. Ich gestehe aber unumwunden, daß ich – auch abgesehen von den linksradikalen Mucken der Subkultur in manchen Dahlemer Villeninstituten der siebziger Jahre – eine wissenschaftlich orientierte Leitung und Förderung der universitären Personalpolitik durch den Staat für notwendig halte. Der Staatsernst, der Gründergeist und das Stehver-

mögen Friedrich Althoffs waren mir ein Vorbild. Man kann
Universitäten selbstverständlich ganz vom Staat lösen; dann
müssen sie allerdings den Löwenanteil ihrer Mittel – durch Gebühren für das Studium, Eintreiben von Spenden oder durch
Forschungsprojekte – selbst aufbringen. Solange der Steuerzahler die Universitäten nahezu ganz und gar erhält, sind Politiker
nötig, die nicht nur Berufungsakten unterschreiben, sondern
sich nach intensiver fachlicher Beratung für bestimmte Projekte
und Personen engagieren. Alles andere wäre nicht Kulturpolitik, sondern die Sanktionierung der Ämterpatronage von Agen-
turen und Schulhäuptern durch eine »Minister« oder »Ministe-
rin« genannte höhere Verwaltungskraft. Das ist derzeit leider
im Schwange.

Das Kolleg

In meiner Berliner Zeit habe ich viele Mittag- und Abendessen
im »Don Camillo«, einem Nobelitaliener in der Schloßstraße,
einen Steinwurf vom Charlottenburger Schloß entfernt, mit den
unterschiedlichsten Leuten hinter mich gebracht. Eines davon,
an einem windigen Spätherbstabend 1978, werde ich nie vergessen. Ich traf mich mit Monica und Peter Wapnewski. Ich
wollte Wapnewski, damals Professor in Karlsruhe, einer guten
Technischen Universität, an der Altgermanisten im wohltuen-
den Schatten leben, weil sie nicht von künftigen Deutschlehrern
überlaufen werden, zum Gründungsbeauftragten eines Instituts
for Advanced Study machen. Das war für Berlin eine sanfte Provokation. Wapnewski war an der FU Professor gewesen, hatte
sich aber indigniert abgewandt, als die 68er Revolte ihre ersten
Wendungen ins Vulgär-Geistfeindliche nahm. Wapnewski war
für die Freie Universität (und auch die Berliner SPD) der Inbe-
griff des Elitären. Genau aus diesem Grund wollte ich ihn.
    Der große, etwas gebeugt gehende Mann war (und ist) näm-
lich nicht einfach ein Professor. Er ist ein Intellektueller, der ein
beeindruckend weites Spektrum von Neigungen und Interessen
hat; über viele Jahre arbeitete er mehr über Richard Wagner als
über Walther von der Vogelweide oder das *Hildebrandslied*.

Später haben wir auf Wapnewskis Vorschlag hin beschlossen, in unser Institut »Persönlichkeiten des geistigen Lebens«, also nicht nur Akademiker, sondern auch Schriftsteller, Komponisten, Kreative jeder Art einzuladen. Es kamen Enzensberger, Vargas Llosa, Ligeti. Wapnewski war für mich der Garant für intellektuelles Niveau und für eine Atmosphäre, die schöpferisches Arbeiten ermöglichte. Er konnte schroff sein, gewiß, konnte mit Halbsätzen töten, war der große Maliziöse, aber er war blendend vernetzt, im Wissenschaftsrat, im Deutschen Akademischen Austauschdienst, in der Deutschen Forschungsgemeinschaft – und trotzdem kein organisierender Großordinarius, sondern ein verletzlicher Selbstdenker.

Der Patron kam mit einem Wagen an den Tisch, auf dem die Pasta, das Fleisch, die Fische unter einer Folie ausgestellt waren. Im Grunde wußten wir schon beim ersten Zuprosten mit einem gut gekühlten Weißwein aus dem Friaul, daß wir uns einig werden würden. Monica Wapnewski, eine Künstlerin, wollte aus der beschaulichen badischen Provinz in die Großstadt. Wir wurden uns einig, nicht über Einzelheiten und nicht über die Bezüge (die mit der Administration dann noch zu einem Kampf führten), aber über das Prinzip. Wenn ich etwas – oder jemanden – will, kann ich zäh sein.

Die Vorgeschichte dieses Arbeitsessens, das ein Vergnügen war, ist schnell erzählt. Eines Tages hatte mich der Regierende Bürgermeister zu sich gebeten und ersucht, eine Idee zur Ehrung Ernst Reuters, des großen Berliner Bürgermeisters, zu seinem fünfundzwanzigsten Todestag zu entwickeln. Ungefähr zur gleichen Zeit kam einer meiner besten Beamten, Jochen Stöhr, aus der Forschungsabteilung zu mir und erzählte von einer alten Villa im Grunewald, in einer gebogenen Nebenstraße der Königsallee, der Wallotstraße. »Zauberhaft«, schwärmte der Senatsrat, der dort die hochrangigen internationalen »Dahlem-Konferenzen«, lebenswissenschaftliche Workshops mit den Spitzen von Biologie und Medizin, unterbringen wollte. Aber wie sollte man die Restaurierung dieses holzgetäfelten, teppichstillen Schmuckstücks mit einem löcherigen Dach und abgeschraubten Beschlägen bezahlen, fragten wir uns, als wir durch die kalte, schon lange leerstehende Villa streiften, die

nach 1945 ein britisches Offizierskasino beherbergt hatte. Da
fiel mir Ernst Reuter ein – und meine Idee eines Zentrums, in
das man die besten Köpfe der Welt für eine gewisse Zeit einla-
den könnte. Das würde Berlin doch gut tun. Ich war im Frühsommer in den Vereinigten Staaten herumgereist, in Princeton,
Palo Alto und im Woodrow-Wilson-Center gewesen, hatte
lange mit Harry Woolfe, dem damaligen Direktor des Institute
of Advanced Studies in Princeton, geredet und mir in den Kopf
gesetzt, in Berlin ein vergleichbares Institut – kleiner, ohne Phy-
sik-Fakultät, konzentriert auf Geistes- und Sozialwissenschaften – zu gründen. Das war es: ein Ernst-Reuter-Institut für Advanced Studies. Es war also, wie oft bei wichtigen Gründungen,
ein zufälliges Zusammenschießen nicht zusammenhängender
Elemente: Ernst Reuter, das Haus in der Wallotstraße, die Idee
Advanced Studies.

Nun gab es, wie es sich herausstellte, zwei dicke Mauern, die
wir überwinden mußten. Sollte das Institut wirklich erstklassig
werden, brauchte es die Unterstützung der großen Wissenschaftsorganisationen, deren Präsidenten sich in einer selbstironisch »Heilige Allianz« genannten lockeren Runde zusammen-
geschlossen hatten. Die meisten damaligen Mitglieder dieser
harmlos daherkommenden, aber mächtigen Superstruktur vertrauten mir zwar – man kannte sich aus Bonn –, aber sie alle
wußten, daß Senatoren immer wieder wechseln. Eine »Berliner
Institution«, bei der man vom jeweiligen Senat abhängig wäre,
wollten sie unter keinen Umständen. Also schraubten wir am
Konzept – das zum fünfundzwanzigsten Todestag Reuters 1978
ja vom Abgeordnetenhaus beschlossen war – so lange herum,
bis eine zweistufige Lösung herauskam.

Die Ernst-Reuter-Stiftung war nur die Trägerorganisation eines »Wissenschaftskollegs«, das auch nicht einfach »Wissenschaftskolleg Berlin«, sondern höchst absichtsvoll »Wissenschaftskolleg zu Berlin« genannt wurde. Die Finanzierung kam
zuerst einmal (immerhin 3,5 Millionen Mark) von der Volks-
wagenstiftung. Otto Haefner, der zuständige Abteilungsleiter
der Stiftung, hatte sich mit großer Kraft engagiert. Die Stipendien für die »Fellows«, die Gäste, kamen teils aus Berlin, teils
vom Bonner Forschungsministerium Volker Hauffs. So ging es

dann, aber auch nur, weil Reimar Lüst, der Präsident der Max-Planck-Gesellschaft, auf seine Kollegen immer wieder einwirkte. Ohne Lüst, den wohl mächtigsten und oft genug stillsten deutschen Wissenschaftsorganisator der letzten dreißig Jahre des 20. Jahrhunderts, hätte ich das Wissenschaftskolleg nie durchsetzen können. Wapnewski, der mit Lüst befreundet war, sagte gelegentlich bewundernd: »Ja, ja, der war U-Boot-Fahrer.«

Die zweite dicke Mauer, die es zu überwinden galt, war die strikte Ablehnung, die die Berliner Linke jeder »elitären« Einrichtung entgegenbrachte. »Elite« war ein Unwort für die Berliner SPD. Aber auch die anderen Parteien und die Mehrheit der Bevölkerung hielten Elite für ein Synonym für Paradiesvögel. 1980 faßte ich schließlich den Mut, im *Spiegel* den Essay »Die Linke und die Elite« zu publizieren, dessen Kernsätze lauteten: »Die deutsche Linke würde einen katastrophalen Fehler machen, wenn sie sich auf den naheliegenden Reflex angewiderter Ablehnung beschränken würde. Eine solche Haltung wäre realitätsfern und unpolitisch.« Aber was Glotz (in bezug auf Paradiesvögel) im *Spiegel* schrieb, war »Feueteong«; das Abgeordnetenhaus hätte es nie beschlossen. Deswegen rühme ich das Memorandum zum Kolleg, verfaßt von Jochen Stöhr und seinem von der Forschungsgemeinschaft entliehenen Kollegen Christoph Schneider, als hohe Verwaltungskunst. Sie begründeten die Erfindung einer Eliteinstitution, ohne das Wort Elite ein einziges Mal zu gebrauchen.

Ich muß noch – Berlin war eine Enklave der Alliierten – einen baumlangen, kahlen, vor Energie sprühenden Amerikaner erwähnen, Shepard (Shep) Stone, der das von Berlin finanzierte Aspen Institute leitete und großen Einfluß in der Stadt hatte. Er hat sicher dreimal mit mir im »Seehof« gegessen und mich mit seiner überdimensionalen Mont-Blanc-Füllfeder beeindruckt, um zu verhindern, daß ich den früheren APO-Mann Ekkehard Krippendorf ans John F. Kennedy Institute berief. Aber man muß zugeben, daß Shep, der Berlin aus den dreißiger Jahren her kannte, eine Deutsche geheiratet hatte und als enger Mitarbeiter General McCloys ins zerstörte Deutschland zurückgekommen war, nicht nachtragend war. Ich habe Krippendorf berufen, und dennoch hat Shep, als das Projekt Wissenschaftskolleg anstand, in seinem Kreis mit den Leitern der Berliner Wissenschaftsorganisationen geholfen. Er liebte Wapnewski nicht. Aber er liebte Berlin. Irgendwo in meinen Kisten muß noch ein Foto sein, das er mir geschenkt hat: Wie er – damals Mitte sechzig – mit nacktem Oberkörper vor seinem Landhaus in Vermont Holz hackte. Shep hat auch in seiner Wahlheimat Berlin allerhand Bäume, die im Weg standen, zu Kleinholz verarbeitet.

Mein stärkstes politisches Argument für das Kolleg lautete: Wir wollen von den Nazis vertriebene Gelehrte – Ernst Reuter war auch von den Nazis vertrieben worden – wenigstens für ein akademisches Jahr nach Berlin zurückholen. So war Gershom Scholem, unter dem Namen Gerhard Scholem der engste Freund Walter Benjamins, Fellow des ersten Jahres. Es ging uns aber nicht nur um Juden; das Kolleg war nie ein »hebräischer Verein« (wie das eine oder andere feindliche Blatt insinuierte). Der Verein hatte allerdings erkannt, daß der Kontakt mit Israel aus wissenschaftlichen Gründen von Bedeutung war; das war vor allem ein Verdienst des »Permanent Member« (des ständigen Fellows) Yehuda Elkana. Der kam allerdings erst nach meiner Amtszeit ans Kolleg.

Hier ist der Ort, von Hellmut Becker zu sprechen, dem Direktor des Berliner Max-Planck-Instituts für Bildungsforschung, der in dieser Stadt von zurückbleibender Lebenssubstanz zu den übriggebliebenen Großbürgern, den souveränen Verbindungskünstlern gehörte. Becker, der Sohn des preußischen Kultusministers Carl Heinrich Becker, war einer der Väter der Bildungsreform in Deutschland, saß in zahllosen Gremien, war ein großer Reisender und konnte so gut wie kein anderer raten, warnen und fördern. Wapnewski hat ihn später den »père noble« des Gründungsprozesses genannt. Die Idee, Wapnewski nach Berlin zurückzuholen, wurde mir von Becker nahegebracht genauso wie der Vorschlag, Joachim Nettelbeck, der vorher an der damals linksradikalen und mittelmäßigen Fachhochschule für Wirtschaft Verwaltungsleiter gewesen war, zum »Sekretär« des Kollegs zu machen. Nettelbeck ist seit einem Vierteljahrhundert ein sich niemals in den Vordergrund spielender Generalsekretär, dem der Komment des Kollegs verbietet, den General im Titel zu führen.

Auch Wapnewskis kongenialer Nachfolger, der Soziologe Wolf Lepenies, muß eine Idee Beckers gewesen sein – das war lange nach meiner Zeit. Lepenies war, weil er nicht gesinnungstüchtig genug war, von der Freien Universität mit einer C3-Professur abgefunden worden. Princeton allerdings riß sich um ihn. Mein Nachfolger Kewenig berief ihn schließlich mit innerem Widerstreben, weil er lieber einen Naturwissenschaftler gehabt hätte. Becker war der Stichwortgeber im Hintergrund, der leise, nachdrückliche, kenntnisreiche, listige Nebenbemerkungskünstler, der ohne formelle Zuständigkeit und ohne große Position die Institution prägte. Als er starb, hörte der mit dem Judentum und Israel eng verbundene Becker – so erzählen Freunde – fast nur noch *Tristan*. Der Antisemit Wagner war ein großer Komponist und Becker einer der letzten Repräsentanten des aussterbenden Berliner Bürgertums. Er konnte unterscheiden.

Was will diese Miszelle über das Kolleg sagen? Daß es heute eine der angesehensten Einrichtungen seiner Art in der ganzen Welt ist. Ich stand ganz am Anfang, griff in die Luft und fügte per Zufall vorbeischwebende Chancen zusammen. Meine größte Lebensleistung – ein geistesgegenwärtiges Zupacken auf Zufälle, die vorbeischwebten wie die Christbaumkugeln des sich drehenden Baums, den der Stille-Nacht-Heilige-Nacht klimpernde Christbaumständer meiner Großmutter drehte. Daß das Kolleg aber so gut wurde, wie es ist, ist nicht mein Verdienst, sondern das Ergebnis der Arbeit der Lebendigen und der Toten, die ich hier gepriesen habe.

Lechts und rinks

Wir tappten über Schneehaufen. Es war drei Uhr früh am 12. Januar 1981. Der Berliner Presseball ging nun allmählich seinem Ende zu. Auf dem Weg zum Wagen sagte der alte Berliner Journalist Lutz Meunier trocken zu mir: »Weißt du schon, daß Riebi zur WBK zurückgeht?« – »Das ist doch nicht dein Ernst«, antwortete ich. – »Es läuft über den RIAS«, sagte Meu-

nier. »Dann hat er das doppelte Einkommen wie bisher; ist
doch schön, oder?«

Riebi war der Finanzsenator Klaus Riebschläger, ein schlan-
ker, sportlicher, zäher Aufsteiger meines Altes, seit langem stellvertretender Vorsitzender der Berliner SPD. Vor dem Quer-
schnittsressort Finanzen war er Bausenator; er kannte die Stadt
wie seine Westentasche. Und die Stadt kannte ihn. Riebschläger
war ein tüchtiger Ressortchef und ein wortgewaltiger Anführer
des rechten Flügels der Berliner SPD, unumschränkter Herr in
Steglitz. Er sah nur nicht ein, daß es schwierig ist, als scharfzüngiger Anführer eines Geschlechts, eines Haufens, einer Strö-
mung Kaiser oder Papst zu werden; in Berlin war der Regierende Bürgermeister vor dem Mauerfall Kaiser und Papst in
einer Person. Riebi, wie ihn die einen liebevoll, die anderen bös-
artig abkürzten, war der Mann, der mit hohen Stiefeln und einem langen Stecken, an dessen Spitze eine Verzweigung war,
durch die Schlangengrube ging und für Ordnung sorgte. Zu einer Vaterfigur (ach, die verdächtige Sehnsucht nach den Vätern!) eignete er sich nicht. Er hatte ein dünnes, fahles Bärtchen
und eine hohe Stimme; alles keine Argumente – der Mann beherrschte sein Geschäft. Aber der Ehrgeiz trieb ihn immer hin
und her über den Fluß.

Riebschläger, so hatte er es nach vielen halb verdeckten, halb
offenen Kämpfen mit Stobbe vereinbart, sollte Fraktionsvorsitzender werden. Er wurde es auch für ein paar Tage. Seine Rückkehr zur WBK, der Wohnungsbaukreditanstalt Berlin, bei der er
Anfang der siebziger Jahre dem Vorstand angehörte, war völlig
legal (Riebschläger hatte in seinem Vertrag ein Rückkehrrecht
vereinbart), aber völlig unpolitisch. Als er in einem Fernsehin-
terview auch noch sagte, er würde Börsenkurse inzwischen
(also nach einem Tag) schon wieder besser kennen als das Ab-
stimmungsverhalten von Abgeordneten, platzte der Kessel.
Riebschlägers politische Karriere war beendet.

Warum erzähle ich diese Geschichte? Weil sie zeigt, wie sich
eine politische Partei durch Bürokratisierung ihrer Konflikte,
durch Flügelbildung und Kungelei um die Macht bringt. Daß
Stobbes Versuch einer Neubildung des Senats im Januar 1981
(die wegen meines Ausscheidens aus dem Senat, meiner Wahl

zum Bundesgeschäftsführer der Partei notwendig wurde) scheiterte, war in der Spaltung des Koalitionspartners FDP begrün-
det, deren rechter Flügel zur CDU strebte, und im verharzten
Haß der sozialdemokratischen Unterführer gegeneinander. Um
eine Entscheidung abzusichern, mußte der vernünftige, tüchtige,
aber gelegentlich zögerliche Norddeutsche Stobbe mit immer
mehr Leuten verhandeln, immer mehr Pakete schnüren. Am
Schluß fielen bei der Wahl in neue Ämter auch persönlich unta-
delige und fachlich vorzügliche Leute wie der langjährige Innensenator Peter Ulrich oder der geschickte Fraktionsgeschäftsführer Rainer Papenfuß, meine engsten Berliner Freunde, durch.

Der andere Grund für die Durchschlagskraft giftiger Intrigen
aber war das strangulierte Westberlin selbst, diese Halbstadt
mit ebenso großer wie fürchterlicher Vergangenheit, dieser ent-
bürgerlichte Torso mit seinen pauperisierten, antikommunistisch aufgeheizten Massen, seiner utopistischen Minderheit
und seiner viel zu kleinen, viel zu eng aufeinander sitzenden
Führungsschicht. Die Skandale, die der Sozialdemokratie
schließlich das Genick brachen – ob das Scheitern einer Bürg-
schaft für die Firma »Bautechnik« des Architekten Garski, Un-
regelmäßigkeiten beim Steglitzer Kreisel oder beim Bau des
Internationalen Kongresszentrums – waren das Ergebnis einer
von außen aufgezwungenen Bunkermentalität.

Der Begriff »Filz«, geprägt von einem Journalisten des *Tagesspiegel* zur Spätzeit der Proporzdemokratie der Großen Koalition, traf: Es gab – übrigens durchaus überparteilich – zu viel
Ämterpatronage, zu viel Subventionshascherei und zu wenig
Leistungsprinzip. Die meisten Aufgaben in der Stadt waren »Ei-
genbetrieben« aufgetragen, deren Personal von der Politik benannt wurde. Zu der Zeit, von der ich erzähle, lag der Subven-
tionsbedarf für diese Eigenbetriebe bei einer knappen Milliarde.
Die Gewerkschaften des öffentlichen Dienstes, zerfallen zwischen ÖTV und DAG, zementierten den Status quo. Weder Kon-
trollmaßnahmen in der Berliner Verwaltung (»Stechuhr«) noch
eine Liberalisierung des Wohnungsmarktes waren durchsetzbar.

Am besten hat die Situation Klaus Riebschläger beschrieben.
1983 formulierte er: »Die Zuzugsbeschränkungen, die Mangel-
lage auf dem Wohnungsmarkt, die Versorgung mit dem Not-

wendigsten auf dem Nahrungsmittel- und Brennstoffsektor sorgten dafür, daß staatliche Ämter zu den entscheidenden Schaltstellen für die Situation des Einzelnen, seiner Familie und der Betriebe weit über das in Westdeutschland bekannte Maß hinaus wurden. Westberlin ist in diesem Punkt in der Mitte zwischen der DDR und dem westlichen Deutschland einzuordnen.« Das sagt alles über die Situation, in der wir damals Politik zu machen versuchten.

In dieser Stadt gab es natürlich noch Reste des alten Bürgertums. Hellmut Becker habe ich schon genannt. Zu einigen Figuren dieses aussterbenden Biotops hatte ich Kontakt, zum Beispiel zum Verleger Wolf Jobst Siedler, der einige meiner Bücher herausbrachte. Siedler, schon mit fünfundzwanzig Jahren Feuilletonredakteur des *Tagesspiegels*, hatte als erster die Lage begriffen. Später sagte er: Die Welt Fontanes ist ebenso verschwunden wie die Welt von Döblins *Berlin Alexanderplatz*. Schon in den sechziger Jahren hatte er, unter den amüsierten Blicken der »Fortschrittlichen«, der Sozialdemokraten mit ihrem Bausenator Schwedler an der Spitze, das Buch *Die gemordete Stadt* publiziert, eine beispiellos scharfe Kritik der Abrißbirnenpolitik der damaligen Senate, zu dem die Fotografin Elisabeth Niggemeier schockierende Fotos über abgeräumte Bürgerhäuser beigesteuert hatte. Später, als Prinzipal seines eigenen Verlags (der wie die meisten anderen kleineren Verlage dann in die Hände von Bertelsmann kam) hatte er in einem risikoreichen Ein-Mann-Unternehmen Geschichtspolitik betrieben, vor allem die Rolle des Individuums in der Geschichte neu in die Diskussion gebracht.

Siedler, der seit Jahrzehnten in einem kleinen verwunschenen Haus voller Bücher und Bilder in Dahlem lebt, war für mich immer der letzte Preuße: geschichtsbewußt, aber illusionslos, was seinesgleichen betraf. Irgendwann wettete er, daß in ein paar Jahren auf dem Kurfürstendamm kein Mann mit Krawatte mehr anzutreffen sein werde, ganz im Unterschied zu der Münchner Maximilianstraße oder dem Jungfernstieg in Hamburg. Er hat recht behalten. Die letzten Krawattenmänner spazieren heute Unter den Linden herum; es sind meistens eingeflogene Politiker, Beamte oder Unternehmer.

Ein ganz anderer Typus, aber auch ein Überbleibsel des deutschen Bürgertums, war Franz Karl Maier, der Verleger vom *Tagesspiegel*, ein hagerer, sparsamer Schwabe, den es nach Berlin verschlagen hatte. Wir aßen oft zusammen, aber nicht in irgendeinem der teuren neuen Italiener, sondern im alten Hotel Berlin, nicht im teuren Grill-, sondern im preiswerten Tagesrestaurant. Sein trockener Rigorismus und seine konservativen Tugendkataloge waren den Westberlinern (aller Lager) lästig. Als Richard von Weizsäcker die Szene betrat, gewann er die Siedlers, die Maiers und ihre Geistesverwandten im Flug. Weizsäcker paßte zur CDU Heinrich Lummers, Eberhard Diepgens, Peter Kittelmanns und Jürgen Wohlrabes wie ein Tafelaufsatz aus dem späten 19. Jahrhundert auf einen Resopal-Tisch in einer Berliner Eckkneipe. Viele Intellektuelle schwärmten – unter anderem im *Tagesspiegel* – von diesem dem Filz, der Parteidisziplin und der Kameraderie weit enthobenen Mann.

Einer der größten Schwärmer war der bedeutende Pädagoge Hartmut von Hentig (der nicht in Berlin lebte). Franz Karl Maier war immerhin fair genug, mir genausoviel Platz wie Hentig einzuräumen; wir duellierten uns in zwei langen Artikeln. Das änderte aber nichts an der Tatsache, daß Weizsäcker mit der Zeit in Berlin das gewann, was ich mit dem italienischen Kommunisten Antonio Gramsci etwas pompös die »kulturelle Hegemonie« nannte. Der schlanke, elegante, leise weißhaarige Mann mit seinen vom Pathos mühelos in die Ironie wechselnden, differenzierten Tönen, war dem Berliner Personal aller Seiten deutlich überlegen. War er rechts, war er links? Er entzog sich solchen Kategorien schon damals ins Präsidiale.

Bevor ich die Berliner Geschichte zu Ende erzähle, muß ich noch etwas zu rechts und links sagen. Das war ja diese verdammte Grenzgängerei, die ich mir nicht ausgesucht hatte. Ich kam von rechts, war in den wilden Münchner Kämpfen Vogels gegen die hereinschwappenden Redakteurssöhne und Hotelierstöchter eindeutig auf der Seite des OB, wie man damals sagte. Vogel war nämlich überhaupt nicht »rechts«, er hatte Vorstellungen vom Bodenrecht, die die Hausbesitzer für linksradikal hielten. Aber er nahm den nachempfundenen, ein wenig existentialistisch gefärbten Marxismus der Jusos zum

Nennwert. So wollte er schon bald all ihre Köpfe aus der Partei werfen.

Ab 1972 war ich sein Stellvertreter in der bayerischen SPD und teilte politisch seine Meinungen. Die radikale Verkürzung des sozialen Spektrums der Partei hielt ich aber für falsch. Vogel sammelte hinter sich alle treuen Schluffen aus der alten Münchner Organisation: verdiente Arbeiterführer, die gegen die Nazis gekämpft hatten, brave Landtagsabgeordnete, ein paar Funktionäre der ersten Generation des Sozialdemokratischen Hochschulbundes (SHB), der an die Stelle des nach links weggedrifteten Sozialistischen Deutschen Studentenbundes (SDS) treten sollte. Aber all diese Leute verloren mit der Zeit ihren Einfluß, ihre Mandate.

Damals kam ich zum erstenmal in den Konflikt, der mich das halbe Leben begleiten sollte: Die Linken erkannten mich als »intelligenten« Rechten, die Rechten aber betrachteten mich kopfschüttelnd als Paradiesvogel und hatten kein Vertrauen zu mir. Egon Franke, der jahrzehntelange Hauptmann der Kanaler, ließ mich schon zu; aber g+elegentlich bedeutete er mir mit barscher Freundlichkeit, daß ich eigentlich nicht dazugehörte. Mitte der siebziger Jahre hätte ich fast einmal gegen Vogel um den bayerischen Landesvorsitz kandidiert. Das verhinderten die Franken um Bruno Friedrich. Hier zerbrach das Verhältnis zu Vogel das erste Mal.

Diese Grenzgängerei setzte sich in Berlin natürlich fort. Ich konnte nicht zu den Linken, deren Anführer Harry Ristock mir eigentlich zutiefst sympathisch war. Ristock war zu meiner Zeit Bausenator, ein beleibter, eher kleiner, witziger Gesinnungslinker, den man erst begriff, wenn man seiner Einladung zum Frühstück gefolgt war und sah, wie er vor dem Frühstück das Gewächshaus, das er in seinem Garten errichtet hatte, geradezu zärtlich durchschritt, seine Pflanzen goß und jede Pflanze seinem Besucher erklärte. Ristock hatte sich ein böses Ausschlußverfahren aus der SPD eingebrockt, weil er eine Anti-Vietnam-Demonstration in Berlin mit einem riesigen antiamerikanischen Schild um den Hals angeführt hatte. Zu meiner Zeit war er längst väterlich in die Mitte gerückt und organisierte die sozialdemokratische Linke auf Bundesebene. Mit Ristock wäre mir

die Kooperation nicht schwergefallen; nur die kleinen grünen
Schnapsflaschen von der Marke »Bismarck«, die er einem schon
beim Frühstück aufnötigen wollte, waren mir lästig.
Aber die Berliner Linke bestand natürlich nicht nur aus Ristock. Dort gab es beliebig viele dreiviertelmarxistische Assistenten und Kreuzberger Hallodris. Also zog ich in den rechten
Bezirk Reineckendorf, mietete mir ein Haus in der Gabrielen-
straße, am Tegelersee nahe der Sechserbrücke, und bekam meine
Delegiertenmandate von den Rechten, die meine Diskussions-
bereitschaft mit allen möglichen Spontis und meine Absicht, die
von der Berliner SPD abgeschafften Allgemeinen Studentenaus-
schüsse wieder einzuführen, mit großer Skepsis betrachteten.
Gelegentlich zwangen Riebschläger und der Landesvorsitzende
Löffler Stobbe, mich vorzuladen. Irgendwie kam ich durch. Aber
ich paßte nicht ins Milieu. Die harten Knochen (die vonStobbe,
Ulrich, Papenfuß und anderen im Zaum gehalten wurden) mur-
melten hinter meinem Rücken etwas von »Intelleler«. Na ja.
Bringen wir die Geschichte zu Ende. Schon beim Abschied
des Bürgermeisters und Wirtschaftssenators Wolfgang Lüder,
den die eigene Fraktion zum Rücktritt gezwungen hatte, einer
kleinlauten Veranstaltung mit warmem Bier, kamen Ristock
und Ulrich auf mich zu und beschworen mich, für ein »Netz«
zu sorgen. Was tun wir, wenn die neu vorgeschlagenen Senatoren nicht gewählt werden? Die Antwort war eindeutig: Dann
brauchen wir einen Bürgermeisterkandidaten von außen. Ich
telefonierte mit Bahr und Brandt. Der erklärte sich bereit, für
den Fall des Falles nach Berlin zu kommen. Als Kandidaten
empfahl er Hans-Jürgen Wischnewski. Ich war es zufrieden.
Aber als der Personalvorschlag Stobbes am Donnerstag, dem
15. Januar, gescheitert war und Stobbe – mit dem Satz »Ich
liebe unsere Stadt« – sein Amt zur Verfügung gestellt hatte,
konnte Brandt in langen Beratungen mit der Führung der Berliner Partei Wischnewski nicht durchsetzen. Riebschläger und
ich waren bei wichtigen Teilen der Sitzung nicht dabei; wir diskutierten in einer Sendung des ZDF. Als ich schließlich dazu
stieß, forderte mich die Runde auf, selbst zu kandidieren.
Brandt, der in solchen Situationen eine nie versagende taktische
Einschätzung hatte, vertagte die Runde.

In dieser Nacht vom 15. zum 16. Januar 1981 entschied sich
meine politische Karriere. Hätte ich das Angebot akzeptiert
und das Amt des Bundesgeschäftsführers ausgeschlagen, hätte
mir niemand die Führungsrolle in der Berliner SPD nehmen
können. Natürlich hätte ich die damals noch nicht sichtbare,
durch ein Volksbegehren erzwungene Wahl gegen Richard von
Weizsäcker genauso verloren wie der von mir schließlich eingeflogene Spitzenkandidat Jochen Vogel. Hätte ich mich endgültig für diese Halbstadt – als »Heimat« – entschieden, so hätte es
später neue Chancen gegeben. Diese Chancen nahm dann Walter Momper wahr, zu meiner Zeit einer der Unterführer des linken Flügels, Vorsitzender der Kreuzberger SPD.

Aber mich reizte die Zusammenarbeit mit Brandt über alle
Maßen. Kein anderer in der Führung der Partei hätte mich in
dieses Amt geholt. Schmidt hatte mir offen gesagt, daß er einen
Funktionär der Baracke wollte, der die Arbeit unauffällig unter
Wischnewski – Wischnewski war damals en vogue – machen
sollte. Wehner hatte sich auf den Satz zurückgezogen: »Das ist
allein eine Entscheidung Willy Brandts.« Auch da mußte ich
wissen, woran ich war. Und Brandt blieb dabei: Du mußt nach
Bonn kommen. Also ging ich nach Bonn, wo die Sozialliberale
Koalition vor ihrem Ende stand, und in ein Amt, das man nur
vernünftig wahrnehmen kann, wenn man vielen Menschen auf
die Füße tritt. Damals hatte ich auch noch nicht begriffen, daß
sich in Deutschland die Unsitte eingebürgert hatte, nicht mehr
Mitglieder des zentralen Parlaments, sondern Ministerpräsidenten (also zumeist Menschen mit begrenzten Kompetenzen,
aber großen Presseabteilungen) in die Spitzenpositionen zu
wählen. Spekulationen, wie es bei einer Entscheidung gegen
Bonn und für Berlin ausgegangen wäre, sind sinnlos.

Brandt meisterte das Problem genial. Er wendete den Vorschlag, ich sollte in Berlin die Spitzenkandidatur übernehmen,
zu der Idee, ich sollte als »Formateur« auftreten. Den Begriff
hatte ich noch nie gehört, er stammte angeblich aus Belgien.
Auf deutsch hieß das, ich solle einen auswärtigen Spitzenkandidaten besorgen. Also flogen Brandt und ich nach Bonn. Vorher
telefonierte ich mit Schmidt und fragte ihn, welches seiner Ka-
binettsmitglieder er unter Umständen freigeben würde. Das

war ein offenherziges Gespräch. Schmidt neigte im kleinen Kreis zu brutaler Ehrlichkeit. Er setzte mir die Qualitäten und die Schwächen aller Personen, die ich nannte, mit dürren Worten auseinander. Zwei Tage später lasen wir unser Gespräch in der Berliner Zeitung *Abend* im Wortlaut. Die Abhörrechte für Telefongespräche hatten damals die Alliierten. Der *Abend* behauptete, das Band habe schlicht im Briefkasten gelegen. Wir haben nie erfahren, welche mittlere Charge hier Schicksal zu spielen versuchte.

In Bonn holte ich mir eine ganze Reihe von Absagen. Niemand wollte ins »kaputte Berlin«. Zuletzt ging ich zu Egon Bahr. Er war ja auch aus Berlin gekommen. In einem einzigen, glasklaren und trockenen Satz sagte er mir, warum es nicht ging: »Wir hätten die ganze Ostpolitik wieder auf der Tagesordnung, die Springflut der Berliner Presse würde mich überspülen.« Ich merkte sofort, daß da nichts zu machen war. »Darf ich mit Vogel telefonieren?« fragte ich Bahr. Selbstverständlich. Er führte mich ins Schlafzimmer. Auf dem Bett von Dorothea Bahr sitzend, rief ich Vogel an. Er war der erste, der nicht mit Sätzen wie »Ich denke ja gar nicht daran« reagierte; er stellte nur Fragen und erbat eine Sitzung der engsten Führung der Partei.

Diese Sitzung in einem Besprechungszimmer des Kanzleramtes – Teilnehmer waren Brandt, Schmidt, Wehner, Bahr, Vogel, vermutlich auch der Chef des Kanzleramtes, Lahnstein und ich – werde ich nie vergessen. Ich schlug Vogel vor. Bevor Vogel sich aber äußern konnte, fuhr Wehner dazwischen. Er schlage Willy Brandt vor. Der sei der einzige, der das Blatt in Berlin noch wenden könne. Wir waren perplex, Brandt war es auch. Er bat um Bedenkzeit und fuhr mit Bahr nach Hause, um sich mit seiner Frau zu besprechen. Als sie wiederkamen, sagte Bahr auf dem Weg ins Sitzungszimmer zu mir halblaut: »Es wäre sein Tod.« Brandt lehnte ab.

Die nähere Umgebung Brandts wertete das übrigens als eine weitere Intrige Wehners gegen den Vorsitzenden. Mir leuchtet das nicht ein. In einem hatte Wehner recht: Brandt wäre der einzige gewesen, der Weizsäcker hätte schlagen können. Er hätte eine Welle von Erinnerungen und Gefühlen in »seinem« Berlin ausgelöst. Die Partei, die Gewerkschaften, die Eigenbetriebe, selbst die Medien hätten mit ihm nicht so umgehen können wie mit jedem anderen. Der Satz Egon Bahrs – »Es wäre sein Tod« – war der Satz eines Freundes. Ein Freund Brandts war Wehner nicht. Für ihn galt nur eines: Was nützt der Partei, was schadet ihr?

Es lief auf Vogel hinaus, der mich, als er einmal installiert war, nötigte, den Berliner Landesvorsitz (für ein Jahr) zu übernehmen, weil er selbst nicht beide Ämter bekleiden wollte. Brandt war darüber so wütend, daß er mich fast hinausgeworfen hätte, bevor ich in Bonn richtig installiert war. Aber ich war derjenige, der Vogel nach Berlin gelockt hatte; also war ich ihm verpflichtet. Vogel stürzte sich mit geradezu selbstzerstörerischer Energie in den Kampf. Manche unserer Besprechungen fanden früh um sechs statt. Das Licht in seinem Amtszimmer brannte oft bis tief nach Mitternacht. Er hatte zwar den Fehler gemacht, seinen Senat mit allzu vielen Leuten von außen zu besetzen – wir beide hatten eine ganze Nacht lang am Telefon gesessen, um mögliche Senatoren »aus der BRD« zu gewinnen –, kehrte aber ansonsten mit eisernem Besen. Ich ließ ein Plakat mit vier Köpfen kleben: Ernst Reuter, Luise Schröder, Willy Brandt, Jochen Vogel. Vogel erzielte mit 38,3 Prozent ein Ergebnis, das die SPD nach ihm in Berlin nie mehr zustande brachte. Aber das ist schon eine andere Geschichte.

Die zweite Kultur hatte Berlin als »befreite Stadt« gefeiert, befreit vom Kapitalismus. Aber der Kapitalismus hat einen guten Magen. Zuerst verlangte der amerikanische Präsident Reagan in Berlin, Gorbatschow solle die Mauer einreißen lassen. Ich hielt das für Maulheldentum – das war es aber nicht. Dann ließ Gorbatschow das Schleifen der Mauer wirklich zu. Und heute steht auf jedem Zimmer des Hotels »Four Seasons« ein in Plastik eingeschweißtes, rostrotes Steinchen aus der Mauer. Jetzt ist die Stadt wirklich befreit, allerdings nicht vom Kapitalismus. Berlin ist die ärmste Großstadt Deutschlands, mit einem Durchschnittsjahreseinkommen von 14 000 Euro.

6. KAPITEL

Der Parteisekretär

Wieso und wie ich Bundesgeschäftsführer der SPD wurde, weiß ich heute noch nicht. Ich weiß nur, daß ich monatelang Anrufe meines Freundes Pit Weber bekam, damals Abteilungsleiter im Ollenhauer Haus, Nordhesse, ein Vertrauter Holger Börners, der aber auch auf der linken Seite Leute hatte, die ihm vertrauten. Wasserstandsmeldungen: »Du bist der chancenreichste Kandidat.« – »Jetzt ist doch wieder Bruno Friedrich heftig im Gespräch.« – »Peter (Brandt) – der damals in Berlin lebte – soll seinem Vater gesagt haben: Der leistet dort beispiel-

Otto Graf Lambsdorff auf dem FDP-Parteitag in Münster 1984

Klaus Harpprecht

hafte Arbeit.« Gelegentlich lud mich Klaus Wirtgen vom *Spiegel* zum Essen ein und versuchte, mir irgendwelche Äußerungen zu entlocken. Aber ich wußte nichts und sagte wenig. Bis Bahr – mein Vorgänger, der Geheimnisse so gut zu hüten verstand, daß er sie sich selbst gelegentlich verschwieg – mich anrief und in überwältigend direkter Art sagte: »Du bist 's.« Das war Anfang Dezember 1980.

Ich hatte Brandt natürlich bei verschiedenen seiner Besuche in Südbayern kennengelernt. Da war ich einer von fünf oder sechs regionalen Funktionären, die ihn umringten. Wahrgenommen mag er mich in der Fraktion haben, der ich seit 1972 angehörte. Aber gefunkt hat es im Kanzleramt, als Klaus Harpprecht, Otto Graf Lambsdorff und ich im Auftrag Egon Bahrs ein Kapitel über die »neue Mitte« formulierten, das

Brandt dann in sein dickes (langweiliges) Buch *Über den Tag hinaus* aufnahm. Wir überhöhten – 1973 – die Sozialliberale Koalition zu einem historischen Bündnis von Arbeiterschaft und Bürgertum. Da war der Wunsch der Vater des Gedankens, wobei das einzig Interessante ist, daß auch Lambsdorff damals von diesem Wunsch beseelt war. Das hat sich nach 1975 gegeben. Zu diesen Besprechungen stieß der Kanzler gelegentlich dazu. Seitdem blieb man in losem Kontakt. Als Stobbe mich 1977 nach Berlin holen wollte, erbat ich ein Gespräch, das in Brandts Amtsvilla am Venusberg stattfand. Er riet mir zu. 1980/81 holte er mich wohl zurück, weil er einen Dialogspezialisten suchte.

Das Amt des Bundesgeschäftsführers war während der Großen Koalition geschaffen worden, als der Vorsitzende Außenminister war und sich um die Partei nicht genug kümmern konnte. Hans-Jürgen Wischnewski war der erste Amtsinhaber, weiß Gott kein Intellektueller, sondern ein schnell entschlossener Macher in marineblauen Anzügen, ein etwas beleibter James Bond der Politik, der sich auch in gnadenlosen Situationen (der Geiselbefreiung von Mogadischu) bewähren konnte,

Wischnewski, Brandt, Glotz

Der Vorsitzende und sein Geschäftsführer

aber kein Stratege, sondern ein Held des Situationismus. Er verehrte Willy Brandt, hörte aber vor allem auf Helmut Schmidt. Schon nach gut zwei Jahren war er geschaßt, weil er »Generalsekretär« werden wollte. Das hätte – außer dem feineren Titel – nur die Direktwahl auf dem Parteitag bedeutet, also die Gleichstellung mit dem direkt zu wählenden Schatzmeister. Schröder und Müntefering haben das Jahrzehnte später durchgesetzt. Ich höre Wehner noch knurren: »Generalsekretäre in sozialistischen Parteien werden Stalin.« Das »Stalin« schrie er heraus.

Auf dem Parteitag nahm ich an einer Delegiertenbesprechung teil, an der Alfred Nau, der Schatzmeister, bekümmert seine große Sympathie für Wischnewski ausdrückte; aber Direktwahl könne er nicht empfehlen. Der Vorschlag, eine Satzungsänderung, fiel durch. Wischnewski rollte sich ab wie eine Katze und wurde später noch fast alles, was man in der SPD werden konnte: Stellvertretender Vorsitzender, Staatsminister im Kanzleramt, sogar Schatzmeister – das letzte traf allerdings seine Begabung am wenigsten.

Was ist der Bundesgeschäftsführer oder Generalsekretär? Das definiert der Vorsitzende. Der Vorsitzende Vogel zum Beispiel war sein eigener Geschäftsführer. Brandt allerdings ließ uns – zuerst Wischnewski, dann Holger Börner, Egon Bahr und mich – an der langen Leine laufen. Er wollte informiert werden, deckte uns aber auch dann, wenn er selbst eine Entscheidung anders getroffen hätte. Brandt hatte in Konfliktfällen etwas von einer Sphinx; am ungeniertesten hat das seine Frau, Brigitte Seebacher, in ihrer Brandt-Biographie enthüllt. Er hörte sich die Analysen seiner Mitarbeiter an, fragte nach, wies hin und sagte dann:»Mach mal.« Zu detaillierte Vorlagen gab er einem höflich zurück. Als ich einmal einen Gesamtplan für die Personalpolitik der Parteizentrale – nur für ihn, in einem Exemplar – produziert hatte, sagte er nach einem flüchtigen Blick auf das Papier lächelnd:»Ich wußte gar nicht, was man alles aufschreiben kann.« So lernte man, vieles auf die eigene Kappe zu nehmen. In fast sieben Jahren habe ich nur einen spürbaren Konflikt mit Brandt gehabt. Davon wird zu erzählen sein. Vermutlich habe ich aber manches getan, worüber er zu Hause den Kopf schüttelte. In der Öffentlichkeit verteidigte er mich immer: milde, beiläufig, aber ohne mich auszuliefern. Er war ein Herr; und er wollte sich weder verzetteln noch herumstreiten.

Mädchen für alles

Von Horst Ehmke, einem der wenigen Freunde, die ich in der Politik gefunden habe, gibt es die gut erfundene Geschichte von dem Taxifahrer, der wissen wollte, wohin der Herr Bundesminister, Chef des Kanzleramts, denn wolle.»Egal«, soll Horst gesagt haben,»ich werde überall gebraucht.«

So ähnlich erging es mir als Geschäftsführer auch, jedenfalls bis Ende 1982, also solange die SPD die führende Regierungspartei und das Koalitionsgespräch im Kanzleramt die wichtigste Runde der Woche war. 1981 und 1982 konnte ich, besonders in den wilden Gefechten um den Haushalt 82, die Politik der Republik mäßig mit beeinflussen. Die letzten Entscheidungen trafen, wie immer in diesem System mit Verhältniswahl, die zwei Führungsfiguren Schmidt und Genscher. Es ging schon damals um Einsparungen, oft genug um dieselben wie heute. Lambsdorff saß mir gegenüber. Er erhielt die Telegramme der Versicherungswirtschaft, ich die von Adolf Schmidt, dem mächtigen Vorsitzenden der IG Bergbau. Manchmal tauschten wir die Eilnoten aus. »Da sehen Sie mal«, war die beiderseitige Argumentation. Die Interessenten beschworen uns, dies oder jenes nicht zu machen.

Adolf Schmidt war ein mächtiger Mann in der SPD, ein Fürst des Ruhrreviers, ein schweigsamer Pate im Hintergrund. Das Bundestagsmandat war Beigabe. Er ergriff selten das Wort; wenn er sprach, tat er das kurz und in einem seltsam feierlichen Ton. Sofort wurde der Gesprächsteppich in der Fraktion dünner. So war die SPD damals noch: Als ich zum Geschäftsführer gewählt war, lud mich Schmidt in seinen geschäftsführenden Vorstand ein. Die fünf oder sechs bedrohlich gestandenen Männer examinierten mich nach Strich und Faden. Nach diesem Gespräch begann ich zu ahnen, welche Bedeutung die Knappschaft und bestimmte Konfigurationen der Energiewirtschaft hatten. Die Einfahrt in einen Pütt war dann schon die Feier nach dem bestandenen Abitur. Pit Weber hatte mir eingeschärft: Nicht mehr als drei oder vier Schnäpse unter Tag. Ich hielt mich daran. Das gefiel Schmidt. Prominente Zeitgenossen, die als nachgemachte Kumpel mit Helm und schwarzem Gesicht besoffen ans Licht taumelten und erschlagen in die Kameras glotzten, verachtete er. Es gab (und gibt) ein Dutzend Schmidts – der Mann selbst ist längst in Pension – im Ruhrgebiet. Eine feste Struktur, die übrigens nicht »mafiöser« ist als der Zusammenhang von Bankern, Versicherern und ausgewählten Industrieimperien.

Mein Schreibtisch stand zwischen zwei Feuern. Die Partei war 1981/82 regierungskritisch, aufgewühlt, im Umbruch. Der Kanzler mußte konsolidieren, nicht nur wegen der auf den Absprung lauernden FDP-Führung, auch aus objektiven ökonomischen Gründen. Und er hatte mit voller Zustimmung Genschers auf die Überrüstung der Sowjetunion mit SS-20-Raketen hingewiesen. Die gerade gegründeten Grünen, damals noch eine

Antiparteien-Partei mit vielen, auch hysterischen und antiparlamentarischen, gelegentlich auch pro-kommunistischen Flügelchen, spieen gegen diese Politik Gift und Galle. Eine Minderheit der SPD, aber eine starke, sah die »neuen sozialen Bewegungen« auf der Straße und ließ sich mitreißen. Das war die eine Front: In der Friedensbewegung, der Frauenbewegung, den ökologischen Initativgruppen spielten natürlich auch unsere Genossen eine Rolle. Aber wie sollte man den Bürgern erklären, wie das mit der Politik der Regierung Schmidt/Genscher zusammenpaßte?

Das zweite Feuer nährte die Regierung selbst, gestützt von der Mehrheit der Fraktion, in der allerhand vom Zeitgeist abgenabelte alte Praktizisten saßen, die auf »die Partei« (deren Bonner Inkarnation ich im Schatten des Unantastbaren, Brandts, war) für eine führungslose Horde von Gefühlslinken hielt. Ich hatte die Argumentationspapiere für Brandt für das Koalitionsgespräch vorzubereiten, die ich zumeist von altvertrauten Beamten der Ministerialdirigentenriege, aber auch von Experten der Fraktion, entwerfen ließ. Die Frage war: Was kann man in der Koalition zur Beruhigung der Partei durchsetzen? Am liebsten hätten sie immer Konjunkturprogramme gemacht, die Schmidt in den Siebzigern auch mehrfach plaziert hatte. Jetzt aber war das Geld weg, und Schmidt schrie mir den Begriff »Mitnahmeeffekte« geradezu ins Gesicht. Vor zwanzig Leuten, vor der Tür des Fraktionssaals.

Ab Frühjahr 1982 wollten einige der FDP-Granden im übrigen gar nicht mehr, daß wir das Gleichgewicht bewahrten und die Partei bei der Stange hielten. Sie sahen für die FDP im Bündnis mit dieser unruhigen, aufgestörten, sich mit den neuen Bewegungen einlassenden SPD keine Zukunft. Wie ein überreizter Akrobat spielte ich mit immer mehr Bällen. Der überreizte Akrobat auf der anderen Seite hieß Verheugen. Er war damals Generalsekretär der FDP. Daß er Jahre später auf meinen Stuhl rücken sollte, hielten wir damals beide für unmöglich.

Das war die Kernaufgabe zu dieser Zeit: Regierung und Partei zusammenzuhalten. Wehner hatte düster prophezeit, daß

Günter Verheugen kommt zur SPD

die SPD fünfzehn Jahre in die Opposition müsse, wenn sie jetzt
wackele. Ich hielt das für eine Obsession aus den fünfziger Jahren; die Zahl der Wechselwähler war doch gewachsen. Aber
Wehner hat recht behalten. Kohl regierte vier Perioden, und wir
verschlissen in dieser Zeit vier Vorsitzende, vier »Leader«.
Manch einer von denen war allerdings kein Leader. Daneben
ging das tägliche Geschäft weiter. Ein schmaler, junger Anwalt
erschien in meinem Büro und verabschiedete sich. Er hieß
Schröder und hatte gerade den Vorsitz der Jungsozialisten ab-
gegeben. Mein väterlicher Freund Conny Ahlers, Schlüsselfigur
der *Spiegel*-Affäre, danach Regierungssprecher und später ein
rührend bemühter, aber ein wenig fremd wirkender Abgeordneter in der Pfalz, war zwei Jahre zuvor zum Intendanten der
Deutschen Welle gewählt worden. Nun war er, beim Heim-
kommen an einem späten Abend, einfach umgefallen. Das
Herz. Heilwig, seine Frau, mußte ihn nur ein paar Schritte ziehen, dann hatte sie ihn zu Hause. Aber er war tot. Wen nehmen
wir jetzt, fragte mich Egon Bahr? »Dieser Intendant braucht
außenpolitische Erfahrung, das ist der Sender, der die deutsche
Politik im Ausland vermittelt.«

Ich war gerade in Israel gewesen und hatte einen langen Abend mit Klaus Schütz, unserem Botschafter in Tel Aviv, verbracht. Schütz war Staatssekretär im Auswärtigen Amt und Regierender Bürgermeister in Berlin gewesen. Statt ihn nach Spanien oder Indien zu schicken, konnte man ihn auch zum Intendanten dieses wichtigen Senders machen. So geschah es. Ich lernte dabei gleich Koalitionsarithmetik.

»Wenn du einen so profilierten Sozialdemokraten wie Klaus nimmst«, sagte mir Wischnewski, Verwaltungsrat des Senders, »mußt du auch Gerwald nehmen.«

Wischnewski hielt den Kopf schief und schaute listig. Josef Gerwald war der Sprecher Genschers. Wir nahmen auch ihn.

Eine Operation, die mehr Zeit kostete, war die Installierung eines neuen Bürgermeisters in Hamburg im Sommer 1981. Hans-Ulrich Klose rief mich mit tonloser Stimme an: »Ich trete zurück.« Ich beschwor ihn, diese Nachricht zurückzuhalten, sprang ins nächste Flugzeug und besuchte ihn. Mit seiner damaligen Frau saß er am Tisch, aber schon zu Hause. Er war ruhig, sympathisch und ganz und gar nicht umzustimmen. Also wen? »Laß mich da raus«, sagte er. »Ich bin nicht objektiv.«

So setzte ich meine Berliner Erfahrungen um und empfahl dem Landesvorstand einen »Formateur«. Wen? Wir rieten lange herum. Den alten, von jeder Intrige unbelasteten Willy Berkhahn, einen engen Freund Schmidts, später Wehrbeauftragter? Ich setzte schließlich, gegen zwei Stimmen, Hans Apel durch. Der hatte keine eigenen Interessen, er war Verteidigungsminister und für Hamburg nicht verfügbar. Als ich Apel anrief, sagte er schnörkellos zu.

Ich suchte mir ein Hotel aus und redete mit den wichtigen Leuten. Es war wie in Berlin: Die Unterführer der Flügel waren nicht durchsetzbar, auch der kluge Rechte Alfons Pawelczyk, Innensenator der Hansestadt, nicht. Die Linken stellten die Bedingung, den Fraktionsvorsitzenden zu kippen; sie wollten überdies einen der drei Spitzenplätze. Die Rechten wollten nichts davon. Es wogte hin und her bis nach Mitternacht.

Irgendwann in der Nacht, bei einem Whisky mit dem stellvertretenden Landesvorsitzenden Jürgen Steinert, fiel mir Klaus von Dohnanyi ein, der gerade als Spitzenkandidat der rhein-

land-pfälzischen Partei ein fantastisches Ergebnis eingefahren
hatte: 3,8 Prozent plus. Dohnanyi war der am breitesten ausge-
bildete Politiker der Partei: Staatssekretär im Wirtschaftsministerium unter Schiller, Bildungsminister, Staatsminister im Auswärtigen Amt. Dazu paßte er in seiner zurückhaltenden Art
und in seiner nachlässigen Eleganz zu den Hanseaten. Jedenfalls bildete ich mir das ein. Ich verstand nicht viel von Hanseaten.

Am nächsten Morgen rief ich Brandt an: »Na, mach mal.«
Schmidt, selbst Hamburger, zweifelte an der Durchsetzbarkeit
eines Kandidaten von außen. »Aber ich frag mal Herbert.«
Auch Wehner war Hamburger Abgeordneter. Nach einigen Tagen wilder Schlachten war Dohnanyi inthronisiert. Am sicht-
barsten war die Hilfe von Jürgen Steinert; er wurde später ein
wichtiger Mann in der Wohnungswirtschaft. Am unsichtbar-
sten war die Hilfe Wehners. Mag sein, daß sie die Sache entschieden hat. Wenn er schob, schob er. Man wußte nur nie, ob
und wo er schob.

Schon 1981 herrschte Endzeitstimmung, obwohl die Regierung erst im Oktober 1982 zerbrach. Nach einem Gespräch mit
sechs oder sieben Gewerkschaftsvorsitzenden im Kanzleramt
nahm mich Walter Hesselbach, der Vorstandsvorsitzende der
Bank für Gemeinwirtschaft, beiseite: »Peter, das ist hier wie in
der Wolfsschanze.« Die alte Garde der Gewerkschafter – Steinkühler war noch nicht am Ruder, die IG Metall vertrat Eugen
Loderer – verachteten die »neuen sozialen Bewegungen« wie
der Kanzler, der dort seinen berühmt gewordenen Begriff von
den »Umweltidioten« in die Runde warf. Wahrscheinlich bin
ich zusammengezuckt, weil ich mich gemeint fühlte. Gemeint
waren aber Erhard Eppler und seine Anhänger, mit denen ich
als Geschäftsführer täglich umgehen mußte. Die Partei – genauer: eine gute Hälfte der Partei – wollte weder Kürzungen des
Sozialetats (die die FDP verlangte) noch die Aufstellung von
Pershings in Deutschland. Noch Kernkraftwerke. Helmut
Schmidt aber sagte mir bei irgendeiner Unterredung klipp und
klar: »Paß auf, ich bin ein alter Mann, ich muß siebzehn Stunden täglich arbeiten. Entweder ihr laßt mich arbeiten oder ihr
könnt mich am Arsch lecken.«

Erhard Eppler in Mutlangen

Ich verstand ihn. Aber wie sollte ich es unserer Partei erklären? Ich hetzte von Peine bis in die Pfalz, von Düsseldorf
bis nach München, von »Funktionärskonferenz« zu »Funktionärskonferenz«. Das größte Gebrüll löste ich in Kiel aus.
Überall waren Gegner und Verteidiger des Regierungskurses einigermaßen ausgewogen zu Wort gekommen, in Schleswig-
Holstein verteidigte die Regierung (und mich) ein einziger:
Norbert Gansel, der Kieler Abgeordnete und spätere Bürgermeister, ein Gerechtigkeitsfanatiker und Moralist. Ich rief
irgendwann wütend in den überfüllten Saal: »Eure Versammlung ist aber ganz schön einseitig zusammengesetzt.« Sie brüllten auf. Die Einladungen waren keineswegs manipuliert
worden. Anwesend waren alle schleswig-holsteinischen Orts-
vorsitzenden.

Partei oder Kreuzzug?

Ich mußte mir für die Bundestagswahl 1983, nachdem Kohl nach einem Mißtrauensvotum Schmidt aus dem Feld geschlagen hatte, einen neuen Wahlkreis suchen. Aus dem alten (Fürstenfeldbruck, Dachau, Landsberg) war ich ja 1977 nach Berlin geflüchtet. Der war besetzt. Aber worum ging es bei der Nominierung auf meinem alten Schlachtfeld, dem Münchner Norden? Um den »Nato-Doppelbeschluß«, sonst um fast nichts. Mühsam setzte ich mich durch. Die Linke hatte zwei Frauen gegen mich aufgestellt.

Diesen »Doppelbeschluß« hatte sich Schmidt selbst eingebrockt. In einer Vorlesung in London hatte der alte Sicherheitsexperte und frühere Verteidigungsminister eine »Raketenlücke« konstatiert, eine Überrüstung der Sowjetunion mit Mittelstreckenraketen vom Typ SS-20. Inzwischen wissen wir, daß seine Einschätzung richtig war. Und auch, daß das aus Moskau geführte Vielvölkerreich in einer tiefen wirtschaftlichen Krise steckte. Die amerikanische Administration packte die Gelegenheit, daß ein führender europäischer Politiker eine Raketenlücke des Westens öffentlich beschworen hatte, beim Schopf und bot ihre Pershings an. Die deutsche Bundesregierung saß in der Falle.

Parteiführung 1983

So dürfte das Helmut Schmidt natürlich nicht sehen. Er sah eine Gefahr für das westliche Bündnis und sein Land, also – so würde er sagen – mußte er handeln. Aus der Perspektive von heute scheint er recht behalten zu haben. Als Gorbatschow an die Macht kam, stimmte er Rüstungsbegrenzungen zu. Was für eine Erfolgsgeschichte!

Mir war die Rechthaberei der »Friedensbewegung« mit ihrem halben Tausend von Experten, die jede in Europa stationierte Rakete persönlich kannten, immer suspekt. Untereinander sprachen wir nur vom »Atomstammtisch«. Ich verteidigte öffentlich über Jahre die Regierung Schmidt-Genscher und diesen »Nato-Doppelbeschluß« und steckte deswegen viele bittere Niederlagen ein. Am stärksten ist mir eine Fernsehsendung mit Heiner Geißler und den ebenso spitzzüngigen wie spitzfindigen »Friedensforschern« Mechtersheimer und Galtung in Erinnerung. Sie überschütteten uns mit Rabulistik und Hohn. Und das hatte seine Wirkungen in der Parteiorganisation. Und nun, nun habe ich zu gestehen, daß ich an diesen Doppelbeschluß, wie übrigens Brandt und Bahr auch, nicht wirklich geglaubt habe. Ein Beweis für die Doppelzüngigkeit von Politikern?

Mein Zweifel hatte und hat zwei Gründe.

Erstens hatte Schmidt sein eigenes Land, die mittlere Macht Deutschland, überschätzt. Er wollte von einem schlecht bewaffneten Kreuzer aus zwei atomwaffenbestückte Flugzeugträger zur Abrüstung zwingen. Das ging nicht. Die Reagan-Administration wollte die Sowjetunion zu einem Rüstungswettlauf zwingen, den »die Russen« nicht durchstehen sollten; wie viele SS-20 sie aufstellten oder abbauten, war ihnen egal. Die Reichweite war ja auch viel zu klein, um die USA zu gefährden. Als mich das Präsidium eines Tages in die USA schickte, um im Kongreß, vor allem aber bei bestimmten deutschfreundlichen Eliten in den USA, für unsere Position zu werben, ließ ich mir den Begriff »Doppelbeschluß« von meinem Englischlehrer Derek Rutter übersetzen. »Well«, sagte er, »you may say double-track-decision.« Als ich diesen Ausdruck gegenüber Larry Eagleburger, der damals Stellvertretender Außenminister war und mich für eine halbe Stunde empfing, fallen ließ, fragte der verblüfft: »What kind of decision?« Dann lenkte er natürlich ein.

Aber das mit dem »Doppelbeschluß« war, obwohl offizielle Nato-Doktrin, eine sehr deutsche Obsession.

Zweitens wußten wir alle, in welch bemitleidenswertem Zustand die sowjetische Führung war. Als ich 1976 – mit meinem Minister Helmut Rohde – das erste Mal nach Moskau fuhr, war Breschnew noch in Saft und Kraft. Wir sahen ihn nicht, sondern nur den Außenpolitiker Ponomarjow. Anfang der achtziger Jahre aber mußten sie Breschnew mit Cortison vollpumpen und er konnte nur noch stundenweise arbeiten. Er bekam auch jede Menge Psychopharmaka und soff. Der KGB umsorgte den Herrscher. Das Politbüro war ein Haufen alter und uralter Männer. Gorbatschow war noch ein Gerücht, ein Geheimtip, ein umwisperter Agrarfachmann. Eine solche Führung ist, wenn sie auf soviel Nuklearwaffen sitzt wie die sowjetische, lebensgefährlich für die ganze Welt. Die Friedensbewegung irrte, was die Zahl der Raketen und den angeblichen Friedenswillen der sowjetischen Oberen, besonders des Militärs, betraf. Da war sie naiv. Sie hatte aber recht, daß das Pulverfaß hätte explodieren können. Reagans Leute haben gewonnen, aber sie spielten ein gefährliches Spiel.

Kurz und gut, ich hatte meine Zweifel am Doppelbeschluß. Aber ich war eben nicht ein besoldeter Vordenker der SPD, sondern der Sekretär der Partei. Ich hatte dafür zu sorgen, daß diese Partei zusammenhielt und ihre eigene Regierung nicht kippte. Deswegen mußte ich unter anderem gegen die Abgeordneten Hansen und Coppik zu Felde ziehen, die lautesten Gegner des Doppelbeschlusses.

Hansen und Coppik waren für mich ein Pärchen, ein Doppelkopf, ein gemeinsames Problem. Wenn man den einen rauswarf, mußte man auch den anderen rauswerfen. Dabei handelte es sich um sehr verschiedene Menschen. Hansen war ein bitter gewordener Kriegsteilnehmer des Jahrgangs 27, ein cholerischer, eitler, von der eigenen Partei enttäuschter, weichherziger Tragiker mit kabarettistischen Fähigkeiten. Man konnte ihn witzig finden, sich an seiner glasscherbenscharfen Polemik delektieren. Aber Hansen war ein unkontrollierbarer Wiederholungstäter. In *konkret* beschuldigte er den Kanzler »politischer Schweinereien«, vor den Jusos warf er ihm in der Sicherheitspolitik »Geheimdiplomatie gegen das eigene Volk« vor. In der aufgeheizten Stimmung (Endzeit!) wirkten solche gezielten Beleidigungen wie Benzinspritzer auf einen gerade anbrennenden trockenen Christbaum.

Manfred Coppik dagegen, viel jünger und ohne die Entschuldigung des Kriegstraumas, war ein stiller, bleicher, spitzbärtiger Organisator. Vor allem der Bau einer neuen Startbahn, der Startbahn West am Frankfurter Flughafen, die der letzte Repräsentant der Facharbeiterschaft in der Führung des SPD, Holger Börner, als hessischer Ministerpräsident vorantrieb, bekämpfte er. Diese Startbahn war notwendig. Aber sie war notwendig in der Logik der Marktwirtschaft (die wir ja im Programm stehen hatten, seit 1959): Der Flughafen als größter Arbeitgeber der Region, immer mehr Leute wollten fliegen, Frankfurt als größtes Drehkreuz Deutschlands und so fort. Die Gegner aber, Hunderttausende in ganz Deutschland, überschütteten uns mit Anrufen und Briefen. Selbst geschmacklose Vorwürfe wie »Holocaust im Wald« waren das tägliche Brot. Coppik schrieb einen »Brief an tausend Freunde«, in dem er ganz schlicht fragte, »ob heute schon die Organisationsfrage gestellt werden müsse«. Das war die öffentliche Erörterung der Spaltung der Partei. Den »Doppelbeschluß« nannte der widerborstige Abgeordnete aus der südhessischen Provinz konsequent nur den »Nato-Aufrüstungsbeschluß«. Das war nicht ganz falsch, aber ein Sprung mit dem nackten Hintern in das Gesicht des Kanzlers.

Ich habe die beiden Genossen, wie man bei uns sagt, nicht gehaßt. Wenn Wischnewski gegen sie (und andere) tobte, schaute ich ihn manchmal von der Seite an und dachte mir: Wer von uns beiden war nun eigentlich ein großer Linker, du oder ich? Habe ich die Kasse der algerischen FLN verwaltet oder du, lieber Ben Wisch? Aber solche Sottisen, die ich natürlich auch tief in meinem Inneren vergrub, nützten ja nichts. Die Partei zerlief mir unter den Händen. Man konnte nicht die »Heimat« (schon wieder »Heimat«!) von Helmut Schmidt und Holger Börner und gleichzeitig die »Heimat« von Karl Heinz Hansen und Manfred Coppik darstellen wollen. Also schlug ich im Präsidium vor, dem Ausschlußverfahren, das der zuständige Bezirk für den Düsseldorfer Abgeordneten Hansen in Gang gebracht hatte, beizutreten. Ein wenig später gab ich auch zu erwägen, gegen Coppik ein Verfahren »mit dem Ziel des Ausschlusses« anzustrengen.

Klar, diese Operationen waren risikoreich. Hansen erhielt ganze Stapel von Glückwunschadressen am Tag seines Verfahrens, und zwar aus der SPD. Der ganze große Unterbezirk Düsseldorf trat auf der Seite Hansens dem Verfahren bei. Die linksliberalen Medien spielten das Lied »Disziplinarmaßnahme statt Meinungsfreiheit«. Da stand ich nun da: Glotz, der große Dialogexperte. Aber ich war nicht gegen die Meinungsfreiheit der beiden bitter gewordenen Abweichler. Ich war dagegen, daß sie mit ihren Aggressionen eine Organisation, einen Verein, einen geistigen und politischen Zusammenhang zum Platzen brachten, nämlich die SPD. Ich dachte an die Frage von Shirley Williams, der bedeutenden Labour-Politikerin, die irgendwann die Flucht vor der eigenen Partei ergriff, allerdings nicht ins Elend, sondern nach Harvard: »Ist das nun«, fragte sie die eigenen Genossen von Old Labour, »eine Partei oder ein Kreuzzug?«

Ich war für Partei.

Bei meinem Vorschlag vom November 1981, auch Coppik rauszuwerfen, fuhr mir übrigens Willy Brandt in die Parade. Ich hatte ihn, wie immer, über meinen Antrag informiert. Er hatte den Kopf gewiegt, ein paar Fragen gestellt, blieb aber unentschieden. Ich hätte riechen müssen, daß er dagegen war; aber ich wollte nicht riechen. Coppiks organisatorisches Gewühle erschien mir gefährlicher als Hansens Provokationen. Brandt setzte seine Auffassung natürlich durch. Coppik trat Ende Januar 1982 aus eigenem Entschluß aus der Partei aus, der er zwanzig Jahre angehört hatte. »Ich will kein linkes Alibi mehr sein, und es liegt vielleicht auch im Interesse der SPD« – schrieb er an Brandt –, »wenn ihr wirkliches Bild nicht durch Leute wie mich verzeichnet wird.« Brandt schickte mir kommentarlos eine Kopie dieses Briefes. Diesen Satz verzierte ich mit einem dicken roten »Richtig«.

Brandtwehnerschmidt

Die Medien sprachen oft von der »Troika«; und dann höhnten sie, wenn mal wieder Streit zwischen Brandt und Wehner oder Brandt und Schmidt nach außen gedrungen war. Je älter die drei Marschälle wurden, desto mehr fürchteten sie sich vor Zwiegesprächen miteinander. Die Verhandlungen führten wir, die Obristen – Jürgen Linde, der erste Parlamentarische Geschäftsführer der Bundestagsfraktion für Wehner, Manfred Lahnstein, der Chef des Bundeskanzleramts für Schmidt, ich für Brandt. Aber der Westemigrant Brandt mit seinen skandinavischen Erfahrungen, der Ostemigrant Wehner mit seiner kommunistischen Vergangenheit und der protestantische Lichtwark-Schüler und spätere Batteriechef Schmidt, der in den fünfziger Jahren als Schmidt-Schnauze so selbstverständlich den Ton der gequälten Kriegsgeneration traf, waren natürlich eine Dreifaltigkeit von fast mystischer Wirkung für die SPD. Brandt stammte genauso aus Arbeiterschaft und Arbeiterbewegung wie Wehner, war aber schon in Berlin zu einem Staatsmann, einem Weltmann in Maßanzügen, einer Attraktion für aufsteigende Schichten und Eliten gereift. Der Dresdner Sohn eines Schuhmachers und einer Schneiderin Wehner mußte nie den Bescheidenen, den Vertreter der Zurückgesetzten, den Funktionär, der bei Genossen schlief statt in Luxushotels, spielen. Er war es. Und der befehlsgewohnte Hamburger, über den Wehner lästerte, er habe die Solidarität im Offizierskasino gelernt, sprach das wirtschaftsnahe Bürgertum an, das Brandt und Wehner überhaupt nicht erreichten. Es ist wahr, daß sie im höheren Alter mißtrauisch und starr geworden waren. Aber trotz ihres Mißtrauens, ihrer völlig verschiedenen Biographien und ihrer »Zicken« (wie wir das respektlos nannten) waren die Alten »solidarischer« (mißbrauchte Phrase) als die ganze Enkelei. Sie liebten sich nicht, überhaupt nicht. Sie mögen sich, jedenfalls Brandt und Wehner, sogar gehaßt haben. Aber sie hielten es lange miteinander aus, im Interesse »der Partei«. Partei war damals noch nichts Verächtliches.

Den brutalsten Hieb hatte Wehner ausgeteilt, auf dem berühmten Sofa in der Moskauer Botschaft: »Der Herr badet gern lau«, ätzte er in Richtung Brandt. Schmidt hat sich an den – schließlich erfolgreichen – Bemühungen beteiligt, Brandt daran zu hindern, Wehner beiseite zu drücken. Ich werde nie vergessen, wie der erschütterte Conny Ahlers später die berühmte Szene aus Bergneustadt, einer ebenso traditionsreichen wie gräßlichen Schule der Ebert-Stiftung, erzählte: Wehner, bei Brandt, wie er seine sagenumwobene alte Tasche öffnete und dem versteinerten Kanzler Nollaus Akten zeigte, irgendwelche Verhörprotokolle des Verfassungsschutzes. »Weibergeschichten« nannte man das im Kanal. Es kann kein Zweifel bestehen, daß Wehner Brandt ersetzen wollte, weil er nicht mehr glaubte, daß der amtierende Kanzler die Macht festhalten konnte. Ich war nicht dabei, ich war ein junger Abgeordneter, ich kenne die Geschichten nur aus zweiter Hand. Aber aus guten Händen. Wehner handelte kaltherzig, konsequent, skrupellos. Er opferte den Genossen. Wir, die Vasallen Brandts, werden ihm das nicht verzeihen.

Das ist aber kein Grund, Wehner jetzt als Agenten Moskaus, als erpreßbaren Denunzianten darzustellen, der Brandt im Auftrag des Kreml beiseite schaffen mußte. Erstens ist diese Behauptung bisher unbewiesen. Was der Historiker Reinhard Müller über den »denunziatorischen Eifer« Wehners im Jahr 1937 herausgefunden haben will – Wehner als Anstifter des NKWD-Chefs Jeschow – ist nicht schlüssig. Zweitens aber ist diese Aktenwühlerei l'art pour l'art, unpolitisch. Was Wehner in Moskau immer getan haben mag – er hat die SPD von einer Partei des kleinbourgeoisen Spätmarxismus zu einer Regierungspartei gemacht. Das Godesberger Programm war nicht Wehners Werk, das ist eine Legende. Das war das Werk Eichlers, Knoeringens, Adolf Arndts, Karl Schillers, Heinrich Deists. Wehner, damals noch Gewährsmann der Linken, hat sich nur draufgesetzt, allerdings mit einer meisterlichen Rede. Aber er hat, mit einem geradezu putschistischen Auftritt im Bundestag am 30. Juni 1960, die SPD an Adenauers Westpolitik herangeführt. Ohne das wäre sie nie mehrheitsfähig geworden. Und er hat zäh, systematisch – und ohne dabei Interviews zu geben – die Große Koalition vorbereitet. Als die Gelegenheit sich bot, wußte er, was man den anderen anbieten mußte. Die SPD konnte beweisen, daß sie regieren kann. Das bleibt.

In den frühen Achtzigern, von denen ich hier erzähle, war er schon schwerkrank. Den Begriff »Alzheimer« kannte ich damals nicht. Aber ich wußte, was er hatte, nachdem er mich dreimal zusammengebrüllt hatte, weil ich ihn verplant haben sollte, ohne ihn vorher zu befragen. Ich hatte ihn immer gefragt. Er wußte es nicht mehr. Im Koalitionsgespräch saß er schweigend, vor dicken Akten, und brütete. Er verstand unsere Papiere nicht mehr, wollte sie vielleicht auch nicht mehr lesen. Aber irgendwann, als irgendeiner die Wehrpflicht zur Debatte stellte, explodierte er wie ein Vulkan. Selbst Genscher, der sich vor niemandem fürchtete, behandelte ihn vorsichtig. Wehner war eine Nuklearwaffe. Man durfte sie nie benutzen, aber ihr Drohpotential war immer noch groß.

Behandle ich den Eisgrauen zu gut, weil ich gute Momente mit ihm hatte? Viele Stunden eines Berliner Abends – er hatte eine Funktionärskonferenz gehalten, ich war das Mitglied des Senats, das ihm die Ehre zu erweisen hatte – sprach er mit mir über die frühen dreißiger Jahre. Mir schwirrte der Kopf: Ulbricht, Münzenberg, Goebbels, Pieck. Nach einem Duell mit Alfred Dregger im Bundestag, noch im alten Plenarsaal – ich sprach als Mitglied des Bundesrates – stand er auf, kam zu mir herüber, gab mir die Hand, gratulierte, redete mit mir ein paar Worte. Die Fraktion deckte unser Gespräch mit Beifall zu. Läppisch? Ja, läppisch. Aber der alte Mann war für meine Generation eine historische Figur. Ein Lob von ihm zwischen all den ätzenden Bemerkungen zählte. Der *Spiegel*-Autor Jürgen Leinemann hat Politik eine »Sucht« genannt, vergleichbar dem Alkoholismus. Aber was wäre geschehen, wenn an der Stelle des nun wirklich süchtigen Wehner ein Trockener gesessen hätte, mit Hobbys, Bungalow, Rasenmäher und Lebensabschnittspartnerin? Klagen wir heute, wenn wir über die »politische Klasse« sprechen, nicht über allzuviel leidenschaftslose Puppenhauspapas und flüchtig geschminkte Single-Damen in Hosenanzügen von H&M?

Brandt war ein Herr, er konnte lachen, erzählen, zuhören, mitreißen. Diskutieren, ein Streitgespräch führen konnte man mit ihm nur gelegentlich. Da kam schnell ein mal ironisches, mal melancholisches, mal abschließendes »Wenn du meinst...«.

Streiten konnte man mit Schmidt. Der wurde immer lebhafter, je heftiger man widersprach. Ich habe manches Gespräch mit ihm geführt, das auf fünfzehn Minuten angesetzt war, sich dann aber lange hinzog. Er begann – bei mir – in der Regel mit einer girlandenhaften Klage über Brandt. Er nahm natürlich an, daß ich zu Hause, in der Baracke, alles detailgenau weitergeben würde. Ich dachte nicht daran, weil ich die beiden ja zusammenhalten, nicht gegeneinander hetzen wollte. Dann ging es zur Sache. Der Mann war nicht frei von Ressentiment, besonders bei meinen Themen Bildung, Kultur, Medien, Jugend, Partei. Aber er war gut informiert, las auch zweitrangige Gesetzesentwürfe und akzeptierte Argumente. Wenige Kanzler haben so genau wie Helmut Schmidt gewußt, was über ihren Tisch ging. Deswegen erdrückte ihn die Arbeit fast, deswegen klagte er oft über das Amt. Kein Hauch von Beliebigkeit und

Bundeskanzler Helmut Schmidt

Kameraderie: Schmidt quälte sich und ließ es die anderen wissen. Deswegen haben Kohl und er nie ein Verhältnis zueinander gefunden. Der habituell ungeheuer katholische Kohl und der lutheranische Protestant Schmidt leben in verschiedenen Welten. Wenn Gegenspieler aus seiner Logik – die er, wie ich fürchte, für die einzig geltende und einzig mögliche hielt – fielen, konnte er hochmütig, kalt und aggressiv werden. Er heizte dann, zum Beispiel durch Zwischenrufe, an. Einmal, im Vorstand, wurde es Peter von Oertzen zu viel. Er saß an den zu einem Viereck gestellten Tischen ziemlich weit hinten. Aber er brüllte so laut, daß die vierzig Vorstandsmitglieder und zwanzig anwesenden Mitarbeiter oder Gäste erstarrten. Was er brüllte, weiß ich nicht mehr. Nur der Satz »Ich lasse mir das nicht mehr bieten« und die Beschimpfung »Du Arschloch« sind mir im Gedächtnis geblieben. So etwas hatte es in dem immer noch die bürgerlichen Formen sorgsam beachtenden größeren Führungskreis der Partei (die eigentliche Führung war, anders als es in der Satzung stand, das Präsidium) noch nicht gegeben. Brandt, der solche Situationen schnell entschärfen konnte, war auf Reisen. Ein Stellvertreter leitete, aber der Vorstand zerfiel sofort in zwei oder drei sich bekriegende Zirkel. Gerettet wurde die Situation durch Horst Ehmke, der schlicht seinen Stuhl in die Mitte des Karrees stellte, uns zuerst anbrüllte, dadurch ruhigstellte und dann eine stinknormale Diskussion begann. »Was wolltest du sagen, Peter?« fragte er Oertzen mit sanfter Sachlichkeit. Die beiden hatten zusammen in Rudolf Smends Oberseminar gesessen. Da mußten einige, das »Arschloch« noch im Gedächtnis, schon lächeln. Dann leitete er eine halbe Stunde eine kontroverse, aber ruhige Debatte und verschrieb dem Vorstand schließlich eine Pause. Ehmke, der Troubleshooter. Auch Schmidt, der Ehmke respektierte, aber mißtraute und ihn 1972 aus dem Kanzleramt gedrückt hatte, hatte sich eingefügt.

Die Zentralfigur blieb, bis zu seinem zornigen Rücktritt 1987, Brandt. Er war keineswegs ein Traumtänzer oder Euphoriker, wie die Unterführer aus Egon Frankes Prätonianergarde gelegentlich behaupteten. Brandt wußte genau, wann er Hermann Heinemann, den einflußreichen Vorsitzenden des größten Bezirks Westliches Westfalen, und wann Heidemarie Wieczorek-Zeul, die Vorsitzende von Hessen Süd und Eckfigur der Linken, anrufen mußte. Er interessierte sich nur mäßig fürs Operative. Aber er ließ sich nicht hinters Licht führen; wenn es sein mußte, kämpfte er mit harten Bandagen, zum Beispiel in seiner Jugend gegen die bürokratische Altlinke der Berliner Partei oder in den Achtzigern gegen den »Metallarbeiter Löwenthal«. Wer versucht hätte, ihn zum großen Manitou zu machen, den man feiertags anbetet und im Alltag hintergeht, hätte sich politisch das Genick gebrochen. Er kannte seinen Laden. Er war ein instinktiv vorsichtiger, häufig zweifelnder, aber im Fall des Falles entschlossener und dann auch nicht mehr »beratbarer« alter Fuhrmann.

Aber gleichzeitig war er auch eine der Ikonen der Republik, Friedensnobelpreisträger, Leitfigur der Jugend, Charismatiker. Sein Kniefall im Warschauer Ghetto ist eine der großen symbolischen Gesten der Bonner Republik, nur vergleichbar mit der »Akkolade«, dem zeremoniösen Versöhnungskuß zwischen de Gaulle und Adenauer in der Kathedrale zu Reims. Wenn er mit einigen von uns – meist Koschnick, Bahr, Rau, gelegentlich auch Vogel oder Eppler – nach dem Montagspräsidium, also abends gegen neun, in seinem Zimmer zusammensaß und klaglos den schlechten Rotwein des Parteivorstands trank, war er Genosse unter Genossen. Aber das war er in Wirklichkeit eben nicht. Franz Müntefering hat den Stuhl des SPD-Vorsitzenden einmal mit dem Stuhl des Papstes verglichen. Damals war das so, jedenfalls in unserer Wahrnehmung. Es hatte etwas Dynastisches – Bebel, Ebert, Schumacher, Brandt. Einige, die dazwischen das Amt auch noch hatten, unterschlugen wir.

Der Metallarbeiter Löwenthal

Daß Rix Löwenthal irgendwelche Thesen publizierte, hätte niemanden aufgeregt; das hatte er sein ganzes Leben lang getan. Aber daß Annemarie Renger und Stephan Thomas, der frühere Chef des Ostbüros der Partei, ein eleganter, kluger, eisenharter Antikommunist, für diese Thesen Unterschriften sammelten, das war eine Kampfansage. Rix hatte Brandt – höflich, aber

hart – kritisiert. Jetzt begannen alle möglichen Honoratioren
der Parteirechten, aber auch hochaktive Funktionäre wie der
Chemiegewerkschaftsvorsitzende Hermann Rappe, dieses Papier zu unterschreiben. Brandt wütete im kleinen Kreis. Die
warfen ihm, dem unehelichen Arbeiterkind aus der Lübecker
SPD, vor, die Arbeiter zu vernachlässigen? Wer waren die denn?
Der »Metallarbeiter Löwenthal«, höhnte Brandt, die »Textilar-
beiterin Renger«. Es waren höchstens fünf Leute anwesend, als
er diesem Wutausbruch seinen Lauf ließ. Drei Tage später stand
es natürlich in allen Zeitungen.

Der »Metallarbeiter« war ein grober Angriff, denn Löwenthal war zart, klein, ein seit Jahrzehnten gebeugt gehender
jüdischer Intellektueller, der die Technik von Angriff und Ab-
wiegelung in den zwanziger Jahren beim Kommunistischen
Studentenbund gelernt hatte. Er hatte ein bewegtes Leben hinter sich, harte Emigrationsjahre eingeschlossen, war ein Sektie-
rer, ein Stratege, ein blendender Journalist und faszinierender
Professor, aber auch ein Bosnickel, ein schnell überkochender
und dann laut zischender kleiner Kessel gewesen. Den Jüngeren
war er zuerst durch sein Abgrenzungspapier über Sozialdemo-

Richard Löwenthal

kraten und Kommunisten von 1970 bekannt geworden, aus
dem andere später den Radikalenerlaß gemacht haben. Deswegen hielten sie ihn für »rechts«. Das war Unsinn. Löwenthal
hatte die Kommunisten nur sehr genau kennengelernt. Ich hatte
schon als Fünfundzwanzigjähriger von Knoeringen Löwenthals Kampfschrift *Jenseits des Kapitalismus* von 1947 in die
Hände gedrückt bekommen, die er unter dem Kampfnamen
Paul Sering publiziert hatte. Da war er für die Abschaffung der
Klassen, die Aufhebung der Lohnarbeit und die Freiheit »als
Mittel und Zweck«. Nein, ein rechter Sozialdemokrat war Richard Löwenthal nicht, aber ein scharfzüngiger und geltungs-
süchtiger Intellektueller, der am Ende seines Lebens vom rechten Flügel der SPD mehr hofiert wurde als vom linken.

Löwenthal griff uns, klug wie er war, an einer empfindlichen
Stelle an. Er zielte auf das Lindenblatt meines – unseres – Hel-
den. Brandt, der in seiner Jugend der SPD zu einer der vielen
Splittergruppen davongelaufen war, wollte keine Partei, die im
Windkanal des Pragmatismus optimiert worden war. Er benutzte den Volksparteibegriff des Godesberger Programms, um
die Integration »neuer Schichten« – vor allem also der Kinder
der Mittelschichten – zu begründen. Die »einstmals selbstverständliche Identität mit der Arbeiterklasse« sei vorbei. Sein
Kernsatz lautete: »Die realexistierende SPD bildete schon vorher und bildet vor allem seither (also seit Godesberg 1959) soziale Bündnisse.« Die Partei als »Bündnis«, das war das Konzept. Die meisten dieser Kernsätze hatte ich dem Vorsitzenden
aufgeschrieben. Er trug sie im Februar 1981 im Reineckendor-
fer Rathaus in Berlin in einer anrührenden Veranstaltung vor,
alten Funktionären vor, die an die Zwangsvereinigung von KPD
und SPD – und den sozialdemokratischen Widerstand gegen
diesen Gewaltakt – erinnern sollte. Gezündet haben diese Thesen aber erst im Oktober, als er sie – gestrafft – noch einmal bei
einem Symposion zum zehnten Todestag Willi Eichlers vortrug.
Plötzlich begriff die Parteirechte, was Brandt wollte: Eine Partei, die mehrheitsfähig werden oder bleiben wolle, müsse »soziale Bündnisse geradezu zimmern«. Und dann ließ er die Katze
aus dem Sack: »Wir helfen der Regierung nicht, wenn wir das
Elementare und Nachdenkliche dessen verkennen, was sich am

10. Oktober in Bonn dargestellt hat.« Am 10. Oktober 1981 hatten Hunderttausende von Menschen gegen den Doppelbeschluß protestiert, Eppler hatte auf dieser Veranstaltung gesprochen, Schmidt hatte verlangt, ihm das zu verbieten und Sozialdemokraten abzuraten, zu dieser Kundgebung zu gehen. Ich vermute, daß ein Viertel dieser Demonstranten junge Sozialdemokraten waren, von denen uns im Lauf der Zeit allerdings viele verließen. Sie gingen – trotz unseres Integrationskurses – zu den Grünen.

Löwenthal argumentierte schlau. Man könne die »Öffnung« der Sozialdemokratie vom Anfang der siebziger Jahre, als viele Anhänger der Studentenbewegung und der Außenparlamentarischen Opposition in die SPD strömten, mit der jetzigen Situation (Ende 1981) nicht vergleichen. Damals habe die Partei zuerst klar Position bezogen: Zuerst eine Große, dann eine Sozialliberale Koalition gebildet. Man habe die Türen erst aufgemacht, als die »revolutionären Illusionen« abgeklungen waren.

Das klang gut, war aber falsch. Seit 1969 hatten wir eine große Arbeitsgemeinschaft der Partei, die Jusos, deren »revolutionäre Illusionen« Tag für Tag neu zu Presseerklärungen verarbeitet wurden. Diese Jusos waren in der Partei keineswegs isoliert; sie hatten viele Sympathisanten. Um es brutal zu sagen: Hätten wir gehandelt, wie Löwenthal (und Schmidt) von uns verlangten, hätten wir eine große Minderheit unserer Partei vertrieben. Ein »Verbot«, an der großen Bonner Demonstration teilzunehmen, hätte kaum jemand beachtet. Wir hätten die Grünen gemästet. Das wollten wir nicht.

Auch Löwenthals Hauptthese war falsch. Er hielt »die Masse der friedlichen, von humanen Motiven bewegten Protestler« für »Aussteiger«. »Sie wollen großenteils aus einer als hoffnungslos empfundenen Gesellschaft aussteigen und Inseln bilden.« Da hatte der Berliner Professor Löwenthal die Berliner Spontis vor Augen, mit denen ich mich auch herumgeschlagen hatte. Die Bonner Hofgartenwiese aber war voll von idealistischen Studienassessoren, den Töchtern von Bereichsvorständen irgendwelcher Banken, von Vertrauensleuten der IG Metall und ganz normalen Angestellten der AOK, die sich vor einem (keineswegs unmöglichen) Nuklearkrieg fürchteten. Auch der

Zuzug zu den Grünen bestand nur zu einem geringen Teil aus Aussteigern. Die neue Partei war eine Kristallisation vor allem jüngerer Leute aus bessergestellten Schichten, die sich um etwas anderes kümmern konnten als um den blanken Lebensunterhalt. Da lag der mit Haß auffüllbare Gegensatz zu uns: Ein Teil der Unterschichten, »unserer« Unterschichten, verachtete die Ängste von Naturzerstörung, Atomtod und Überwachungsstaat als luxuriöse Spintisiererei. Hätte die SPD diese Ängste aber einfach weggeschoben, wären wir auf 25 Prozent geschrumpft, denn auf die »Unterschichten« war längst kein Verlaß mehr. Die unteren Bildungsschichten gingen nach rechts und in die Wahlenthaltung.

Was blieb mir? Der Dialog. »Du machst aus der SPD ein Forum«, sagte mir Helmut Schmidt einmal nach einer Präsidiumssitzung müde, abschließend und ganz ohne Schärfe. Das war gar nicht ganz falsch. Seit Januar 1982 war ich auch Chefredakteur der *Neuen Gesellschaft*, unserer theoretischen Zeitschrift, die viele Hefte mit dem Für und Wider zu Löwenthals Thesen bestritt. Mein Vorgänger bei der *Neuen Gesellschaft* war übrigens Wehner gewesen. »Was hast du selbst gemacht bei der Zeitschrift?« fragte ich ihn bei der Übergabe. »Nichts«, sagte er. »Ich habe nur die Hand darüber gehalten.« – »Und übrigens«, fügte er, schon wieder kiebiger werdend, hinzu, »wollte ich verhindern, daß sie Bahr in die Hände fällt.« Ich schwieg. Ich leite dieses Blatt, das wir 1985 mit den *Frankfurter Heften* vereinigt haben, noch heute.

Blicke ich auf diesen großen Streit zurück, bin ich immer noch davon überzeugt, daß es richtig war, das zu versuchen, was Brandt zeitlebens getan hat: »den Laden zusammenhalten«. Natürlich sind trotz unserer Verrenkungen viele zu den Grünen übergelaufen. Natürlich haben unsere Verrenkungen alte Stammwähler-Biotope verschreckt. Beim heutigen Stand der Medialisierung der Gesellschaft gäbe es eine Alternative: eine linke »Forza Italia«, eine Organisation mit wenig Mitgliedern, wenig Gremien, wenig innerer Diskussion, dafür aber vielen Sponsoren, viel Propaganda und einem attraktiven Führer. Manche finden das erstrebenswert. Brandt war dagegen, und ich folgte ihm.

Kampagnenfähigkeit

Ich war stolz. Gegen fünf, als das »Forum Frieden« noch in vollem Gang war, schlich ich mich zu einem Nebenausgang aus dem Ollenhauer Haus, überquerte die B9 und schaute von diesem ein wenig entfernten Beobachtungspunkt auf das durch viele Fernsehscheinwerfer hellerleuchtete Foyer unserer Parteizentrale. Der amtierende Verteidigungsminister Hans Apel schlug sich mit Petra Kelly und Gert Bastian von den Grünen, Egon Bahr saß – fein alphabetisch aufgereiht – neben Rudolf Bahro. Es war der 27. August 1981. So wollte ich es haben: alle Kontrahenten am Tisch und alle Medien dabei. Ich beschloß in diesem Moment, das Foyer unseres Verwaltungsgebäudes zu einem Forum für große Debatten unserer Republik zu machen. Ironisch nannten meine Mitarbeiter dieses Foyer nach einiger Zeit die »große Halle des Volkes«. Gut, wir waren in Bonn und nicht in Peking, und wir waren keine Staatspartei. Geißler, mein Kontrahent, saß schräg gegenüber, hoch über den Dächern, konnte uns auf den Kopf spucken und hatte auch gute Ideen. Aber wir lieferten uns dem hin und her wogenden »Zeitgespräch« nicht aus, wir gestalteten mit. In kleineren Kreisen, vor Parteiforschern oder Demoskopen, redete ich von »Agendasetting« und »Diskurs- sowie Kampagnenfähigkeit«. Im Präsidium hielt ich solche Begriffe wohlweislich zurück. Es war schon schwer genug gewesen, gegen die heftigen Attacken des Rammbocks Wischnewski und gegen die bedächtigen Einwände Holger Börners oder Helmut Schmidts so viele Gegner – so viele »linke Vögel« – ins Allerheiligste einzuladen.

Noch heute bin ich der Auffassung, daß eine »Integrationspartei« so handeln muß. Die Gegner – auch die innerparteilichen – müssen sich ernstgenommen fühlen. Wäre ich im Jahr 2004 noch Parteisekretär der SPD gewesen (was Gott verhütet hat), hätte es ein »Forum Türkei« gegeben, in dem Joschka Fischer sich mit Helmut Schmidt oder den Historikern Heinrich August Winkler und Ulrich Wehler über den Beitritt der Türkei zur EU hätte herumschlagen müssen. Die »geopolitische Wende« der Europapolitik, die in der Einbeziehung der Türkei in die EU steckt, ist ein großer Politikwechsel. Große Politik-

wechsel müssen auf der großen Bühne – nicht auf der Studio-
bühne, der Theaterwerkstatt – inszeniert werden. Aber meine
geliebte Partei hat heute einen anderen Begriff von Diskurs.
Das Management der Regierung will keine »Spektakel«. Wer
weiß, wie die ausgingen. Warum die Leute mit dem Kopf darauf stoßen, daß ein so geachteter Mann wie Helmut Schmidt
gegen den EU-Beitritt der Türkei ist?

Ich bin nicht naiv. Das gelungene Gespräch des Kanzlers oder
des Vorsitzenden der Partei mit der Moderatorin Sandra
Maischberger oder ein selbstbewußter Auftritt Otto Schilys bei
der Sonntagsrunde von Sabine Christiansen transportieren politische Thesen und gute Begründungen schneller als eine
»Kampagne« des Parteivorstands bei den Ortsvereinen. Ich
habe die mehrfach betriebenen Versuche von SPD-Granden, die
Bild-Zeitung zu boykottieren, nie mitgemacht. Das kann sich
Günter Grass leisten, eine große politische Organisation nicht.
Gerhard Schröder hat schon recht, wenn er »*Bild, BAMS* und
die Glotze« für unverzichtbare Podien hält. Aber nur *Bild,
BAMS* und die Glotze? Reicht die »Muppet-Show« mit den
fünfzig artikulationsfähigen deutschen Bundespolitikern, um
das »Volk« bei der Stange zu halten? Braucht es nicht infor-
mierte Meinungsführer in Murnau, Remscheid, Erfurt und sogar in Berlin-Marzahn und in der brandenburgischen Provinz?
Wird sonst »Demokratie« nicht zu einer Angelegenheit der
oberen zwei Drittel unserer Gesellschaft? Ich habe dem alten
Wehner nicht alles geglaubt. Aber seinen Satz »Organisation ist
Politik« hatte ich verinnerlicht. Der illusionslose Karrenzieher
wußte schon, warum er Jahrzehnte der Organisationskommis-
sion der SPD vorsaß. Ich saß ihr auch eine Zeit vor, wenn auch
keine Jahrzehnte. Meine Gegner haben vom ersten bis zum letzten Tag meiner Amtszeit behauptet, ich triebe mich vor allem
an preziösen Orten, an Universitäten, bei Soziologentagen und
bei der Siemens-Stiftung herum (bei Egon Bahr hieß der ent-
sprechende Vorwurf, er verbringe den Hauptteil seiner Zeit im
»Unterbezirk Moskau«). In Wirklichkeit schlug ich mich täglich mit der Frauenquote, der Betriebsorganisation, dem »lebendigen Ortsverein«, der Gründung von Kulturforen oder einer Parteischule herum, also mit »Organisation«.

Die bohrende – und nie endgültig zu beantwortende – Frage,
die mich beschäftigte, hieß: Wie können wir die Lebenswelt der
Menschen erreichen? Wie können wir sie an ihrem eigenen
Interesse packen? Wie können wir ihre eingewurzelte Verachtung der Berufspolitiker wenigstens gelegentlich durchbrechen? Ich lief, ich gebe es zu, in meinen Maßanzügen herum.
Ich roch falsch; manche Genossen vermißten »Stallgeruch«.
Aber ich rufe den heiligen Antonius, zu dem meine Großmutter
immer betete, als Zeugen an: Ich verbrachte mein Leben –
diesen Teil meines Lebens – mit den Bezirkssekretären, den
Bezirksvorsitzenden, den Arbeitgemeinschaften, den Mandats-
trägern und den Unterbezirken. Ich wollte die SPD wieder
»kampagnenfähig« machen; sie sollte in der Lage sein, ein
Thema aufzuwerfen und vor dem Volk zu vertreten. Es ging mir
um die »Beweglichkeit des Tankers« (so der Titel meines Buches über die SPD und die neuen sozialen Bewegungen), um die
Frage, wie Tanker wenden können und wie sie in Rufweite zu
den schnellen, kleinen Booten bleiben können, die damals um
die Tanker herumschwirrten wie Greenpeace um die Ölplatt-
form Brent Spar.

Wir hatten die Gesellschaft neu kartieren lassen. Die Klassen
im alten Sinn waren zwar noch ahnbar, wie verwehte Abdrücke
im Schnee. Wenn ich in Coburg oder in Mühlheim an der Ruhr
in einer Versammlung sprach, war die Mehrheit der Besucher
»Arbeiterklasse«, »kleine Leute«.

Aber in München-Schwabing oder Düsseldorf-Mettmann
saßen auch ganz andere Leute vor mir. Deswegen gaben wir
eine große Studie in Auftrag, die später als »Sinus-Studie« viel
diskutiert worden ist. Horst Nowak von der Firma Sinus aus
Heidelberg präparierte acht »Milieus« heraus: traditionelle
und traditionslose Arbeitermilieus, konservative und kleinbürgerliche, hedonistische und linksalternative, aufstiegsorien-
tierte und technokratisch-liberale. Ich will die endlose Debatte
mit den Instituten und den streitenden Parteiflügeln, die die
Argumente der Institute aufnahmen, hier nicht wiederholen.
Meine Folgerung war: Die SPD muß unterschiedliche Le-
benswelten erreichen. Hätten wir uns nur auf die Arbeitermilieus (zusammen 17 Prozent) und das kleinbürgerliche Milieu

(29 Prozent) gestürzt, hätten wir zwar rechnerisch eine wunderbare Mehrheit gehabt.

Aber Geißler schlief nicht; er erreichte viele Kleinbürger. Seine Sozialausschüsse, damals von der eigenen Führung gepflegt und nicht demontiert wie heute, erreichten auch Arbeiter. Im traditionslosen Arbeitermilieu gab es auch ein paar Rechtsradikale. Wir brauchten, wollten wir die öffentliche Debatte bestehen, auch einen Teil der Technokraten. (Ich veranstaltete in Düsseldorf einen riesigen Ingenieur-Kongreß, auf dem Oskar Lafontaine einen Disput mit Hans-Olaf Henkel über die Verkürzung der Arbeitszeit führte, bei dem die Fetzen flogen.) Die Organisation der SPD mußte unterschiedliche »Fühler« in die Gesellschaft entwickeln. Die Ortsvereine – damals gab es davon 9000 –, die unsere klassische Klientel erreichten, durften nicht einschlafen. Also organisierten wir einen Wettbewerb »Lebendiger Ortsverein«. Die Teilnehmer stellten auf einem riesigen Basar während der Parteitage ihre Aktivitäten dar. Aber wir gründeten auch ein von der Partei unabhängiges »Kulturforum«, das uns endlich von dem Ruch befreite, wir kümmerten uns um Schriftsteller, Künstler, Popsänger und Professoren nur drei Wochen vor der Wahl. Wo diese Foren gut organisiert waren oder sind – beispielsweise in München –, zogen sie genau jene Menschen an, die in die Ortsvereinsversammlungen im Schützenhof nie gingen.

Keiner soll sich einbilden, daß Neuerungen in einer Traditionspartei leicht durchzusetzen wären. Ich propagierte meine Ideen schon acht Monate nach Amtsantritt im Oktober 1981 auf einer großen »Organisationskonferenz«. Aber nach dieser Konferenz fing die zähe Organisationsarbeit erst an. Ich begann – um beim Beispiel Kulturforum zu bleiben – mit einem »Beauftragten für Kulturpolitik«. Der Parteivorstand wählte auf meinen Vorschlag Reiner Schattenfroh, mit dem ich schon in der Universität München zusammengearbeitet hatte. Dort war er Syndikus und bei der Herrschaft unbeliebt. Später hatte ich ihn als Abteilungsleiter in meine Berliner Behörde geholt, wo er es (unter Günter Gaus) bis zum Staatssekretär brachte. Schattenfroh schlug dann das Forum – in der Form eines eingetragenen Vereins, also als weisungsfreie Arbeitseinheit – vor.

Schattenfroh, Freimut Duve, Bodo Hombach, vor allem aber
die erste Geschäftsführerin Linda Reisch machten daraus einen
großen Erfolg. Auf der Auftaktveranstaltung dieser Organisation über »zivilen Ungehorsam« war Jürgen Habermas der
Hauptredner. Das Thema war brisant.

Die bevorstehenden Auseinandersetzungen um die Mittelstreckenraketen machten die Union nervös; ihr innenpoliti-
scher Sprecher schlug auf Habermas, der vor »autoritärem Le-
galismus« gewarnt hatte, ein, was das Zeug hielt. Das Forum
machte deutlich mehr als hundert Diskussionen, Ausstellungen und Konzerte pro Jahr; es gewann Udo Lindenberg, Peter
Maffay, Klaus Lage und andere für eine gemeinsame Initiative
gegen Atomenergie. Plötzlich traten viele Künstler, die vorher
nur für die DKP oder die Grünen zur Verfügung standen, auf
sozialdemokratisch inspirierten Veranstaltungen auf. 1987 organisierte das Forum im Jüdischen Gemeindehaus in Frankfurt einen Kongreß zur »Zukunft der Aufklärung«, zu dem
von Helmut Becker bis zu Hans-Ulrich Wehler, von dem
katholischen Theologen Johann Baptist Metz bis zu dem
Kunsthistoriker Willibald Sauerländer herausragende Intellektuelle aus höchst verschiedenen Himmelsrichtungen eingeladen wurden.

Die Zeiten waren schwer genug; geringe Wachstumsraten,
teure Energie, keine festen Wechselkurse mehr, eine knisternde
Spannung zwischen den Atommächten, der (inzwischen ver-
drängte) GAU im ukrainischen Tschernobyl. Aber die SPD ließ
sich nicht hin und her prügeln, wie das heute gelegentlich der
Fall ist. Man hätte nicht – wie ich – von »kultureller Hegemonie« reden müssen. Den Begriff hatte ich von Antonio Gramsci,
dem großen italienischen Kommunisten, der allerdings von
dem antifaschistischen, aber konservativen Philosophen Bene-
detto Croce soviel gelernt hatte wie von Lenin. Johanns Rau
zog mich gelegentlich auf: »Ist das auch von diesem Gram-sci?«
fragte er dann und wann gespielt naiv. Mit oder ohne Gramsci:
Wir setzten Themen. (Geißler leider auch.)

Einem bestimmten Typus aus unserem Funktionärskorps war
ich in gewisser Weise ausgeliefert, weil ich ihn haßte und viel zu
schnell heftig und unklug wurde. Man nennt ihn den »mit Bo-

denhaftung«. Dort waren nicht jene gemeint, die aus Garmisch
stammten, in Garmisch Förster waren, dort im Gemeinderat saßen und eben in ihre Heimat hineinpaßten. Mit dem Begriff »Bo-
denhaftung« wurde der geehrt, der fühlte wie die Mehrheit,
dachte wie die Mehrheit und redete wie die Mehrheit des kleinen oder großen Gesellschaftskörpers, in dem er lebte und tätig
war, bei den Jusos, bei den Frauen, bei den Kanalern oder wo
immer. Das waren die schnell (über Abweichung) Empörbaren,
die Beifallskassierer, die routinierten Polemiker gegen das, was
uns am Gegner schon immer gestört hatte, und die sich, wenn
sie zum Höhepunkt kamen, mit den Fäusten auf die Hirsch-
hornknöpfe ihrer Trachtenanzüge oder die roten Pullover trommelten. Auch ein paar Damen gab es darunter, die trommelten
natürlich nicht, auch nicht symbolisch, auf ihre Brüste. Die
packten sorgfältig eine Gemeinheit in hochsolidarisches Ein-
wickelpapier. Ich meine die Stinknormalen, die auch noch stolz
darauf waren, stinknormal zu sein. Noch schlimmer waren die
Schlauen, die sich nur stinknormal gaben. Diesen Idealtypus gibt
es rechts wie links, rechts ein bißchen häufiger als links. Der Genosse Glotz war ein beliebtes Opfer ihrer Ausfälle. Ich hielt das
aus, aber je älter ich wurde, desto erbitterter wurde ich. Man
kann gut sein, wenn man erbittert ist, aber meist geht mit einem
der Gaul durch. Dann geht's dahin.

Hier schiebe ich eine Bemerkung zur politischen Kommunikation ein. Als Politiker, gar als Geschäftsführer, als »Stratege«
und Coach, darf man sich nicht auf kluge Rede und Widerrede,
auf Sinnkommunikation beschränken. Man muß natürlich
auch Persuasion und vor allem Emotionskommunikation betreiben. Oft geht es nicht darum, »Meinungen« (Presseerklärungen) abzusetzen. Man muß Geschichten erzählen. *Bild* ist
die erste Morgenzeitung für den Politiker, weil dieses Blatt
zeigt, welche Gefühle die Menschen haben (oder verführt werden zu entwickeln). So geriet ich Anfang der achtziger Jahre
irgendwann an den Maestro der emotionalen Publizistik, den
Ungarn Josef von Ferenczy. Es wurde zuerst eine solide Ar-
beitsbeziehung und dann eine Freundschaft.

Ferenczy erfand den Begriff Medienmanagement; er war die
Spinne im Netz, der Personalberater, Stofflieferant und Ideen-

produzent vieler Gründungsverleger nach 1945 und ihrer
Nachfolger. Ob Unterhaltungsromane, Filme, atmosphärische
PR oder (kostenlose) Politikberatung, Ferenczy war ein einflußreicher, verschwiegener, und von Ideen sprühender Ge-
schäftsmann, der aber an einer bestimmten Schwelle ins Politische hinübersprang. Er war, ganz anders als seine Vaterfamilie,
entschieden antinazistisch, und er war natürlich auch entschieden antikommunistisch. So knüpfte er Beziehungen zu Bruno
Kreisky, Willy Brandt, aber auch zu dem Seeräuberkapitän
Dom Mintoff aus Malta. Er investierte Millionen in Dialogver-
anstaltungen, die ihm keinen Pfennig brachten, und wenn er es
für ungerecht hielt, daß die CSU über die Lebensgefährtin und
spätere zweite Frau von Theo Waigel herumwisperte, gab er für
beide eine fulminante Gesellschaft in seinem Garten. Wir begannen mit gegenseitigen Dienstleistungen. Durch eine Serie
sanfter Anrufe verhinderte er irgendwelche Stinkgeschichten
gegen führende SPD-Leute in *Bunte, Bild am Sonntag* oder *Bild*.
Ich moderierte ihm eine Konferenz über Medienpolitik oder
knüpfte einen Draht zu einem Politiker. Später wurden unsere
Frühstücke in seiner Grünwalder Villa zur Gewohnheit. Am
hellen Morgen bekam ich Kaviar und rosa Champagner, er
rührte das Champagnerglas nicht an und trank ungesüßten
Tee, Kaba oder sonst ein angeblich gesundes Gebräu. Der Griff
unter die Tischplatte, an der offenbar eine Klingel montiert
war, zauberte den Butler herbei. Der räumte dann den Tisch frei
für die Akten.

Die Geschichte geht traurig aus wie die meisten. Ferenczy
verlor beide Söhne, ein schwerer Schlag für einen stolzen Vater,
eine Katastrophe für einen Mittelständler.

Der Mann ist heute sechsundachtzig, ein kerzengerader un-
garischer Herr, und hat schon wieder eine Firma gegründet, ich
weiß nicht, die wievielte. In seiner Heimatstadt Keckemet be-
treibt er mit dem dortigen Bürgermeister eine Akademie für
Aus- und Fortbildung von Dialogspezialisten. Es gibt Politiker,
die mit solch bunten Vögeln nichts zu tun haben wollen. Das
Tuch der Anzüge edel, die Seidenkrawatten dezent, aber das
Image zu farbig, zu wild bewegt, das Schicksal zu achterbahn-
artig. Ferenczy ging mit Siegfried und Roy um, mit Oswald

Josef von Ferenczy beim Begräbnis eines seiner Söhne

Kolle, aber eben auch mit Axel Springer und Willy Brandt, dessen Memoiren *Links und frei* er in meiner Menzenberger Wohnung – allerdings unter vier Augen mit Brigitte Seebacher-
Brandt – für Propyläen kaufte. Ich verdankte ihm ein großes
Netzwerk, das jetzt langsam taub wird. Peter Boehnisch, der
mild gewordene *Bild*-Chef aus den wilden Jahren des Springer
Verlags, ist gerade gestorben.

Eine ganz andere Art von Kommunikator war Herbert Riehl-
Heyse. Kennengelernt hatte ich ihn, als er Reporter beim Bayern-Teil der *Süddeutschen Zeitung* und ich Landtagsabgeordneter war. Später war er ein enger Freund wie Manfred
Bissinger, der von 1993 bis 2001 das für mich wichtigste Blatt,
Die Woche, gemacht hat. Riehl-Heyse, aus Altötting stammend, war das Gegenteil eines Krachledernen: ironisch, klug,
nachdenklich. Seine Porträts oder Berichte auf der Seite 3 der
Süddeutschen Zeitung waren Rolls-Royce-Prosa: handwerklich perfekt gearbeitet und leise ihre Bahn ziehend. Er war ein
Aufklärer, aber keiner, der mit gellender Stimme anklagte. Bei
Herbert Riehl-Heyse gewöhnte man es sich sogar als Politiker

an, das Stück nicht danach zu beurteilen, ob oder wie man vor-
kam. Man las ihn gern. Mit seiner behutsamen Liberalitas Ba-
variae und seiner von vornherein eingeräumten Unsicherheit
im Urteil bewegte er mehr als die Brachial-Publizisten.

Sein früher Krebstod hat viele von uns tief bewegt. Ich rief
ihn wenige Tage vor seinem Tod an: »Können wir Donnerstag
zusammen essen gehen?« – »Das wäre ein schöne Gedanke«,
sagte er, »aber ich muß Donnerstag zur ›Chemo‹.« Am über-
nächsten Samstag begruben wir ihn in seinem Wohnort Eichen-
au bei München. Ich kannte fast alle in der Kirche. Das sind
traurige, aber immer öfter vorkommende Zusammenrottungen
von Leuten, die das Leben zusammengeweht hat. »Ruf doch
mal an«, sagt einer und ist dann der nächste.

Ich hatte als Organisationspolitiker keineswegs nur Erfolge.
Einer war noch die Quote für Frauen, die die Frauen selbst
zuerst gar nicht wollten. Ich erinnere mich an einen kontroversen, ewig langen Disput mit den Hamburger Frauen, die
irgendwann bei der Wahl der Bundestagsgeordneten wieder
einmal leer ausgegangen waren. »Wenn ihr das ändern wollt«,
sagte ich ihnen, »müßt ihr die Quote verlangen. Aus unserer
Ursuppe werden immer wieder dicke Männermehrheiten auf-
kochen.« Heute gibt es im Bundestag 197 weibliche Abgeordnete. In der Legislaturperiode 1983–1987 waren es 52. Durch-

Mit den Journalisten Martin Schulze, Herbert Riehl-Heyse und Heiner Bremer

gesetzt hat die Regelung – nach ewigen Debatten auf einem Parteitag in Münster 1988 – allerdings Vogel, der (diesmal sanft und klug) sein Schicksal mit dem Thema verband.

Aber eine Reihe meiner Ideen scheiterte. Ich wollte zum Beispiel Betriebsräte zu Delegierten in den Unterbezirken oder Bundestagswahlkreisen der SPD machen. Ich spürte, daß SPD und Gewerkschaften sich – damals schon – auseinanderlebten. Wer von seinem Ortsverein in Gremien delegiert werden wollte, mußte sich regelmäßig zeigen. Gesichtskontrolle. Das konnten die Betriebsräte nicht. Sie hatten schon Termindruck und Gesichtskontrolle in ihren Fabriken und Verwaltungen genug. Das Parteiengesetz erlaubte eine bestimmte Zahl »geborener«, nicht gewählter Delegierter. Die wollte ich nutzen.

Ich erkläre das Problem an meinem eigenen Wahlkreis, dem Norden von München. Der Vorsitzende war zwar ein vielseitig informierter Akademiker, der auch etwas von Wirtschaft verstand, der Chef der Münchner Volkshochschule. Ebenso war es bei seinem Vorgänger gewesen, einem erfahrenen Postler, Postgewerkschafter und Stadtrat. Der wußte, wie der Hase lief.

Ansonsten aber war die mittlere Parteielite der Wirtschaft, vor allem der gewerblichen, fern. Da gab es zwar einen kleinen Bauunternehmer, der im Haß auf den Krieg und die Nazis nach 1945 zu uns gestoßen war und oft einen einsamen Kampf kämpfte. Es gab auch einen nicht freigestellten Betriebsrat von BMW. Sonst aber saßen da Bibliothekarinnen der Stadtbibliothek, pensionierte Hauptleute, Steuerbeamte, Lehrer und Lehrerinnen aller Kategorien, Sekretärinnen, ein Produktionsleiter des Bayerischen Rundfunks, ein junger Anwalt, aus der Schwabinger Gegend auch ein paar ewige Studenten und so fort. Was hätten wir lernen können von den Betriebsratsvorsitzenden von BMW, MAN oder MTU, alles Betriebe, die im Wahlkreis lagen! Aber an der Meinungsbildung der SPD durften sie nicht mitwirken. Die Delegierten des Bundesparteitags verweigerten die notwendige Satzungsänderung. Das Argument war scharfkantig: Man brauche in der Arbeiterpartei SPD keine Reservate für Arbeiter. In Wirklichkeit fürchteten »die Mittleren« den Einfluß der aufgestiegenen und höchst selbstbewußten Flugzeugmechaniker, Fachhochschulingenieure oder Betriebswirte.

In den achtziger Jahren des 20. Jahrhunderts war die SPD natürlich keine Arbeiterpartei mehr, sondern eine Mittelschichtpartei mit Resten von Arbeiterwählern; und ihre mittleren Kader, vielfach akademisiert, und zwar in der Regel in geistes- und sozialwissenschaftlichen Disziplinen, waren ein Stück nach links gerückt. Allzuviele Betriebsräte hätten den Frieden stören können.

Viel krasser trat der Machtanspruch der »Mittleren« zutage, als ich versuchte, bei der Wahl von Abgeordneten oder Bürgermeistern »innerparteiliche Vorwahlen« einzuführen. Zwanzig Prozent der Parteimitglieder nehmen einigermaßen aktiv an der Willensbildung teil. Warum, so fragte ich, sollte man nicht auch den restlichen achtzig Prozent die Gelegenheit geben, bei der Personalauswahl wenigstens ihre Meinung kundzutun? Kaum hatte ich diesen Vorschlag gemacht, bekam ich mein Fett ab. Wer zu Hause bleibt, so sagten schon die Parteivorstandsmitglieder, hat eben Pech gehabt. »Wir«, sagten die Funktionäre auf unseren Konferenzen, »machen die Infostände, kleben die Plakate, erscheinen regelmäßig bei den Versammlungen – und du willst den Faulen, den Passiven ähnliche Rechte geben wie uns?« – »Halt«, rief ich. »Wer einen Softwarebetrieb gegründet hat, wer Manager ist, wer mehrere Kinder in die Welt gesetzt hat, hat schlicht keine Zeit für den ›Bericht des Bundestagsabgeordneten‹ im Nebenzimmer der Gaststätte. Ihr seid die Zeitreichen, wir müssen auch den Zeitarmen eine Chance geben.« Mein Argument ging im Geschrei unter. Zeitreich, wir? Was für eine Frechheit! Die »Vorwahlen«, die ich vorgeschlagen hatte, war die einzige von zehn Ideen, die ich gar nicht weiterverfolgen durfte. Franz Müntefering, der einzige Generalsekretär, der nach mir die Organisationspolitik wieder ernsthaft anpackte, hat fast zwei Jahrzehnte später, im April 2000, meinen Vorschlag wiederholt. Mit demselben Ergebnis.

Müntefering hatte bei seinem Anlauf – Demokratie braucht Parteien, hieß die Aktion – übrigens den Mut, das Thema »Quereinsteiger« aufzugreifen. Mir hatten das 1981 schon die eigenen Mitarbeiter ausgeredet. Müntefering sagte: »Wir wollen mehr Menschen mit anderen als den üblichen parteipolitischen Erfahrungen in politische Ämter bringen. Dazu sollen

Mit Otto Schily in der Toskana

auch qualifizierte Bewerberinnen und Bewerber auf aussichtsreichen Listenplätzen plaziert werden. Ich schlage das Modell ›Zehn von außen‹ vor.« Auch dieser Vorschlag wurde nicht aufgegriffen.

An dieser Stelle muß ich, ein triumphierendes Lächeln unterdrückend, an Günter Verheugen und Otto Schily denken. Als Genscher die FDP zur CDU führte, ohne seinem eigenen Generalsekretär reinen Wein einzuschenken, bat ich Verheugen, zur SPD zu kommen. In seinem Fall rettete mich Philip Rosental. Er sprang eines Mittags in meinen Wagen und bot mir – für Verheugen – seinen Wahlkreis in Oberfranken an. Er wollte mein »Kommunikationsbeauftragter« werden. So geschah es.

Als ich Jahre später registrierte, wie stillos und rüde das grüne Fußvolk Otto Schily behandelte, nur weil er aus dem Großbürgertum kam und das auch nicht verheimlichen wollte, war ich selbst Bezirksvorsitzender, in Südbayern. Diese Bezirksvorsitzenden und ihre Vorstände machen die »Listen«. Ich fragte Schily an einem sonnigen Frühlingsvormittag im Garten des Münchner Hotels Continental nahe dem Karolinenplatz, in dem das Goethe-Institut tagte, ob er sich einen Wechsel zur SPD vorstellen könne. Dann setzte ich ihn, mit Hilfe meiner gnadenlos konsequenten Stellvertreterin Carmen König, durch. Unsere Telefonrechnungen wuchsen ins Astronomische. Als ich den Vorsitz des Bezirks übergeben hatte, verschob man Schily für die Wahl 1998 um zehn Plätze nach hinten. Ein früherer Juso-Vorsitzender des Bezirks, heute der verläßliche postpolitische Sprecher der Fraktion, war den Genossen wichtiger. Aber Schily schaffte es noch, weil Schröder ein besonders gutes Ergebnis über vierzig Prozent einfuhr. Verheugen, Erster Vizepräsident der Europäischen Kommission, und der Bundesinnenminister Otto Schily gehören heute zur allerersten Reihe der sozialdemokratischen Politiker. Haben wollte die SPD sie nicht. Sie rochen falsch.

Die »Mittleren« spielen oft die Rolle einer »Lähmschicht«. Wenn das Boot schon nicht fährt, dann soll es auch nicht schaukeln. Es ist ja nicht nur der böse Schröder, der Politik nur als Medienkommunikation begreifen kann. Die SPD verhungert unten. Sie verkümmert zu geschlossenen Gesellschaften derer, die irgendein Mandat haben, es hatten oder eines haben wollen. Ich hätte, als Korrektiv zur mittleren Parteielite der Ehrenamtlichen, gern einen hochqualifizierten hauptamtlichen Apparat geschaffen, politische Sekretäre, ob weiblich oder männlich. Mir gelang die Wiedergründung der Parteischule, die die SPD von 1906 bis 1914 betrieben hatte. Tilman Fichter, der alte Mitstreiter Rudi Dutschkes, den in den SPD-Apparat einzuschleusen genauso schwierig war wie die »Fälle« Verheugen und Schily, leistete dort fünfzehn Jahre lang vorzügliche Arbeit, gemeinsam mit einer erfahrenen, auf vielen Positionen bewährten klassischen Sozialdemokratin, Helga Ziemann. Sie mußte im Jahr 2001 eingestellt werden.

Der Bruch

Am Ende der Besprechung war Wischnewski ganz ruhig. »Über eines bist du dir doch im klaren«, sagte er, »damit ist auch die sozialliberale Koalition beendet.«

Das Präsidium der Partei hatte Wischnewski zu unserem Verhandlungsführer in einer Koalitionsrunde gemacht, um die die
FDP gebeten hatte. Es ging um die Flick-Affäre, allgemeiner:
um die Art, wie die Parteien Spenden eingeworben und verbucht hatten. Alle Parteien, von den Grünen abgesehen, die
noch keine Partei waren. Besonders im Kreuzfeuer stand der
Wirtschaftsminister, Otto Graf Lambsdorff, der auch Schatzmeister der nordrhein-westfälischen FDP gewesen war. In diesen Tagen geisterte der Vermerk eines Oberstaatsanwalts über
unsere Schreibtische, in dem es hieß: »Die Staatsanwaltschaft
Bonn hat bei den sichergestellten Unterlagen der Firma Friedrich Flick gewisse Hinweise gefunden, daß die Firma Flick im
Zusammenhang mit der ihr gemäß Paragraph 6b des Einkom-
mensteuergesetzes erteilten Bescheinigung für einen Steuerab-
zug aus der Veräußerung ihrer DaimlerBenz-Beteiligung Amts-
trägern Zuwendungen versprochen oder gemacht hat.« Der
Spiegel schloß daraus: »Bei der Bonner Affäre um Parteispen-
den und Steuerhinterziehung könnte auch Bestechung im Spiel
gewesen sein.«

Dieser Verdacht ist nicht erhärtet worden. Aber der Druck,
etwas zu tun, um die Spendensammler vor politisch tödlichen
Strafen, vielleicht sogar vor dem Gefängnis zu schützen, war
gewaltig. Die Koalitionsrunde hatte eine große Amnestie beschlossen, eine Änderung des Grundgesetzes einbegriffen. Man
hatte auch schon bei der Union vorgefühlt. Später hat mein
Kollege Fritz Gnädinger, Obmann der SPD für Rechtspolitik,
noch ein sanfteres Modell vorgeschlagen. Es war schon einmal
in der Schweiz benutzt worden. Wer sich selbst bezichtigen und
bei der Aufklärung mithelfen würde, sollte von Strafe ver-
schont werden. Aber auch das war natürlich ein »Sonderge-
setz«. Denn gegen einzelne Spendensammler und Spendenver-
bucher waren ja schon Ermittlungsverfahren eingeleitet. Die
Schuldbekenntnisse der Politik wären also keine »Selbstan-
zeige« nach dem geltenden deutschen Recht gewesen.

Lassen wir die Einzelheiten. Sie sind hundertmal erörtert
worden. Ich will nur meine Haltung und Handlungsweise erklären. Ich muß nämlich bekennen, daß ich die moralischen,
rechtssystematischen und rechtspolitischen Einwände, die der

Justizminister Jürgen Schmude und sein Vorgänger Jochen Vogel vortrugen, in den Wind geschlagen hätte. Ich wollte Lambsdorff durchaus »retten«. Ich wollte ja die Koalition retten. Aber ich kannte meine Partei. Hätten wir gemacht, was die Runde, in der uns Wischnewski vertrat, beschlossen hatte, wären wir aus unseren Parteiversammlungen herausgeprügelt worden. Also traf ich mich mit meinem Kollegen von der FDP, Verheugen. Der schätzte die Reaktion seiner eigenen Partei nicht viel anders ein. Als ich diese Argumente in unserem Präsidium vortrug, war die Sache tot. Zwar zwang die FDP-Spitze Verheugen zu revozieren. Es ging noch ein paar Tage wild hin und her. Irgendwann machte Wischnewski die elegische – und wohl richtige – Bemerkung, von der ich berichtet habe. Wir waren der FDP, jedenfalls ihrer Führung, nicht mehr »pragmatisch« genug.

In der Bundestagsdebatte, die sich mit diesem Thema beschäftigte, hatte ich meine Partei zu vertreten. Meine Version im Parlament lautete: »Diese Koalition ist nicht an den angeblich sozialistischen Wirtschaftsexperimenten der SPD gescheitert, sondern daran, daß wir uns geweigert haben, mit rechtlich fragwürdigen Mitteln Lambsdorff herauszuhauen und weil wir uns auch in Zukunft weigern werden.« Im Protokoll heißt es dann: »Lebhafter Beifall bei der SPD – Link (Diepholz CDU/CSU) Heuchler«.

Der Vorwurf des Abgeordneten Link war ein bißchen brutal. Er war auch nicht ganz richtig. Letztlich hatte ich zum Scheitern der Amnestiepläne wesentlich beigetragen. Ganz falsch war er aber auch nicht. Ich wollte die Leute, die die Parteien mit Geld versorgt hatten, nicht vor irgendwelchen Gerichten sehen. Der hohe Ton, den mein späterer Freund Otto Schily in dieser Angelegenheit benutzte – und zwar aus Überzeugung – quietschte mir in den Gehörgängen.

Ich wußte natürlich, daß nicht nur die CDU und die FDP Spenden kassiert und gestückelt hatten, um die Spender nicht angeben zu müssen, Geld am Fiskus vorbeigeleitet und die politischen Stiftungen missbraucht hatten usf. Auch unsere Leute hatten das getan. Einzelne von ihnen bewunderte ich, so den ebenso schweigsamen wie tatkräftigen Bankier Hesselbach oder den langjährigen »Kassierer« der SPD, den kleinen, listigen Alfred Nau. Diese Männer kamen aus der Arbeiterbewegung, sie hatten gegen die Nazis gekämpft und natürlich hatten sie Geld besorgt und verteilt, an der Staatsgewalt vorbeigeleitet und zur Not in doppelten Böden von Koffern transportiert. Mir war schon klar: Was gegen die Nazis moralisch legitimiert war, war in der Demokratie rechtswidrig. Aber wurde die CDU mit ihren staatsbürgerlichen Vereinigungen nicht mit Millionen überschüttet, während Alfred Nau mühsam die Tausend-Mark-Scheine irgend jemandem aus der Nase ziehen mußte? Hatten – ich gebe zu, es ist ein unzulässiges Argument – nicht alle das gleiche gemacht? Wäre es nicht richtig gewesen, einen Schlußstrich zu ziehen, eine neue, rechtmäßige Praxis zu beginnen und die Akteure von gestern ungeschoren zu lassen?

Ich räume heute ein, daß ich zu parteiisch war, ein Parteisekretär eben. Der große Aufwasch war nötig. Zu lauter moralischer Empörung über die Spendensammler der anderen konnte ich mich aber nie durchringen, weil ich an unsere eigenen Spendensammler dachte. Und an mich selbst.

Als ich ans Pult des Bundestags trat, um in dieser Sache die Position meiner Partei zu vertreten – es war lange nach dem dramatischen Hin und Her vom Dezember 1981, im Mai 1984 – rief Reinhard Freiherr von Schorlemer von der CDU: »Der Obersammler!«. Der Freiherr irrte. Bei uns waren die Kompetenzen des Finanzvorstands und des Organisationsvorstands fein säuberlich getrennt. Mit der Akquisition von Spenden, gar mit ihrer Verbuchung, hatte ich nichts zu tun. Aber ich habe gelegentlich gesehen, wie Briefumschläge mit Geld von Hand zu Hand gegeben wurden. Irgendwann habe ich einen blaßblauen Waschbeutel voller Banknoten entgegengenommen. Alfred Nau hat dieses Geld später, gemeinsam mit anderen Summen, als eigene Spende verbucht. Könnte ich mich also über Nau moralisch erheben? Und wenn ich mich über Nau nicht moralisch erheben kann, könnte ich mich dann über den Grafen Lambsdorff erheben? Wäre ich bibelfest, würde ich jetzt so etwas sagen wie: »Wir sind allzumal Sünder.« Aber ich bin nicht bibelfest.

Immerhin wurde in meiner Bonner Wohnung am Viktoria-
platz in Bonn der Grundstein für das neue, striktere Parteiengesetz gelegt. Horst Ehmke und Otto Wiesheu gingen am frühen
Morgen mit Küchenmessern aufeinander los; allerdings nicht
wegen des Parteiengesetzes, sondern wegen des letzten Stücks
Wurst aus dem Eisschrank. Sie teilten sich die Wurst.

Es war nicht so, daß wir, die Koalitionäre, uns ständig angif-
teten. Gelegentlich mußte ich, um die Flagge der SPD zu zeigen,
der FDP vorwerfen, daß sie keine »Ergänzungsabgabe« für Bes-
serverdienende wolle. Dann raunzte Genscher zurück. Aber die
Fachleute gingen miteinander um, als ob die Koalition noch
zehn Jahre dauern könnte. Vermutlich wußte Genscher schon
früh im Jahr, was er wollte. Er sagte es uns aber nicht. Er sagte
es seinen Leuten, von Ausnahmen vermutlich abgesehen, auch
nicht.

Schmidt spürte die Existenzangst der FDP, in die dunklen
Strudel der Angst gezogen zu werden, auf denen das Schiff der
SPD tanzte. Er spürte aber genauso den ärgerlichen Unwillen
der eigenen Parteikader, die ökonomische Realität zu akzeptieren, die Notwendigkeit einer Sanierung der Sozialsysteme. So
stand er, sozusagen Tag und Nacht, auf der Brücke und hielt
das Ruder fest. Hinauswerfen wollte er sich nicht lassen, weder
von den FDPisten noch von den eigenen Leuten. Wenn er gehen
mußte, dann erhobenen Hauptes. Das hat er im Herbst 1982
dann, durch die Entlassung der liberalen Minister und die
selbstbewußte, kalt durchgezogene Verratskampagne gegen die
FDP, geschafft. Mit dieser Kampagne, bei der ein im *Spiegel* ab-
gedrucktes Tagebuch von Schmidts Pressechef Klaus Bölling
eine große Rolle spielte, gewann er seiner Partei noch die Land-
tagswahlen in Hessen. Ein letzter Dienst.

Woran ist diese Koalition, die Harpprecht, Lambsdorff und
ich vor weniger als einem Jahrzehnt als historisches Bündnis,
als Amalgamierung der Arbeiter mit neuen Schichten zu einer
»Neuen Mitte« gefeiert hatten, gescheitert? Die von uns abge-
lehnte »Amnestie« mag eine Rolle gespielt haben. Auf die politischen Führungsfiguren der Bourgeoisie, Kohl und Genscher,
wirkten die Sozialdemokraten der frühen achtziger Jahre ro-
mantisch verstiegen. Auch der Nato-Doppelbeschluß spielte

eine Rolle. Genscher hatte sich bei den Amerikanern genauso wie Schmidt für die Aufstellung der Raketen verbürgt. Allerdings kippte die SPD diesen Fetisch der damaligen internationalen Politik erst nach dem Koalitionsbruch. Der Hauptgrund der Trennung lag in der mehr und mehr auseinanderfallenden Beurteilung der ökonomischen Situation.

Wer heute die Scheidungsurkunde, das sogenannte Lambsdorff-Papier – entworfen vor allem von Lambsdorffs Staatssekretär Otto Schlecht und dem damaligen Abteilungsleiter und späteren Bundesbankpräsidenten Hans Tietmeyer – liest, hält es für eine sachliche Stilübung von ökonomischen Handwerkern. Heute reden alle so; ein typischer Fall von »kultureller Hegemonie«, allerdings nicht der unseren. Wir Sozialdemokraten hielten das Papier ehrlichen Herzens für blanke Provokation. Keine Ergänzungsabgabe für die »Reichen«, keine Erhöhung der Mehrwertsteuer, der Benzin- oder Gassteuer, also kein Geld für Konjunkturprogramme, dafür Kürzungen im Sozialetat: Kürzung des Arbeitslosengeldes, Karenztage bei der Lohnfortzahlung im Krankheitsfall, Beschneidung des Kündigungsschutzes im Mietrecht. Dazu noch der Spruch von der »Brechung der Anspruchsmentalität«. Für uns war das ein nasser Waschfleck mitten durchs Gesicht.

Lese ich das Papier jetzt, 2005, wieder, erschüttert mich der Gleichklang der Argumente mit der gängigen Sozialkritik von heute. Nichts hat sich bewegt. Die Zeit scheint angehalten worden zu sein, wie auf einer kaputten Standuhr. Nur die Staatsschulden haben sich, wegen der Wiedervereinigung, zwischen 1990 und 2000 verdoppelt, übrigens unter Mitwirkung jener FDP, die schon 1981 eine »unkontrollierte Eskalation der Haushaltsprobleme« sah. Gegen den (sozialdemokratischen) Vorwurf der »sozialen Unausgewogenheit« schrieben die Verfasser des Papiers den Satz: »Die schlimmste soziale Unausgewogenheit wäre eine andauernde Arbeitslosigkeit von zwei Millionen Erwerbstätigen oder gar noch mehr.« Heute stehen wir bei fünf Millionen.

Seit dem Lambsdorff-Papier gab es aber eine sechzehnjährige Regierungszeit Helmut Kohls und erst danach wieder eine sozialdemokratische Regierung unter Gerhard Schröder. Weder die

eine noch die andere Seite hat an den von Lambsdorffs Leuten
richtig beschriebenen Fakten etwas Entscheidendes geändert:
Die Sozialleistungsquote ist immer noch zu hoch, die Investi-
tionsquote ist immer noch zu tief, und von den Schulden wollen wir schweigen. Seit dem Abgang Helmut Schmidts stieg die
Schuldenquote kontinuierlich an. Die FDP gestand dem Koalitionspartner CDU zu, was sie dem Koalitionspartner SPD verweigert hatte. Der Preis der Einheit beträgt bis heute 1250
Milliarden Euro. Die westdeutsche Wirtschaft verlor von Jahr
zu Jahr mehr Kraft, die Transferökonomie Ostdeutschlands ist
allein nicht lebensfähig.

Die liberale Seite hatte damals die gleiche Illusion wie heute:
Wenn man den Sozialstaat nur genug rupfe und die Arbeitsbedingungen für die Unternehmen genügend verbessere,
könne man zu hohen Wachstumsraten, also deutlich über drei
Prozent zurückkehren. Damit könne die Massenarbeitslosigkeit beseitigt werden. Die SPD hatte immerhin begriffen:
»Wachstum und Vollbeschäftigung können nicht mehr wie in
der Vergangenheit als selbstverständliche Grundlagen für die
Sozialpolitik vorausgesetzt werden.« Das war der Appell an
die eigene Vernunft. Dann aber formulierte die Bundestagsfraktion leichthändig wie eh und je: »Nicht der Sozialstaat ist
zu teuer, sondern die Arbeitslosigkeit.« Nur war die Arbeitslosigkeit nicht wirklich entscheidend zu drücken. Manche haben die Idee, man müsse nur oben genügend Leihgeld in den
Automaten werfen – die Gewerkschaften redeten von einem
Fünfzig-Milliarden-Programm –, und dann kämen unten Arbeitsplätze heraus. Schmidt hatte es mit immerhin fünfzehn
Milliarden versucht, ohne Erfolg.

Als Schmidt gegangen war, forderte die gute alte sozialpoliti-
sche Sozialdemokratie (ich rede von 1984) dann wieder ein Kin-
dererziehungsjahr, ein Mindestrentenniveau, eine Wiederherstellung voller Rentenversicherungsbeiträge der Bundesanstalt
für Arbeit und natürlich die Rücknahme des ganzen »Sozial-
abbaus« von Norbert Blüm. So ist das parlamentarische Spiel;
die Opposition muß sich auf diejenigen Themen stürzen, die bei
den Leuten laut Umfragen am besten ankommen. Die eigenen
Erkenntnisse von gestern müssen dann weggeschoben werden.

Der Kanzler Helmut Schmidt wurde auf dem Vertiko abgestellt, als gipserne Mahnung an die Wahrheit, als verstaubende
Büste.

Denn Schmidt hatte begriffen, daß seit Mitte der siebziger
Jahre ein neues Regime herrschte. Er sprach von der Welt-
wirtschaftskrise, seine Partei von Schmidts »Weltwirtschafts-
oper«. In sorgsam ausgearbeiteten, geduldigen Reden vom 22.
und 30. Juni vor der Fraktion versuchte der inzwischen illusionslose und müde Kanzler, seine Wirtschafts- und Finanz-
politik plausibel zu machen. Bei der Kreditaufnahme war er –
vermutlich weil er den harten Druck der Liberalen spürte – zu
restriktiv. Das zeigt ja die Wiedervereinigung, bei der plötzlich
beliebig viel Geld aufgenommen werden konnte. Die starrsin-
nige Festlegung der FDP auf 26,5 Milliarden Kreditaufnahme
und keine Mark mehr, war ökonomischer Unsinn. Mit einem
aber hatte Schmidt vollkommen recht: Man konnte Sozialleis-
tungssysteme, die auf eine Wachstumsrate von fünf Prozent
berechnet waren, bei einer Wachstumsrate von durchschnitt-
lich 2,5 nicht auf Dauer über Kredite bezahlen. Deswegen va-
riierte er mit unterschiedlichen Wendungen seinen Kernsatz:
»Wer mehr beschäftigungswirksame Maßnahmen will, muß
sehr viel tiefer in die Sozialleistung schneiden« (30. Juni). Man
könne nicht »alle Zahlungen weiterführen« – »sonst frißt das
Sozialbudget jegliche Investitionstätigkeit der Gesamtvolks-
wirtschaft auf.«

Man hörte dem für diesmal unpolemischen und ermatteten,
aber entschlossenen Mann respektvoll zu. Noch einmal kam
ein Haushaltskompromiß mit der FDP zustande. Am 7. Juli –
nach Aussagen der Journalisten der »spannendste Tag in der
Bonner Politik seit dem Mißtrauensvotum gegen Willy Brandt«
– stimmten beide Fraktionen dem von Schmidt selbst vorgeleg-
ten Kompromiß zu. Bis tief in die Nacht saßen Sozial- und Frei-
demokraten noch einmal im Bundeshausrestaurant zusammen,
in einer Stimmung, die fast den ersten Monaten der Sozialibe-
ralen Koalition nach 1969 glich. Dann ging es dahin.

Im August machten Verheugen und ich noch einen letzten
Rettungsversuch, der allerdings viel zu spät kam. Wir verfaßten
ein Papier »Sozialliberale Initiative für die achtziger Jahre«. Ich

sagte, was ich zu sagen hatte, sehr bewußt im eigenen Blatt, dem damals noch existierenden *Vorwärts*: »Die sozialen Sicherungssysteme sind auf eine andere als die jetzige Wachstumsrate eingestellt und können deswegen nicht in all ihren Elementen gehalten werden. Was alle Parteien und auch die Gewerkschaften brauchen, ist eine Theorie der Sozialpolitik, die auf die heutigen Probleme bezogen ist. Die Gewerkschaften müßten umdenken.« Sofort bekam ich einen rüden Brief des Stellvertretenden Vorsitzenden des DGB, Gerd Muhr. Andere Gewerkschafter schlugen in die gleiche Kerbe. Einer redete sogar von verrotteten Gehirnen.

Eigentlich sprachen die Zahlen eine eindeutige Sprache. Im Zyklus 1950–1954 hatte die jährliche reale Wachstumsrate des Bruttosozialprodukts 8,8 Prozent betragen, 1955–58 waren es 7,2 Prozent. Über die Jahre fielen diese Raten über 5,7 Prozent, 3,8 Prozent, 3,6 Prozent, hinunter bis 2,5 Prozent in den letzten Jahren 1976–82. Dieser Verfall hatte sicher vielfältige Gründe. Ein wesentlicher Grund lag aber darin, daß nach 1945 der moderne Sektor der Wirtschaft noch Millionen von Menschen und Absatzmärkten aus dem traditionellen Sektor – zum Beispiel Land- und Hauswirtschaft – aufsaugen konnte. Das war vorbei. Die Idee, die gewaltige Nachkriegsprosperität lasse sich ewig fortsetzen, war abwegig. Also konnte man auch die Sozialpolitik von Hans Katzer und Walter Arendt nicht einfach fortsetzen.

Die Sozialleistungsquote lag 1980 schon über dreißig Prozent. 1950 hatte sie siebzehn Prozent betragen. Sie war fast doppelt so schnell gewachsen wie die Volkswirtschaft. Das ging so nicht weiter.

Mir fiel diese Erkenntnis nicht schwer. Ich war ja ein Knoeringen-Mann, ein Godesberger, ein Kulturpolitiker, ein liberaler Sozialdemokrat. Für mich war die SPD (in dieser Reihenfolge) eine Partei der Aufklärung, des wissenschaftlichen Fortschritts, der Bürgerrechte und der sozialen Gerechtigkeit. Die »Seele« der Partei hing für mich nicht von der Höhe des Kindergeldes oder des Mutterschaftsgeldes ab. Die »Sopos«, getragen von den altruistischen, wirtschaftsfernen Mittelschichten im Apparat und in unseren Versammlungen, sahen das anders. Die »Sopos« der CDU/CSU waren übrigens nicht anders gestrickt als die unseren. So wurde der breite, helle Weg der Sozialdemokratie zum Hohlweg der Sozialpolitik.

Immerhin: Eugen Glombig, der Vorsitzende des Arbeitskreises Sozialpolitik der sozialdemokratischen Bundestagsfraktion, ein schwerbehinderter, leiser Mann, der mit seinen Krücken zehn Minuten von der Tür des Plenarsaals bis zum Rednerpult brauchte, gab mir recht. Auch ein paar Zeitungen. Vor mir liegt ein vergilbter Ausschnitt der *Neuen Osnabrücker Zeitung*: »Was Glotz der SPD an Fehlern bei der Reaktion auf eine veränderte wirtschaftliche Entwicklung ankreidete, wird nicht wenigen Parteifreunden und Gewerkschaftern schrill in den Ohren klingen. Aber es hebt sich in seiner Offenheit und Nüchternheit wohltuend ab von der üblichen krampfhaften Fehlersuche beim anderen.« Aber das war, wie man mir sagte, der Klassenfeind. Wenn man von dem gelobt wurde, müsse man vorsichtig sein.

Franz Steinkühler, dessen kühle Entscheidungsfreude ich immer bewundert hatte, hatte schon im März 70 000 seiner Leute zum »Widerstand gegen Sozialabbau« auf die Beine gebracht. Der »Widerstand«, ein würdiger Begriff, den wir sonst nur für Kämpfe gegen die Nazis oder die Kommunisten verwendet hatten, war ein Widerstand gegen eine sozialdemokratisch geführte Bundesregierung. Mein Kollege Ottmar Schreiner aus dem Saarland, schon damals eine der metallhaltigen Stimmen der sozialpolitischen Sozialdemokratie sagte: »Noch eine Umverteilung wie im Juni und es ist aus.« Es war schon früher aus. Die FDP machte sich davon. Schon Mitte September mußte ich ein Flugblatt konzipieren, das die Überschrift trug: »Wir wollen wählen«.

Etwas zur Stimmung

Ich erzähle hier eine Mißerfolgsgeschichte. Wir wurden vorzeitig aus der Regierung gedrängt. Wehner, schwerkrank, und Schmidt, erschöpft, verließen die Politik. Da könnte der Le-

ser auf die Idee kommen, die Jahre als Parteisekretär wären
für mich eine traurige Pflicht, eine freudlose Quälerei gewesen.

So muß ich manchmal auch gewirkt haben. Als ich im Sommer 1982 mir irgendwann einen Abend freinahm und mit Hans
Magnus Enzensberger aß, im »Fallmerayer Hof« in Schwabing, unter einem großen Baum, schrieb er ein Gedicht »Der
Bundesgeschäftsführer«, das er im Februar 1983 in der *Zeit* publizierte. Schon die erste Strophe zeigt, wie er mich sah:

»Matt von den Worten, die er verloren hat
müde vom Lallen der Mitglieder des Präsidiums
von seinen Gelenkschmerzen, erschöpft
von den frischen Dienstgeheimnissen,
die wie alte Kaugummis kleben
im Handschuhfach, von unten, in der Seele
von früher, matt vom Wirtshausgeruch
der Ortsvereine, Schweiss, Bier, Fest,
satt von den kleinen Lügen
die kleinen Wahrheiten ähneln wie eine Erbse
der anderen, und die er essen
ausspucken, essen muss, von seinen Pflichten
die ihm durch die Finger gleiten
wie ein Rosenkranz, trocken
und schwer zu zählen, pilgert er
zum Flughafen Wahn, hinkt
über die Piste, mühsam, geübt,
hinter dem gelben Kastenwagen her,
hinter der leuchtenden Schrift ›FOLLOW ME‹.«

Gelenkschmerzen hatte ich damals, das ist wahr, irgendein Syn-
drom am Hals und am Nacken, gelegentlich lief ich mit einer
Nackenstütze herum. Ich gebe auch zu, daß mir das anknips-
bare Lächeln von Clinton oder Schröder nie zur Verfügung
stand. Aber ich liebte meine Arbeit. Ich stand gern um fünf Uhr
auf, damit ich um sechs mit dem Schreiben beginnen konnte.
Ich warf lustvoll Tagespläne um, wenn irgendwo irgend etwas
passiert war, um an den Ort der Handlung zu fliegen und über

Nach einer verlorenen Wahl mit Ernst-Dieter Lueg

den neuesten Konflikt besser Bescheid zu wissen als jeder andere in der Parteiführung. Zugegeben, bei den Parteitagen, deren Regisseur der Bundesgeschäftsführer oder Generalsekretär ist, schluckte ich Captagon, um den Druck auszuhalten. Zugegeben, wenn ich 800 Kilometer geflogen und noch 150 gefahren war, um schließlich im Saal einer Gaststätte, in der noch die Faschingsdekorationen hingen, fünfzig Leute vorzufinden, ausschließlich Genossen, war ich wütend und enttäuscht. Aber ich habe das schnelle Leben geliebt, ich war stolz, wenn ich auf eine völlig überraschende Herausforderung geistesgegenwärtig reagiert hatte, und ich war mir nie zu schade, mit irgend jemandem nachts um zehn in ein Nebenzimmer zu gehen und eine Resolution zu verfassen, während die Streithähne schon ihr Bier tranken. Morgen früh würde man sie mit dieser Resolution befrieden können.

Die Macht war mir kein Brechreiz, und ich habe mich nie nach Einödhöfen im Herbst gesehnt. Wenn es allzu schlimm wurde, dachte ich an den verwachsenen Funktionär Gramsci, der in Sardinien oder in Turin unermüdlich durch die Schützen-

gräben der Gesellschaft gestrichen war, um Menschen zu gewinnen, zu bekehren. Irgendwann hat Helga Ziemann mir von
einer Reise ein großes Foto von Gramscis Grab mitgebracht. Es
hängt noch heute in meinem Arbeitszimmer. Man muß sich
also keine Sorgen um mich machen. »Nach fünfzehn Stunden
sind ein paar Minuten vorbei«, schrieb Enzensberger. Na, wenn
schon.

7. KAPITEL

Die guten Hirten

Mein Bundestagskollege Heinz Rapp war ein großer Schaffer. Von Beruf war er Bundesbankdirektor gewesen, deswegen verstand er mehr als die meisten von Finanz- und Geldpolitik. Seine Leidenschaft aber galt der Programmdiskussion der Partei, und darin besonders dem Verhältnis zu den Kirchen. Der praktizierende Katholik, Vater von sieben Kindern, Mitglied des Zentralkomitees der Deutschen Katholiken, rieb sich sowohl in seiner Kirche als auch in seiner SPD auf. Bis tief in die Nacht diktierte er Vermerke, zum Beispiel für Vogel oder Eppler (den führenden Kopf der Programmkommission). Er erschien dann mit zerknittertem Anzug, geröteten Augen und einem riesigen Stoß Papier unter dem Arm in der Fraktion. Wir standen gut zueinander.

Am 4. Mai 1986 schickte er mir die Kopie eines Vermerks an Vogel, der mich alarmierte. Rapp berichtete Vogel von der Vollversammlung des Zentralkomitees der Katholiken von Anfang Mai 86. Es ging um die Äußerungen des damaligen Präsidenten des Verfassungsgerichts, Wolfgang Zeidler, der den Fötus vor der Nidation nicht als schmerzempfindlichen und schon idividuierten Menschen ansah, sondern als »himbeerartiges Gebilde«. Gleichzeitig bezeichnete er das im Strafgesetzbuch festgeschriebene Verbot der aktiven Sterbehilfe als »Insel der Inhumanität, als Folge kirchlichen Einflusses auf unsere Rechtsordnung«. Allerhand Leute fielen sofort über Zeidler her. Kardinal Hoeffner, damals Vorsitzender der Bischofskonferenz, bezeichnete die Meinun-

gen des Verfassungsgerichtspräsidenten gar als grundgesetz-
widrig.

Nun war Zeidler Sozialdemokrat. Als Parteisekretär empfand ich es als meine Pflicht, dem angegriffenen Sozialdemokraten beizustehen. Vor allem aber teilte ich die Meinungen
Zeidlers, die schon lange niemand mehr so klar ausgesprochen
hatte. Also publizierte ich in der *Neuen Gesellschaft* einen offenen Brief an Zeidler. »Ich respektiere die Tatsache«, schrieb ich,
»daß die Mehrheit der Mitglieder des Präsidiums meiner Partei
sich heute als bewußte Mitglieder christlicher Kirchen betrach-
ten. Aber zwei Mißverständnissen will ich entgegentreten; als
ob die ganze Sozialdemokratie in dieser ernsten Kontroverse
auf seiten der Bischöfe stünde und als ob selbst ein trockener,
keineswegs aggressiver Hinweis auf die Macht der großen Kirchen reflexartig Zurückweisungsrituale hervorrufen müsse. Ich
will hinaus auf einen Zustand, in dem die Glaubenslosen den
Glauben der Mitbürger respektieren; und umgekehrt die Gläu-
bigen die Glaubenslosigkeit des Nachbarn.«

Damit löste ich im katholischen Lager helle Aufregung aus.
Der damalige Präsident des Zentralkomitees, mein geschätzter
Gegner Hans Maier, sprach von einem »Hauch von Kultur-
kampf«. Rapp berichtete seinem Vorsitzenden Vogel minutiös
über die zum Teil rabiaten Reaktionen im Zentralkomitee. Un-
ter anderem wollte man das ungeborene Leben unter den
Schutz einer »Amtspflegschaft« stellen. Rapp zitierte in dem
Vermerk seinen eigenen Diskussionsbeitrag, in dem er mich
verteidigte, weil ich nie versteckt habe, daß ich mich als »Nicht-
Christ« verstehe. Solche Leute müssten sich auch äußern dürfen. Dann fügte er hinzu: »Herr Glotz hat in seinem offenen
Brief erklärt, für sich selber und nicht für die SPD zu sprechen.
Es ist keine Übertreibung, wenn ich sage, daß seine Auffassung,
der Schutz des ungeborenen Lebens sei kirchliches Sonderrecht,
im Präsidium meiner Partei nicht mehrheitsfähig wäre.«

Rapp hatte recht. Die Volkskirchen verloren immer mehr an
Mitgliedern und Einfluß in der Gesellschaft. In der SPD-Führung aber war ich als guter Agnostiker (gemeinsam mit Holger
Börner und Brandt, der Mitglied der protestantischen Kirche
war, davon aber wenig Gebrauch machte) in einer spürbaren

Minderheit. Die Führungsfiguren der achtziger Jahre, die eng zusammenspielenden Repräsentanten von rechts und links, der Katholik Vogel und der Protestant Eppler sowie der Wuppertal-Elberfelder Reformierte Rau, zwanzig Jahre der mächtigste Mann des größten Landesverbandes, waren, flankiert von anderen wie Hans Koschnick oder Herta Däubler-Gmelin, treue und aktive Mitglieder ihrer Kirchen.

Die von Waldemar von Knoeringen Ende der fünfziger Jahre klug eingeleitete Tagung zwischen katholischen Theologen und sozialdemokratischen Politikern unter der Regie des weltkundigen Monsignore Forster zahlte sich ebenso aus wie Epplers oder Raus jahrzehntelange, kontinuierliche Arbeit in ihren Kirchen. Ich war froh, daß es den alten militanten Atheismus in der SPD kaum noch gab. Aber mir war, zum Beispiel bei der Sterbehilfe oder in der Debatte über die Raketen oder das Asylrecht, der Einfluß der Kirchen, vor allem des linken Flügels der Protestanten, zu groß. In den achtziger Jahren waren wir sehr evangelisch geworden.

Deswegen bezeichne ich die Führung dieser Zeit, vor allem Vogel und Eppler, in gewissem Sinn aber auch Johannes Rau als die »guten Hirten«. Damit meine ich ihren moralischen, gelegentlich auch moralisierenden Denkstil, den engen selbstverständlichen Kontakt zur Hierarchie der Kirchen, die ökologische Wende und die Fortschrittsskepsis, aber auch die klassische Führungstechnik, mit der diese Generation die SPD Gott sei Dank beieinander hielt. Hirten sind Hüter von Haustieren auf der Weide. Die SPD-Kader waren keine »Haustiere«, aber sie liefen gern durcheinander. Unsere guten Hirten, Vogel als der einflußreichste (Fraktionsvorsitzender 1983–1991, Parteivorsitzender 1987–1991), waren keinesfalls eine »Zwischengeneration« wie die auf die Enkel fixierte Publizistik behauptete. Heute wissen wir, daß sie die SPD länger bestimmten als die ganze Enkelei.

Sie haben die alte Volkspartei zusammengehalten, allerdings in einem Zeitgeist, der in Deutschland nicht machtfähig war. Als der Architekt Lafontaine dem Bauherrn Schröder schließlich eine Baugenehmigung erstritt, war es schon sehr spät. Rot-Grün kam, als das Konzept schon nicht mehr paßte. Schröder hat sich erst 2003, mit der Agenda 2010, von diesem Zeitgeist gelöst. Jetzt liegt die Partei der achtziger Jahre, die in den Neunzigern zur Erneuerung unfähig war, in Trümmern.

Das Exekutivgenie

Im Lauf der Bonner Republik haben die Menschen ein Balancegefühl entwickelt; wenn die eine Seite acht Jahre dran war, hatte die andere eine gute Chance – es sei denn, es kam die Wiedervereinigung dazwischen. Deshalb hatte der Kanzlerkandidat der SPD für den 6. März 1983, für die von Kohl durch eine Vertrauensfrage erzwungene Wahl, kaum eine Chance. Als erfahrener Mann wußte Vogel das natürlich auch. Kohl war gerade im Oktober des vorangegangenen Jahres an die Macht gekommen. Zwar war unsere Verratskampagne gegen Kohls neuen Partner, die FDP, wirksam. Aber den neuen Kanzler nach ein paar Monaten in Pension zu schicken, hätte das Volk als nicht fair empfunden.

War Vogel also ein Altruist reinsten Wassers, der sich aus Pflichtgefühl zwei Wahlen – 1981 in Berlin, 1983 in Bonn – stellte, die kaum zu gewinnen waren? Das will ich nicht untersuchen; bei uns allen liegen Altruismus und Ehrgeiz nahe beieinander. Als Berufspolitiker muß man auch rechnen. Der Berliner Opfergang zog Vogel aus den Abwärtsstrudeln, in denen sich das Kabinett Schmidt befand. Die Kanzlerkandidatur war für einen Mann seiner Generation und seines Zuschnitts eine Ehre; diese Haltung liegt auch mir näher als die Vorteilsrechnung, die manch Jüngere später anzustellen begannen. In jedem Fall hatte der Mann ein bohrendes Pflichtgefühl im Leib, das ihm im Lauf seines Lebens manchen Streich gespielt haben dürfte. Daß er dann auch als Pflichtmensch wahrgenommen werden wollte, als »Kärrner« und zweiter Wehner (er trug jahrelang einen aufmunternden Zettel Wehners in der Brieftasche, den er gelegentlich herauszog und zitierte), darf nicht verwundern. Denn neben dem bohrenden Pflichtgefühl saß ein brennender Ehrgeiz. Ohne diesen Ehrgeiz hätte er nie so viel leisten können, wie er geleistet hat.

Die Kritik an seinen Klarsichthüllen und seiner Belehrungs-
sucht (»Oberlehrer«, schimpfte Wischnewski) ist falsch. Klarsichthüllen sind nützliche Hilfsmittel; Vogel hat bislang fast
jeden Brief beantwortet, der ihn erreicht hat. Das läßt sich von
wenigen Politikern sagen. Er war ein Exekutivgenie. Der Beleh-
rung konnte man sich durch gut und fest vertretene Argumente
entziehen. Ihm direkt zuzuarbeiten, war allerdings ein zwei-
schneidiges Vergnügen. Ich hielt dies Anfang der Siebziger (in
der bayerischen SPD war ich sein Stellvertreter) eine Zeitlang
aus, weil ich an meinen mühsam herausgemendelten Überzeugungen lange festhalten konnte und weil ich genauso früh auf-
stand wie er. Auch Horst Ehmke, ein paar Jahre sein für Außenpolitik zuständiger Stellvertreter in der Fraktion war zäh und
nahm keinen Schaden an seiner Seele. Zartere Gemüter aber
fürchteten seine frühen Besprechungsrunden, wo er den Delin-

Das Exekutivgenie Hans-Jochen Vogel

quenten die Akten so verächtlich über den Tisch werfen
konnte, daß sie sich am liebsten unter demselben verkrochen
hätten. Er war effizient. Wer andere Tugenden hatte, aber eben
nicht effizient war, hatte es nicht leicht mit ihm.

Er war aber nicht nur effizient, er war auch willensstark. Das
erlebte ich schon bei unserem ersten Zusammenstoß in den
siebziger Jahren, als er die Macht in der Landeszentrale bündeln und die unlogisch geschnittenen, aber gewachsenen und
den Menschen nahen SPD-Bezirke abschaffen wollte. Das verhinderte fürs erste Bruno Friedrich; ich half ihm dabei. Zwei
Jahrzehnte später gelang diese »Gebietsreform« anderen, und
zwar in Bayern und in Nordrhein-Westfalen. Beide Organisationen sind heute ausgeblutet und entleert. Im übrigen kämpfte
der junge Feldhauptmann Vogel mit seinen Knappen gegen die
junge Linke wie die Appenzeller gegen die Österreicher. Eine
Zeitlang galt er als Rechtsausleger, als Komet, der nur noch
leuchtete, aber in Wirklichkeit schon verglüht war.

Dann nutzte er Berlin als Gelegenheit zur Kehre. Vogel weigerte sich, auf den Hausbesetzern herumzuprügeln und ließ
keine Eskalation zwischen Mehrheit und Minderheit in der
Stadt zu. Er redete und redete; nicht gerade wie ich mit Zitaten
von Otto Bauer, André Gorz und Antonio Gramsci, aber mit
spürbaren Anflügen von Geduld. Er näherte sich Eppler und
strich in seinem Wahlprogramm allerhand Schnelle Brüter. Was
er zur Wirtschafts- und Sozialpolitik sagte war nicht so radikal
wie die Brandreden des polnischen Papstes, folgte aber den
Grundgedanken der Enzyklika *Rerum Novarum*. Wolfgang
Roth, der frühere, geläuterte Juso-Chef, den er zu seinem Wirt-
schaftsexperten gemacht hatte, verzog gelegentlich das Gesicht.
Aber die in Konkurrenz zu den Grünen immer weniger ökono-
misierende und immer mehr ökologisierende Linke schnappte
erstaunt nach Luft. Der »neue Vogel«, der seinen alten Adam
natürlich genausowenig hatte abstreifen können wie wir alle,
gefiel ihnen.

So kam es zu unserem zweiten Zusammenstoß. Nach dem
Rücktritt Brandts, zu dem ich ihm riet nach unsäglichen An-
griffen aus der eigenen Partei wegen der von uns zur Presse-
sprecherin vorgeschlagenen griechischstämmigen Margarita

242 Die guten Hirten

Mathiopoulous – die, Skandal!, nicht der SPD angehörte –
wurde Vogel als Nachfolger ins Spiel gebracht. Er betrieb
seine Wahl vorsichtig, ohne falsche Drängelei, bot sogar an,
Lafontaine vorzulassen. Höhepunkt des Prozesses war ein
Konklave des Parteivorstands, in dem jeder sich zu äußern
hatte. Der zweite mögliche Bewerber war eben Lafontaine, der
sich die Diskussion schweigend, mit schief gehaltenem Kopf,
anhörte. Ein paar sprachen sich klar für Vogel aus, viele redeten undeutlich von »Erfahrung« oder »Erneuerung«. Heidi
Wieczorek-Zeul und ich plädierten ohne Umschweife für
Oskar. Der erklärte, als er selbst an die Reihe kam, er stehe
nicht zur Verfügung. Er fühle sich noch nicht stark genug, in
die Fußstapfen Brandts zu treten. Vogel wurde der neue Vorsitzende.

Politik ist nicht Bridge. Ich hatte Vogel zum zweiten Mal die
Gefolgschaft verweigert. Also durfte ich mich nicht wundern,
daß er nicht meinen Mentor spielte. Als ich meiner Nachfolge-
rin im Amt des Bundesgeschäftsführers, Anke Fuchs, meinen
Blumenstrauß in die Hand gedrückt hatte, fand ich mich mit einer Sekretärin und einem Referenten (die jedem Abgeordneten
zustehen) im Bundeshaus wieder. Man verabreichte mir ein
paar symbolische Pflästerchen: das Zimmer des alten Wehner,
einen Sitz im Auswärtigen Ausschuß. (Theo Waigel fragte mich
verwundert: »Was wollen S' denn in diesem Elefantenfriedhof?«) Von einer politischen Plattform, wie man sie Bahr mit einem Unterausschuß Sicherheitspolitik noch zugebilligt hatte,
war die Rede, aber sie kam nicht zustande. Den Vorschlag meines Freundes Hans Matthöfer, des Schatzmeisters, mich zum
gleichberechtigten zweiten Geschäftsführer unserer Medien-
holding zu machen, um dort insbesondere den privaten Rund-
funk zu betreuen (von dem ich nun wirklich etwas verstand)
blockierte Vogel. Als mich der Parteitag von Münster 1998
nach arbeitsreichen sechseinhalb Jahren in der Baracke (gemeinsam mit Hans Apel) aus dem Vorstand abwählte, ließ Vogel seine Leute für Apel laufen, nicht für mich.

Umgekehrt trug ich dazu bei, daß Hans-Ulrich Klose Vorsitzender der Fraktion wurde, nicht Vogels Wunschkandidatin
Herta Däubler-Gmelin. Hort Ehmke, der Außenpolitiker der

Abgewählt: Peter Glotz und Hans Apel

Fraktion, hielt mich mühsam im Spiel. Ich war halbwegs für Ostmitteleuropa, vor allem die Tschechoslowakei, und den Balkan zuständig. Es war eine interessante Erfahrung. Auslastend war sie nicht. Heute weiß ich: Ich hätte schon damals die Politik verlassen sollen, ich hätte nur zusagen müssen und wäre Professor in Berlin geworden. Aber ich klammerte. Das war nicht Vogels Schuld.

Meine Einwände gegen Vogels (von Eppler bis 1989 nach links abgesicherten) Führung rühren nicht aus dieser persönlichen Kontroverse, die wir inzwischen durch viele Mittagessen abgebaut haben. Der Streit ist vorbei. Vogel war ein exzellenter Kommunal-, Gesellschafts- und Justizpolitiker und hatte sich sowohl eine breitgefächerte politische Erfahrung als auch die Fähigkeit zur spontanen Intervention im Parlament erarbeitet. Zu den Zentralgebieten der Politik aber, der Außen- und Wirtschaftspolitik, fehlte ihm ein originärer Zugang. Er wußte Tausende von Einzelheiten, aber aus Akten. Natürlich reiste er und erklärte dem alten Fahrensmann Schamir in Tel Aviv die Beschlußlage der SPD zum Konflikt mit den Palästinensern. Natürlich ging er zu den großen Treffen der Wirtschaftsverbände und empfing gelegentlich einen Manager. Aber er mußte sich um die Partei kümmern. Er band die Flügel ein. Einige seiner »Dezernenten«, wie man in der Fraktion spöttisch sagte, seiner (sieben!) Stellvertreter, waren mittlere Güte. So kam es nicht zu einer Oppositionspolitik wie Mitte der sechziger Jahre, als Alex Moeller, für Finanzen zuständig, seinen Assistenten Claus Noé (später hoher Beamter des Wirtschaftsministeriums und Staatssekretär im Finanzministerium unter Lafontaine) auf jeden Arbeitskreis hetzte, der Erhöhungen des Budgets verlangte. Die meisten dieser Anträge wurden kassiert. Moeller wollte »seriös bleiben«.

Nun darf man nicht ungerecht sein. Eine sozialdemokratische Partei in der Opposition eignet sich nicht gut dazu, gegen die Regierung die Sanierung der Sozialsysteme und die Konsequenzen des demographischen Knicks zu erörtern. Aber die Sozialpolitik Rudolf Dreßlers, des Sozialpolitikers unter Vogel, war im Konzept der Sozialpolitik des CDU-Arbeitsministers Norbert Blüm sehr, sehr ähnlich. Der Drucker Dreßler und der Metaller Blüm bekämpften sich scharf; aber sie hatten ähnliche Gedanken im Kopf. Die politisch wesentlichen Entscheidungen der Regierung Kohl – die eins zu eins Umstellung von west- und ostdeutscher Währung, den Vereinigungsvertrag zum 3. Oktober 1990, die Überstülpung des Rechtssystems der Bundesrepu-

Mit Norbert Blüm

blik auf die DDR, den »Beitritt« der DDR zur Bundesrepublik, den Verzicht auf eine Verfassung für das vereinte Deutschland – trug die SPD patriotisch mit. Kohls Versäumnis, die EU – schon vor der sogenannten Norderweiterung um Österreich und die skandinavischen Staaten – zu vertiefen, wurde von der SPD nicht skandalisiert. Sogar der viel zu frühen Anerkennung Kroatiens – zu einer Zeit, als noch 300 000 Serben in der kroatischen Kraina lebten, die dann von dem Caudillo Tudjman prompt brutal und mit vielen Todesopfern vertrieben wurden – stimmten wir mehrheitlich zu. Die SPD der guten Hirten war sehr staatstragend.

Der krasseste Fehler war auch der typischste. Da folgte die SPD dem schlauen Kohl nicht, der die Blockparteileute der Ost-CDU integrierte. Die SPD versperrte, den Argumenten der kleinen, tapferen, idealistischen, aber weltfernen »SDP« Ibrahim Böhmes, Markus Meckels, Stefan Reiches, Stephan Hilfsbergs und anderer folgend, auch denjenigen SED-Mitgliedern, die sich keinerlei Verbrechen hatten zuschulden kommen lassen, den Eintritt in die SPD. Der gesamte Dresdner SED-Vorstand unter dem dortigen Oberbürgermeister Berghofer wäre bereit gewesen, in die SPD überzutreten. Das wurde blockiert. Es war Rücksichtnahme auf die Pfarrer- und Ingenieurs-SPD im Osten; und es war das Gegenteil der Haltung Kurt Schumachers, der 1950 auf einem Hamburger Parteitag gesagt hatte: »Heute geht es darum die Parteivergangenheit junger Idealisten nicht zur Diffamierung und Degradierung persönlicher Konkurrenz auszunutzen.« Die SPD von 1989/90 entschied moralistisch – und hat jetzt die PDS mit mehr als zwanzig Prozent in den ostdeutschen Bundesländern am Hals. Gerade versucht diese PDS, mit Hilfe des früheren SPD-Vorsitzenden Oskar Lafontaine, zum Kern einer USPD zu werden.

Die CDU/CSU hatte die ökonomische Transformation verschleppt, die demographische Frage dramatisch unterschätzt, die Wiedervereinigung ökonomisch falsch gesteuert. Aber Kohls die Widerstände niederwalzender Pragmatismus war näher am gesellschaftlichen Spielgeschehen als der hohe Ton des Welterrettungspathos und Wertkonservatismus der guten Hirten, die Teile der SPD noch heute umtreibt, zum Beispiel in der Bioethik.

Ende oder Wende?

Herbert Wehner hat Erhard Eppler einmal den »Pietkong« der
SPD genannt; das war einer der ätzenden Wortwitze des Alten,
die den Betroffenen brandmarkten. Aber Eppler hatte mit dem
württembergischen Pietismus so wenig zu tun wie Dohnanyi
»donanyierte«. Eppler war ein ernster, magerer und schwieriger Mann, geschlagen mit einer schweren Migräne, die es ihm
unmöglich machte, bei lauten Verbrüderungsfeiern, auf denen
der Alkohol floß, den Kumpel zu spielen. Er war als junger
Mann ein Gegner der Wiederaufrüstung Deutschlands gewesen
und hatte sich der Gesamtdeutschen Volkspartei des unbarmherzig aufrechten, charakterstarken und trockenen Gustav
Heinemann angeschlossen. Das verband ihn mit dem lebens-
volleren, offeneren, den Menschen näheren Johannes Rau.
Aber anders als Peter von Oertzen oder Jochen Steffen war
Eppler kein vom Marxismus beeinflußter oder auch nur be-
rührter Politiker, sondern ein vom Kulturprotestantismus tief
durchdrungener, belesener und nachdenklicher Außenseiter.

Die Zuspitzung seines Sündenbewußtseins vollzog sich wohl
bei seiner Arbeit für die Entwicklungsländer, als junger Minister für Wirtschaftliche Zusammenarbeit in den Jahren 1968 bis
1974, in der Gegnerschaft zum – wie er meinte – puren, prakti-
zistischen »Krisenmanagement« des gelegentlich ruppigen und
auf die Mehrheit zielenden Helmut Schmidt und durch die
Überlegungen des Club of Rome zur Ausbeutung der Rohstoffe
und zur Zerstörung der Natur.

Daß ein solcher Mann – keinesfalls ein herkömmlicher
Linker – für einige Jahre zur unbestrittenen Zentralfigur des
linken Flügels der SPD werden konnte, zeigt deren Veränderung: die Öffnung zu den Kirchen, zumal der protestantischen,
die Wendung zu einem an die Jugendbewegung gemahnenden
Naturbegriff, die Wendung von Fortschrittsoptimismus zu
Fortschrittsskepsis und von der ökonomischen Analyse zur
moralischen Empörung. Erhard Eppler war keiner der üblichen
Berufspolitiker, sondern ein Intellektueller, der aus Pflichtgefühl in die Politik ging und sich die Politik abrang. Man könnte
ihn mit Theodor Lessing oder Gustav Landauer vergleichen.

Nur war er kein Jude, sondern ein Protestant, und er lebte in einer zivilisierteren Zeit. So konnte er zu einer führenden Figur der linken Volkspartei in Deutschland werden, während die beiden anderen von der deutschen Rechten totgeschlagen wurden.

Ich hatte mit ihm zu tun, weil wir zusammen im Präsidium der SPD saßen; und wir liefen keineswegs ständig gegeneinander. Als ich, nach einem Besuch des großen Schriftstellers György Konrad in Budapest den Begriff »Mitteleuropa« in einer Diskussion am Rand des Nürnberger Parteitags der SPD im Jahr 1986 aufgreifen wollte, rettete er mein Vorhaben. Eppler kannte, im Unterschied zu dem tobenden Wischnewski, den großen Liberalen Friedrich Naumann und dessen Buch *Mitteleuropa*. Als ich mich auf einem Juso-Kongreß mit den dortigen Protagonisten heftig herumstritt, sagte Eppler der köchelnden Versammlung: »Laßt den Peter Glotz übrig, ihr werdet ihn im Zweifel noch brauchen.« Irgendwann hatte er mich sogar als Redner auf einen der Parteitage seiner baden-württembergischen SPD eingeladen, deren Vorsitzender er einige Jahre war. Das war allerdings zu meiner Berliner Zeit. Da sah ich vor dem Hintergrund der Berliner Rechten »linker« aus, als ich war. Ich mußte Anfang der Achtziger seine Abwahl aus dem Präsidium kommentieren, zwei Jahre später seine erneute Wahl. Ich bemühte mich um Fairneß. Denn er war stolz. Zur Abwahl hatte er gesagt: »Ich kann damit leben. Ob die Partei damit leben kann, wird sich zeigen.« 1989, dreiundsechzigjährig, verließ er die Politik.

In den Augen mancher Leute mögen wir Konkurrenten gewesen sein; aber erstens war er einer aus dem letzten Rest der Kriegsjahrgänge, 1926 geboren wie Vogel, und kam so aus einer anderen Generation. Zum anderen war seine Spezialität »Programmatik«, meine »Strategie«. Das sind unterschiedliche Sujets. Wenn wir zusammenstießen, dann allerdings deutlich. Er hatte einen asketischen Zug und bejahte die Marktwirtschaft aus Vernunft, sah ihre Nachteile aber schärfer als ihre Vorteile. In einem interessanten und vorsichtigen Buch, das allerdings den apokalyptischen Titel *Ende oder Wende* trägt (1975), heißt es zum Beispiel: »Jetzt wäre der Zeitpunkt, einen

dritten (doppelten) Mehrwertssteuersatz einzuführen für solche
Güter, deren Produktion nicht im Interesse des Allgemeinwohls
liegt. Dazu könnten Personenkraftwagen mit überdurch-
schnittlichem Benzinverbrauch, Elektrogeräte mit übermäßi-
gem Stromverbrauch, aber auch Kunststoffe und Kunststoff-
produkte gehören, deren Beseitigung extrem hohe Kosten
verursacht. Zu denken wäre auch an Verpackungsmaterial, das
vor allem die Müllbeseitigung beschäftigt, an umweltschädliche
Wasch- und Reinigungsmittel, aber auch an Pelze von seltenen
oder selten gewordenen Tieren.« Wenn man das gemacht hätte,
wäre das kein wild gewordener Sozialismus gewesen; wohl aber
ein fragwürdiger ordnungspolitischer Eingriff, der den scharfen
Widerstand der Mittelschichten ausgelöst hätte. Ich war gegenüber solchen Vorschlägen deshalb skeptisch.

Am deutlichsten zeigte sich unsere unterschiedliche Weltsicht
am Ende des Jahres 1987. Ich war gerade aus Amt und Würden
geflogen (kein Vorwurf: ich war länger Bundesgeschäftsführer
als einer der Kollegen vor mit und als irgendeiner der Kollegen,
die bisher nach mir kamen), setzte mich hin und schrieb einen
großen Essay für den *Spiegel*: »Die Malaise der Linken«. Ich
bemühte mich um eine Analyse der Rahmenbedingungen, unter denen die sozialdemokratischen Parteien Europas handeln
mußten. Wohlgemerkt: Es war zwei Jahre vor der welthistori-
schen Wende von 1989. Ich redete von einem »radikalen
Machtverlust der Einzelstaaten bei der Steuerung wirtschaft-
licher Prozesse«. Ich kritisierte die neu entstandenen »transna-
tionalen und exterritorialen Finanz- und Kreditmärkte« und
schloß daraus: »Die Linke klagt die Massenarbeitslosigkeit an,
aber ihr altes Rezept, der nationale Keynesianismus, greift
nicht mehr.« Ich wandte mich gegen die »Klagefürsten des Landes« und verlangte, die europäische Linke solle eine eigene
ökonomische Vision der Zukunft formulieren, wir seien
schließlich nicht nur die Betriebsräte unserer Gesellschaft.

Die entscheidenden Sätze, die Eppler gestört haben müssen,
waren aber philosophischer Natur. Sie lauteten: »Wenn der
Linken jetzt, nach vierhundert Jahren Arbeit auf der großen
Baustelle der Aufklärung, oben auf dem Gerüst schwindlig
wird, dann wird ihr die Arbeitserlaubnis entzogen. Wenn die

Linke die Linie, die Descartes, Kant, Hegel und Marx, Newton, Galilei, Darwin, Freud und Einstein gezeichnet haben, aufgibt – statt sie weiter zu entwickeln – gibt sie sich selbst auf.« Und: »Mit aufgeblähter Innerlichkeit und einem Sündenpessimismus ohne Gott läßt sich weder die schrumpfende Facharbeiterschaft noch die wachsende Zahl der Angestellten des einundzwanzigsten Jahrhunderts führen.«

Der *Spiegel* druckte darauf eine harte Polemik. Damit hatte man rechnen müssen. Das ist (richtigerweise) immer so in diesem Blatt. Es hat gern Streit. Der Schriftsteller Gerhard Zwerenz, der aus Ostdeutschland stammte und die deutsche Frage für wichtiger hielt als die europäische, holte zu einem gewaltigen Schlag gegen die gesamte SPD aus. Heute, fast zwei Jahrzehnte später, kann ich zumindest einem Satz, den Zwerenz schrieb, etwas abgewinnen: »Im jetzigen Zustand würde Heiner Geißler, von der CDU abgeworben und in die SPD eingekauft, für Reorganisation und Revitalisierung, bald wegen Linksabweichung ausgeschlossen.« Im übrigen aber beschimpfte er die SPD-Führung ziemlich rabiat und verlangte »statt der Glotzschen Abschweifungen ins Sozialistisch-Europäische« der »DDR auf die sozialistischen Sprünge zu helfen«. Die Wegweiser in diese Richtung sah er in Erhard Eppler und Günter Gaus.

Zu meinem großen Erstaunen erschien ein paar Wochen nach dieser Kontroverse im *Spiegel* ein Essay von Erhard Eppler: »Glotz, Zwerenz und die SPD«. Epplers Haupteinwand gegen mich lautete: »Für Sozialdemokraten geht es um die Frage, ob Fortschritt möglich ist. Und sie sagen: Ja, so gut wie Rückschritt. Und es kommt auf uns an, was wir tun. Der Fortschritt hat ein Subjekt. Es heißt Mensch. Ob dieses Subjekt für demokratische Sozialisten jemals so autonom gedacht wurde, wie Glotz meint, hat Zwerenz zu Recht bezweifelt. Autonom ist sein Gewissen. Aber ob aus einer Fähigkeit zur Freiheit wirklich freie Entfaltung wird, das hängt nicht vom – insofern gar nicht autonomen – Einzelnen ab, sondern von der Gesellschaft, von den Bindungen, ohne die es den Einzelnen nicht gibt. Und Fortschritt ist, was menschliches Leben fördert, steigert, reifen läßt, menschlicher macht. Wo technische Innovation dies tut, ist sie Fortschritt, wo nicht ist sie Rückschritt.«

Ich will diese Kontorverse nicht im einzelnen rekonstruieren. »Das fehlte uns noch: Laisierte Kardinalskonzilien über die Mikrobiologie«, hatte ich geschrieben. Inzwischen gibt es Ethikkommissionen die Menge. Ich war Eppler zu leichtfertig, zu wissenschaftsgläubig. Er nahm mir übrigens übel, daß ich als einsamer Intellektueller, gerade vom »Spitzenpolitiker« zum Hinterbänkler mutiert, einfach losgeschrieben hatte. Ich hätte, schrieb Eppler sardonisch, »mit keiner Silbe erwähnt, daß seine Partei seit dreieinhalb Jahren mit viel Sachverstand und Leidenschaft über ein neues Grundsatzprogramm diskutiert, daß dazu bereits ein Entwurf vorliegt, in dem das meiste von dem nachzulesen ist, was Glotz, scheinbar allein auf weiter Flur, seiner Partei als Heilmittel gegen ihre Malaise empfiehlt«.

Das meiste? Eher nicht.

Als Epplers Replik erschien, fragte ich überrascht den *Spiegel*-Chefredakteur Erich Böhme: »Wieso Eppler?«

»Vogel hat mich nachdrücklich darum gebeten«, antwortete Böhme.

Randglossen zum Berliner Programm der SPD (1989)

Worum man Erhard Eppler wahrlich nicht beneiden konnte, war seine Aufgabe als Sekretär der Programmkommission der Partei. Formell war er Stellvertretender Vorsitzender dieses Gebildes, das aus acht gewählten Mitgliedern des Parteivorstands und je einem Vertreter oder einer Vertreterin der Bezirks- oder Landesorganisationen bestand, hinter dem Vorsitzenden Willy Brandt. Aber Eppler war der Hauptautor, der Redakteur, der Koordinator. Texte, die eine Zeitlang halten sollen, im Kollektiv zu schreiben – genauer gesagt: Entwürfe korrigieren, ergänzen und abstimmen zu lassen –, ist eine Quälerei. Jeder zweite will sich mit »seinem« Satz verewigen. Diese Bemerkung ist durchaus als Hommage an Eppler gedacht, er kann natürlich nichts für jeden Unsinn, der in einem jahrelangen Prozeß hin und her gewendet und schließlich auf einem Parteitag beschlossen wurde.

Aber er war nicht nur der treue Ekkehard seines Vorsitzenden, welcher sich im übrigen für derartige Stilübungen nur mäßig interessierte. Eppler war der beste Kopf der Kommission, und er wollte, völlig legitim, ein Werkstück abliefern, das in Erinnerung bleibt. Das »Godesberger Programm« war für uns alle ein Mythos. An irgendeiner Wand des Ollenhauer Hauses – heute der Friedrich-Ebert-Stiftung – hing ein Bild der dicht gedrängten Godesberger Delegierten, die in der winzigen Godesberger Stadthalle an langen Tischen saßen. Wir stellten uns davor und entzifferten die Gesichter der damals Sechzig-, Siebzigjährigen, die 1959 vom Leben noch nicht graviert und zerfurcht waren. Das ist Kluncker, das ist Börner, das ist Eppler sagten wir. Jetzt sollte dieses »Godesberger Programm« erneuert werden. Wir Parteisoldaten hielten das alle für einen bedeutenden Vorgang.

Um es vorweg zu sagen, ich habe keinerlei Verdienst an diesem Text. Als ich die Disposition zu sehen bekam, die von einem Grundwertehimmel herunter deduzierte, setzte ich mich hin und schrieb eine neue. Ich gab sie Brandt, der sie aber nur mit spitzen Fingern an Eppler weitergab. Der kam und sagte mir unmißverständlich, der Bundesgeschäftsführer habe sich in diesen Prozeß nicht einzumischen. Ich hatte Rederecht in dieser Kommission. Ich erinnere mich, daß ich in einer der frühen Sitzungen davon Gebrauch machte. Als wir in die Pause gingen, sah mich Fritz Scharpf, einer der bedeutenden Soziologen meiner Generation und Berater der Kommission – den ich als Direktor des Berliner Wissenschaftszentrums gut kennen gelernt hatte –, irgendwie komisch von der Seite an.

»Was ist?« fragte ich ihn.

»Ich weiß nicht, wie Sie mit solchen Beiträgen Einfluß auf die Kommission gewinnen wollen«, sagte Scharpf höflich.

Er hatte recht. Ich hatte mich in die Gruppe nicht hineingedacht. Ich wollte mich in die Gruppe wohl auch nicht hineindenken. Ich habe es auch nicht mehr versucht. Ich wollte ein Dokument, wie es der Godesberger Text war: ein knappes Papier mit einigen symbolischen Kehren, die uns dabei halfen, wieder an die Macht zu kommen.

Von diesem Zynismus war Eppler weit entfernt. Er wollte die Bekehrung der alten Arbeiteraristokratie zur »ökologischen Erneuerung«. Jetzt brachte er die Partei dazu, seine 1975 noch ra-

dikal anmutenden Überzeugungen (»Ende oder Wende«) abzu-
zeichnen. Mich haben die Medien lange – ohne mein Zutun, ich
war immer ein wenig peinlich berührt – als »Vordenker« der
SPD bezeichnet. Der wirksamere Vordenker war der württem-
bergische Protestant aus der Heinemann-Partei, Erhard Eppler.
Ihm folgten die Kader der SPD.

Das »Berliner Programm« der SPD vom Dezember 1989 war
gesinnungsstark und analysefrei. Der Kapitalismus wurde mit
schärfsten Wendungen attackiert. Es sei eine der »historischen
Grunderfahrungen« der Arbeiterbewegung, daß »Reparaturen
am Kapitalismus nicht genügen«. Die schon damals erkenn-
baren Tendenzen, zum Beispiel die neue Macht der Kapital-
märkte und die radikale Schwächung des Nationalstaats, wurden zwar benannt. Es wurden aber keine Konsequenzen
daraus gezogen. Vielmehr wurde moralisch gefordert: »Es ist
die Pflicht eines demokratischen und sozialen Rechtsstaates,
für Vollbeschäftigung zu sorgen.« Wie macht das der schwä-
chelnde Staat im digitalen Kapitalismus? »Wir werden dafür
sorgen, daß die Renten sicher bleiben.« Wie geht das bei hoher struktureller Arbeitslosigkeit, sinkenden Geburtenraten
und einem überschuldeten Haushalt? »Wir wollen daß wirtschaftliche Grundentscheidungen (!) vor allem darüber, was
wachsen und was schrumpfen soll, demokratisch getroffen
werden.« Lassen sich das die weltweit vernetzten Unternehmen, die ihre Standorte immer leichter wechseln können, gefallen? »Wir streben den sechsstündigen Arbeitstag in der
Dreißig-Stunden-Woche als Regel an.« Wäre Deutschland damit wettbewerbsfähig? »Der Staat hat das Recht und die
Pflicht, mit Verboten und Auflagen in die Forschung einzugreifen, wenn es die Würde des Menschen, das Recht auf Leben oder der Schutz der Natur erfordern.« Das ist eine allzu
vage Generalermächtigung. »Wir wollen, daß jedem, der seinen Arbeitsplatz verliert, neue Arbeit oder zusätzliche Quali-
fizierung angeboten wird.«

Wollen würde ich das auch. Der sozialdemokratische Kanzler Schröder konnte aber nicht einmal sein Versprechen halten,
die Zahl der Arbeitslosen auf 3,5 Millionen zu begrenzen. Lag
das wirklich an seiner Unfähigkeit oder hatte es nicht doch

auch mit den Herausforderungen der globalisierten, dezentralisierten, dematerialisierten und radikal beschleunigten Gesellschaft zu tun?

Ich bezweifle keine Sekunde die Brutalitäten eines von Fonds, Private Equitiy und internationalen Finanzmärkten getriebenen Kapitalismus. Durch Brandrodung werden jährlich Waldgebiete in der Größe von Österreich, Dänemark und den Beneluxstaaten vernichtet. Drei Milliarden Menschen auf der Erde müssen ein Jahr lang von der Summe leben, die ein paar hundert große Familien auf ihren Konten »arbeiten« lassen. Private-Equity-Firmen kaufen Firmen per Kredit und belasten diese Firmen dann mit den Kapitalkosten, oft bis denen der Atem ausgeht. Aber kann man die, die darunter leiden, mit »Erstrebe-Formeln« abspeisen? »Die neue und bessere Ordnung, die der Demokratische Sozialismus erstrebt, ist eine von Klassenschranken befreite Gesellschaft. Wir wollen sie durch Abbau von Privilegien und Vollendung der Demokratie erreichen.« Wie funktioniert das und wie viele Tote muß man dabei einkalkulieren, weil die Privilegierten ihre Privilegien behalten wollen? Müßte man darüber nicht ein paar Worte verlieren?

Im »Godesberger Programm« standen noch die Sätze: »Soviel Markt wie möglich, so viel Planung wie nötig« und »Das private Eigentum hat Anspruch auf Schutz und Förderung«. Im »Berliner Programm« sollen immer wieder »Gewinninteressen zurückgedrängt werden«. Dahinter steht eine Ethik der Mäßigung, wie sie in vormodernen Gesellschaften der Bedarfsdeckung und der Autarkie selbstverständlich war. Wenn einer in solchen Wirtschaftsordnungen zu größerem Reichtum gekommen war, mußte er anderen etwas weggenommen haben. Eine Marktwirtschaft mit Wettbewerb dagegen setzt Wachstumsprozesse in Gang, die alle besser stellen können. Ist also die Verfolgung von »Gewinninteressen« nicht Geschäftsgrundlage der Marktwirtschaft? Muß man sie wirklich »zurückdrängen«?

Warum sollen Manager auf sehr hohe – manche würden sagen: auf unverschämt hohe – Einkommen verzichten, wenn sie sie ihren Shareholdern abluchsen können? Die Moralisten von gestern sagten und sagen heute noch: »Weil man so etwas nicht tut« oder »Weil es dem Anstand widerspricht«. Da waren die Priester des Mittelalters in einer besseren Position. Sie sagten: »Weil du sonst in die Hölle kommst.« So setzten sie das Zinsverbot und die ethische Verurteilung von Kapitalbildung durch. Was aber, wenn die Manager (und die meisten anderen) nicht mehr an Himmel und Hölle glauben?

Man kann unverschämt hohe Managerlöhne dann immer noch skandalisieren. Aber man muß die Eigeninteressen der Betroffenen ins Spiel bringen. Sie schaden der Marktwirtschaft und ihrem Unternehmen, wenn sie zu gierig sind. Sie verlieren die Autorität bei ihrer Belegschaft, wenn sie hemmungslos zugreifen. Wir brauchen ein »System der sich selbst lohnenden Moralität«, wie selbst Kant gesagt hat. Man muß die Menschen an ihren eigenen (auch langfristigen) Interessen packen. Das »Berliner Programm« predigt zu viel.

Die SPD allerdings hat es geprägt, bis heute. Daß ein Dokument der gärenden achtziger Jahre die SPD noch im 21. Jahrhundert bestimmt, kann man allerdings nicht den Akteuren dieser achtziger Jahre zuschieben. Es zeigt die Unfähigkeit der Enkel, sich geistig auf die radikaler werdenden Rahmenbedingungen des digitalen Kapitalismus einzustellen. Der schon zitierte Fritz Scharpf hat sie beschrieben: die radikale Kapitalmobilität, die Einfädelung osteuropäischer Standorte in die westeuropäische Wirtschaft, die depressiven Wirkungen des Euro auf Deutschland, die Kosten der Wiedervereinigung, der weitere Anstieg der Lohnnebenkosten. Die immer wieder gescheiterten Ansätze zu einem Nachfolgeprogramm für Epplers Berliner Text sind ein Gestümper. Man kann der Parteiführung nur eine berühmte Maxime Gottfried Benns zurufen: »Erkenne die Lage. Rechne mit deinen Defekten. Geh von deinen Beständen aus, nicht von deinen Parolen.«

Bruder Johannes

Die Szene ist unvergeßlich; für alle, die sie miterlebt haben. Wir saßen an einem Tisch im »Gut Elmau«, einer bayerischen Gastwirtschaft mit akzeptablem Schweinebraten, zehn Gehminuten

Christina und Johannes Rau

entfernt vom gerade abgebrannten Schloß Elmau, das der protestantische Charismatiker und Wanderprediger Johannes Müller 1913 als Akademie seines Glaubens, als Missionsstation mitten in der oberbayerischer Natur hatte errichten lassen. Elmau, bis vor Wochen ein Dialogzentrum und Musiktempel von Rang, war einmal ein evangelischer Zauberberg, eine Lebensphilosophie. Johannes Rau hatte viele seiner Urlaube dort verbracht. Und nun saßen er, seine Frau Christina, Wolfgang Clement und ich unten im Gut und diskutierten die Kanzlerkandidatur für die Wahl am Anfang des Jahres 1987.

Ich gebe zu, es war zäh. Rau wollte nicht. Ich hatte, im Auftrag Brandts, schon die Kanzlerkandidatur für den 6. März 1983 vorbereiten müssen, im kahlen VIP-Raum eines Flughafens. Die Verhandlung der beiden in Frage kommenden Kandidaten, Vogel und Rau, dauerte keine Stunde. Rau ließ Vogel widerstandslos den Vortritt. Aber man konnte Vogel nun nicht – glaubten wir – zu einem dritten Ritt über den Bodensee nach der Berliner Wahl und der Bundestagswahl 1983 verpflichten.

Mit Johannes Rau

Johannes Rau hatte im größten Bundesland Nordrhein-Westfalen einen nie für möglich gehaltenen Sieg errungen, eine absolute Mehrheit von 52,1 Prozent. Er war der »logische« Kandidat. Der einzig logische. Das wiederholten Clement und ich auch immer wieder. Aber er sträubte sich, und zwar nicht, weil er uns hinhalten oder etwas aus uns herausholen wollte.

Er wußte, daß ihm die Bonner Welt fremd war. Ein souveräner Redner im Düsseldorfer Landtag und bei jeder Kundgebung, war er im Bundestag gehemmt. Sein Laienprediger-Pathos wurde von den höhnenden Zwischenrufen verätzt. Dem professionellen Zynismus der Parteizentralen, die ja oft genug Minen hochjagen müssen, damit überhaupt ein Konflikt entsteht, stand er reserviert gegenüber. Vielleicht wollte er auch sein nordrhein-westfälisches Friedensrichter-System, bei dem die Bezirksvorsitzenden der Partei in der Regel Minister wurden und alle Streitpunkte ausdiskutiert oder geschoben wurden, nicht verlassen. Kanzler müssen Dezisionisten sein, bissige Alpha-Tiere. Rau hatte recht, ich hätte ihn nicht über den Tisch ziehen dürfen. Er hat es mir seither viele Male gesagt und geschrieben, neckend, ironisch, gelegentlich aber auch bitter. Ich aber hatte mir eingebildet, meine Pflicht getan zu haben.

Ich stand und stehe mit Johannes Rau gut. Wir bohrten jahrelang am selben Brett: an der Bildungspolitik. Wir vertrauten uns. Irgendwann auf dem Parteitag von 1975 – er war schon im Vorstand, ich kandidierte gerade (erfolglos) – standen wir zufällig nebeneinander bei irgendeiner rasch angesetzten Abstimmung über die Gesamtschule, die Delegiertenkarte hoch gereckt. »Hier stehe ich«, flüsterte er mir lachend zu, »ich kann auch anders.« Das traf meine Lebensstimmung. Die Spiegelstrichdiskussionen der SPD waren gelegentlich verbissen. Rau verbiß sich nicht.

Die Krise in unserem Verhältnis kam 1986. Rau hatte heftige Berührungsängste vor den Grünen. Sein begeisternder Wahlsieg im größten Bundesland gab seinen Vertrauten, vor allem seinem so genialischen wie listenreichen und gelegentlich auch intriganten Wahlkampfleiter Bodo Hombach die Idee ein, Rau könne gegen Kohl die absolute Mehrheit gewinnen. Diese abwegige Idee, gegen die ich in der Wahlkampfleitung eine Zeitlang bitter und erfolglos zu Felde zog, stützte sich auf die Idee,

Mit Wolfgang Clement

man könne im Bund wie in den Ländern einen Wahlkampf nur um die Person der Spitzenkandidaten führen. Rau war populärer als der kämpfende, seine kräftigen Ellbogen rücksichtslos nutzende Kohl, der gerade gegen den heftigen Widerstand der Gewerkschaften den Streikparagraphen 116 des Arbeitsförderungsgesetzes strich. »Versöhnen statt spalten« hieß der Slogan Raus, an dem ich noch mitgebastelt hatte.

Dann schlug sich mein Freund und Pressesprecher Wolfgang Clement – der beste Pressesprecher, den die Partei je hatte – auf die Seite Hombachs, in Wahrheit wohl auf die Seite des empfindlichen, Zuspruch und Schutz suchenden Bruder Johannes. Hombach und Clement errichteten ein Wahlkampfbüro in der Nähe Raus, in Düsseldorf, und nahmen mir die Wahlkampfleitung nicht der Form nach, wohl aber de facto aus der Hand. Ich sollte, meinte Hombach versöhnlich, als »Aufsichtsratsvorsitzender« wirken. Ich tobte. Aber die beiden hatten die Rückendeckung des Kanzlerkandidaten und ich hatte nicht die Größe zu sagen: »Ich gebe die Leitung dieses Wahlkampfes ab.« Jahre später war Müntefering intelligenter. Er lagerte den Wahlkampf gleich aus der Parteizentrale in eine »Kampa« aus.

Im Lauf des Frühsommers wurde mir das Leben zur Qual. Zu der Aufgabe des Bundesgeschäftsführers gehörte es, zwei- oder dreimal in der Woche »Hintergrundgespräche« zu führen, also mit linken, rechten oder gemischten Journalistenzirkeln zu Mittag oder zu Abend zu essen und ihnen »unter drei«, also ohne das Recht, mich zu zitieren, Rede und Antwort zu stehen. Die Umfragen wurden immer schlechter, bis wir bei achtundzwanzig Prozent standen. »Und wie, lieber Herr Glotz«, fragten mich die Journalisten höhnisch bis mitleidig, »wollen Sie da eine eigene Mehrheit gewinnen?« Das einzige, was ich nicht sagen durfte war: »Wir können sie nicht mehr erreichen.« Das tat irgendwann Brandt, der im Urlaub in den Cevennen den *Zeit*-Korrespondenten Gunther Hofmann empfing und sagte »Dreiundvierzig Prozent wären doch auch ein schönes Ergebnis.« Rau bekam dann siebenunddreißig Prozent. Er empfand Brandts souveränes Geplauder als Dolchstoß. Aber Brandt war Brandt. Hätte ich so etwas gesagt, wäre ich ablösungsreif gewesen.

Die Wahl war im Januar 1987. Im Oktober verlor die bayerische SPD blamabel. Der Traum von der »eigenen Mehrheit« war dahin. Clement zog sich sofort zurück. Hombach firmierte nur noch als »persönlicher Berater« Raus. Ich hatte die »Macht« zurück.

Als Ersatz für Wolfgang Clement holte ich Günter Verheugen als Sprecher in die Baracke, nur für die Zeit des Wahlkampfs. Wir verschärften, gegen die Grundhaltung Raus, den Ton des Wahlkampfs gegen die Union. Wir legten auch noch ein wenig zu, aber zu retten war nichts mehr. Die Verhältnisse zwischen »Düsseldorf« und der Baracke waren so schwierig, daß ich den vom Konflikt unbelasteten Verheugen bitten mußte, den Dolmetscher zu machen. Bei einem Wettbewerb des *Spiegel* ließ Geißler eine Anzeige publizieren, in der der lebenspralle Kohl herzhaft in eine Birne biß. »Birne« war sein Spitzname. Ich setzte dagegen, mich in die Psychologie meiner Partei hineinfühlend, den blauen Planeten, wie man ihn vom Raumschiff aus sieht, und betextete ihn mit ökologischer Lyrik. Wir waren in einem Zustand, in dem wir gegen den trockenen Praktizismus Kohls keine Chance hatten.

Rau war eine Ausnahmeerscheinung, ein vom Marxismus (genau wie Eppler) unberührter Protestant, der sich aus dem eigenen Milieu heraus traute und um »die Mitte« warb. Er kam sozusagen aus der metaphysischen Mitte Deutschlands. Wie er es schaffte, als gelernter Buchhändler, Autodidakt, früherer Pazifist und unverdrossener Bibelzitator später zum »klassischen Sozialdemokraten« und zum Garanten der Partei gegenüber einigen irrlichternden Achtundsechzigern zu erscheinen, bleibt schwer entschlüsselbar. An Kohl und seiner aggressiven Normalität prallte er aber ab.

Johannes Rau und ich haben uns nach der verlorenen Wahl bald versöhnt. Das gleiche gilt für Wolfgang Clement. Aber ich habe zu bekennen, daß es mir nicht gelang, den hoch kommunikativen, aber ungewohnt sanften Missionar aus Wuppertal in einen linken Wahlkampf mit all seinen aggressiven Untertönen und kämpferischen Schluchzern erfolgreich einzubauen. Dabei war der Mann eine große Chance. Die großen, bestimmenden Lebensmächte (also die Hegemonialapparate) sind in

260 Die guten Hirten

Deutschland konservativ bestimmt. Der herrschende Block ist vielfältig und universell organisiert; nicht nur durch drei politische Parteien (CDU, CSU, FDP), die nur schwer auseinanderzunehmen sind, sondern durch ein flächendeckendes Netz schlagkräftiger, finanzstarker und tief in die Verästelungen unserer Gesellschaft hinunterreichender Organisationen, die sich vielfach neutral geben, aber eindeutig Partei sind: Kammern, Industrieverbände, Handels- und Handwerksorganisationen, Rotary- und Lions-Clubs und so weiter. Rau versuchte instinktiv, die Meinungsführer, die Laienpäpste in diesen Apparaten zu erreichen und setzte sich so in der SPD dem Vorwurf aus, eine Art Tausendsassa, ein Allerweltsbeglücker, ein Entertainer zu sein. Das war aber falsch. Rau erreichte Menschen, die andere Sozialdemokraten nicht erreichen. Was ihn bewegte, war – wie bei Vogel und Eppler — der ethische Ansatz in der Politik. Die Idee, daß das eigentlich Politische der Gegensatz von Feind und Freund sei, war ihm nicht nur fremd; er verstand ihn gar nicht. Seine Grunderfahrung war, daß politischer Stoff auch aus der Tatsache von Freundschaft entstehen kann. Das Geheimnis von Johannes Rau war, daß er keine Feinde brauchte, um die eigene Identität zu finden, zu bestätigen und anderen verständlich zu machen. Rau wurde ein vorzüglicher Bundespräsident. Ihn zum Kanzler gegen Kohl zu machen gelang nicht. Es konnte wohl auch nicht gelingen.

Die andere Seite des Flusses

Wenn man den politischen Charakter Helmut Kohls in einem Wort zusammenfassen müßte, würde man ihn den Unbeirrbaren nennen. Das ist Kompliment und Kritik zugleich. Wie Kohl über die Verachtung einer deutlichen Mehrheit der deutschen Eliten hinweggekommen ist, ist bewundernswert. Obwohl ihn der Spitzname »Birne« verletzte, hat er das hämische Gerede weggesteckt. Was am Montag Stärke ist, kann am Dienstag allerdings zu Arroganz und am Mittwoch zu Dickfelligkeit werden. Dafür gibt es kein plastischeres Beispiel als die Spendenaffäre und das verbissene Festhalten Kohls an einem rechtlich heftig umstrittbaren Ehrenwort.

Da Kohl sechzehn Jahre an der Macht und in seiner Partei lange Zeit praktisch unangreifbar war, halten ihn seine Bewunderer für einen großen Politiker. Dabei hat dieser Mann nichts von Dag Hammerskjöld, John F. Kennedy, Bruno Kreisky oder Willy Brandt an sich; von Churchill oder De Gaulle ganz zu schweigen. Er hatte keine politischen Ziele gesetzt; er hinterließ keine unverwechselbare Prägung. Aber er war auch keiner der kleinen Geschäftsführer des Zeitgeistes, er überragte den Durchschnitt der Staatsschauspieler des Westens um Haupteslänge.

Am ehesten konnte man Kohl mit Lyndon B. Johnson vergleichen, Kennedys Nachfolger auf dem Stuhl des amerikanischen Präsidenten, einem mit allen Wassern gewaschenen, listenreichen, ich-starken, zugleich brutalen und sentimentalen Texaner. Wie Johnson kannte Kohl sein politisches System in allen Verästelungen. Wie Johnson war er ein bedeutender Parteiführer. Die Deutschen lassen sich von diesem Typus des demokratischen Politikers nicht gern imponieren. Er wirkt flach, wo sie Tiefe suchen. Aber sowohl der Weimarer als auch der Bonner Republik hätten ein paar mehr von dieser Sorte gut getan. In der Demokratie ist es eine Tugend, wenn einer robust ist, den Geruch von Hinterzimmern nicht scheut und die Kunst des Telefonierens versteht.

Natürlich hat auch diese Tugend ihre dunklen Seiten. Einerseits war es, wertfrei gesehen, ein Genuß, Kohls Kunststücken zuzusehen. Wie er den alten Strauß – verglichen mit ihm ein konzeptionellerer Kopf – leer laufen ließ, war eine politische Meisterleistung. Bei der unblutigen, aber restlosen Beseitigung seiner Gegner – Albrecht, Späth, am Schluß auch Geißler – arbeitete er wie ein perfekter Zauberer im Zirkus. Kohl war die Integrationsfigur des CDU-Apparats, mächtig genug, Debatten, die er für lästig und überflüssig hielt, durch Machtworte zu beenden, die ein nahezu inhaltsloses Bellen sein konnten. Aber diese Machtworte waren wirksam. Der auf Menschen nachbarlich-unambitioniert, zivil, gelegentlich sogar harmlos wirkende Mann konnte hart, ausdauernd und erbarmungslos sein. Er hatte – wie ihm auch seine schärfsten Gegner, zum Beispiel der Publizist Rüdiger Altmann bescheinigten – Mut. Wenn er

sich angegriffen fühlte, senkte er die Hörner und griff an. So
räumte er die Bühne leer, bis man fast nur noch ihn selbst sah.
Angela Merkel hat manches von ihm gelernt.

Ende der achtziger Jahre schien der Mann ans Ende gekommen zu sein. Lafontaine, der Kanzlerkandidat der SPD, hätte
ihn geschlagen. Dann aber kam die Wiedervereinigung. Alle
Welt staunte über die kaltblütige Geistesgegenwart, mit der er
im Kaukasus Gorbatschow die DDR aus der Tasche zog. Kann
man ihm bestreiten, daß er mit seinem berühmten Zehn-
Punkte-Programm im Herbst 1989 brillant taktierte, die ostdeutschen Übergangsfiguren hätschelte, um sie dann mit einem
Handkantenschlag zu erledigen?

Man kann es nicht bestreiten. Kohls Machtinstinkt bewährte
sich bei der Wiedervereinigung, auch wenn er ökonomisch katastrophale Fehler beging. Er hatte an die Wiedervereinigung
genausowenig geglaubt wie sonst irgend jemand. Partei-
freunde, die anderer Meinung waren – wie Jürgen Todenhöfer
oder Bernhard Friedmann – sind von ihm noch 1988 unbarmherzig abgekanzelt worden. Als er aber die Chance des großen
Coups witterte, war seine Hand ruhig.

Helmut Kohl, Jahrgang 1930, lebte noch aus den Erfahrungen
des Zweiten Weltkriegs. Was man ihm auch vorwerfen kann, er
hatte nichts Militaristisches, nichts Preußisches, nichts Heroi-
sches an sich. Von der dunklen Faszination, die von den Ideen
der großen konservativen Vordenker Carl Schmitt oder Arnold
Gehlen ausging, ließ Kohl sich nie berühren. Eisern blieb er bei
der Politik Konrad Adenauers, für den die Westbindung der Mo-
dus deutscher Politik war. Noch im Februar 1983 hatte er vor
dem Europarat erklärt: »Für Deutschland ist die politische Einigung Europas die Schicksalsfrage, die Existenzfrage schlechthin.« Dann wurde er allerdings auch bei der Organisation Europas schlampig. Den Euro zog er noch durch. Die Vertiefung
der Europäischen Union aber verschob er auf später. Seine und
Genschers Phrase hieß: »Erweiterung und Vertiefung Europas
sind keine Gegensätze, sondern bedingen sich gegenseitig.« Die
heutige tiefe Krise Europas ist dieser Nonchalance geschuldet.
Das Volk aber fand Kohl, der seine kräftigen Zähne selbstironisch in eine Birne grub, plausibler als unseren blauen Planeten.

Der junge Geißler

Zwölf Jahre hatte Kohl überdies den Generalsekretär Heiner Geißler an seiner Seite, einen strategischen Kopf aus der (sehr schwach gewordenen) christlich-sozialen Tradition. Geißler sprang oft genug wie ein rauflustiger Bodyguard in die Arena, um Kohl und die CDU zu schützen. Sein publizistisches Credo lautete: »Nicht die Taten bewegen die Menschen, sondern die Worte über die Taten. Derjenige, der die Ideen hat und der auch die richtigen Begriffe wählt, hat die Macht auch über das Denken der Menschen.« Das war die Kunstlehre der Persuasion. Geißlers Methode umfaßte ganz wenige Techniken: Zerstörung von Themen durch Wortbrutalitäten (Wehner lügt, die SPD ist die fünfte Kolonne), Appell an Emotionen anstatt an den Verstand (Pazifismus / Auschwitz), die radikale Gegenüberstellung von Schwarz und Weiß. Damit war der Mann einige Jahre sehr erfolgreich. Als Kohl ihm sein »Heiner, du oder ich« entgegenwarf, riß er sich willentlich den rechten Arm ab.

Heiner Geißler: eine von Hunderten Diskussionen

Heute hängt Heiner Geißler einer Kapitalismuskritik an, die der Oskar Lafontaines ähnlich ist. Er schreibt Bücher über Jesus und trauert dem christlich-sozialen Flügel seiner Partei nach. Er und ich haben eine Sendung bei dem Informationssender n-tv gemacht, »Glotz und Geißler. Die Stunde der Strategen«, die uns einander noch näher gebracht hat. Auch schon zu unserer aktiven Zeit tranken wir gelegentlich eine Flasche Wein zusammen und erzählten uns manche Geschichten, von denen wir der Meinung waren, der andere sollte sie wissen. Das war besser als die heutige Sprachlosigkeit unserer Nachfolger. Aber natürlich waren wir Gegner und schlugen unbarmherzig aufeinander ein. Geißlers (damalige) Polarisierungstechnik war gelegentlich erfolgreicher als meine schwer überwindbare Argumentationssucht. Wir lebten aber auch, nach einer langen sozialliberalen Phase, in einer Zeitspanne, die der Union gehörte. »Der Pazifismus der dreißiger Jahre«, hatte Geißler Joschka Fischer entgegengeschleudert, »der sich in seiner gesinnungsethischen Begründung nur wenig von dem unterscheidet, was wir in der Begründung des heutigen Pazifismus zu Kenntnis zu nehmen haben, hat Auschwitz erst möglich gemacht.«
Tucholsky und Ossietzky haben Auschwitz erst möglich ge-

macht? So etwas hätte ich nicht herausgebracht. Ich verstehe nichts von Fußball. Aber ich denke, es ist nicht falsch, wenn ich sage, Geißler war ein Libero. Zusammen waren Kohl und Geißler die Spielmacher einer ruppigen Mannschaft, die nicht schön, aber effektvoll spielte. Die CDU bestimmte, zusammen mit der ohnehin erdnahen CSU, die achtziger Jahre.

Wieso bestimmte sie auch noch den größten Teil der Neunziger, bis 1998?

8. KAPITEL

Der vaterlandslose Geselle

Heidi weinte. Heidi nannten wir Heidemarie Wieczorek-Zeul, später lange Jahre erfolgreiche Entwicklungshilfeministerin in der Regierung Schröder. Ihr Gefühlsausbruch galt dem Mordversuch einer verwirrten Frau an Oskar Lafontaine. Diese Frau, eine gewisse Annemarie Streidel, hatte Lafontaine, den Kanzlerkandidaten der SPD mit guten Siegchancen gegen Kohl, ein hinter einem Blumenstrauß verstecktes Metzgermesser in den Hals gejagt. »Immer wenn einer von uns zu hart die Wahrheit sagt, passiert so was.« Meinte sie Rosa Luxemburg und Karl Liebknecht? Die Opfer der Nazis? Egal. Ich war so erschüttert wie sie.

Lafontaine ist heute eine Unperson, für die liberale Öffentlichkeit ein linker Narr, für die SPD, die Linke einbegriffen, ein Verräter. Vogel spricht nur noch schmallippig vom »Saarländer«. Aber damals, Ende April 1990, war er für mich (und Heidi und einen großen Teil der SPD, allerdings nur im Westen) der Hoffnungsträger. Er war mutig, massenwirksam, frankophil und antinational. Er war ein Europäer, kein Teutscher. Gut, auch damals wußten wir schon, daß er eine populistische Ader hatte. Gelegentlich schoß er auf die Aussiedler aus dem Osten wie Fritz Zimmermann auf die Asylanten aus dem Süden. Manchmal ging mit ihm der Gaul durch. Aber sollte nur die Rechte dem Volk aufs Maul schauen dürfen, Franz Josef Strauß zum Beispiel? Ich teilte weder seine Meinung über die Nato noch über Helmut Schmidt; ich teilte viele seiner Meinungen nicht. Aber wir kamen sehr gut miteinan-

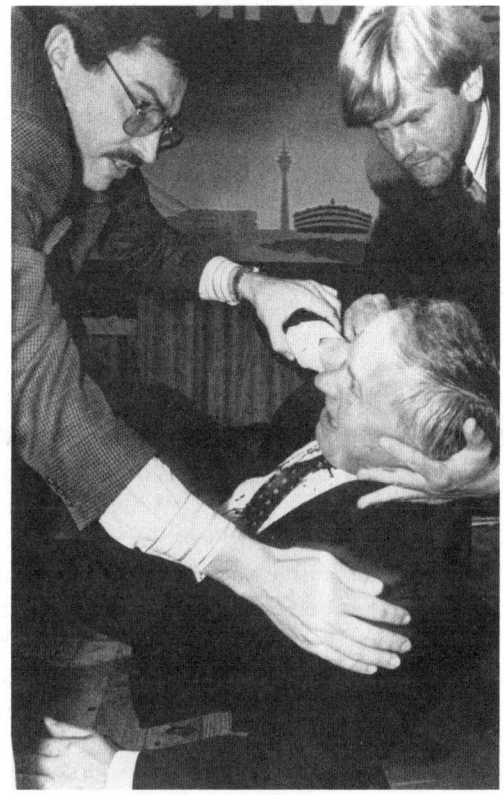

Attentat auf Oskar Lafontaine am 25. April 1990

der aus. Er war undogmatisch, freundschaftsfähig, locker und ungeheuer lebendig. Das Bürgertum erstarrte, wenn er in irgendwelchen Interviews das »Saufen, Fressen und Vögeln« beschwor. Das war nicht mein Stil. Ich war überhaupt viel steifer als er. Aber er schien mir der Garant für die Bekämpfung jeglichen neu aufkommenden Nationalismus zu sein. Die welthistorische Wende von 1989 hatte ja manche Gesteinsschichten gelockert, die man für eisenhartes, unzerstörbares Urgestein gehalten hatte.

Ich muß mich hier dazu bekennen, daß ich kein Anhänger der Wiedervereinigung war. Das hatte nichts damit zu tun, daß ich die DDR, ihre Kommandowirtschaft und ihre Einparteienherrschaft geschätzt oder auch nur in mildem Licht gesehen hätte. Ich war, von meiner Zeit als Schüler und Brechtianer vielleicht abgesehen, das, was die Stasi einen »Antikommunisten« nannte, ein dem Sozialdemokratismus verfallener westlicher Intellektueller, sogar ein bekannter Ideologe des Sozialdemokratismus. Aber erstens war ich ein Böhme, also ein altösterreichisch denkender Abkömmling eines Vielvölkerstaats, der den Nationalismus haßte und dem »Bismarck-Reich« und seinen »Reichsdeutschen« aus alter Familientradition (die tschechische Mutter) immer ein wenig fremdelnd gegenüberstand. Zweitens war ich ein Adept von Willy Brandts und Egon Bahrs Ostpolitik, ohne zu durchschauen, daß die beiden eine lange Zeit gut verborgene Sehnsucht nach der »Einheit« im Herzen mit sich herumtrugen. Die Berliner Erfahrung der fünfziger Jahre hatte ich natürlich nicht, ich war erst in den Siebzigern dort aufgeschlagen. Und drittens konnte ich mir nach zig Gesprächen mit kommunistischen Politikern aller möglichen Ostblockländer und ihren Beratern nicht vorstellen, daß ein sowjetischer Generalsekretär sein »Reich«, zu dem Ostdeutschland (unsere Reaktionäre hätten gesagt: Mitteldeutschland) nun einmal seit 1945 gehörte, ohne einen Schuß Pulver aufgeben würde.

Gorbatschow, dieses ebenso attraktive wie naive und autoritäre Produkt der sowjetischen Nomenklatura, war in unserem Weltbild nicht vorgesehen. Er benutzte seine einmalige Machtstellung, um sein Großreich aufzugeben. Man sollte ihm zugute halten, daß er damit Millionen Menschen das Sterben erspart hat. Man sollte aber auch uns zugute halten, daß solch ein Mann nach Lenin, Stalin, Malenkow, Chruschtschow, Breschnew, Andropow und Tschernenko nicht so recht zu erwarten war. Ich sage derb: Von Axel Springer abgesehen, erinnere ich mich in Deutschland nur an Randfiguren des Zeitgeistes, die zwischen den Ostverträgen und 1989 von Wiedervereinigung sprachen. Solche Randfiguren gab es allerdings sowohl in der Publizistik als auch in allen Fraktionen des Bundestages, in den Vertriebenenverbänden und anderswo. In der SPD-Fraktion gehörten die Kollegen Hans Büchler und Dieter Haack dazu, in der Union die schon genannten Abgeordneten Todenhöfer und Friedmann. Einfluß hatten sie – jedenfalls in dieser Frage – nicht.

Mitte 1989 begann die Front allerdings zu bröckeln. Ich gebe eine private Tagebuchnotiz preis, die ich am 7. September 1989 gemacht habe: »Erschreckend. Karsten Voigt, Hartmut Soell und Andreas von Bülow voll ›auf dem Trip‹. Der Kommunismus bricht zusammen, die Wiedervereinigung mag kommen. Die Rückwirkungen, die eine erneute staatliche ›Einigung‹ der deutschen Staaten auf unsere kleineren Nachbarn haben wird, der Nationalismus, den das erzeugen dürfte, die Hysterie ...«

Meine Befürchtungen eines neuen Nationalismus waren für Jugoslawien oder den Kaukasus richtig. Für Deutschland waren sie falsch. Jedenfalls haben sie sich bis heute nicht bewahrheitet. Ich stand unter dem Eindruck vieler Gesprächspartner (ich war ja im Auswärtigen Ausschuß) aus Frankreich, Großbritannien, aus Rußland und wer weiß woher. Mitterrand (den ich als gerissenen Vollblutpolitiker schätzte) hatte die sofortige Aufnahme der DDR in die EU vorgeschlagen. Das wäre die »österreichische Lösung« gewesen, eine von mehreren Möglichkeiten, die sich allerdings nicht realisierte. Fast immer gibt es mehrere Möglichkeiten. Der britischen Regierung unter Margret Thatcher war das neue Anschwellen Deutschlands ein Alptraum. Aus unseren russischen Kanälen sickerten handfeste Drohungen für den Fall, daß eine NATO-Osterweiterung angestrebt werden sollte. (Jelzin nahm das später wodkatrinkend, aber schweigend hin.)

Dann drehte die Bürgerbewegung in der DDR den republikanischen, gegen die kommunistische Obrigkeit gerichteten Spruch »Wir sind das Volk« um. Plötzlich riefen sie »Wir sind ein Volk«. In meinen Ohren klang das arg national. Deutschland, so hatte ich von Helmut Schmidt gelernt, war nach der Bismarckschen Reichseinigung zu klein gewesen, Europa zu ordnen und zu groß, um sich in Europa einzuordnen. Sollte das alles wieder beginnen? Ich war dagegen. Konnte man nicht einen vorsichtigen Weg gehen, sowohl was die »Einheit« Deutschlands als auch Europas betraf?

Wiedervereinigung Silvester 1989/90 am Brandenburger Tor

Ende 1989 war ich mit dieser Meinung, jedenfalls in der
SPD, klar in der Mehrheit. Lafontaine war die Speerspitze.
Ende 1990 waren wir weggespült wie von einem Wirbel-
sturm. Das Wort Tsunami wäre passender; ich kannte es damals aber noch nicht. Die Speerspitze war zuerst einmal ab-
gebrochen.

Drei Szenen hätten mich warnen müssen. Die erste spielt am
1. Mai 1989 im strömenden Regen in Budapest. Mein Freund
Heinz Fischer – heute Bundespräsident der Republik Österreich – und ich waren von der traditionsreichen, aber völlig ein-
flußlosen, winzigen Sozialdemokratischen Partei Ungarns eingeladen worden, auf einer Kundgebung in der ungarischen
Hauptstadt zu sprechen. Ich flog nach Wien, Heinz Fischer,
seine Frau und ich setzten uns in Fischers Privatwagen und fuhren los. Der Kampftag der Arbeiterbewegung war im Ostblock
ein Tag der Massenkundgebungen, der rollenden Panzer, der
vorgezeigten Raketen. Unsere sozialdemokratische Veranstaltung war in Budapest plakatiert worden. Würden sie uns überhaupt ins Land lassen?

Die Staatsmacht wußte natürlich, was wir vorhatten. Es ging reibungslos; wir zeigten unsere Diplomatenpässe vor und wurden durchgelassen. Vor tausend alten Leuten hielten wir, natürlich auf deutsch, unsere mitteleuropäischen Reden. Über uns Hubschrauber, ein paar tausend Meter entfernt lief die Großkundgebung der Kommunisten ab wie immer. Jubelnder Beifall, als Fischer rief, daß keine Partei oder Gruppe in einem demokratischen Staat ein Meinungs- oder Machtmonopol haben dürfe. Jubelnder Beifall, als ich sagte, Budapest, Prag und Warschau seien »europäische Metropolen«. Daß man uns hier eine, wenn auch kleine »Gegenkundgebung« zum ersten Mal durchführen ließ, zeigte, daß die Ungarn schon am 1. Mai 1989 keine funktionierende totalitäre Gesellschaft mehr waren.

Die zweite Szene spielt im August des gleichen Jahres in Prag. Hunderte Bürger der DDR waren über Ungarn, das Loch im Eisernen Vorhang, nach Prag gefahren und hatten sich in die deutsche Botschaft geflüchtet. Der urbayerische, gelassene deutsche Botschafter Huber und sein bester Mann, der Botschaftsrat Michael Steiner, später außenpolitischer Berater von Bundeskanzler Schröder und Sonderbeauftragter des UN-Generalsekretärs Kofi Annan für den Kosovo, einer der besten Diplomaten des Auswärtigen Amtes, hatten sie in Zelten im Garten des Palais Lobkowicz untergebracht. Es herrschten katastrophale Zustände; für Hunderte Menschen gab es nur drei oder vier Toiletten. Vasil Bilak, mein Gesprächspartner aus der Parteispitze, drohte unverhohlen: »Wir sind keine Ungarn.« Als mich Steiner in den Garten der Botschaft begleitete und ich begann, mit den Leuten zu reden, erdrückten sie mich fast. Egal was passiert, sagten sie – wir wollen in den Westen. Während wir da sprachen, sprangen unter den Augen der tschechischen Polizisten immer neue DDR-Flüchtlinge über den Zaun.

Am 9. November 1989 war ich, wie in diesen Jahren der vollständigen Machtlosigkeit, des Hinterbänklerdaseins in Bonn, öfter in München, in »meinem« Bezirk. Wir gründeten dort, gemeinsam mit der hochaktiven Carmen König, insgesamt achtzig Ortsvereine. Wir warben viele neue Mitglieder. Bonn war weit weg. An diesem Tag hörte ich im Radio von der Öffnung der Mauer. Gut, daß die Leute jetzt nicht mehr eingesperrt

Deutsche Botschaft in Prag – ein Loch im Eisernen Vorhang

werden können, dachte ich. Dann sagte der Sprecher: Das spärlich besetzte Plenum habe sich erhoben und die Nationalhymne gesungen. Gansel habe geweint. Ich habe nicht geweint. Mir schwante, daß die Welt, in der ich großgeworden war, zerbrach. Aber ich wollte es nicht wahrhaben.

Der Vertrag

Im Jahr 1990 schuf die Regierung Kohl Fakten – was ja auch ihre Aufgabe war. Aber die Opposition, meine geliebte SPD, war gespalten. Die ostdeutsche SPD jubelte über Kohls Konzept, zum Beispiel die Währungsunion zwischen D-Mark und Ostmark. Schon im Dezember 1989 hatten unser wirtschaftspolitischer Sprecher Wolfgang Roth und unsere finanzpolitische Sprecherin Ingrid Matthäus-Meier eine »gemeinsame Wirtschafts- und Währungsunion« von Bundesrepublik und DDR gefordert. Vogel, der Fraktionsvorsitzende, folgte seinen

Fachleuten. Lafontaine wies den Vorstoß zurück. Für das Volk war die Sache klar: Kohl wußte, was er wollte, war entschlossen, wischte die Argumente von Bundesbank und Sachverständigenrat weg und gewann so die Menschen in der DDR. In der Volkskammerwahl vom 18. März 1990 siegte Kohls Parteienbündnis (das in Ostdeutschland eigentlich kaum eine Tradition hatte) mit großer Mehrheit. Es gab zwei tiefe Gräben: einen zwischen der Regierung Kohl und der Bundesbank unter Karl Otto Pöhl, einen weiteren zwischen der SPD-Mehrheit (mit Vogel und Brandt an der Spitze) und uns »Lafontainisten«. Von den wirklich massenwirksamen sozialdemokratischen Politikern unterstützte uns nur Helmut Schmidt.

Die kleine Ost-SPD wurde sogar frech. Markus Meckel kündigte ein Ja zum Staatsvertrag an und erklärte: »Die Frage, wie lange sich die SPD West noch zieren wolle, könne sie nur selbst beantworten. De facto sei die West-SPD schon festgelegt durch das Ja der SPD der DDR.« Wie viele Mitglieder die Ost-SPD und wie viele Mitglieder die West-SPD hatte, wollen wir nicht untersuchen. Wir wollen auch nicht untersuchen, wie viele Wirtschaftspolitiker es in der Ost-SPD gab, die zum Beispiel die Wirkungen der Währungsunion, die einen Aufwertungsschock von 300 bis 400 Prozent bedeutete, auf die Existenzfähigkeit der Betriebe in der DDR hatte. Daß die neuen Sozialdemokraten im Osten Deutschlands Kohl zustimmten, war allerdings »natürlich«. Sie handelten im Interesse derer, die sie gewählt hatten. Die Bevölkerung im Osten wollte natürlich die Währungsunion. »Kommt die D-Mark nicht nach hier, dann kommen wir zu ihr«, riefen sie auf den Straßen von Leipzig. Oder: »Ohne Eins-zu-Eins werden wir nicht eins.« Die Aufwertungstragödie führte dazu, daß die meisten DDR-Produkte bald unverkäuflich waren.

Lafontaine lag im Krankenbett in Saarbrücken. Er machte ein Nein zur Wirtschafts- und Währungsunion zur Bedingung. Die Spitze der SPD pilgerte immer wieder zu ihm. Brandt schrieb ihm handschriftliche Briefe. Lafontaine seinerseits versuchte, die Ost-SPD zu beeinflussen. Die Währungsunion müsse mit der Europäischen Union abgestimmt werden, die schon im Februar 1990 die Kosten der Einheit auf jährlich 190

Milliarden Mark geschätzt hatte. Immer wieder rief der Rekonvaleszent Lafontaine beim Vorsitzenden der Ost-SPD, Ibrahim Böhme, an. Ein Zeitgenosse schildert diese Anrufe folgendermaßen: »Eher amüsiert denn bedrängt hielt Böhme in Anwesenheit seiner Mitarbeiter den Hörer in die Luft und ließ Lafontaines Wortgewalt in die Weite seines Büros dringen.«

Als am 21. Juni 1990 der Einigungsvertrag, den Wolfgang Schäuble und der später gestrauchelte Günter Krause ausgehandelt hatten, in zweiter Lesung im Bundestag beraten wurde, hielt ich die Rede für fünfundzwanzig Kolleginnen und Kollegen aus der SPD-Fraktion, die diesen Vertrag ablehnten. Ich war noch kaum ans Rednerpult getreten, als der drahtige kleine Agrarexperte Gallus von der FDP dazwischenkrähte: »Ja, wo ist er denn, wo ist Oskar? Ist er wieder in Urlaub gefahren?« Der außenpolitische Sprecher der Union, Hornhues, eigentlich ein ruhiger Mann, hatte gerade gesagt, er »verachte« Lafontaine. So war die Stimmung.

Ich zitiere in diesem Buch selten aus meinen Reden. Aus dieser Rede muß ich jedoch ein paar Absätze anführen, damit meine Position verständlich wird. Ich sagte unter anderem:

»Ich sage für die fünfundzwanzig sozialdemokratischen Abgeordneten: Wir sind für die Vereinigung der beiden deutschen Staaten. Aber wir sind zutiefst davon überzeugt, daß die Bundesregierung zur Vereinigung der beiden deutschen Staaten den falschen Weg eingeschlagen hat.« (Beifall bei der SPD und den Abgeordneten der Grünen).

»Unsere Ablehnung gründet sich auf drei Motive. Erstens: Dieser Staatsvertrag verordnet der Wirtschaft der DDR eine Schocktherapie. Wir anerkennen ausdrücklich, daß es für die Überleitung einer Planwirtschaft in eine Marktwirtschaft kein Modell gibt und daß niemand mit letzter Gewißheit einen richtigen oder falschen Weg feststellen kann. Das gilt für Sie; das gilt natürlich auch für uns.«

Gallus, FDP: »Das ist das einzig Wahre, was Sie bisher gesagt haben.«

»Aber wir befürchten, daß der Staatsvertrag, wie er heute vorliegt, die wirtschaftliche Krise in der DDR nicht nur für ein paar Monate, sondern für einige Jahre verstärken wird ... Wer diese Wirtschaft in ihrer Krise, ohne daß der Wechselkurs als Puffer eingesetzt wird, ohne daß die völlig unzulängliche Infrastruktur dieser DDR vorher gestärkt worden ist, von heute auf morgen der Weltmarktkonkurrenz aussetzt, gerät in die Gefahr, diese Krise noch schlimmer zu machen, als sie sowieso schon ist. Unsere Folgerung lautet: Die Bundesregierung hat die Gefahr der Massenarbeitslosigkeit mit ihren unwägbaren politischen Auswirkungen (...) nicht ausreichend entgegengewirkt. Der Weg, den Sie gehen, meine Damen und Herren, wird einerseits zu einer Explosion der konsumtiven Ausgaben bei uns im Haushalt führen. Zukunftsinvestitionen in eine neue Infrastruktur werden andererseits vernachlässigt.«

Dann folgte der entscheidende Satz:

»Deswegen befürchte ich, daß die DDR zu einem Wirtschaftsgebiet zweiter Ordnung werden könnte, zu einem bloßen Absatzmarkt, einem Land der Filialen, einer Region ohne eigene Wirtschaftsdynamik.«

Mit dieser Einschätzung vom 21. Juni 1990 haben wir Abweichler Recht behalten. Lafontaine wurde verhöhnt, weil er behauptete, die Wiedervereinigung könne bis zu 100 Milliarden DM kosten. Sie hat bis heute über 1000 Milliarden Euro gekostet, und die Bundesrepublik ist beim Wachstum zu einem Schlußlicht in der OECD geworden.

Ich räume gleichzeitig ein, daß meine Befürchtungen über die mangelnde internationale Einbindung des größeren Deutschland falsch waren. Kohl und Genscher haben hier umsichtig gehandelt. Als ich ans Pult des Bundestages ging, war die Sache noch nicht geregelt. Sie wurde aber geregelt.

Meine Argumente damals waren:

»Wir wissen nichts über die Bündniszugehörigkeit des größeren Deutschland. Wir wissen nicht, welche Nuklearwaffen oder Chemiewaffen auf unserem Boden stationiert werden sollen. Wir wissen auch nicht, was mit den 380 000 sowjetischen Soldaten passieren soll und wer in Zukunft für sie zahlen soll.«

Am 21. Juni 1990 waren diese Argumente berechtigt. Die Regierung Kohl hat in den sogenannten »Zwei-plus-vier-Verhandlungen« aber so erfolgreich agiert, daß unsere damaligen Bedenken gegenstandslos geworden sind.

Die österreichische Lösung

Die ökonomischen Entscheidungen im Zuge der Wiedervereinigung waren, wie selbst Unternehmer, Unternehmensberater und andere Leute, die rechnen können, sagen, »alternativlos«. Lothar Späth hat den Satz geprägt: »Helmut Kohl hat politisch alles richtig und wirtschaftlich alles falsch gemacht.« Ist Wirtschaftspolitik keine Politik? Darf man um eines »höheren« Zieles willen das schnöde Rechnen einfach einstellen? Darf man, um eine Nation wieder in einem Staat zu konzentrieren, den Menschen dieser Nation eine massive Verarmung zumuten? Ist es das, was »alternativlos« war?

Politiker finden solche Erörterungen sinnlos. Der Fluß hat sich ein Bett gesucht. Ob er sich auch ein anderes hätte suchen können, ist Klügelei. Aber seit neun Jahren bin ich kein Politiker mehr. Ich interessiere mich nicht nur für die Wirklichkeit, sondern auch für die (verpaßten) Möglichkeiten. Damals sprachen wir von der »österreichischen Lösung«, also der Frage, ob man die DDR – wie Österreich – für eine gewisse Zeit noch als Teil einer deutschen Konföderation, als eigenen Staat, als eigenständiges Wirtschaftsgebilde hätte halten können. Niemand kann das wissen. Aber wer nur Wirklichkeitssinn und keinen Möglichkeitssinn hat, ist geistig behindert. Das gilt allerdings auch umgekehrt.

Das größte deutsche Bundesland, Nordrhein-Westfalen, erwirtschaftet ein doppelt so großes Inlandsprodukt wie die fünf neuen Bundesländer zusammen. Der Chef eines großen Wirtschaftsinstituts in München, Hans-Werner Sinn, hat für Ostdeutschland ein Leistungsbilanzdefizit von fünfundvierzig Prozent errechnet; der Mezzogiorno hat ein Minus von dreizehn Prozent. Manche nennen den Osten Deutschlands deshalb den Mezzogiorno ohne Mafia. Die Schnellanpassung der Löhne im Osten Deutschlands, die die voraussehbare Folge der schnellen Wiedervereinigung war, nahm den neuen Bundesländern die Chance, die Polen, Tschechen oder Slowaken nun haben. In Tschechien gibt es doppelt so viele Großunternehmen wie im Osten Deutschlands. Die Industrie der neuen Bundesländer war mit 7,8 Prozent an den deutschen

Industrieumsätzen beteiligt, bei den Exporten waren es 4,9 Prozent – im Jahr 2002.

Der Osten, einst ein mächtiges Industriezentrum, ist heute von einigen wenigen Regionen wie Dresden abgesehen, verlängerte Werkbank. Das statistische Bundesamt diskutiert ein Szenario, in dem Ostdeutschland bis zum Jahr 2050 um 30 Prozent Bevölkerung und um vierzig Prozent der Erwerbspersonen verliert. Alle ostdeutschen Länder, Sachsen ausgenommen, sind schwer verschuldet und werden bei Auslaufen des sogenannten »Solidarpakts II« im Jahr 2019 in ernste Schwierigkeiten kommen. Der Wirtschaftsjournalist Uwe Müller resümiert solche Zahlen mit der Bemerkung: »Der Westen wäre heillos überfordert, wenn er den Osten über das nächste halbe Jahrhundert so mitzieht wie bisher. Wenn wir glauben, das könnte gelingen, begehen wir einen schicksalhaften Fehler. Der Westen wird dem Osten in den Abgrund folgen.« Wollen wir diese Entwicklung als »alternativlos« hinnehmen?

Mir geht es nicht um ein Hätscheln westdeutscher Larmoyanz. Die Ostdeutschen trifft die falsche Politik der Regierung Kohl zwischen 1990 und 1998 und der Regierung Schröder zwischen 1998 und 2005 viel schärfer als viele Westdeutsche. Im Osten gibt es eine ganze Reihe von Städten mit dreißig Prozent Arbeitslosigkeit. Im Osten treffen die unausweichlichen Einsparungen der Regierung Schröder (Hartz IV) die Menschen mit voller Wucht, da viele auch bei aller Anstrengung keine Arbeit in ihrer Region finden. Die Abwanderung aus dem Osten in den Westen wird weitergehen, bis der Osten endgültig ausgeblutet ist und von oft genug zweitklassigen Beamten aus Bayern und Nordrhein-Westfalen mühsam verwaltet wird. Hatte die Regierung Kohl die ganze Vereinigung aber nicht inszeniert – wie sie sie inszeniert hat – um gerade eine solche Abwanderung zu verhindern?

Ludwig Erhard (*Wirtschaftliche Probleme der Wiedervereinigung*, 1953) und Helmut Schmidt (*Mögliche Stufen eines wirtschaftlichen und sozialen Wiedervereinigungsprozesses*, 1959) hatten Stufenpläne zur Vereinigung der beiden deutschen Staaten entwickelt. In Schmidts Plan (einem Teil des »Deutschlandplans« der SPD) kam die Währungseinheit in einer dritten

Stufe. Niemand hätte die Westdeutschen nach 1989 gehindert, mit einem vorläufig selbständigen Wirtschaftsgebiet DDR eine Konföderation einzugehen und den Osten kräftig zu unterstützen. Aber Kohl wollte keine »Krämerseele« sein. Er fürchtete britische, französische und sonstige Umtriebe und hielt die ostdeutschen Parteien (wohl zu Recht) für so wackelig wie sich die polnischen, tschechischen oder bulgarischen inzwischen erwiesen haben. Also nahm er Ostdeutschland in die Hand und wurde »Kanzler der Wiedervereinigung«. Er gewann die Mehrheit der Deutschen für diese Politik, die Mehrheit der SPD eingeschlossen. Als mir einmal in der *Neuen Gesellschaft* für meine Sozialdemokraten der Begriff »Sozialpatrioten« herausrutschte, bat mich Willy Brandt zu sich und ersuchte mich, ihn nie mehr zu benutzen. Das sei ein kommunistischer Kampfbegriff gegen die Sozialdemokratie gewesen. Ich bin diesem Wunsch selbstverständlich gefolgt. Er machte inzwischen zwar eine Deutschlandpolitik, die ich nicht mehr für richtig hielt und die ich bei ihm auch nie für möglich gehalten hätte. Seine Frau Brigitte hat nachzuweisen versucht, daß er sein ganzes Leben so dachte. Mir war das entgangen. Aber ich verehrte ihn in diesen letzten Jahren nicht weniger als vorher, obwohl er gelegentlich bei Fraktions- oder Parteiratssitzungen mit auf dem Rücken verschränkten Armen an mir vorbeischlenderte und lächelnd sagte: »Verbreite keine Irrlehren, Peter.« Ich war damals nicht in bester Verfassung: ausgebootet, unruhig, gelegentlich bitter.

Das Problem war mir im Grunde schon 1988 begegnet. Da hatte Martin Walser in der *Zeit* einen ganzseitigen Essay »Über Deutschland reden« publiziert. Ich bekam Gelegenheit, ihm zu antworten. Walser hatte geschrieben: »Die Nation ist im Menschenmaß das mächtigste geschichtliche Vorkommen.« Ich antwortete darauf polemisch: »Donnerscheiß: Im Menschenmaß.« »Das ist sozusagen eine Art nationales Naturrecht, der Drang der Menschen zu einer Einheit von Staat und Nation, heißt das ja wohl, sei der mächtigste Trieb überhaupt.« Und dann: »In Wirklichkeit gibt es keinen ›natürlichen Drang‹ dieser Art, die Leidenschaft (und Hysterie) der Menschen sucht sich unterschiedliche Objekte. In der Paulskirche gab es leidenschaftliche Großdeutsche, leidenschaftliche Großösterreicher, leidenschaftliche Kleindeutsche.« Meine Folgerung war: »Über die Wiederherstellung des Deutschen Reichs in den Grenzen von 1945 (um Heiner Geißler zu zitieren), darüber sollten wir nicht reden, darüber sollten wir schweigen.«

Und Geißler und ich waren nicht allein. Der große und sehr deutschfreundliche amerikanische Historiker Gordon Craig sagte im Jahr 1989: »Statt Wiedervereinigung könnte es eine Art Konföderation geben – zwei souveräne deutsche Staaten mit vielleicht unterschiedlichem politischen System, aber demokratischen Strukturen. Das könnte einen Teil der Befürchtungen zerstreuen, Deutschland sei zu groß und zu stark für den Rest Europas.«

Geißler, Craig, viele andere und ich haben uns nicht durchgesetzt. Kohl hat sich durchgesetzt. Die damalige SPD-Führung hat ihm geholfen. Das muß man zu Kenntnis nehmen. Das muß man auch akzeptieren. So ist Demokratie. Die Nation ist eben hin und wieder ein »Erregungszustand«, wie Peter Sloterdijk sagt. Man sollte aber über die (angsterregenden) ökonomischen Konsequenzen der damaligen Entscheidung wenigstens jetzt offen reden und sich nicht über sie hinweglügen. Die unausgesprochene Schweigevereinbarung zwischen denen, die im Westen und denen, die im Osten die Politik verwalten, ist feige.

Die Hauptstadt

Auf unserem Parteitag in Bremen gewannen wir noch, ganz knapp. Der Zufall (und der Reißverschluß – immer ein Bonn-Befürworter nach einem Berlin-Befürworter) fügte es, daß ich in der Rednerliste direkt nach Erhard Eppler kam. Der benutzte ein Argument, das vielfach vorgebracht worden war. Er schmiedete es zu einer lyrischen Passage: »Wer einmal mit Sensibilität in Berlin herumgeht, merkt: Da reden die Steine. Die reden Schönes und Schreckliches. Und manche Steine schreien. Ich möchte, daß die, die künftig Deutschland regieren, jeden Tag mit diesen schreienden Steinen konfrontiert werden.«

Mir war das zu gefühlvoll. Ich kannte meine Kollegen im Bundestag. Die würden in feinen Büros in Berlin-Mitte sitzen,

Mit Kurt Biedenkopf, Otto Graf Lambsdorff und Joachim Fest

viele Sitzungen am Tag absolvieren und am Abend erschöpft in irgendeiner Kneipe niedersinken, in der sie ihresgleichen finden. Deswegen antwortete ich knapp – und unter großem Beifall: »Erhard Eppler, schreiende Steine gibt es auch manchmal im Ruhrgebiet, gibt es auch in Dresden, gibt es an allen Ecken und Enden in diesem Land.« Und: »Nach meiner Erfahrung kann man die Konflikte dieser Gesellschaft nicht kennenlernen, wenn man in die Hauptstadt fährt, egal ob nach Bonn oder nach Berlin, sondern man lernt sie kennen, wenn man in seinem eigenen Wahlkreis Arbeit macht.«

Dann aber kam, einen knappen Monat später, die Abstimmung im Bundestag. Ich sprach den Bundeskanzler direkt an: »Im parlamentarischen Alltag wird ja viel hin und her gehöhnt. Die Sozialdemokraten haben Ihnen häufig mit einer gewissen Häme das Etikett vom Enkel Adenauers vorgehalten. Mir geht heute kein Ton der Häme über die Lippen. Ich weiß, daß Sie ein regionalistisch verwurzelter Europäer und kein Nationalist sind. Ich muß auch zugestehen, daß Sie auf dem Weg nach Europa einiges erreicht haben.«

(Beifall bei Abgeordneten der SPD, der CDU/CSU und der FDP)

»Aber bitte, Herr Bundeskanzler, machen Sie sich klar: Mit dem Votum für Berlin schwenken Sie ab zum Europa der Vaterländer. Vielleicht ist es in dieser Debatte erlaubt, über die Parteigrenzen hinweg zu sagen: Bewahren Sie die supranationale Europaidee Konrad Adenauers. Sie ist das wichtigste Erbe dieses großen Politikers.«

Dann mußte ich mich mit Willy Brandt auseinandersetzen. Er hatte das verunglückte Argument gebraucht, die Franzosen wären auch nie auf den Gedanken gekommen, in Vichy zu bleiben. Ich antwortete ihm: »Wer Vichy und Bonn in einem Atemzug nennt, sollte einen großen Unterschied nicht vergessen. In den vier Jahren Vichy war die beherrschende Figur Pétain, in den vierzig Jahren Bonn waren die beherrschenden Figuren Konrad Adenauer und Willy Brandt.«

Auch das trug mir Beifall im ganzen Haus ein; bei allen Fraktionen, aber jeweils nur bei der Hälfte. Alle Fraktionen – außer der PDS – waren ja gespalten.

Brandts wirksamstes Argument hatte er, als meisterlicher Redner, in zwei Worten zusammengefaßt: »Wort halten.« Diese Mahnung war ungeheuer wirkungsvoll. Realistisch war sie nicht. Die Versprechungen, nach Berlin zurückzugehen, waren in den vierziger Jahren selbstverständlich, in den fünfziger Jahren ernst gemeint gewesen. Danach handelte es sich bei den meisten nur um Lippenbekenntnisse. Allerdings mit einer großen Ausnahme. Auf die kam ich auch zu sprechen:

»Ich will das einmal für mich zugeben, meine Damen und Herren: Als Axel Springer das große Haus seines Verlages an die Mauer gebaut hat, da haben ihn viele Deutsche und auch ich für einen Fantasten gehalten.«

(Wolfgang Mischnick, FDP: Das war falsch!)

»Ich bin bereit, einzuräumen, daß Springers Hoffnung größer war als das, was ich für meinen Realismus gehalten habe.«

(Beifall bei Abgeordneten der CDU/CSU und der FDP)

»Aber ich bin nicht bereit, die Geschichtslegende zu akzeptieren, als hätten die Deutschen, verführt von Politikerreden, jahrzehntelang auf die Rückkehr der Regierung und des Parlaments nach Berlin gewartet. Die Entscheidung für Berlin, Herr Kollege Vogel, hat konzeptionelles Gewicht. Die Moralisierung dieser Frage verrät unpräzises Denken.«

Ich tat mich nicht leicht. Ich war ja in Berlin Senator und Vorsitzender der Berliner SPD gewesen. In Berlin hielten mich natürlich viele für einen Verräter. Aber ich war in allen Fasern ein Politiker der Bonner Republik. Bonn war für mich das Symbol des Neuanfangs, eines notwendigerweise unprätentiösen, manchmal armseligen Neuanfangs aus den Trümmern. Adenauers Politik der Westbindung hatte ich für so wichtig gehalten wie Brandts Ostpolitik. Vor allem fürchtete ich den furchtdurchmischten Haß der Holländer, der Tschechen, der Polen oder der Skandinavier auf »Berlin«. Dort hatte ja nicht nur Hitler geherrscht und seine Verbrechen geplant. Von dort war auch der Wilhelminismus ausgegangen. Ich wollte keine »Berliner Republik«.

Es hat mir nichts geholfen. Im Bundestag gewannen »die Berliner« mit einer Mehrheit von achtzehn Stimmen. Die wirkungsvollsten Reden waren die von Willy Brandt und Wolfgang Schäuble gewesen. Der Vollblutpolitiker Brandt hatte die Situation glasklar erkannt. Nach der Rede Schäubles ging er zu dem gelähmten, in seinem Rollstuhl hockenden und erschöpften Kollegen und reichte ihm die Hand. Wir alle applaudierten. Da mußte man applaudieren. Ich vermute, daß in der Sekunde des Händedrucks die Sache entschieden war. Die Republik verlegte ihr Zentrum zurück in den Osten.

Einzelne meiner Argumente waren falsch. Ich prophezeite, Siemens werde seine Zentrale nach einem Jahrzehnt nach Berlin zurückverlegen. Das war Unsinn. Niemand verlegt seine Zentralen zurück nach Berlin. Ich habe schon davon gesprochen: Berlin ist die ärmste Großstadt der Bundesrepublik. Die Dreieinhalb-Millionen-Stadt hat 275 000 Sozialhilfeempfänger. Das Parlament liegt in der reichen, feinen Mitte; noch haben die ausgepowerten Menschen aus Hellersdorf, Marzahn oder Neukölln die Märsche zum Hotel Adlon und zur Friedrichstraße nicht angetreten. Das wäre dann der Realitätsschock, den die Befürworter einer Rückverlagerung der Hauptstadt nach Berlin der Regierung und dem Parlament vorhergesagt haben. Allerdings umgekehrt: Nicht die politische Klasse wanderte durch die schreienden Steine Berlins, die Berliner wanderten schreiend zu den Quartieren der politischen Klasse.

Erweiterung und Vertiefung

Was treibt mich eigentlich dazu, meine politischen Niederlagen aus den Jahren 1989 und 90 akribisch zu notieren? Es verändert nichts. Die Entscheidungen sind gefallen. Sie sind nicht mehr rückgängig zu machen. Man macht seine Feinde nur auf etwas aufmerksam, was sie schon halb vergessen haben: Man war ein Abweichler. Man war unversehens aus der Mehrheit herausgefallen. Man sprach für fünfundzwanzig Abgeordnete (von sechshundert). Welche Heldentat!

Aber es hilft nichts. Ich muß noch ein Thema streifen, das mit der Wende von 1989, der Implosion der Sowjetunion und der Befreiung Ostmitteleuropas zusammenhängt. Die schwere Krise, in der sich die Europäische Union nach der Ablehnung des Verfassungsentwurfs durch die Franzosen und die Niederländer befindet, ist eine Folge der nonchalanten, großmannssüchtigen, sich selbst überschätzenden Politik der europäischen Staatskanzleien.

In meiner Jugend war ich ein Europäer wie alle Demokraten, deren politisches Bewußtsein vom Zweiten Weltkrieg und der Reeducation in der Nachkriegszeit geprägt war. Ich gehörte nicht mehr zu der Generation Kohls, die ihre europäische Gesinnung dazu trieb, irgendwelche Schlagbäume einzureißen. Aber das Motiv, die europäischen Staaten so eng miteinander zu vernetzen, daß sie nie wieder miteinander Krieg führen könnten, bestimmte selbstverständlich unser Denken. Es war im übrigen auch das Motiv, Deutschland in einen europäischen Verbund einzubinden, damit es nie wieder verrückt spielen könne.

In Hunderten von Gesprächen hatte mich der Westemigrant Waldemar von Knoeringen in dieser Haltung bestärkt. Bruno Kreisky ging bei unserem ersten Gespräch, zu dem mich mein Freund Karl Blecha bei einem Wien-Besuch ohne jede Vorbereitung in seine Kanzlei eingeschleust hatte, schon nach zehn Minuten zu einem Bücherregal und drückte mir einen Band von Karl Renner in die Hand. Das spätere Studium Renners und Otto Bauers hat mich, was nationale Minderheiten, ethnische Konflikte und überwölbende europäische Strukturen betrifft, tief geprägt.

Der brillante Intellektuelle Kreisky, der ganz aus der austromarxistischen Tradition lebte, ohne zu der Zeit, in der ich ihn kannte, noch ein Marxist zu sein, war ein eindrucksvoller Lehrer. Unsere letzten Gespräche in seinem Haus in Mallorca, die er immer wieder unterbrechen mußte, um zu seiner schwerkranken, phantasierenden Frau im Nebenzimmer zu gehen, werde ich nicht vergessen. Er haderte mit der Partei, der SPÖ, die er mehrheitsfähig gemacht hatte. Er haderte aber auch mit dem nationalen Gerede, das er neuerdings aus Deutschland hörte.

Und dann war da natürlich Willy Brandt, der mit fast allen wichtigen Akteuren der Weltpolitik seiner Zeit umgegangen war und sich hoch in den Sechzigern noch einmal als Spitzenkandidat für das Europäische Parlament nominieren ließ, um dazu beizutragen, daß der europäische Parlamentarismus von einer Spielwiese in eine wirksame Entscheidungsinstanz verwandelt würde.

In den späteren Jahren gab es zwei zuerst einmal scheinbar gleichgültige Nebenszenen, die sich später als Schlüsselszenen erwiesen. In einer ZDF-Sendung mit dem Titel »Was nun, Herr Strauß?« war ich der sogenannte Überraschungsgast. Was in der Sendung gesprochen wurde, weiß ich nicht mehr. Ich weiß nur, daß ich danach eine Stunde mit Strauß irgendwo im Studio stand und, die Weingläser in der Hand, mit ihm über Europa redete. Er war aufgekratzt und witzig. Die Botschaft war aber ganz eindeutig. Strauß hielt die Aufnahme Großbritanniens in die Europäische Gemeinschaft für den eigentlichen Sündenfall. Wir hätten bei den sechs Gründungsstaaten bleiben sollen. »Des war Ihr Brandt, lieber Herr Glotz«, sagte er immer wieder. Ich stritt mich mit ihm hingebungsvoll herum.

Als ich später als Vertreter der Regierung Schröder im Europäischen Konvent an der Verfassung mitarbeiten konnte und oft mit den Vertretern der Briten, vor allem deren Regierungsvertreter Peter Hain, verhandelte, mußte ich gelegentlich an Strauß denken. Hain war, als enger Vertrauter Tony Blairs, viel europäischer als die meisten Briten, die ich vorher getroffen hatte. Aber letztlich war er nicht für ein politisches Europa. Er konnte sich nicht vorstellen, daß sein Land irgendwelche außenpolitischen Entscheidungen mit den Luxemburgern oder gar mit den vor den Tür stehenden Balten abstimmen müßte.

Das zweite Gespräch, das mir immer wieder einfiel, führte ich mit dem Tschechen Václav Klaus. Er war damals Finanzminister, ein leiser, sehr gut Englisch und sogar passabel Deutsch sprechender, höflicher Mann. Er hätte nie – wie Strauß – gesagt: Ich bin der deutsche Thatcher. Aber er war der tschechische Thatcher. Er hatte mir Tee servieren lassen. Die Tasse stand noch unberührt auf dem Tisch. Ich trinke Tee und Kaffee immer ohne Zucker. Václav Klaus aber griff plötzlich ein Stück Zucker, warf es in meine Tasse und sagte kühl lächelnd: »Ich möchte nicht, daß mein Land so in Europa aufgeht wie dieses Stück Zucker in Ihrer Tasse Tee.« Und dann machte er eine etwas hinterhältige Anspielung auf Václav Havel, mit dem er sich nicht vertrug. »Wir wollen so schnell wie möglich in die EU; aber wenn wir drin sind, machen wir dort eine sanfte Revolution.« Die sanfte Revolution war ein Begriff Havels. Er meinte: Wir gehen in die EU und nehmen dann sofort die Position der Briten ein. Und dann erlaubte er sich einen kurzen, dramatischen Ausfall gegen den »Sozialisten« Jacques Delors, der damals Präsident der Europäischen Kommission war. Der Sozialist Delors? Da wußte ich alles.

Viele europäische Spitzenpolitiker – Helmut Kohl und Hans-Dietrich Genscher an der Spitze – zogen durch Europa und betrieben die Erweiterung der Europäischen Union. Genschers Standardsatz – ich habe ihn schon zitiert – lautete: »Erweiterung und Vertiefung sind keine Gegensätze, sie bedingen sich gegenseitig.« Die Logik war die sogenannte »europäische Perspektive«. Solange man den Osteuropäern versprach, daß sie in absehbarer Zeit in die Europäische Union aufgenommen würden, wären sie – das war die durchaus halbrichtige Theorie – bereit, ihre Wirtschaft zu reformieren, ihre Haushalte in Ordnung zu bringen und ihre Minderheiten nur gelegentlich zu malträtieren. So zogen Kohl und Genscher durch tschechische, polnische oder ungarische Barocksäle, verliehen Preise an Václav Havel, Lech Wałęsa oder Jozef Antall und redeten uns immer tiefer in den großen Erweiterungsprozeß hinein. Die Vertiefung der Gemeinschaft, die die Vorbedingung für Handlungsfähigkeit gewesen wäre, wurde auf die lange Bank geschoben. Jetzt könnte es zu spät sein.

2004 schrieb mir ein Schweizer Diplomat, es wäre vielleicht doch besser gewesen, so vorzugehen, wie ich es im Jahr 1990 vorgeschlagen hatte. Er zitierte einen Aufsatz im Europa-Archiv, den ich vergessen hatte. Ich schlug ihn nach. Februar 1990. Dort hieß es: »Derjenige, der eine Osterweiterung der Gemeinschaft anstrebt, muß zuerst für eine Stärkung der Gemeinschaft der Zwölf eintreten, vor allem für die Schaffung eines währungspolitischen Entscheidungszentrums. Die größte Gefahr für die Europäische Gemeinschaft ist heute ein Hin- und Herschwanken zwischen einer nach innen gestärkten Gemeinschaft und ihrer Verwässerung innerhalb eines größeren Gefüges.« Ich war durchaus für eine »gesamteuropäische Verflechtung«; allerdings durch subregionale Kooperation, Mitwirkung der ostmitteleuropäischen Staaten im Europarat und an unterschiedlichen europäischen Programmen.

Mit meinem Kernsatz verweigerte ich mich allerdings der damaligen Euphorie, die heute im Katzenjammer endet. »Fortschritte zu Vereinigten Staaten von Europa sind nur denkbar über Koevolution, nicht durch überstürzte Osterweiterung einer nicht konsolidierten westeuropäischen Gemeinschaft.« 1990 wurde das noch respektvoll aufgenommen und in einer wichtigen Fachzeitschrift gedruckt. Viele Franzosen oder Amerikaner argumentierten noch genauso. Schon fünf Jahre später war die Idee der vorsichtigen Koevolution vom Tisch.

Im Europäischen Verfassungskonvent habe ich gern gearbeitet. Giscard d'Estaing, der Präsident des Konvents, leistete mit Hilfe eines brillanten britischen Generalsekretärs und zweier harmlos wirkender, aber hoch erfahrener, geriebener und gesprächsfähiger Stellvertreter aus Belgien und Italien ganze Arbeit. Natürlich war Giscard eine Mischung aus Ludwig XIV.,

Napoleon und einem hochmodernen Manager. Ein paar der Europaabgeordneten rieben sich an ihm am Anfang jeder Sitzung. Wie er es letztlich aber verstand, die Kompromisse zu schmieden und am Schluß von einem hundertsieben stimmberechtigte Vertreter umfassenden Gremium beschließen zu lassen, war ein Kunststück eigener Art.

Mir fiel auf, daß die Osteuropäer, die schon vollberechtigt mitstimmen durften, obwohl sie noch nicht Mitglied der Gemeinschaft waren, bei den Verfassungsfragen seltsam stumm blieben. Das hatte ich nicht erwartet; ich hatte Blockaden befürchtet. Da mein Stellvertreter, der Staatssekretär des Auswärtigen Amtes, Gunter Pleuger (heute Botschafter bei der UN) war, kam ich bald hinter das Geheimnis. In vielen Dreiergesprächen mit den Osteuropäern lernte ich, daß sie zur Verfassung schwiegen, weil ihnen die bilateralen Probleme – von Agrarsubventionen bis zu Forschungsprogrammen – wichtiger waren. Über einen europäischen Außenminister oder einen Präsidenten des Europäischen Rates stritten wir uns mit den Briten oder den Franzosen herum; auch mit den Schweden oder den Finnen. Die Ostmitteleuropäer blieben schweigsam und wiegten ihre Köpfe. Ich konnte das verstehen. Ein gutes Zei-

Die Vertiefung Europas

chen aber war es nicht. Man wußte natürlich, daß der Beitritt der zehn Kandidaten früher stattfinden sollte als die Ratifizierung der Verfassung.

Gelegentlich treffe ich noch einen Eurokraten, der mir freundlich auf die Schulter klopft und mich vor Hysterie warnt. Die Europäische Gemeinschaft oder Union habe sich noch immer am eigenen Schopf aus dem Sumpf gezogen. Das werde auch diesmal geschehen; es dauere nur seine Zeit. Wirklich? Ich würde es begrüßen. Aber ich muß immer an mein mehr als ein Jahrzehnt zurückliegendes Gespräch mit Václav Klaus denken und an den polternden, aufgekratzten alten Haudegen Strauß in einem Studio des ZDF in der kleinen Stadt Bonn am Rhein. Das ist inzwischen fast zwei Jahrzehnte her.

Bin ich ein vaterlandsloser Geselle? Vor einem Jahrhundert war das eine gängige Bezeichnung für die Sozialdemokraten. Sie traf aber nur auf wenige zu, die arme Rosa Luxemburg zum Beispiel, die polnische Jüdin, die den polnischen Nationalismus genauso haßte wie den deutschen. Deswegen wurde sie in Deutschland ja auch erschlagen. Nein, die Sozialdemokraten waren in ihrer Mehrheit meistens Patrioten. Das gilt auch für die Jahre 1989 und 1990. Um mir die Welt zu erklären und mich mit der Welt zu versöhnen, sage ich mir: Ich bin halt ein böhmischer Patriot, der ein bißchen viel herumgetrieben wurde und sich herumtrieb. Die deutschen Patrioten mögen mir das verzeihen.

9. KAPITEL

Enkelzeit

Irgendwann beschlossen Horst Ehmke und ich bei viel Rotwein, wir seien keine Enkel, sondern Onkel. Damit strebten wir nicht den Kultstatus des berühmtesten Onkels, Herbert Wehner, an. Wir distanzierten uns nur – lachend – von einer Gruppe von fünf oder sechs Nachwuchskräften, die sich alle als mögliche Nachfolger Willy Brandts sahen. Nachfolger von Brandt in den Funktionen die er bekleidet hatte, mussten die Enkel irgendwann werden. Das war Generationsarithmetik. Aber waren sie stark genug, die Arbeit da aufzunehmen und weiterzuführen, wo er sie, immerhin im fünfundsiebzigsten Lebensjahr, abgeworfen hatte? Nein. Brandt war der Bebel seiner Zeit.

Ich kann mich jetzt kürzer fassen. Als die »Enkel« in ihren Fünfzigern 1998 schließlich an die Macht kamen, war ich schon aus der Politik ausgeschieden: freiwillig. Die meisten waren nicht viel jünger als ich, kamen aber alle von »links«, was immer das bedeutet haben mag. Manche haben mich im Lauf des Lebens auch ruhig und sicher rechts überholt. Ich habe Jahrzehnte mit ihnen im Vorstand, im Präsidium oder in der Bundestagsfraktion der SPD zusammengearbeitet. Ich kenne sie ganz gut. Aber ihren Höhenflug habe ich nur von fern beobachtet. Das erlaubt epigrammatische Bemerkungen.

Die wenigsten von ihnen waren übrigens von der Achtundsechziger-Bewegung wirklich berührt. Keine Dutschkes, keine Krahls, keine Rabehls, keine Fichters. Joschka Fischer ist die Ausnahme; aber er war 1968 sehr jung, zwanzig Jahre alt. Und er würde nie zugeben, daß er etwas mit der Sozialdemokratie zu tun haben könnte. Er hat sich sein eigenes Biotop geschaffen. Kennengelernt habe ich ihn Anfang der achtziger Jahre. Er rief mich an und fragte mich, ob wir nicht zusammen essen gehen könnten. Ich lud ihn ins »Le Petit Poisson« ein, ein französisches Lokal nahe dem Bonner Gericht. Er erschien mit seinem Freund Hubert Kleinert, und wir saßen lange Stunden zusammen. Seine witzige (damals hätte ich gesagt: freche) Munterkeit gefiel mir. Er war übrigens schon zu der Zeit ein Stratege. Die beiden staunten mich an diesem Abend an wie ein Mondkalb; der Maßanzugssozialdemokrat mit Gramsci auf den Lippen. Das gab sich schnell. Später habe ich ihn angestaunt, zum Beispiel bei seiner kürzlichen Wandlung vom Vertiefungseuropäer zum transatlantisch gestimmten Paneuropäer. Ich betrachtete diese jähe Wendung mit wachsender Skepsis. Im Unterschied zum Okkasionalisten Schröder hatte sich Joschka Fischer immer bemüht, seine Sprünge zu begründen. Ein seltsamer, von Schröder vermutlich spöttisch betrachteter Trieb. Ich leide auch an ihm.

Übrigens: Wer die Achtundsechziger prügeln will, darf nicht auf Lafontaine, Schröder und Scharping einschlagen. Sie haben Sprachformeln, Protestformen und Bekleidungscodes von der Studentenbewegung übernommen. Nicht viel mehr.

»Die Enkel«

Der Abschied

Bevor ich mich an die Enkel heranmache, muss ich kurz schildern, warum ich 1996, genau in der Mitte der Legislaturperiode, aus dem Bundestag ausschied. Ich hatte dem Parlament insgesamt achtzehn Jahre angehört. Das Problem hatte ich zuerst, schon am 8. Januar, mit dem Parteivorsitzenden Lafontaine besprochen. Wir tafelten vergnüglich in seiner saarländischen Landesvertretung. Er akzeptierte meinen Schritt und sagte den Satz: »Wenn wir dich brauchen, können wir dich ja zurückholen.«

Meine Gründe hatten private und politische Facetten. Felicitas und ich waren schon fünf Jahre verheiratet, wir wollten noch ein Kind, und sie sagte mit einiger Berechtigung: Nicht, solange du in der Politik bist, da siehst du das Kind nur einmal in der Woche. Lafontaine hatte mir nicht sagen wollen, ob er selbst sich als den Kanzlerkandidaten von 1998 aufstellen lassen werde, oder ob er diese Aufgabe Schröder überlasse. Das waren die beiden Möglichkeiten, eine dritte gab es nicht. Ich vermute, Lafontaine wußte damals selbst noch nicht, was er wollte.

Mit Schröder aber stand ich nicht gut. Sein Zorn auf Scharping, der ihn bei einer (falsch, ohne Stichwahl) organisierten Mitgliederbefragung geschlagen hatte, war archaisch. Ich war durch die Talkshows gezogen und hatte Scharping (in dessen Schattenkabinett ich Bildung, Forschung und Kultur vertrat) verteidigt. Dazu kam eine gewisse Ungeduld. Ich war zwar wieder in den Parteivorstand gewählt worden, war ab 1994 (dank Scharping) auch bildungs- und forschungspolitischer Sprecher der Bundestagsfraktion, mußte mich aber darauf einstellen, daß ich bei einer Regierungsübernahme durch die SPD bestenfalls den Stuhl von Jürgen Rüttgers, eben den des Bildungs- und Forschungsministers bekommen könnte. Über solch ein mittleres Ministerium ist man mit vierzig überglücklich. Aber mit sechzig?

Um ehrlich zu sein: Ich hatte die Politik satt. Politik besteht zu wesentlichen Teilen aus Sitzungen, die man – im Unterschied zur Wirtschaft oder einer Redaktion – nicht abbrechen kann, wenn der Stoff von allen wichtigen Seiten beleuchtet ist. Du mußt auch noch das Votum des Zwölfenders aus der Oberpfalz und der spitzen Dame aus der nordrhein-westfälischen oder niedersächsischen Provinz über dich ergehen lassen, selbst wenn die Mittagszeit längst gekommen ist. In meiner Jugend war ich ein Eisenarsch gewesen und hatte Sitzungen zur vollen Zufriedenheit aller gleichmütig bis zum bitteren Ende geführt. Jetzt aber war ich Ende fünfzig und hatte seit 1987 keine wichtige Aufgabe mehr gehabt. Ich bekam innere Blutungen, wenn bestimmte Figuren sich auch nach Besprechung der notwendigen Argumente noch in Szene setzen wollten. Ich fühlte mich eingezwängt in das Terminkorsett Arbeitsgruppe, Ausschuß, Fraktion, Plenum, Parteivorstand, Parteivorstandskommissionen (obwohl das natürlich viel lockerer war als zu Präsidiumszeiten). Ich hatte es satt, meine Abende in den schlecht geheizten und verrauchten Hinterzimmern jugoslawischer Vorstadtlokale zu verbringen. Sechsundzwanzig Jahre »Public Service« schien mir genug.

Und ich wollte, um es trocken zu sagen, Geld verdienen. Ich habe immer verstanden, daß man Abgeordnete nicht wie Spitzenmanager bezahlen kann. Aber wie die vierte Reihe von Siemens oder der Telekom? Ich habe die »Verhaltensrichtlinien«, die meine Fraktion sich gab, nicht verletzt. Keine Skandale. Neuerdings aber begannen manche, auch die »Fringe Benefits«, die Vorteile am Rande zu skandalisieren. Wenn die Präsidentin des Bundestags mit dem Dienstflugzeug einen Zwischenstop bei ihrer Tochter machte, die sie wegen ihrer Amtsgeschäfte ohnehin kaum sah, wurde daraus eine monatelange Kampagne. In der Gründergeneration des Bundestags wäre das nicht vorgekommen. Wenn ich, wegen des akzeptablen Frühstücks, in der First Class der Lufthansa (wie die meisten Kollegen, darunter alle CSU-Leute) flog, wurde das mit Mißvergnügen betrachtet. Einmal saß Vogel hinter mir in der First, tippte mir auf die Schulter und versicherte, daß er nur First fliege, weil die Economy ausgebucht war. Das war ohne Zweifel die reine Wahrheit. Mir aber ging diese Art der Volksverbundenheit mehr und mehr gegen den Strich. Das Parlament wertete sich selbst ab.

Lambsdorff war der letzte übriggebliebene frühere Vorstand (einer Versicherungsgesellschaft). Früher haben sich die Vorstände unbehaglich gefühlt, wenn sie zu Wehner oder Strauß mußten. Plötzlich wurden viele unserer Kordhosen-Politiker nervös, wenn sie einen Termin bei einem Vorstandsvorsitzenden hatten, selbst einem mittleren. Die Macht zwischen Wirtschaft und Politik verschob sich zu Lasten der Politik, aus Gründen der Wirtschaftsstruktur, der Globalisierung, aber auch wegen der Selbstabwertung der Parlamentarier. Bei jeder Diätenerhöhung erklärten einige Kollegen den Boulevardmedien, daß sie auch eine mäßige Aufstufung für unmoralisch hielten. »Ein Haus« führten selbst die meisten Spitzenpolitiker kaum mehr; viele wohnten in vom Bund subventionierten Abgeordneten-Appartements. Bei meinem Freund Conny Ahlers hatte ich Carlo Schmid, Rudolf Augstein, Bernhard Vogel, Claus Noe und viele andere kennengelernt. Fünfmal im Jahr lud auch ich, nach Connys Vorbild, Kollegen aus allen Fraktionen, Journalisten und »Einheimische«, also Bonner Buchhändler, Verleger oder Industrielle ein. Dazu brauchte man allerdings eine anständige Wohnung. Die kostete Geld. Das investierten viele lieber in die Hypothekenzinsen ihrer Eigenheime »draußen im Land«.

Ich besserte meine Bezüge durch Journalismus auf. Daraufhin betitelte der *Stern* mich als »Schreibmaschine«. Zwar schrieb Christoph Schwennicke in der *Badischen Zeitung*: »Praktisch jede Woche ist Glotz mit einem Text in einer der deutschen Wochenzeitungen oder Zeitschriften vertreten – so mancher freie Journalist wäre stolz auf diesen Ausstoß. Und das Faszinierende daran ist: Er arbeitet nicht nur schnell, sondern auch gründlich, und seine Stücke sind es fast durchweg wert, gelesen zu werden.« Sehr gut, dachte ich. Mit den meisten Artikeln hatte ich mehr Resonanz als mit einer brillanten Rede zur Bildungspolitik im Plenum, die meist gegen Abend oder in der Nacht stattfand, wenn das Plenum leer und die Kameras ausgeschaltet waren. Ich mußte wegen Schwennickes Analyse aber lange argumentieren. Ich hatte mich, so Schwennicke, des Apparats bedient, der mir als Parlamentarier zur Verfügung stand. Meine Sekretärin hatte die Texte geschrieben, aus der

Bibliothek des Bundestags hatte ich mir Bücher besorgt Diese Debatten war ich leid.

Bei meiner Abschiedspressekonferenz im Juni 1996 sagte ich von all dem kein Wort. Die Journalisten im SPD-Fraktionsvorstandssaal hinter dem Eingang IV argwöhnten, ich sei gegangen, weil mein Plädoyer für Studiengebühren an Hochschulen bei Scharping und vielen anderen auf Mißvergnügen gestoßen war. Aber nein; Konflikte solcher Art hatte ich zwei Dutzend durchgestanden im Lauf meines politischen Lebens. Ich wünschte Lafontaine »die Kraft, die Probleme der SPD zu lösen« und ging. Das Echo war erstaunlich freundlich. Der schon zitierte, kritische (und damals sehr junge) Journalist Schwennicke schrieb: »Es ziemt sich in Bonn nicht, Politikern Beifall zu spenden. Als Peter Glotz am Ende seiner Abschiedsworte war, pochten die Handknöchel trotzdem auf die Tischplatten.« Ich war's zufrieden.

Stückwerk

Für die Arbeit eines Politikers hat Erhard Eppler einen treffenden Begriff gefunden: komplettes Stückwerk. So war's auch bei mir. Das Hochschulrahmen- oder das Filmförderungsgesetz, deren Mitverfasser ich war, erinnern an den Fisch in Hemingways *Der alte Mann und das Meer*, den der Fischer an sein Boot gebunden hatte und den die Haie bei der Rückfahrt bis zum Skelett abfraßen. Viele meiner Organisationsmaßnahmen in der SPD – die Parteischule als Beispiel – sind aufgegeben, andere erschreckend abgemagert worden. In der Außenpolitik wechseln Konstellationen und Akteure sowieso rasch. Darüber zu klagen wäre sinnlos.

Die Bildungspolitik, mit der ich als Assistent an der Münchner Universität begann, verfolgte mich lange. Von den Grundbegriffen – Bürgerrecht auf Bildung, Chancengleichheit, Qualitätswettbewerb – habe ich keinen zurückzunehmen. Von den Hoffnungen, die wir in den späten sechziger Jahren hegten, viele. Die deutsche Gesellschaft ist trotz der Gesamtschulbewegung, der Veränderung der Bildungsinhalte (zum Beispiel in Lesebüchern, Stichwort »Versäumte Lektionen«) und der Öffnung der Hochschulen für ca. vierzig Prozent eines Altersjahrgangs nach wie vor hierarchisch gestuft, ein Topf mit festgebackenen Resten am Boden, die nicht hochkommen, und einer lockeren, flockigen Oberschicht, die nicht tief sinkt. Bewegung ist in der Mitte des Topfes, bei den Mittelschichten. Wir sind trotz der jahrzehntelangen Bemühungen mehrerer Generationen von Bildungspolitikern weit stärker eine Klassengesellschaft geblieben als die skandinavische oder die niederländische Gesellschaft. Die international vergleichenden Studien zeigen das eindeutig.

Das liegt unter anderem am Furor der Bildungsreformer zwischen 1968 und 1974, der den klassenkämpferischen Elan des Bürgertums herausforderte. »Mut zur Erziehung«, hieß der Kampfruf, Elternvereine und Professorenbünde waren die Bataillone. Klaus von Dohnanyi, der in dieser Zeit Bildungsminister war, versuchte sinnlose Zuspitzungen – zum Beispiel die Forderung nach Verstaatlichung der beruflichen Bildung, die von einem Teil der IG Metall und der Parteilinken erhoben wurde – zu verhindern. Dies gelang, anderes gelang nicht.

Ich hielt mich eng an Dohnanyi, später auch an Johannes Rau und Helmut Rohde. Das Strohfeuer des Egalitarismus fiel zwar bald in sich zusammen. Der Ruf der Bildungspolitiker bei anderen Ressorts aber blieb beschädigt. Das ist einer der Gründe, warum der Geldzufluß stockte. Wir geben heute 4,3 Prozent des Bruttoinlandsproduktes für Bildung aus, 0,6 Prozent mehr als 1970. In der OECD liegen wir, was die Bildungsausgaben betrifft, an 22. Stelle. Wir schaffen es nur mangelhaft, die Immigranten in unser Schulwesen selbstverständlich einzugliedern, unsere Mathematikdidaktik ist miserabel, zu wenige junge Leute studieren Naturwissenschaften. Und das zu Recht vielgerühmte Berufsbildungssystem mit seinen zwei Lernorten, Betrieb und Schule, verliert an Bedeutung. Die Zahl guter Ausbildungsplätze nimmt ab; sie werden vielen Unternehmen zu teuer.

Am meisten hatte ich mit den Hochschulen zu tun; die durchschnittliche deutsche Hochschule ist auch heute, trotz aller Überfüllung, besser als die durchschnittliche amerikanische.

Uns fehlen aber, wie vielen europäischen Nachbarländern, die Eliteuniversitäten, und wir werden im System unseres sechzehneckigen Föderalismus auch keine bekommen. So verlieren wir die besten Studierenden an die USA, Großbritannien oder die Schweiz. Diese Austrocknung der Eliten wird Deutschland absinken lassen. Das ist eine dürftige Bilanz. Wo der Staat, zum Beispiel wegen der riesigen Kosten der Wiedervereinigung, in seiner Investitionskraft schwächer und schwächer wird, müßte man ein neuartiges, gemischtes Finanzierungssystem durchsetzen. Seit 1994 habe ich für Studiengebühren an den Hochschulen argumentiert, in meiner Partei ohne durchschlagenden Erfolg. Die Umlenkung der privaten Investitionen aus dem Eigenheimbau in das Bildungssystem mag die Mittelstandspartei SPD dem Mittelstand nicht zumuten. Denn natürlich kann ein Oberstudienratsehepaar mit drei Kindern entweder ein Haus bauen oder angemessene Gebühren für die Ausbildung seiner Kinder zahlen.

Ich werde mich mit dieser Idee durchsetzen; die Front bröckelt schon. Aber bis zur Anerkenntnis, daß neunundneunzig deutsche Universitäten nicht »gleich gut« (und damit auch nicht gleich billig, gar umsonst) sein können, wird es dauern. Erstklassige Hochschulen müssen sich ihre Studierenden selber auswählen können und frei sein von Beamtenrecht und der Steuerung durch Ministerialräte. Das mußte ich im Lauf des Lebens erst lernen, durch viele Gastvorlesungen, Gastprofessuren, Reisen, Besuche und Tausende von Gesprächen. Als älterer Mann bin ich in diesen Fragen liberaler denn als junger, vor allem aber skeptischer. Bildungspolitik ist Gärtnerei, eine Universität eine »Pflanzstätte«. Als Hebel zum Klassenkampf taugt das Bildungswesen nicht, jedenfalls nicht in offenen Gesellschaften.

Den Namen von meinem zweiten großen Arbeitsbereich, der »Medienpolitik« gab es vor meiner Zeit nicht. Wolfgang Langenbucher und ich haben ihn regelrecht erfunden. Schon als junge Wissenschaftler schlugen wir uns mit Pressekonzentration, Lokalmonopolen bei Zeitungen, Journalistenausbildung und vor allem Redaktionsstatuten, also der Mitbestimmung von Journalisten in Redaktionen, herum. Der damalige Zeitungsverlegerpräsident Binkowski und der junge Abgeordnete Glotz kreuzten auf zahllosen Akademien, Foren und Kongressen die Klingen.

In den frühen Siebzigern gab es unter den Journalisten die sogenannte »Statutenbewegung«. Zwei, drei Jahre war sie mächtig. Man diskutierte Mitbestimmungsmodelle in Redaktionen, die Wahl von Chefredakteuren durch die Redaktion – was ich nie für eine gute Idee hielt – und sogar die Abschaffung des Tendenzschutzes für Zeitungen. Auf einem Medienparteitag in der Godesberger Stadthalle brachte Heinz Ruhnau, damals Vorsitzender der Medienkommission, das Kunststück fertig, den beschlossenen linken »Leitantrag« durch zig Hinzufügungen trickreich zu entschärfen. Der Riß ging mitten durch die sozialliberale Koalition. Die Liberalen wollten eine ständische Mitbestimmung der Redakteure, der »Kopfarbeiter«, die Sozialdemokraten wehrten sich gegen eine Aushebelung der Betriebsräte durch Sondergruppen. An diesem Konflikt scheiterte die Idee eines »Presserechtsrahmengesetzes«, an dem wir lange bastelten. Sie scheiterte vermutlich noch mehr an den vielen Gesprächen, in die Helmut Schmidt in seiner Heimatstadt, der Pressestadt Hamburg, gezogen wurde, zum Beispiel durch Rudolf Augstein. Mitte der Siebziger begruben Schmidt und Genscher die Idee des Presserechtsrahmengesetzes.

Der Medienpolitik gingen die Themen dadurch nicht aus. Ich war und bin ein großer Befürworter des öffentlich-rechtlichen Konstruktionsprinzips bei den Rundfunkanstalten. Dieses System schien mir, als ich jung war, die zeitgemäße Realisierung der »gesellschaftlichen Kontrolle« von Kommunikationsmitteln, wie sie Lassalle mit der »Sozialisierung der Presse« verlangt hatte. Nicht Privatbesitz, sondern ein »ausgewogenes« Spektrum von Parteien, Gewerkschaften, Verbänden, kulturellen Kräften kontrollierten (und schützte) das Programm. Später habe ich in den Rundfunkräten des Bayerischen Rundfunks, des Deutschlandfunks und im Fernsehrat des ZDF die Praxis dieser Kontrolle miterlebt. Gelegentlich desillusionierte mich das. Proporz kann kleinlich sein. Ich bin aber noch heute fest davon überzeugt, daß nur ein Nebeneinander öffentlich-rechtlicher und privater, auf Gewinn gerichteter Sender ein akzeptables Programm gewährleistet. Der Wettbewerb der »Quoten« erzeugt in falschen Händen eine Spirale der Programmverflachung. Wo aber »öffentliches« Fernsehen von Wettbewerb unbehelligt bleibt, entsteht bebilderte Volkspädagogik und einsinnige Publizistik. Man kann immer noch sagen: Das deutsche Fernsehen gehört zu den leistungsfähigsten Systemen der Welt.

Ich war – zusammen mit Wolfgang Clement – derjenige, der die SPD von der Zulassung privater Fernsehveranstalter überzeugte. Das war eine harte Schlacht. Wir gewannen sie auf dem Parteitag von Essen 1984. Bei der Wahl zum Vorstand bekam ich allerdings achtzig Stimmen weniger als vorher. Die ebenso wirkungsvolle wie schnippische Rede von Heide Simonis, später Ministerpräsidentin von Schleswig-Holstein, habe ich noch im Gedächtnis. Der Parteitag jubelte ihr zu. Wir setzten uns trotzdem knapp durch.

Der Kampf war allerdings, wie gelegentlich in der Politik, eine Auseinandersetzung von eher symbolischer Natur. Die sozialdemokratischen Länder hätten privates Fernsehen noch eine Zeitlang verhindern können. Ein großer Markt wie der deutsche war aber (anders als in Österreich) nicht als ökologische Insel Felsenburg, umtobt vom riesigen Ozean des Medienkapitalismus, zu organisieren. Nach einiger Zeit hätten RTL und andere aus Nachbarländern nach Deutschland gesendet. Das ist das Schicksal der Schweiz. Man schlug uns vor, Störsender zu installieren. Damit hätten wir die Russen kopiert. Das wollte ich nicht.

Das Rund-um-die-Uhr-Fernsehen, gesteuert von Quoten, durchsetzt von Schleichwerbung, inspiriert oft genug von emotionalen, groben, gelegentlich ordinären Kommunikationsbedürfnissen der Leute ruft nicht nur Kulturkritiker und Bewahrpädagogen auf den Plan. Es hat fürchterliche Seiten. Aber der kommunikationssüchtige Mensch, der »Homo colloquens«, holt sich das Futter, das seine Seele braucht, woher er es bekommt, ob aus »Schundromanen«, dem gedruckten Boulevard, dem Video, der DVD. Vielleicht (vielleicht!) hätten wir andere Vertriebswege für die elektronische Emotionskommunikation erzwingen können. Man redete eine Zeitlang vom »Kas-

settenfernsehen«. Am Schluß muß der Mensch in einer offenen
Gesellschaft über seinen Medienmix frei entscheiden können.
Die Entscheidung, die Clement und ich in der der SPD durch-
boxten, war nicht zu umgehen.

Stolz bin ich darauf, daß ich an der Umwandlung der Deutschen Bundespost in zwei private Weltunternehmen, die Telekom und die Deutsche Post Worldnet, von Anfang an mitarbeiten konnte. Kohl berief mich in die Fernmeldekommission der
Regierung, die diesen Prozeß vorbereitete. Später war ich zehn
Jahre im Aufsichtsrat der Telekom. Das Gegenargument der
zuständigen, hart kämpfenden, aber meistens doch knallrea-
listischen Postgewerkschaft war nicht falsch. Die beiden großen
Privatunternehmen haben mehr Arbeitsplätze wegrationalisie-
ren müssen, als bei den neu zugelassenen Wettbewerbern entstanden sind. Die technische Modernität, die Leistungsdichte
und die Finanzkraft der beiden – inzwischen internationalisier-
ten – Unternehmen ist aber ungleich größer als die der alten
Post, die in einem deregulierten europäischen Markt unterge-
gangen wäre.

Ein degoutantes Erlebnis war übrigens die vom Wahlkampf
2002 inspirierte Ablösung des Vorstandsvorsitzenden der Telekom, Ron Sommer, durch die Regierung. Sommer hatte die
Börsengänge seines Unternehmens exzellent gemanagt. Als die
New-Economy-Blase platzte, fiel natürlich auch die Marktka-
pitalisierung des Unternehmens dramatisch. *Bild* schoß scharf.
Da duckte sich die Regierung und warf Sommer als Opfer in die
Manege. Aus der Wohnung Wolfgang Clements in Bonn telefo-
nierten wir noch mit dem Kanzler, der in Hannover Urlaub
machte. Es war zu spät.

Medien sind, nach dem Begriff Enzensbergers, »Bewußt-
seinsindustrie«. Telekommunikation und Logistik sind vorgela-
gerte Produktionsstufen. Das Arbeitsgebiet, das der alte Wehner noch als lächerliche Spezialisierung verachtet hatte, ist
wichtiger als manch klassisches Ressort. Es ist in seinen Kompetenzen allerdings zersplittert zwischen Bund und Ländern und
meist mittelgroßen Figuren in die Hände gelegt. Die beste Medienpolitik, sagte der spitzzüngige Johannes Gross, sei »keine
Medienpolitik«. Da hatte er ausnahmsweise mal nicht recht.

Und der Elefantenfriedhof, in dem ich mit dem Freiherrn von Heeremann, Geißler und noch ein paar Größen von gestern – und den Profis natürlich, den reinrassigen Außenpolitikern – die späten achtziger und frühen neunziger Jahre, 1987 bis 1994, verbrachte? Es war eine dramatische Zeit. Der Umbruch von 1989 zerstörte die bisherigen Fundamente der Außenpolitik, die ich für stabil gehalten hatte. Plötzlich mußte man sich fragen: War unsere Ostpolitik falsch gewesen?

Die sozialdemokratische Ostpolitik war ein Produkt der Verzweiflung aus den frühen sechziger Jahren. Die – durchaus von gesamtdeutschem Patriotismus und nationalen Sentiments beflügelte – Mannschaft um Brandt und Bahr hatte zusehen müssen, wie die Westalliierten den Bau der Mauer stoisch zuließen. Adenauer war in den entscheidenden Augusttagen des Jahres 1961 in Westdeutschland geblieben. Die Hoffnung, daß die Sowjetunion auf eine durch Widerstand und Flucht geschwächte DDR verzichten könne, war geschwunden, die »Politik der Stärke« auf unabsehbare Zeit gescheitert. Das war die Geburtsstunde eines neuen Kalküls, das später als »Ostpolitik« berühmt wurde: Den Kommunisten sollten gegen staatsrechtliche und ökonomische Zugeständnisse eine Lockerung des Aus-

Mit Egon Bahr

reiseverbots, eine Intensivierung der Kommunikation, eine Zivilisierung des politischen Strafrechts abgerungen werden. Diese Politik konnte in den zwanzig Jahren ihrer konkreten Anwendung – von 1969 bis 1989 – viele sichtbare Erfolge verzeichnen: Passierscheine, Rentnerreisen, die Verklammerung West-Berlins mit der Bundesrepublik, Abrüstungsvereinbarungen, neue Grenzübergänge und die Etablierung eines immer dichter werdenden Beziehungsgeflechts zwischen West und Ost, das dem Marxismus-Leninismus schließlich zum Verhängnis wurde.

Die kommunistische Scholastik zerbrach an hunderttausend Dialogen unter vier, sechs oder acht Augen, die der Geheimdienst zwar aufzeichnen, aber nicht mehr auswerten konnte. Die Tatsache, daß die christdemokratisch geführte Regierung seit 1982 die von der Sozialdemokratie begonnene Politik ziemlich geradlinig fortführte, zeigt, daß der Erfolg dieses Konzepts für sich zu sprechen schien. Man kann – von links – so tun, als hätten die Sozialdemokraten immer schon auf die sanfte Zersetzung des Kommunismus spekuliert. Das haben sie nicht; sie rechneten mit der langfristigen Koexistenz unterschiedlicher, sich mäßig annähernder Systeme. Man kann – von rechts – die fundamentale Differenz zwischen Leuten wie Springer auf der einen, Kohl auf der anderen Seite zu Stilunterschieden verkleinern. Das widerspricht den Tatsachen. Die Wahrheit ist, daß die erdrückende Mehrheit der Täter und Merker in Deutschland und Westeuropa – von links bis rechts – die Ergebnisse der Konferenzen von Jalta und Potsdam auf unabsehbare Zeit für nicht veränderbar hielt. Dieses Urteil war – vielleicht seit 1987, vielleicht auch seit 1988 – falsch.

Paradoxerweise ist es allerdings höchst unsicher, ob es Europa gut bekommen wäre, wenn seine politischen Eliten den Bruch in der sowjetischen Nomenklatura schneller begriffen hätten. Eine ruckartig-visionäre Politik hätte auch in den Krisenjahren 1987/88 noch leicht bissige Machtkämpfe im Kreml und eine lebensgefährliche Situation herbeiführen könne. Die nachträgliche Idealisierung der antikommunistischen »Visionäre« verkennt, daß in den siebziger und den meisten achtziger Jahren ein reales nukleares Kriegsrisiko bestand. Die konsequent-brutale

Politik der Sowjetunion 1953 (Berlin), 1956 (Ungarn), 1968 (ČSSR) und 1981 (Polen) war keine Spielerei. Die internen Oppositionsbewegungen waren – bis auf eine einzige Ausnahme, die im Schatten des polnischen Katholizismus agierende Solidarność – moralisch argumentierende kulturelle Gegeneliten ohne Verankerung im Volk, ohne Organisationserfahrung und ohne konsistentes politisches Programm. Die Entwicklung Lech Wałęsa, Franjo Tudjmans und Vytautas Landsbergis zeigt, wieviel Nationalismus, Populismus und wieviel – verständlicherweise – verzweifeltes Abenteurertum in diesen Bewegungen steckte. Wer heute so tut, als ob das, was die CIA oder Radio Free Europe damals taten, die einzig »richtige« Politik gewesen wie, urteilt nicht nur »with the benefit of hindsight«, sondern auch verblasen und versponnen. Es wäre der Versuch, an der damaligen Realität vorbeizukommen, obendrein mit sittlichem Pathos.

Das heißt nicht, daß im Vollzug der Ostpolitik keine Fehler gemacht worden wären. Der regelmäßige Umgang sozialdemokratischer und kommunistischer Funktionäre hat zu gelegentlicher Kameraderie geführt. Der (höchst berechtigte) deutsche Schuldkomplex gegenüber den Polen hat den polnischen Kommunisten vom Typ Gierek allzu lange deutliche Kritik erspart. Ceaucescous nepotistische Diktatur hätte früher angeklagt werden müssen. Und gelegentlich duldeten wir eine halbgare Doppelstrategie: Wir schickten die mit allen Wassern gewaschenen Profis (Egon Bahr) zu den Politbüros, die idealistischen Menschenrechtsspezialisten (Gert Wisskirchen) zur Opposition.

Der Vorwurf, wir Sozialdemokraten hätten es nur »mit den Machthabern« gehalten, ist falsch. Natürlich neigen Menschen mit Erfahrungen in staatlichen Apparaten zur Verteidigung der professionellen Diplomatie und Politik. Sie glauben nicht so recht daran, daß sich die Welt ändert, wenn jemand – Petra Kelly – vor Honecker die Jacke aufreißt und ein T-Shirt zeigt, auf dem ein Spruch der Dissidenten steht. Diese Geringschätzung demonstrativer und symbolischer Gestik ist gelegentlich philisterhaft. Kollektive »Erlebnisse« können das Bewußtsein von Menschen für eine gewisse Zeit verändern; an den – allerdings seltenen – Stromschnellen der Geschichte spielen solche »Aufklärungen« dann eine Rolle. In der Regel aber reagiert

Macht nur auf Macht. Weder die Charta 77 in Prag noch die evangelische Friedensbewegung in der DDR haben die kommunistischen Regime gestürzt, von bulgarischen, rumänischen, serbischen oder ukrainischen Oppositionsbewegungen ganz zu schweigen. Gorbatschow selbst hat das Geschäft erledigt, von oben, durch Spaltung der Apparate. Deshalb ist die Vorstellung, man hätte die mitteleuropäische Revolution, die im Frühwinter 1989 losbrach, durch geregeltere und demonstrativere Beziehungen zu den Oppositionsbewegungen fördern oder beschleunigen können, falsch.

Man kann über die moralische Frage sprechen, ob wir den Mut einsamer, in hoffnungsloser Lage Widerstand leistender Regimegegner immer ausreichend gewürdigt haben. Das haben wir nicht. Aber die Vorstellung, die deutsche Sozialdemokratie hätte – zum Beispiel – 1981 durch kräftige Unterstützung Wałęsas das polnische Blatt wenden können, ist naiv. 1981 herrschte im Kreml Breschnew; er hätte marschieren lassen. Die ganze Entspannungspolitik – einschließlich der deutsch-deutschen – wäre auf Jahre zerschlagen worden. Dieser Preis wäre zu hoch gewesen, für die Polen übrigens genauso wie für die Deutschen. Selbst die im polnischen Volk verwurzelte Solidarność wäre damals noch weggeräumt worden.

Wie die tschechischen Kommunisten mit der Charta, die Ost-Berliner mit den vereinzelten Friedens- und Umweltkämpfern umgegangen wären, kann man sich vorstellen. Der Gefahrenpunkt war ein Temperatursturz, in dem die kommunistischen Regime auf ihre Reputation nicht mehr hätten achten müssen, weil sie – beispielsweise durch eine Intervention in Warschau oder Danzig – eh wieder einmal verspielt war. Daß die Ostpolitiker vom Schlage Helmut Schmidts diesen Temperatursturz verhindert haben, zeugt nicht, wie der Zeitgeist seit 1989 vermutet, von Feigheit, sondern von Verstand.

Natürlich haben wir fragwürdige Handelsgeschäfte betrieben. Als ich Mitte der achtziger Jahre einen Besuch Willy Brandts in Prag vorzubereiten hatte, stellten wir zwei Forderungen: Jiri Hayek, eine der zentralen Figuren der Charta, sollte eine Ausreisegenehmigung für Skandinavien bekommen, mit Rückfahrkarte; Rudolf Battek, ein seit sechs Jahren eingesperrter Oppositioneller sozialdemokratischer Prägung, sollte aus dem Gefängnis entlassen werden. Beide Bedingungen wurden, wenn auch höchst zögerlich, erfüllt.

Uns war klar, daß ein Besuch Brandts das Regime von Husák aufwerten würde. Der konservativ-katholische Flügel der Charta, zum Beispiel der suspendierte Priester und heutige Bischof Václav Maly, der damals in der Opposition eine gewisse Rolle spielte, riet ab. Die links-liberal-sozial-demokratische Bewegung um Jiri Dienstbier, Jiri Hayek, Milos Hayek und andere rieten zu. Brandt selbst sah die Oppositionellen nicht, beauftragte aber mich zu einem Treffen. Ich überbrachte einen Brief Brandts an Jiri Hayek. Eiertänze? Vielleicht. aber wir kamen mit der Debatte über chemiewaffenfreie Zonen, westböhmisch-oberpfälzische Verkehrsanbindungen und einen intensivierten Delegationsaustausch weiter. Das kann man heute auch als Schnickschnack verachten: Linsengerichte. Aber man ist heißhungrig, auch auf Linsengerichte, wenn auf Hummerfrühstück keine Aussicht besteht.

Die Oppositionsbewegungen gegen die Kommunisten waren verständlicherweise fragile, in sich widersprüchliche, höchst vielfältige Gebilde. Da gab es fanatische Nationalisten, mit denen man nichts zu tun haben wollte; der serbische Faschist Vojislav Seselj ist dafür das plastischste Beispiel, aber vergleichbare Figuren fanden sich in der Slowakei, in Polen, in Kroatien und in den baltischen Staaten. Dann gab es religiöse, vor allem katholische Kräfte, gelegentlich fundamentalistisch, gelegentlich unpolitisch-spirituell, jedenfalls für westeuropäische Sozialdemokraten ziemlich fremd.

Als eigentliche Bündnispartner erschienen mutige, oft verzweifelte, unter ständiger Demütigung lebende Frauen und Männer, die zwischen grünen, reformkommunistischen, sozialdemokratischen und linksliberalen Optionen hin und her gingen – Leute wie György Konrad, Jiri Dienstbier, Václav Havel, Adam Michnik, Rastko Mocnik und andere. Ihnen gegenüber haben wir oft genug versagt, weil wir falsch beraten waren oder auf »Reformfraktionen« in den kommunistischen Parteien setzten oder die Kraft zur beständigen Hakelei mit den Regierenden nicht aufbrachten. So verlor die Ostpolitik – vor allem

in den späten achtziger Jahren – da und dort an Tiefenschärfe
und Biß. Das gilt vor allem für die Politik der deutschen Sozialdemokraten gegenüber Polen. Die Idee aber, daß die prinzi-
pielle Alternative zur Ostpolitik den Einsturz des sowjetischen
Reichs hätte beschleunigen können, ist eine Kateridee. Diese
Alternative gab es ja – die »Menschenrechtspolitik« Zbigniew
Brzezinskis. Sie ist ziemlich kläglich gescheitert.

Bei einem meiner Besuche in Prag, im späten November
1992, wurde ich von einem hohen slowakischen Politiker nach
meinen Gesprächspartnern gefragt. Ich nannte sie, es waren
auch alte Bekannte darunter wie Dienstbier und die beiden
Hayeks. »Sie sind ein bißchen nostalgisch, nicht?« sagte der
neue Mann. Er trug eine Krawatte um einen hochgestellten
Kragen, den unsere Eltern als Vatermörder zu bezeichnen pfleg-
ten. Und dann abschließend: »Das sind alles frühere Kommunisten, die werden bei uns keine Rolle mehr spielen.«

In der Balkanpolitik, ich gestehe es, habe ich eine Zeitlang
geglaubt, man könne Jugoslawien zusammenhalten. Das war
ohne Zweifel falsch. Ich war aufgeschreckt durch den neuen
Nationalismus und das seltsame Herumfuhrwerken mit dem
Begriff des »Selbstbestimmungsrechts der Völker«. Dem-
nächst, so dachte ich mit Eric Hobsbawm, würden sie das
Selbstbestimmungsrecht der Shetland-Inseln von Schottland
fordern. Dann sah ich, daß der Ablösungsprozeß Sloweniens
ohne allzuviel Gewalt gelang. Dort gab es aber auch keine geschlossenen Siedlungsgebiete der Serben, anders als in der kroatischen Kraina. Deswegen war – und bin – ich der Überzeugung, daß man von Franjo Tudjman vor der Anerkennung
Kroatiens einen Minderheitenstatus für die in Kroatien (seit
dreihundert Jahren) lebenden Serben hätte vereinbaren müssen. So sahen es auch die Briten und die Franzosen. Die Deutschen aber erlagen einer von ganz wenigen Publizisten entfach-
ten antiserbischen und prokroatischen Kampagne, die
ursprünglich der österreichische Außenminister Alois Mock,
gemeinsam mit dem Vatikan, begonnen hatte. Die CDU/CSU
drückte so lange auf Genscher, bis der unwillig wurde. Als dann
auch noch einzelne Sozialdemokraten, darunter Norbert Gansel und Karsten Voigt, eine frühzeitige Anerkennung Kroatiens

verlangten, verlor der Außenminister die Geduld. Die *Frankfurter Allgemeine*, die *Welt*, die CDU/CSU und die SPD waren ein bißchen viel auf einmal. Günter Verheugen und ich kämpften in der Fraktion einen guten Kampf; aber wir verloren knapp. Dann gab es also in Zagreb ein Café Genscher. Ob es das heute noch gibt?

Deutschland hatte auf dem Balkan einen großen Ruf; man könnte es auch nüchterner ausdrücken: Die Rolle Deutschlands in der europäischen Politik wurde in Serbien deutlich überschätzt. Ich werde nie die Reise vergessen, zu der mich der damalige gesamtjugoslawische Staatspräsident Dobrica Ćosić einlud. Ein sanfter und hochgebildeter serbischer Germanist mit Lehrstuhl in Innsbruck, Zoran Konstantinović, holte mich in Budapest mit einem Dienstwagen ab. Es war Anfang Dezember 1992. Fliegen konnte man nach Belgrad nicht. Durch viele Kontrollen wurden wir zum Palata federacije nach Belgrad gebracht.

Ćosić war ein berühmter nationalistischer Schriftsteller, der für kurze Zeit zur Integrationsfigur Serbien-Montenegros hochgespielt worden war, ein kranker, bleicher, aufgeschwemmter Mann, der in großer Intensität anderthalb Stunden auf mich einredete. Er war nicht, jedenfalls nicht mehr, unrealistisch. Er wußte, daß eine Neuordnung des Balkans bevorstand. Über die Bemühungen der »Internationalen Gemeinschaft« aber urteilte er mitleidslos. Nach dem Scheitern Jugoslawiens würde sich auch in Bosnien ein multinationaler und multikultureller Staat nie durchsetzen können. Bosnien, Makedonien und der Kosovo würden von der Landkarte verschwinden. Das Ergebnis wäre ein Großserbien, ein Großkroatien und ein Großalbanien. »Kantone« (er gebrauchte den Schweizer Begriff) hätten im früheren Jugoslawien keine Chance, es sei denn, man wolle auf Dauer Besatzungsmächte hier stationieren. Und dann beschwor er mich – in völliger Verkennung meines Einflusses in Deutschland und des Einflusses der Deutschen im Westen – dafür zu sorgen, daß Deutschland »ein Zeichen setze«. Deutschland setzte kein Zeichen. Aber selbst wenn es ein Zeichen hätte setzen wollen, hätte es dazu damals nicht die Kraft gehabt.

Es macht keinen Sinn, die vielen Wendungen der Jugoslawien-Politik des Westens zu rekapitulieren. Ich hatte mich in die serbische Frage verbissen. Ich war oft in Belgrad, aber auch in Priština bei Ibrahim Rugova, dem gemäßigten Führer der Albaner, auf den so lange niemand hörte, bis sich in seinem Volk radikale Kräfte, die sogenannte UCK durchsetzten. Aus unerfindlichen Gründen war diese Organisation lange ein Liebling der Amerikaner. In diesen Jahren war ich oft in Belgrad. Nächtelang diskutierte ich mit Svetozar Stojanovic oder dem später ermordeten Zoran Djinjic, einem Habermas-Schüler, der eine Zeitlang Ministerpräsident in Belgrad war und auf der Straße erschossen wurde.

Ćosić war kein bedeutender Politiker; er war wohl überhaupt kein Politiker. Aber in einem dürfte er recht behalten: Sobald die internationale Gemeinschaft den Balkan aus dem Griff läßt, werden einige der wackeligen Staatsgebilde dort einfallen wie Kartenhäuser. Ein Gespräch mit der Vorsitzenden der »Sozialdemokratischen Partei« des Kosovo, einer schönen jungen Frau mit tiefschwarzem Haar, Luljeta Pula-Beuri, hat mir vor einiger Zeit der damalige deutsche Geschäftsträger in Belgrad, der kluge Diplomat Gerhard Enver Schrömbgens in einem Brief in Erinnerung gerufen. Frau Pula-Beuri hatte gleichmütig gefordert, alle Albaner – also aus Albanien, aus dem Kosovo und aus Mazedonien – müßten in einem Staat vereinigt werden. »Aber«, fragte ich entsetzt, »das gibt doch Mord und Totschlag.«

»Für eine Zeit, ja, vermutlich« antwortete sie, ohne eine Gefühlsregung zu zeigen. Was wird die Völkergemeinschaft tun, wenn es in dieser Weltgegend den Minderheiten wieder einmal an den Kragen geht?

Irgendwann wird man vielleicht wieder einen Krieg führen wie den Kosovo-Krieg – den falschen Krieg zur falschen Zeit. Denn für einen Krieg braucht man erstens einen Bösewicht, zweitens einen Völkermord und drittens eine Öffentlichkeit, die auf die Empörung systematisch vorbereitet wurde. So leicht, wie sich das der normale Mensch vorstellt, ist das nicht. Bis man alle Voraussetzungen geschaffen hat, ist die richtige Gelegenheit meistens versäumt. Kein Zweifel: Milosevic war ein Bösewicht (Franjo Tudjman aus Kroatien und Alia Izetbegovic aus Bosnien aber auch). Kein Zweifel: Die Serben haben

Völkermord begannen, zum Beispiel in Sebrenica. (Die Kroaten aber auch, zum Beispiel in der Kraina). Kein Zweifel: Die ethnische Säuberung einer Region sollte die westliche Allianz verhindern (die Vertreibung der Serben aus dem Kosovo allerdings genauso wie die Vertreibung der Albaner). Nirgends habe ich die Instrumentalisierung einer Region durch die internationale Politik brutaler erlebt als auf dem Balkan. Der Westen hatte vorzügliche Experten dort, so die früheren britischen Außenminister Lord Carrington und David Owen, den früheren amerikanischen Außenminister Cyrus Vance und mehrere hochrangige Militärs, vor allem die Franzosen und Briten. Ihre Pläne schlug man in den Wind. Als man dann Piloten losschickte, die aus unerreichbarer Höhe Bomben warfen, die gelegentlich auch Flüchtlingstrecks trafen, war die Chance, wirksam und für billiges Geld einzugreifen, längst vertan.

Ich kritisiere die Regierung Schröder-Fischer nicht, weil sie den Kosovo-Krieg akzeptierte. Sie konnte gar nicht anders. Kohl hatte die Entscheidung schon vorher getroffen. Als Bundeskanzler Schröder und Außenminister Fischer noch vor ihrem Amtsantritt 1998 ins Weiße Haus fuhren, um sich einweisen zu lassen, war da nichts mehr zu entscheiden. Es waren nur noch die eigenen Parteien zu überzeugen, was einige dann mit absurden Vergleichen (»Wir dürfen nie wieder wegsehen! Denkt an Auschwitz!«) auch schafften. In Deutschland wurde die Entscheidung für die Intervention im Kosovo als neue Politik der Berliner Republik, als selbstbewußte Außenpolitik gefeiert. In Wirklichkeit war sie ein Reflex.

Aber es gab nicht nur deutsche Reflexe. Es gab auch Leute, die sich engagierten. Michael Steiner zum Beispiel, der in meiner Erzählung schon als deutscher Diplomat in Prag vorgekommen ist. Als Sonderbeauftragter des Generalsekretärs der Vereinten Nationen im Kosovo, der sich von keiner der Volksgruppen unter Druck setzen ließ. Oder Hans Koschnick, der frühere Bremer Bürgermeister, der sich unter Lebensgefahr um die Einigung Mostars bemühte.

Wie man in eine solche Position kommt, kann ich schildern. Eines Tages rief Steiner mich an und fragte mich, ob ich einen Kontakt zu dem früheren Mainzer Bürgermeister Jockel Fuchs herstellen könne. Ja sicher, sagte ich. Der war lange Jahre Vorsitzender des Fernsehrats des ZDF gewesen, in dem ich auch saß. Dann fragte ich beiläufig: »Was wollt ihr denn von Jockel?«

»Er soll Sonderbeauftragter in Mostar werden.«

Fuchs war ein listiger Kommunalpolitiker, ein sympathischer Landespolitiker, ein genialer Karnevalist. Nach Mostar hätte er nicht gepaßt. Ich schlug Hans Koschnick vor, der das alte Jugoslawien gekannt hatte wie seine Westentasche. Steiner akzeptierte. Wir gingen dann gemeinsam zu Koschnick und fragten ihn. Hans Koschnick, über den Brigitte Seebacher in der Biographie über ihren Mann behauptet hat, er sei nie da gewesen, wenn man ihn gebraucht habe, sagte nach einer Minute erstaunten Schweigens zu. Man hat ihn dann in Mostar ein paarmal fast in die Luft gesprengt. Ein Café wurde nach ihm nicht benannt. Aber er hat Ehre eingelegt für die Deutschen auf dem Balkan.

Brüder können grausam sein

Kehren wir zu den Enkeln zurück. Man darf nicht ungerecht sein. Die Regierung Schröder-Fischer hat spürbare Leistungen vorzuweisen. Außenpolitisch ist das Land erwachsen geworden, ohne naßforsch oder gar aggressiv zu werden. Die Weigerung beim Irak-Krieg Hand- und Spanndienste zu leisten hat sich als richtig erwiesen. Die Einwanderung ist neu und sinnvoll geregelt und eine blasse, schmale Frau namens Künast machte aus dem Bauernministerium ein Ressort für Verbraucherschutz, das zeitgerecht und pragmatisch arbeitet, ohne Bauernaufstände. Wolfgang Clement, der Wirtschaftsminister, war ein Treiber in die richtige Richtung. Man könnte noch eine ganze Reihe solcher Leistungen aufzählen. Aber in der entscheidenden Frage hat die Regierung versagt. Die magische Zahl heißt: fünf Millionen. Fünf Millionen Arbeitslose.

Nun kann man darüber streiten, ob die Regierung eines reifen, alten industriekapitalistischen Nationalstaats überhaupt soviel Wachstum produzieren kann, daß die strukturelle Ar-

beitslosigkeit spürbar sinkt. Aber Schröder hat den Fehler gemacht, am Anfang seines Mandats zu versprechen, er werde die
Arbeitslosigkeit auf mindestens 3,5 Millionen senken. Er hatte
zwar, wie Helmut Schmidt, den Mut, die Sanierung der Sozialsysteme anzupacken und der eigenen Anhängerschaft Einbu-
ßen zuzumuten. Aber erstens kam dieser Mut reichlich spät –
fünf Jahre nach dem Sieg von 1998 –, und zweitens versprach
die Regierung immer wieder, daß die Sanierung – das umstrit-
tene Gesetzespaket heißt nach dem Ratgeber Peter Hartz komischerweise »Hartz IV« – rasch die Arbeitslosenzahlen senken
werde. Nichts davon trat ein. Und jetzt, nach vielen regionalen
Wahlniederlagen, mußte der Kanzler die Notbremse ziehen:
Neuwahlen im Herbst 2005. Die Segel der Union sind gebläht,
die mecklenburgische Pastorentochter Angela Merkel hat das
Ruder gepackt und das rot-grüne Boot scheint abgeschlagen.

Damit sind wir wieder bei der Enkeltragödie. Der Architekt
des Siegs 1998 hieß Lafontaine, allerdings mit einem klassischen Programm der sozialpolitischen Sozialdemokratie, das so
nie durchsetzbar gewesen wäre. Es bestimmte die ersten Monate der Regierung Schröder bis zum wortlos-trotzigen Abgang
des saarländischen Zauderers. Der hätte die Wahl selber auch
gewonnen, wenngleich mit anderthalb Prozent weniger als
Schröder. Aber er wagte den Zugriff nicht und glaubte in seinem saftigen Selbstbewußtsein, die Regierung auch aus der
zweiten Reihe bestimmen zu können. Als das nicht ging,
schmiß er nicht nur das Finanzministerium, das er sich ausbe-
dungen hatte, sondern auch den »Heiligen Stuhl« der Sozialdemokratie, den Parteivorsitz. Schröder, in der Partei wegen seiner Extratouren mit den Medien unbeliebt, war plötzlich ohne
eigenes Verdienst für ein paar Jahre die unbestrittene Nummer
eins. Lafontaine schoß von außen über *Bild* mit Platzpatronen.
Und jetzt will er als Vormann einer noch nicht einmal in Um-
rissen beschreibbaren Linkspartei gegen seinen Männerfreund
antreten. Ist das nur ein Königsdrama oder doch eher.eine Bur-
leske? Shakespeare oder Curt Goetz?

Blut floß schon: Rudolf Scharping, SPD-Vorsitzender und er-
folgloser Kanzlerkandidat von 1994, hatte sich überschätzt. Er
spielte Brandt. Er wollte Kanzlerkandidat und Parteivorsitzen-

der gleichzeitig werden. Dazu reichte die Ausstrahlung nicht. Zuerst wurde er von Lafontaine bei einem Parteitag in Mannheim im Jahr 1995 beiseite gestoßen und dann von Schröder mit einem einzigen Schlag zur Strecke gebracht. Scharping hatte Fehler gemacht, darunter auch kindische. Um zu beweisen, wie locker er geworden war, ließ er sich in einem mallorquiner Pool beim Kälbern mit einer neuen Lebensgefährtin ablichten. Aber der zähe Pfälzer Schaffer wäre allemal tüchtiger gewesen als fünfzig Prozent der Leute aus Schröders Kabinett. Er war ein kundiger und sensibler Innenpolitiker. Während Vogel bei der Postreform I widerspruchslos den Argumenten der Gewerkschaft folgte, lud Scharping den zuständigen Gewerkschaftsboß, Kurt van Haren, in die Fraktion ein und handelte ihm mit klugen Kompromissen die Zustimmung der SPD-Fraktion ab. Als erster erkannte er auch – Personalpolitik – die Qualitäten von Schily und Verheugen. Aber das half ihm alles nichts. Brüder können grausam sein.

Schröder, Scharping und Lafontaine, die angeblichen Achtundsechziger der SPD, heißt das, waren kooperationsunfähig. Auch die »Troika« der Vergangenheit, die drei SPD-Führer Willy Brandt, Helmut Schmidt und Herbert Wehner, hatten sich nicht geliebt, im Alter vielleicht sogar gehaßt. Sie hielten ihren Widerwillen aber lange aus. Zwanzig Jahre blieben sie zusammen an der Deichsel. Die Partei war ihnen ein lebendiger Organismus, ein Verband zur Veränderung der Gesellschaft. Den Enkeln war sie ein Spielfeld für persönliche Macht.

Kleiner Versuch über Schröder

Die Verurteilung ganzer Generationen ist immer Unsinn. Ich kenne viele sogenannte Achtundsechziger, die ihr Leben, zum Beispiel ihr Leben in der SPD, mit Pflichtgefühl, Augenmaß und Mitgefühl für die Schwachen gelebt haben. Oft teilte und teile ich ihre Meinungen nicht. Das gilt zum Beispiel für die einstmalige Juso-Vorsitzende Heidemarie Wiczoreck-Zeul und ihren damaligen Stellvertreter Johano Strasser. Diese beiden und manch andere habe ich lebenslang respektiert. Sie arbeiteten auf einem anderen Weinberg, er war von meinem ziemlich weit entfernt, aber nicht unerreichbar.

Die Schuld am Zynismus, an der Wankelmütigkeit und am kleinbourgeoisen Cäsarismus einiger Oberenkel – der Begriff »Enkel« entstand bei einem Treffen junger Führungsfiguren mit Brandt im schleswig-holsteinischen Norderstedt im Jahr 1987 – liegt im Versäumnis der Parteiführung –, auch der Parteiführung, der ich angehörte, einen ernstzunehmenden Dialog mit den Jusos zu führen. Die Knoeringens fehlten.

Wir erlaubten unseren Nachwuchsorganisationen einen Mickymaus-Sozialismus, der beim ersten größeren Mandat wie eine heiße Kartoffel fallengelassen werden mußte. Das erzwang Bocksprünge. Viele lernten: Du mußt die Pferde reiten, die gerade auf der Weide stehen. Du mußt dich in den Sprachspielen durchsetzen, die gerade vorgesehen sind. Der junge, tüchtige Rechtspolitiker und Vorsitzende einer Enquete-Kommission zu Jugendfragen im Bundestag, Gerhard Schröder, hatte nur wenige Jahre Zeit, um von den irrwitzigen Thesen des Hannoveraner Strategiekongresses der Jungsozialisten in die Wirklichkeit zu finden. Schröder hatte mit dieser Wandlung keinerlei Schwierigkeiten. Aber er hatte eben auch mit späteren Wandlungen keinerlei Schwierigkeiten. Er hatte Wandlungsfähigkeit gelernt. So wandelte er sich vom Dioskuren des sozialen Populisten Lafontaine zum Kanzler der Sanierung, und zwar ohne die Überzeugung seiner im Prinzip treuen, aber wirtschaftsfremden Kader mit Herzblut zu betreiben. So hinterläßt er die SPD gespalten.

Der Unterschied ist am ehesten an Helmut Schmidt zu zeigen, der ja die ökonomische Lage seines Landes schon zwei Jahrzehnte vorher begriffen hatte und auch als Sanierer auftrat. Schmidt dachte langfristig, in Szenarios, schlug sich mit seiner Fraktion und seiner Partei herum, kümmerte sich in selbstquälerischer Weise auch um die Rechtstechnik. Er brüllte herum, wenn ihn die Geduld verließ, er konnte hochfahrend und kalt sein, er hatte (mein Eindruck Ende der siebziger Jahre) einen »abgemagerten Politikbegriff«, aber er hielt sich mit einem gelegentlich peinigenden lutheranischen Pflichtbewußtsein an den für richtig erkannten Meinungen fest. Auch war Schmidt hart. Schröder ist, verglichen damit, biegsam und verletzlich. Er kämpft erst erbarmungslos, wenn er mit dem Rücken an die Wand stößt. Beim Irak-Krieg und später bei der sogenannten Agenda 2010 war das der Fall. Zugleich gewann er an Statur.

Niemand hat den Kanzler Schröder so gut und so lange beobachtet wie der *Spiegel*-Autor Jürgen Leinemann. Er überliefert ein gar nicht unverständliches, aber doch enthüllendes Wort des Kanzlers. Er hat es noch als niedersächsischer Ministerpräsident gesprochen: »Die Leute wollen doch gar nicht, daß einer immer sympathisch ist. Die wollen einen an der Macht, der etwas durchsetzen kann. Und dann muß er auch ein Schwein sein können.«

Das ist ein knallharter Spruch. Er klingt nach Richard Widmark oder Gary Cooper. Aber ist Gerhard Schröder so entschlossen und cool wie das klingt? Ich habe ihn anders erlebt. Ich finde eine Tagebuchnotiz vom 16. November 1993. Sie stammt aus Wiesbaden, von einem Parteitag der SPD. Zwei Jahre später, bei einem Parteitag in Mannheim, würde die Enkeltragödie beginnen. Lafontaine blies Scharping weg. Jetzt, 2005, steht der letzte Kampf bevor. Die Notiz lautet: »Am Rande begegnete mir immer wieder Schröder, mal als Dioskur von Lafontaine, mal allein: gebrochen. Der Mann klug, witzig, ironisch, selbstironisch: Aber hinter der Maske der eleganten Gelassenheit das Elend. Zum antieuropäischen Populismus Stoibers fällt ihm ein, daß es so kommen wird, wie Stoiber will. Mag sein. Aber wie verhält sich dazu eine Partei, die seit fast siebzig Jahren die Vereinigten Staaten von Europa propagiert? Es gibt dumme Treue zu Beschlüssen, die nicht mehr auf die Wirklichkeit passen. Aber es gibt auch einen haltlosen Realismus, der – indem er dem Zeitgeist nachspringt – die letzten Haltepunkte preisgibt. Den smarten Stoiber hält sein Katholizismus. Wer oder was aber hält den smarten Schröder? Er ist mir, wie er so wie wir über unserem Weißwein an der Bar des ›Nassauer Hofs‹ hängt, sehr nahe. Und die Journalisten drängen sich in Trempeln um seinen Barhocker. Rasch fliegen die Begriffe hin und her, wie angeschnittene Tischtennisbälle. Aber alles doppeldeutig, doppelbödig. Untäuschbar bleibt der Seele Agonie – oder so.« Immerhin: Schröder hat als erster seit Hel-

mut Schmidt den Mut gehabt, seinem Volk zu sagen, daß die
großen Sozialsysteme auf geringere Wachstumsraten umgestellt
werden müssen. Er hat sich zudem getraut, Deutschland mit
harter Hand vom irakischen Schlachtfeld fernzuhalten. Das
bleibt.

Er hat allerdings auch zwei untilgbare Fehler zu verantworten: Seine Courage reichte erstens nicht aus, Kohls verheeren-
den Kurs der ökonomischen Wiedervereinigung zu korrigieren.
Aus Angst, die Ossis zu verschrecken, wurde die offen zutage
liegende Wahrheit verschwiegen. Zweitens hat der Kanzler die
Agenda 2010 vier Jahre zu spät lanciert. Es wurden viele Jahre
mit Windmühlen, Homo-Ehe und anderen weichen Themen
vertan. Denn im Herzen ist Gerhard Schröder kein Schwein,
sondern ein verletzlicher Mann, der gern lebt und sich zur
Härte zwingen muß. Für die Sozialdemokratie als diskursive
Organisation war der »Medienkanzler« Schröder ein Quer-
schläger. Es ist schon richtig, daß heute keiner mehr als vulka-
nischer Volkstribun auftreten kann wie Kurt Schumacher oder
als sozialistischer Kleinbürger wie Erich Ollenhauer. Schröder
beherrscht alle Tonarten der politischen Persuasion vom inti-
men Talk bis zur staatsmännischen Rede; das muß einer, der
heute Kanzler werden will, auch beherrschen.

Es ist aber falsch, den Unwillen zum vorbereitenden, begründenden, auf Sinnkommunikation angelegten Diskurs mit der
eigenen Organisation als Struktur einer »medialisierten« Welt
auszugeben. Schröders Auslagerung der Streitthemen in hoch-
rangig geführte Kommissionen, seine verblüffenden, einsamen
Spielzüge, die bewußte Aufblähung der Entscheidungszirkel
zwecks Entmachtung, sein präsidialer Stil in einer repräsentati-
ven Demokratie und einer rettungslos und erbarmungslos demokratischen Partei nahmen der SPD ihren Charakter als red-
lich debattierende, gelegentlich verbissen herumzankende,
jedenfalls aber verläßliche und berechenbare große europäische
Linkspartei. Der Artist in der Zirkuskuppe, um mit Alexander
Kluge zu sprechen, bot atemberaubende Kunststücke. Am
Schluß aber sitzt er auf einem Trapez am Rande der Kuppel,
ohne Seil in die Manege hinunter. Er hat sich mit den letzten
Saltos, so brillant sie gewesen sein mögen, versprungen.

Hat die SPD, eine der großen historischen Kräfte der deutschen Politik (und die bei weitem älteste deutsche Partei) die Chance einer Renaissance? Das ist zwar nicht sicher, wie man an der Zerstörung der Sozialistischen Partei Italiens (PSI) durch Bettino Craxi sehen kann. Die in Nenni- und Saragat-Anhänger geteilte alte PSI und die kommunistische Partei PCI waren solider als Craxis postmodernes, bedenkenloses und geistig traditionsloses Machtinstrument. Aber es ist, wie die Vereinigung von SPD und USPD im Jahr 1925 zeigt, möglich, sich zu fangen. Es wird allerdings Geduld, Stehvermögen und neue Führungsfiguren erfordern. Ein Zentaur, eine Partei halb SPD halb PDS hätte im digitalen Kapitalismus so wenig Chancen wie Old Labour unter Michael Foot. Die Wahllosung der SPD im Jahr 2002 »Gerechtigkeit und Innovation« war schon ein richtiger Slogan, wenn man ihn denn praktiziert hätte. Den Begriff des »Handelsgeistes« müsste man hinzufügen.

10. KAPITEL

Die Gräber teils–teils

Ich habe nicht zu klagen, daß sie 1991 gestorben ist. Für jemanden, der 1910 geboren war, war das ein hohes Alter. Ich könnte sogar sagen, ich hätte mich um sie gekümmert. Die letzten Jahre hatte ich ihr eine große, helle Wohnung auf dem Menzenberg gemietet, direkt unter meiner Wohnung, wir haben die Feste miteinander verbracht, waren sogar einmal im »Waldhaus« im Bündnerland und sind mit einem von Pferden gezogenen Schlitten bis zum Ende des Fetztals gefahren. Aber sie war einsam, und ich habe die verdammte Politik wichtiger genommen als alles andere.

Totenklage

In einem Heft, in dem sie angefangen hatte, ihr Leben aufzuschreiben, stand der Satz:»Ich muß anfangen, Tabletten zu sammeln, dann darf ich nicht feige sein. Was habe ich denn getan – eigentlich nur Gutes. Vielleicht treffe ich da oben meine Lieben.« Ach, Ditalein, die Pharma-Unternehmen haben die Schlaftabletten längst so verändert, daß man sich mit ihnen kaum mehr umbringen kann. Sich umbringen ist eine Wissenschaft geworden. Kleinen Leuten gelingt das nicht mehr. Sie müssen an ihren Metastasen sterben wie du.

Das ganze Leben hatte sie gearbeitet, als junge Frau in schönen Geschäften, später Heimarbeit, am Schluß in einem Kiosk am Starnberger Bahnhof in München, wo sie Würstchen, Bier,

Dita

Limonade und Zeitungen verkaufte. Es ging halt zu wie bei vielen. Ich mußte zum Beispiel für die Drucklegung meiner Doktorarbeit tausend Mark hinterlegen. Das war eine große
Summe. Ich hatte nur dreihundert, sie borgte mir siebenhun-
dert, die sie sich aber auch ausborgen mußte. Also ging sie am
Wochenende in den kalten Kiosk. Ich besuchte sie einmal am
Tag.

Das Johanniter-Krankenhaus in Bonn, neben meinem Büro,
war fabelhaft. Ich sehe dich in deinem Bett sitzen und wie ein
Kind sagen: »Ich will heim.« – »Freilich«, sagte der lange Ober-
arzt, der dich betreute. Er hatte mir gesagt, daß nicht mehr zu
helfen, nur noch zu lindern war. Das tat er, wo er konnte. Aber
gelegentlich fand ich dich in deiner Wohnung auf dem Boden,
das Bein grotesk weggestreckt und nur halb bei Bewußtsein.

Dann mußte ich dich wieder zurückbringen, zu deinem Ober-
arzt. Du ertrugst es geduldig und ohne Hoffnung.

Am Todestag fuhr ich nachts um zehn die Kurve beim Johanniter-Krankenhaus herunter. Soll ich sie noch einmal besuchen? Aber der Fahrer des Bundestags, der mich fuhr – das
spürte ich – wollte heim. Sie wird sowieso schlafen, dachte ich.
Aber genau in diesen Minuten ist sie gestorben, allein.

Ich war am Nachmittag bei ihr gewesen. Ins Tagebuch hatte
ich notiert: »Sie war blaß wie eine Wand. Als ich ihre bäck-
chenhaft hervortretenden Wangen berührte, wachte sie auf.
Der letzte Dialog zwischen uns, zwei Übriggebliebenen, muß so
gegangen sein:
»Wie geht es dir, Ditalein?«
»Ich weiß nicht.«
»Ich frag mal den Doktor.«
»Ach, der wird jetzt nicht da sein.«
Dann schmiegte sie sich, wieder einschlafend, an meine
Hand. Ich blieb noch zehn Minuten bei der Schlafenden. Als ich
sie wieder sah, war sie tot, der Unterkiefer durch ein Tuch
hochgebunden, das Gesicht jetzt schon spitz, alt, hart. Da war
der zärtliche Fatalismus des Sterbens weggewischt.

Zur Beerdingung kamen neun Menschen. Das ist so, wenn
Flüchtlinge alt sterben. Die Zeitgenossen sind tot, die Gräber
teils–teils. Teils in München, teils in Prag.

Die »Gräber teils-teils« sind ein Zitat, natürlich von Dr.
Benn, Facharzt für Haut- und Geschlechtskrankheiten aus der
Berliner Belle Alliance Straße. In der zweiten Strophe eines seiner Gedichte nach 45 (teils-teils) heißt es:
»Nun längst zu Ende
graue Herzen graue Haare
der Garten in polnischem Besitz
die Gräber teils-teils
aber alle slawisch,
Oder-Neiße-Linie
für Sarginhalte ohne Belang.«
So ist das. Nur die Sache mit der Oder-Neiße-Linie muß man
transponieren. Bei uns war es die Grenze bei Waldsassen, bei
Bayerisch Eisenstein.

Die Christoph-Martin-Wieland-Universität Erfurt

War es ein schwärendes Gewissen? Ich war ja einer von denen – heute muß man den Eindruck haben, einer der wenigen Deutschen –, die der Wiedervereinigung skeptisch gegenüberstanden. Vor allem aber kannte ich Ostdeutschland kaum. Ein Schüleraustausch 1956 nach Bützow wegen einer früher Liebe, einer schönen Arzttochter, die zur Tarnung wie eine Kommunistin argumentiert hatte – das war's. Ein paar Besuche beim Politbüro der SED kamen später hinzu. Ich wollte lernen, was das eigentlich für Menschen waren, die in der DDR groß werden mußten. Deswegen bewarb ich mich 1992 um das Amt des Präsidenten der Humboldt-Universität in Berlin. Ich scheiterte. Zwar wählten mich die Professoren; von den Assistenten, den Studierenden und den »anderen Dienstkräften« aber bekam ich kaum eine Stimme. Sie zogen eine grüne Abgeordnete des Berliner Abgeordnetenhauses dem Angehörigen des »westdeutschen Establishments« vor.

Also nahm ich 1996 den Ruf zum Gründungsrektor nach Erfurt an. Bernhard Vogel, Ministerpräsident in Thüringen, der das zu entscheiden hatte, war mir seit Jahrzehnten vertraut, aus der Ahlersschen Wohnung am Venusberg, später aus der Bildungs- und Medienpolitik. Ich mochte seine unprätentiöse Offenheit und seine Fairneß. Als ich kam, Ende 1996, fand ich in der Geschäftsstelle in einem schmalen alten Gebäude auf der historischen »Krämerbrücke« ein zwischen Ost- und Westdeutschen gemischtes Team unter der Leitung des Sekretärs der Universität, Peter Hanske, vor.

Die Wiederbelebung der Universität, gegründet im späten 14. Jahrhundert und geschlossen in napoleonischen Zeiten (weil sie nichts mehr taugte), war eine Idee der Erfurter Bürgerbewegung, die schon in Honeckers letzten Jahren angefangen hatte zu bohren. Irgendwann hatte man Richard von Weizsäcker, den damals amtierenden Bundespräsidenten gewonnen, das Projekt zu befürworten. Die thüringsche CDU fühlte sich durch dieses Votum gebunden. Es mischte sich historisches Pathos (die zweitälteste deutsche Universität) mit regionalen Interessen. Die Universität Jena war immer gegen das Erfurter

Projekt. Aber nachdem man gegen leidenschaftliche Bürgerproteste die medizinische Akademie Erfurt geschlossen hatte, geriet die thüringische Landespolitik – die ja in der Landeshauptstadt Erfurt saß – in Zugzwang. Man beschloß, eine »billige« geisteswissenschaftliche Universität mit vier Fakultäten einzurichten, um die beiden Kerne, die Pädagogische Hochschule Erfurt und das »Katholisch-theologische Studium«. Das war, was ich vorfand, als ich im schon naßkalten Herbst des Jahres 1996 nach Erfurt kam: den weit geförderten Plan eines (beeindrkckend gelungenen) Bibliothekbaus und die Idee von vier Fakultäten, einer Philosophischen, einer Staatswissenschaftlichen, einer Pädagogischen und einer Katholisch-Theologischen Fakultät.

Von Lichtenberg stammt der Satz: Für eine Fakultät reicht ein eisernes Scharnier, dann kann der Rest aus Holz sein. So verbrachte ich die ersten Wochen mit der Suche nach eisernen Scharnieren und gewann schließlich den Tübinger Historiker Dieter Langewiesche und den Heidelberger Soziologen Wolfgang Schluchter. Sie waren bereit, als Gründungsdekane der Philosophischen und der Staatswissenschaftlichen Fakultät und als Prorektoren nach Erfurt zu kommen. Ihr Ansehen als erstrangige Wissenschaftler und ihre Erfahrungen aus dem Wissenschaftsrat, zahlreichen Kommissionen und ihren alten, prestigereichen Universitäten halfen der Neugründung enorm. Im Dezember 1997 hatten wir auf unsere Ausschreibungen über vierhundert Bewerbungen aus aller Welt.

Betrachte ich den Gründungsprozeß aus der Rückschau, hätte ich mit meinem sehr erfolgreichen Marketing etwas vorsichtiger sein müssen – angepaßt an die Bedingungen eines Landes, das fünfzig Prozent des Staatshaushaltes aus Transfergeldern und Schuldenaufnahme bestreitet. Ich machte es ein wenig wie Freund Ehmke als Chef des Brandtschen Kanzleramtes: »Jeden Tag eine Reform«. Allerdings ist danach leicht klügeln. Kein Mensch außerhalb Thüringens hatte vor meinem Amtsantritt etwas von einer Universität Erfurt gewußt. Nach zwei Jahren war das anders. Wir waren Gegenstand vielfältiger Kommentare, Features und Kontroversen. So etwas braucht eine Neugründung.

Vieles ist uns gelungen. Erfurt hat als eine der ersten deutschen Universitäten eine radikale Studienreform vollzogen und arbeitet nur noch mit den Abschlüssen Bachelor und Master. Ich reiste herum, sah mir die Modelle für ein allgemein bildendes Grundstudium an, von Harvards »Core Curriculum« bis zum »Studium fundamentale« in der von Konrad Schily gegründeten Privatuniversität Witten-Herdecke. Das Erfurter »Studium fundamentale« ist heute unbestritten ein Trumpf der Universität; es führt zu einem kreativen Bachelor, der nicht nur eine Kurzfassung früherer Diplome ist. Jetzt muß die Industrie diesen ersten akademischen Abschluß, den sie Jahrzehnte gefordert hat, nur noch akzeptieren und Bachelors einstellen. Der Mediencluster, den ich als Einstellungsvoraussetzung verlangt hatte – ich hatte das erste Ordinariat für Kommunikationswissenschaft in Erfurt – ist hoch erfolgreich. Im Ranking des »Centrums für Hochschulentwicklung« der Bertelsmann Stiftung liegt die Erfurter Kommunikationswissenschaft ganz oben. Auch das von dem Max-Weber-Forscher Wolfgang Schluchter lange geführte Max-Weber-Kolleg (Weber ist in Erfurt geboren) – ein Graduiertenkolleg mit hochrangigen Gastprofessoren (»Fellows«) – hat sich durchgesetzt. Zu den ersten akademischen Lehrern gehörten neben Schluchter der österreichische Ökonom Egon Matzner und der heute in München lehrende, international renommierte evangelische Theologe Friedrich Wilhelm Graf.

Besonders am Herzen lag mir die Integration der katholischen Theologie in die Universität. Die Theologen hatten sich im Dom eingenistet und führten (obwohl mancher aus Westdeutschland kam und gelegentlich politisch auch pendeln durfte) eine stille, wissenschaftlich hochrangige und vom Regime abgekapselte Existenz. Promotionsrecht an der Gregoriana in Rom. Teile der katholischen Hierarchie (zum Beispiel der streitbare Bischof Johannes Dyba aus Fulda) wollten die Einrichtung nicht an eine öffentliche Universität geben. Wir kämpften. Ich habe viele diskrete Gespräche zu diesem Thema geführt, Bernhard Vogel noch mehr. Heute organisieren die klugen, leisen, lautlos fliegenden Dom-Eulen einen hochrangigen Fachbereich der Universität.

Mit Felicitas und Frank Wössner, ehemals Bertelsmann

Den Erfolgen stehen manche Mißerfolge gegenüber. Die großangelegte European School of Government, die ich nach Ideen meines Freundes Albrecht von Müller konzipierte, wurde torpediert; heute realisiert die Hertie Stiftung in großem Stil solch eine Idee. Immerhin hat der Politikwissenschaftler Dietmar Herz in Erfurt gegen erhebliche Widerstände eine Europan School of Public Policy auf den Weg gebracht, die sich sehen lassen kann. Mein Vorschlag, in Erfurt von Anfang an zweisprachig – deutsch und englisch – zu lehren, zerschellte an der paternalistischen Sozialpolitik, die den Ostdeutschen als selbstverständlich gilt. Ich hatte schon einen Vertag mit der Sprachschule der American University in Washington vorbereitet; sie war bereit, ihre jahrzehntelangen Erfahrungen im Sprachstudium in Erfurt einzusetzen. Allerdings nicht umsonst; die Englischkurse hätten von den Studierenden bezahlt werden müssen. Das erschien dem Ministerium unerträglich. Ein öffentlich besoldetes Sprachstudium aber hätte mehr als ein Dutzend Lektorenstellen gekostet. Die hatte man natürlich nicht. So scheitern in Deutschland Reformen an guten Vorsätzen. Man spricht in Erfurt, wie überall in Deutschland, Deutsch (und ein bißchen Englisch).

Der Grund, warum ich nach drei schwierigen und interessanten Jahren einen Ruf nach St. Gallen annahm, war die thüringische Bürokratie. Zwar hatte ich problemlosen Zugang zum Ministerpräsidenten, der mir viel half, den man aber nicht wegen jeder A-16 Stelle mobilisieren konnte. Auch der Kontakt zur Spitze des zuständigen Ministeriums war gut, vor allem solange ein alter Bekannter aus Bonn, Wolf-Dieter Dudenhausen, dort Staatssekretär war. Er wurde nach Schröders Wahlsieg in das Bundesbildungs- und Forschungsministerium berufen. Die junge Beamtin, die ihm folgte, (und heute eine erfolgreiche Unternehmensberaterin ist) war fair, langsam und voller Zweifel. Welch ein Verbrechen war es, 150 000 DM für ein Corporate Design der Universität auszugeben! Noch dazu außerthüringisch! Stellen für Fundraising und Marketing will Glotz haben? Muß das sein? Eine 1-A Stelle für das Internationale Büro? Gehobener Dienst müßte doch auch reichen? Was, nach Australien will der fliegen? Und ein Washington Office? Übergeschnappt.

Das Problem vieler ostdeutscher Verwaltungen ist die Unterlegenheit gegenüber alterfahrenen und wohlhabenden Westländern wie Bayern oder Baden-Württemberg, die zwar genauso viele Bindungen der »horizontalen Koordination« eingegangen sind wie der Osten, sie im Zweifel aber souverän mißachten. Als ich den wohl besten Mann Deutschlands für »Lernen und Neue Medien« (also den Internet-Teil der Universität) gewinnen wollte, sprang ich über alle Hürden und bot ihm fünf oder sechs Assistenten an. Normalerweise bekam ein Erfurter Professor einen Mitarbeiter und eine halbe Stelle fürs Sekretariat. Baden-Württemberg – woher ich ihn hätte holen müssen – überbot mich kalt. Der zuständige Ministerialdirektor sagte mir lächelnd: »Für solche Fälle haben wir unsere Trickkiste.« In den ostdeutschen Ländern gibt es keine Trickkisten, es sei denn im sagenhaften Sachsen des Gründervaters Biedenkopf. Aber dort war ich nicht.

Diese Entwicklung liegt zum Teil an der Invasion westdeutscher Beamter, die eine Folge der Überstülpung des westdeutschen Rechts auf die ostdeutschen Universitäten war. Viele Abteilungsleiter kamen aus Bayern oder Nordrhein-Westfalen. Die dortigen Chefs hatten aber nicht immer ihre besten Leute ziehen lassen. Thüringen wurde (zu meiner Zeit) von eingeflogenen Wessis geführt, die in der Stadt auch ihre eigene Kultur geschaffen hatten. Als ich die Wirte meines Stammlokals, der »Drogerie« am Wenigenmarkt fragte, was ich denn um Himmels willen zu Weihnachten machen solle, wenn die »Drogerie« schließe, sagte man mir trocken: »Aber ihr Wessis seid doch zu Weihnachten fast alle weg.« Das Lokal schenkte Sancerre und Rioja aus. Ich hatte lange Zeit gar nicht gemerkt, daß die Einheimischen solche Lokale mieden und daß ich mich vorwiegend unter meinesgleichen fand. Irrwege der Wiedervereinigung.

Noch eine Idee ging in mir um. Christoph Martin Wieland, der große, vom Sturm und Drang später um sein Renommee gebrachte aufklärerische Schriftsteller, war der letzte bedeutende Professor an der schon einige Zeit nicht mehr bedeutenden Erfurter Universität im 18. Jahrhundert. Ich lud Jan Philipp Reemtsma, der ein Faible für Aufklärer wie Wieland und Arno Schmidt hat, zu einer unserer Universitätsreden ein, die tief in die Stadt hineinwirkten. Meine Idee war, die Erfurter Universität »Christoph-Martin-Wieland-Universität Erfurt« zu nennen. Damit lief ich auf.

Helvetischer Schlußgesang

Verschlungene Wege – von Eger in Böhmen ins Appenzell. Aber das ist jetzt die letzte Station. Die Universität St. Gallen, an der ich die letzten Jahre gelehrt habe, ist gut, unbürokratisch, praxisorientiert und hat Professoren aus vielen Ländern, vor allem eine akademische Atmosphäre. Ich war da gern. In meiner Jugend, als Assistent und junger Lehrbeauftragter, hatte ich eine

Nach der Politik

militante Minderheit von Studierenden vor mir, die Revolutionäre werden wollte, diesmal eine nicht-militante Minderheit, die Millionäre werden wollten. Alle sind sich einig, was die Aufgabe dieser Universität ist: In überschaubarer Zeit ein solides, verwertbares Wissen (in Betriebswirtschaft, Volkswirtschaft, Rechtswissenschaft) zu vermitteln und Forschung zu betreiben, die für die »Praxis« etwas taugt. Mir ist keiner begegnet, der – um dieses komische Fachwort aus meiner Berliner Zeit zu verwenden – aus dem Studium ein psychosoziales Moratorium machen wollte. Da ich in meinem Leben genügend Guerilleros gegen unsere Art von Gesellschaft erlebt hatte, war ich's für diesmal zufrieden.

Einwurzeln kann man sich in diesem Schweizer Boden als Fremder – ganz besonders als Deutscher, den die Schweizer mit warnendem langem Ü einen »Dütschen« nennen – erst in der dritten Generation. Aber wer nicht darauf besteht, geliebt zu werden, kann hier gut leben. Das war übrigens mit uns sudetendeutschen Flüchtlingen in Altbayern nicht anders. Viele Deutsche sind gutmütig, schuldbewußt und weltabgewandt. Sie glauben, die Antipathie vieler Deutschschweizer gegen die Deutschen stamme aus der Zeit des Dritten Reichs, als Hitler alle Nachbarstaaten bedrohte. Das ist allerdings ein Irrtum.

Sehen wir einmal davon ab, daß es manche Schweizer gab, die Hitler gar nicht so schlecht fanden, ihn zumindest nicht »provozieren« wollten. Wichtiger ist, daß das riesige Deutschland mit seinen Metropolen, seiner Militärkaste und seinem schneidigen Autoritarismus die Schweizer schon seit Jahrhunderten beunruhigt. Die Schweizer müssen darauf achten, daß die Kraft, den eigenen Laden zusammenzuhalten größer ist als die Anziehungskraft der großen Nachbarn. Bisher ist ihnen das gelungen; aber die Anstrengung steht ihnen auf dem Gesicht geschrieben.

1848 erkämpfte der Schweizer Freisinn erste demokratische Strukturen. In Deutschland herrschte nach diesem Revolutionsjahr die blanke Reaktion. In den 1890er Jahren kam ein militanter deutscher Nationalismus mit Wilhelm II., Alldeutschem Verband und Flottenverein dazu. Die nationalsozialistische Bedrohung hat die Skepsis der Schweizer gegenüber den Deutschen sicher verstärkt. Aber schon 1890 oder 1920 standen sie in ihren Oberstubbeizen nicht auf, um dem nächstbesten Deutschen, der gerade hereinkam, um den Hals zu fallen. Warum hätten sie es auch tun sollen?

Bei den Deutschen ist das Verhältnis im übrigen stärker von Gleichgültigkeit geprägt, als die Schweizer sich das vorstellen können. Der normale Deutsche – die Deutschen sind immerhin die zweitgrößte Minderheit in der Schweiz und stellen 151 000 zeitweilige oder dauernde Migranten – hält die Schweiz für Heidiland oder ein Skiparadies, Novartis aber für ein Kriegsschiff der Wikinger. Deshalb sind Schweizer Verschwörungstheorien – die Deutschen wollten ihnen bewußt die Grenzen dichtmachen, um sie zum Eintritt in die EU zu zwingen oder quälten die Einwohner von Stäfa am Sonntagmorgen mit Flugzeugen aus reinem Sadismus – immer falsch. Natürlich, die Schweiz ist mit einigen ihrer Institutionen ein Pfahl im Fleische der Deutschen. Das, was die deutschen Sozialdemokraten jetzt »Bürgerversicherung« nennen, hat die Schweiz mit ihrer Alters- und Hinterbliebenenversicherung (AHV) schon Ende der 1940er Jahre auf Kiel gesetzt. Die Schweizer leben mit doppelt so vielen Ausländern wie die Deutschen friedlich zusammen; unter anderem, weil ihr Ausländerrecht offenkundig nicht nur im Interesse der Einwanderer, sondern auch in dem der Einheimischen ist. Zahnersatz wurde in diesem Land, in dem die Arbeitslosigkeit bei 4,3 Prozent liegt (Deutschland über elf Prozent) noch nie bezahlt. Und den deutschen Kündigungsschutz könnten sich die Schweizer Unternehmer überhaupt nicht vorstellen. Jeder kann innerhalb von drei Monaten gekündigt werden, es sei denn, er würde in dieser Zeit krank oder eine Frau würde in diesem Zeitraum schwanger. Auch über Elite-Universitäten muß die Schweiz nicht reden. Sie hat mit der ETH Zürich schon Mitte der achtziger Jahre des 19. Jahrhunderts eine solche geschaffen (die von der Eidgenossenschaft, nicht von den einzelnen Kantonen getragen wird). Die harte Linke tut gelegentlich so, als verwandle Kanzler Schröder die Bundesrepublik Deutschland in Obervolta. In Wirklichkeit verschweizert er sie.

Das heißt natürlich nicht, daß in der Schweiz alles ideal wäre. Das Einschulungsalter liegt mit sieben Jahren viel zu hoch, es gibt immer noch Aufnahmeprüfungen in die höheren Schulen, die Rate der Studierenden ist zu gering, und eine Frau, die Kinder hat und gleichzeitig arbeiten will, braucht entweder Personal oder muß zur Teilzeitarbeit ausweichen. Was in der deutschen CDU nicht einmal der rechte hessische Landesverband sagen dürfte, sagt die SVP ungeniert (und Teile der FDP sprechen es ihr nach): Die Frau ist der Mittelpunkt der Familie und gehört ins Haus. Die Schweizer Sozialdemokraten und die Grünen wettern dagegen, können die gesellschaftlichen Verhältnisse aber trotz erheblicher Stimmenergebnisse nicht zum Tanzen bringen.

Wer will, kann die Deutschschweizer »konservativ« nennen; und die Zürcher Bahnhofstraße ist das natürlich (genauso wie

die Hamburger Kaufmannschaft). Das Festhalten an herge-
brachten Prinzipien paart sich aber mit steifnackiger Toleranz.
In der Schweiz kann sich einer ganz legal, wenn auch unter Ein-
holung eines ärztlichen Votums und der Einhaltung bestimmter
Vorschriften, dafür entscheiden, daß er sein Leben zu Ende gelebt hat. Erfolgreiche und seriöse Einrichtungen (wie »Digni-
tas«) begleiten ihn dann zu einem schmerzlosen Tod. Das gibt
es in ganz Europa nur noch in Holland und Belgien.

Die Deutschen bringen es fertig, ihre Schuld am millionenfa-
chen Judenmord zu einem stolzen Sendungsbewußtsein umzu-
wandeln: Wegen Auschwitz (»Wir dürfen nie wieder wegsehen«) darf man den Kosovo bombardieren, darf man die
Stammzellenforschung und das therapeutische Klonen verbieten und jede aktiv Sterbehilfe als Euthanasie verunglimpfen.
Diese Attitüde – das Aschenkreuz auf der bleichen Stirn – mögen die Schweizer nicht. Ich auch nicht.

Nach der Politik habe ich natürlich besser verdient als in der
Politik; wir beschlossen irgendwann, ein altes Haus zu kaufen.
Schließlich fand Felicitas auf neunhundert Metern, im Halb-
kanton Appenzell Ausserrhoden, in einem Dorf mit neunhundert Einwohnern, in Wald, ein geräumiges »Fabrikhaus«, ge-

Mit Lion

baut im späten 17. Jahrhundert. Dort war bis in die sechziger
Jahre des letzten Jahrhunderts hinein gesponnen worden. Wir
kauften es einem St. Galler Fotografen ab. Alles Holz, niedrige
Stuben, gelegen auf einem Rücken unterhalb des Dorfes, dem
Rechberg, mit freiem Blick hinüber nach Rehetobel und bei gu-
ter Sicht bis an den Bodensee. Ich richtete mir im obersten
Stock ein Arbeitszimmer ein und schrieb an der *Vertreibung*.
Die Familie sollte in den nächsten Wochen nachfolgen.
Eines Abends war ich gegen zehn – in der St. Galler Wohnung
– ins Bett gegangen. Mein kleiner Sohn Lion, damals vier, hatte
das irgendwie gehört und war zu mir gekrochen. Da schrie das
Telefon auf dem Gang. Ich schwankte halb betäubt hinaus. Ein
Mann schrie in die Muschel:»Bi Ihne brennt's! Bi Ihne brenn-
t's!« Ich nahm mir ein Taxi und ließ mich hinauffahren. Es war
der 18. November 2001. Vor dem lichterloh brennenden Holz-
haus standen hundert Feuerwehrleute aus dem Ort, aus Heiden
und Trogen und versuchten zu retten, was zu retten war. Es war
aber nicht viel zu retten. Ein paar Tage später kletterte meine
Frau halsbrecherisch in der Ruine herum und rettete meine an-
gekohlten Tagebücher aus vielen Jahrzehnten. So konnte ich
diese Autobiographie doch noch schreiben.

Beiseite gesprochen: Ein Vergnügen war die Lektüre der dreißig oder vierzig Tagebuchbände für mich nicht. Ich mußte ein-
sehen, daß richtig ist, was die Entwicklungspsychologen schon
lange behaupten: Man ist früh »fertig«. Die Prägestöcke, die
das, was Leichtsinnige »Charakter« nennen, eingegraben haben, stammen aus den fünfziger Jahren: Rastlosigkeit, Ungeduld, Arbeitswut und einem im Lauf der Jahre zwar schuldbewußt registrierten, aber nur schwer überwindbaren Zynismus
gegenüber anderen spüre ich schon in den Notizen des Zwanzigjährigen. Nur der späte Sohn Lion, geboren als ich achtund-
fünfzig Jahre alt war, hat mich zärtlich entwaffnet. Man könnte
sich fragen: Wozu all die Bücher, Artikel, Interviews, Vorträge,
Reden, Ämter? Wievielen Leuten hat man wirklich geholfen,
wieviele hat man angeregt, wieviele wenigstens amüsiert? Solche Kinderfragen habe ich mir im vollen Lauf nie gestellt. Jetzt
fange ich damit nicht mehr an. Besser eine »vita activa« als er-
gebnisloses Schürfen nach dem Sein!

Wie war mein Leben? Glücklich? Das Wort ist zu groß, wohl für die meisten Leben. Vielleicht war der glücklichste Moment in meinem Leben eine Paddeltour auf dem Main bei Burkunstadt. Ich war vierzehn, ein Sommersonntagnachmittag, kein Windhauch. Das Eintauchen des Paddels in das glatte, ruhige, grüne Wasser und der Kontakt, den der Körper durch das leichte Boot zum Fluß hatte, werde ich nie vergessen. Warum habe ich das nie wiederholt? Paddeln wäre erschwinglich gewesen. Unsagbar. Man weiß, wie selig man in der Altstadt von Cortona war, fährt aber fünfundzwanzig Jahre nicht mehr hin. Diese Geheimnisse wollen wir auf sich beruhen lassen.

Ich komme zum nüchternen Bericht zurück. Die Mieter waren klaglos gegangen, nachdem wir ihnen gesagt hatten, daß wir selbst in das Haus einziehen wollten. Nur einen, in der mittleren Wohnung, einen Prügel von Kerl, baten wir, noch zu bleiben. Das Haus sollte nicht unbewohnt bleiben. Urs war der Sohn eines Schaffhauser Chefarztes, aber – wie Böswillige sagen würden – aus der Art geschlagen. Seine gewaltigen Arme waren tätowiert, er hatte viele Jahre in Lateinamerika verbracht, und wenn man ihn fragte, was sein Beruf sei, dann antwortete er grinsend: Lifedesign. Er rauchte heftig Hanf, zog zuweilen für zwei oder drei Tage los, um sich durch die erstaunlich lebendige kleine Unterwelt St. Gallens durchzureden und durchzusaufen. Oft aber streifte er mit seiner schwarzen Labrador-Doggen-Mischung, den er angeblich nach dem Kommissar Bulinski aus einem New Yorker Kriminalroman benannt hatte, einfach über die Hügel. Dann wieder arbeitete er ein paar Tage schwer bei einem Handwerker oder einem Händler. Begeistert bejubelte der Schaffhauser das Appenzell: meine goldenen Hügel. Und wirklich können die Hügel nach Birli hinunter und nach Rehetobel hinauf aussehen, als wären sie goldübergossen, jedenfalls im herbstlichen Abendlicht.

Was wirklich geschah, als das Haus abbrannte, konnte die Polizei nicht rekonstruieren. Vermutlich ging Urs mit seinen Holzpantinen die uralten Treppen hinunter, um Wäsche in die Waschmaschine zu werfen, während er oben in seiner Wohnung Essen auf dem Herd hatte. Er muß gefallen sein, jedenfalls

stellte man einen Schädelbasisbruch fest. Wie viele Stunden er
da, mit der einen Körperhälfte im Maschinenraum, mit der anderen noch auf den Stiegen, lag, weiß niemand. Als der Nach-
bar den Brand roch, war schon nichts mehr zu retten. Man zog
Urs noch lebend aus dem brennenden Haus. Nach vierund-
zwanzig Stunden mußten die Ärzte im St. Galler Kantonsspital
die Maschinen abstellen. Wir begruben die Urne auf dem ab-
schüssigen Grundstück hinter dem Haus, in einem Wäldchen,
und verstreuten die Asche wie er es gewollt hatte. Bulinski
wurde von meiner Frau adoptiert.

Wir haben das Haus wieder aufbauen lassen, nach dem alten
Grundriß. Am Tag der »Aufrichte« teilte mir allerdings mein
Arzt mit – in Deutschland nennen wir das Richtfest –, daß mich
ein Plattenepithelkarzinom befallen habe. Bei der Operation
gab es Komplikationen. Man mußte mich vier Wochen künstlich beatmen, künstlich ernähren, und ich verschwand drei Monate in Krankenhäusern. Aber ich kann hartnäckig sein. Die erste Kolumne diktierte ich, als ich mich noch kaum bewegen
konnte, ins Telefon. Ich hielt mir die Öffnung im Hals, die
wegen eines Luftröhrenschnitts notwendig geworden war, zu.
Die Mitarbeiterin, die das Diktat aufnahm, hatte große Schwierigkeiten, meinen Text aus dem Gepfeife herauszulösen, das
aus dem Tonband drang.

Das Haus ist inzwischen bezogen, der lange Weg von Heimat
zu Heimat für mich beendet. Von vielen Fenstern aus kann man
auf die goldenen Hügel unseres toten Freundes Urs schauen.

LITERARTUR UND DANK

Diese Autobiographie ist natürlich kein Buch mit einem wissenschaftlichen Apparat. Ich will aber doch einige Bücher angeben, die ich mit besonderem Interesse benutzt habe, so Erhard Eppler, *Komplettes Stückwerk* (Frankfurt a. M. 2001); ebenso Erhard Eppler, *Wege aus der Gefahr* (Reinbek 1981) und sein Buch *Ende oder Wende* (München 1979). Besonders eindrucksvoll sind die Passagen über Herbert Wehner in der unvollendeten Autobiographie von Günter Gaus *Widersprüche. Erinnerungen eines linken Konservativen* (Berlin 2004). Auch Jürgen Leinemanns *Höhenrausch. Die wirklichkeitsleere Politik der Politiker* (München 2004) gehört in diese Reihe. Viele Zahlen zum Thema Wiedervereinigung stammen aus Uwe Müllers Buch *Supergau Deutsche Einheit* (3. Aufl. Berlin 2005). Die neueste Biographie über Willy Brandt stammt von seiner Frau Brigitte Seebacher (München 2004). Hans Jochen Vogel hat mit Heribert Prantl von der »Süddeutschen Zeitung« ein Buch über *Politik und Anstand – warum wir ohne Werte nicht leben können* geschrieben (Freiburg, Basel, Wien 2005).

Mein besonderer Dank gilt wie bei vielen früheren Büchern Peter Munkelt, dem Leiter des Archivs des Willy-Brandt-Hauses, Berlin. Ich bedanke mich auch bei Dr. Mario Bungert vom Archiv der Friedrich-Ebert-Stiftung, der mir viele Vermerke und Protokolle herausgesucht hat. Dr. Tilman Fichter hat sich der Mühe unterzogen, einige Kapitel des Buches zu lesen und mir dazu gute Ratschläge zu geben. Auch ihm gilt mein Dank. Dr. Annalisa Viviani danke ich für ihr wie immer perfektes Lektorat.

BILDNACHWEIS

akg-images, Berlin: S. 270
Barbara Klemm: S. 280
dpa Picture-Alliance, Frankfurt a. M.: S. 128 (Foto: Roland Witschel), 185 (Foto: Horst Ossinger), 287
Foto G. W. Bachert, München: S. 18, 187, 234
Poly-Press, Bonn: 240, 256
Privatarchiv des Autors: S. 15, 20, 23, 25, 27, 31, 70, 88, 89, 218, 219, 222, 243, 257, 264, 317, 322, 328
ullstein bild, Berlin: S. 83 (Foto: ullstein – dpa), S. 117 (Foto: ullstein – dpa), 156 (Foto: Klaus Mehner), 163 (Foto: Peter Rundholz), 186 (Foto: ullstein –Pressefoto Kindermann), 188 (Foto: ullstein – Poly-Press), 192 (Foto: ullstein – dpa), 195 (Foto: ullstein – BAR), 196 (Foto: ullstein – Bonn-Sequenz), 204 (Foto: ullstein – Ferdi Hartung), 207 (Foto: ullstein – Edmund Kasperski), 244 (Foto: ullstein – Poly-Press), 255 (Foto: ullstein – Werek), 263 (Foto: ullstein – dpa), 267 (Foto: Ullstein – Markus Naumann), 272 (Foto: Ullstein – dpa), 290 (Foto: Ullstein – dpa)
www.danielbiskup.de: S. 325
ZEITBILD/Lars Reimann: S. 300

PERSONENREGISTER

Stark, Peter 26
Starkulla, Heinz 119f., 128ff., 134
Steffen, Jochen 246
Steinbach, Erika 36, 38
Steiner, Michael 217, 308
Steinert, Jürgen 193f.
Steinkühler, Franz 194, 232
Steindorff, Ernst 124
Stiefvater, Oskar 75f.
Stingl, Josef 34
Stobbe, Dietrich 151, 176f., 181, 187
Stöhr, Jochen 171, 173
Stoiber, Edmund 313
Stojanovic, Svetozar 306
Stolte, Dieter 141
Stone, Shepard (Shep) 173, 174
Strasser, Johano 311
Strauß, Botho 59
Strauß, Franz Josef 137, 145, 261, 266, 284f., 288, 293
Strauss, Leo 146
Streidel, Annemarie 266
Stücklen, Richard 137
Syberberg, Hans-Jürgen 59
Szesney, Gerhard 112

Taubes, Jacob 166, 167
Teta siehe Blank, Anna
Thatcher, Margret 269, 285
Theunissen, Michael 169
Thomas, Stephan 206
Tietmeyer, Hans 228
Todenhöfer, Jürgen 262, 269
Toynbee, Arnold 61
Trentin, Bruno 11, 147
Tschernenko, Konstantin 268
Tucholsky, Kurt 264
Tudjman, Caudillo 245
Tudjman, Franjo 302, 305, 307
Tugenhat, Ernst 168

Ude, Christian 131
Ulbricht, Walter 203
Ulrich, Peter 177, 181

Valouskova, Marie (genannt Bobby) 28, 31, 116
Vance, Cyrus 308

Vargas Llosa 171
Verheugen, Günter 191f., 222f., 225, 230, 259, 306, 311
Vesper, Bernward 146f.
Vesper, Will 146
Voegelin, Erik 61
Vogel, Bernhard 293, 319, 321
Vogel, Hans-Jochen 93f. 99, 133, 138, 179f., 182ff., 189, 206, 220, 225, 236ff., 241ff., 247, 250, 266, 272f., 282, 292, 311
Voigt, Karsten 109, 269, 305
Voigt, Udo 121
Vollmar, Georg von 84

Wager, Bepo 85
Wagner, Hans 130
Wagner, Richard 42, 170, 175
Waigel, Theo 140, 217, 242
Wa??nsa, Lech 286, 302
Wallenstein, Albrecht von 17
Walser, Martin 119, 278
Walter, Peter 126
Wanke, Bischof Joachim 71
Wapnewski, Monica 170, 171
Wapnewski, Peter 170f., 173f., 275
Wayne, John 45
Weber, Max 61, 321
Weber, Pit 185, 190
Wehler, Hans-Ulrich 211, 215
Wehner, Herbert 65, 88, 95f. 102, 109, 116, 140, 144, 152, 182ff., 189, 191f., 194, 201ff., 210, 212, 232, 239, 242, 246, 263, 289, 293, 299, 311
Weigel, Helene 54
Weischedel, Wilhelm 166
Weishäupl, Karl 99
Weiss, Peter 119
Weizsäcker, Richard von 179, 182f., 319
Welles, Orson 115
Wesel, Uwe 101
Widmark, Richard 313
Wieczorek-Zeul, Heidemarie (Heidi) 109, 205, 242, 266, 311
Wiesheu, Otto 227
Wilder, Thornton 54
Williams, Shirley 200
Wimmer, Hermann 35

Winkler, Heinrich August 211
Winter, Max 103, 107
Wirtgen, Klaus 186
Wischnewski, Hans-Jürgen 181f., 187ff.,
193, 199, 211, 223ff., 240, 247
Wisskirchen, Gert 302
Wittgenstein, Ludwig 62
Wohlrabe, Jürgen 140, 179
Wolf, Hans 16, 21
Wolfe, Harry 172
Wolff, K.D. 154

Wolters, Antje 67
Wood, Natalie 54, 56
Wössner, Frank 322
Wunderer, Rolf 125

Zeidler, Wolfgang 236f.
Ziemann, Helga 223, 235
Zimmermann, Fritz 266
Zimnik, Reiner 91
Ziska, Jan 17
Zwerenz, Gerhard 249

Jede Vertreibung ist ein Verbrechen gegen die Menschenrechte

Peter Glotz · **Die Vertreibung**
Böhmen als Lehrstück
272 Seiten mit Abbildungen · 13,5 x 21,5 · gebunden mit Schutzumschlag
€ (D) 22,00,–/ € (A) 22,70,–/ sFr 37,10,– · ISBN 3-550-07574-X

Der renommierte Publizist Peter Glotz, Sohn einer Tschechin und eines Deutschen,
der 1945 selbst aus dem Sudetenland vertrieben wurde, erzählt am Beispiel
Böhmens von der Vertreibung der Deutschen am Ende des Zweiten Weltkriegs.
Eine ebenso genaue wie erschütternde Studie des Unrechts und Leids,
das ein seit 1848 entfesselter Nationalismus verursacht hat.
Wie aktuell das Problem ist, belegen die zahlreichen ethnischen Konflikte,
die in unserer Gegenwart Flucht und Vertreibung mit sich bringen.